Franzius

ANDI LAPATT

# DIE SIEGEL ASINJAS

## TEIL 1
## DARYA YE NOOR
## OZEAN DES LICHTS

ROMAN

Ein Buch aus dem FRANZIUS VERLAG

Coverbild: Nabil Kharraz (shinu real art's)
Buchumschlag: Franzius Verlag GmbH
nach einer Vorlage von Jacqueline Spieweg
Korrektorat/Lektorat: Petra Liermann
Verantwortlich für den Inhalt des Textes
ist die Autorin Andi LaPatt
Satz, Herstellung und Verlag: Franzius Verlag GmbH
Druck und Bindung: BoD, Norderstedt

4. überarbeitete Auflage

ISBN 978-3-945509-66-1


www.franzius-verlag.de

Die Deutsche Nationalbibliothek verzeichnet diese Publikation in der Deutschen Nationalbibliografie; detaillierte bibliografische Daten sind im Internet über http://dnb.dnb.de abrufbar.

# Inhaltsverzeichnis

# Dank

An die Menschen, die mich gefördert und gefordert haben:
Jeder von Euch war mir ein Lehrer,
manch einer ein Freund,
ein paar davon Seelengefährten.
Geblieben ist die Liebe,
geblieben ist mein Dickkopf, dem ich verdanke, diesen Weg zu gehen.
Und geblieben ist die unauslöschliche Leidenschaft,
dem Künstler meines Herzens die Feder zu übergeben.

# 1. Der Stein

»Bei Vodanos Raben, Nyella, wo zum Henker bist du? Wie oft muss ich dich noch rufen?« Meine Mutter brüllte durch das ganze Gehöft. Widerwillig erhob ich mich, verabschiedete mich von den kleinen Katzen, mit denen ich im Stroh gespielt hatte, und schlich mich aus der Scheune. Schnell klopfte ich mir den Schmutz vom Kleid. Lautlos tigerte ich um den Kuhstall herum, rannte am Schweinestall vorbei und gab mich zu erkennen:

»Ich komme gleich.«

Meine Mutter stand im Hauseingang, eine schmutzige Schürze umgebunden und sah mich aufgebracht an: »Du weißt genau, wie Vater reagiert, wenn ich dich so lange bitten muss. Musst du mir immer so viel Kummer machen? Bin ich nicht schon gestraft genug?« Ihr Gesicht war voller Falten, verzogen von Kummer und Wut.

Es musste schwer gewesen sein, nach dem Tod meines Vaters einen anderen Mann heiraten zu müssen, um sich und ihr Kind zu schützen. In unser altes Dorf hatten wir nicht zurückkehren können, denn dort fürchteten sich die Leute vor meiner Mutter. Sie mussten wohl glauben, meine Mutter wäre eine Hexe. Die Färbung der Augen war so außergewöhnlich. So, als wäre meine Mutter nicht von dieser Welt. Und genau das ging vielen durch den Kopf, wenn sie meiner Mutter begegneten. Nun waren wir hier gelandet, auf dem Schierlingshof. Hier war ich die meiste Zeit allein und das nagte an mir. Ich wäre am liebsten für immer weggelaufen, im Rucksack die kleinen Katzen aus der Scheune. Sogar in den Norden wäre ich geflohen, wenn es hätte sein müssen. Alles war besser, als hier zu sein.

Als ich schließlich in die alte Küche kam, saß Hangar auf seinem Stuhl, breitbeinig, mit seinen schmutzigen Händen und dicken Armen auf dem Tisch. Er schlug mit der Faust auf das Holz und brüllte mich an: »Was hab ich für eine Familie geheiratet! Zwei Weiber, die zu faul sind und die zu nichts zu gebrauchen sind. Nicht einmal zum Essen kannst du pünktlich erscheinen. Du bist ein Krüppel, den man bei der Geburt hätte ersäufen sollen. Wahrscheinlich kann ich dich nicht einmal den Wanderhuren verkaufen, so strohdumm, wie du bist!«

Ich zuckte zusammen und sah, wie meine Mutter beinahe die Schüssel fallengelassen hätte. Die Wanderhuren? Ich schluckte leer, entschuldigte mich und setzte mich artig an den Tisch. Ich wusste, dass ich nichts weiter sagen durfte, sonst würde er mich halb totschlagen. Hangar grunzte zufrieden. Es schien ihn zu erheitern, mir Angst einzujagen. Es blieb meist nicht beim Angsteinjagen. Mein geschundener Körper wusste ein Lied von seinen Prügeln zu singen, ganz zu schweigen von den nächtlichen Besuchen, dic er mir abstattete. Er nahm sich, was er wollte, und er tat es grob und ohne jede Rücksicht. Ich hatte es aufgegeben, meine Mutter darum zu bitten, ihn nicht »Vater« nennen zu müssen. Er war nicht mein Vater. Mein Vater war tot.

Beim Faustschlag auf den Tisch war Hangars Trinkhorn umgekippt. Mutter konnte den Met nicht schnell genug nachschenken, als Hangar schließlich explodierte. Er schrie in der Küche herum, warf den üppig gefüllten Teller an die Wand. Das Holz zerbarst und die Suppe ergoss sich über die Wand. Der Krach war ohrenbetäubend. Er sprang auf, warf den Stuhl um, wetterte weiter und warf sich auf meine Mutter. Mit einem Holzlöffel prügelte er auf sie ein und riss sie schließlich an den Haaren aus der Küche. Er schleifte sie ins Nebenzimmer, während sie versuchte, mit zappelnden Füßen mitzuhalten. Sie bemühte sich, jeden Laut zu unterdrücken. Wir beide wussten, wie sehr ihn das noch mehr in Rage bringen würde.

Ich saß zitternd am Tisch und musste zuhören, wie sich die Schläge anhörten, die Hangar meiner Mutter verpasste. Dumpfe

Schläge, ein schreiender, tobender, wütender Hangar und das Wimmern meiner Mutter. Nur zu gut wusste ich, wie sich die Schreie dahinter anfühlen musste, die sie nicht schreien durfte, wenn sie nicht wollte, dass er sie zu Tode prügelte.

Bis in die Küche konnte ich Hangar brüllen hören: »Du nichtsnutziges Weib. Ein solches Balg kannst du austragen, aber meine Kinder gebärst du nicht. Ich will dir zeigen, wer hier der Herr im Haus ist. Ich werde dich so lange schwängern, bis du mir endlich einen Sohn gebärst.« Damit knallte er die Tür so laut zu, dass das ganze Haus erzitterte. Ich hörte das Poltern und die Schreie meiner Mutter, wie sie ihn anbettelte, er möge aufhören. Er aber schrie weiter, meine Mutter weinte, während bald darauf ein gleichmäßig schlagendes Geräusch aus dem Nebenzimmer zu vernehmen war, bis Hangar schließlich wie ein Berserker aufstöhnte. Dann wurde es still.

Als die Türe wenig später wieder aufging, sah ich, wie Hangar den Rest seines Hemdes in die Hose stopfte und den Hosenbund wieder verschloss. Blut klebte an dieser Stelle und ich sah seine triumphierende Miene. Genüsslich strich er sich mit dem rechten Arm über die Oberlippe und herrschte mich an: »Du bist nicht besser als deine Mutter. Dir werde ich auch noch beibringen, was es heißt zu gehorchen. Wenn deine Alte die Kinder nicht gebären will, wirst du es tun.« Daraufhin setzte er sich wieder an den Tisch, nahm die Schüssel meiner Mutter, schöpfte sich neue Suppe und aß laut schmatzend, während er mich lüstern ansah. Gleich darauf polterte er mit seiner Hand wieder auf den Tisch und herrschte mich an: »Iss, ich will keine dünnen Weiber!«

Ich hatte Angst, mich übergeben zu müssen, aber ich aß, wie Hangar mich geheißen hatte. Die Suppe in meiner Schale war längst kalt geworden. Jeder Bissen drohte wieder hochzukommen, aber mit aller Kraft würgte ich das Essen hinunter.

Hangar streckte sich, gähnte und erhob seinen dicklichen Körper. Er kümmerte sich nicht um meine Mutter, als er am Wohnzimmer vorbeiging. Kein Blick für meine Mutter, kein Wort, gar nichts. Plötzlich hielt er inne und machte kehrt. Noch bevor ich begriff, was geschah, stand er vor dem Küchentisch und zog mich an den Haaren. »Es geht niemanden etwas an, was auf diesem Hof passiert, hast du verstanden?«, flüsterte er und festigte seinen Griff um das Haarbüschel.

Ich schluckte leer und nickte langsam. Voller Verachtung blickte er mich an und ließ meine Haare los. Ich wandte den Blick ab und Hangar lachte leise. Dann schlenderte er hinaus zum Pferdestall und ich hörte, wie er das Pferdegeschirr bereitlegte. Erst, als ich mir sicher war, dass er seinen Hengst sattelte, huschte ich verängstigt ins Wohnzimmer. Wie ich im Türrahmen stand, sah ich meine Mutter auf dem Tisch liegen, fast bewegungsunfähig, gezeichnet von Schmerz und Demütigung. Obwohl sie versuchte, sich mit dem Kleid und der Schürze zu bedecken, sah ich überall Blut.Seit wann

»Nein, Nyella, geh' wieder raus, es ist nichts. Es wird schon wieder gut, ich bin nur … gestürzt.« Ihre Stimme war belegt, versagte fast. Sie bedeckte ihr Gesicht mit der rechten Hand und hielt sich die linke Hand verkrampft gegen den Unterleib.

»Kann ich dir helfen?«, fragte ich unbeholfen.

»Es geht schon«, meinte sie zu mir.

Sie blickte verlegen zu Boden, als ich mich ihr langsam näherte. »Wir hätten Hangar nicht reizen sollen, Liebes«, flüsterte sie und strich mir eine Strähne aus dem Gesicht. Es hätte noch schlimmer kommen können, das wussten wir beide. Schließlich wollte uns niemand mehr. Ich spürte, wie sich das Essen vom Mittag bemerkbar machte. Ich versuchte es wieder hinunterzuschlucken, aber ich kam nicht dagegen an. Ich würgte das ganze Essen hoch und erbrach mich direkt auf den blutverschmierten Rock meiner Mutter. Sie blieb ruhig und streichelte meinen Hinterkopf. Wir schwiegen lauter als Hangars Gebrüll.

Nach einer gefühlten Ewigkeit erhob sich meine Mutter. »Hilfst du mir mit der Küche? Ich möchte mich kurz umziehen. Bist du so lieb?«

Ich nickte nur, denn ich verstand plötzlich, warum sich meine Mutter so verändert hatte. Er konnte sie körperlich schänden.

Aber sie entzog ihm ihre Seele und ihr Herz genauso. Ich begriff, dass meine Mutter jede Nacht im Traum zu meinem Vater zurückkehrte, um sich dort in seinen Armen schlafen zu legen.

Es war die Zeit, die vor uns lag, die mir große Angst machte, nicht das, was hinter uns lag. Was würde die Zukunft bringen? Konnte Hangar sich noch mehr einfallen lassen, um uns zu demütigen und zu verletzen? Wäre es nicht klüger, auf der Stelle zu sterben, als noch lange Zeit zu leiden? Die Aussichtslosigkeit schnürte mir die Kehle zu.

Ich machte mich an den Abwasch. Es waren nur wenige Töpfe und Schüsseln übrig geblieben. Wir hatten immer einen Bottich voller Wasser in der Küche. Am Rande des Waldes, der noch zum Schierlingshof gehörte, gab es eine Wasserquelle, aus der wir jeden Tag frisches Wasser holten. Völlig vertieft trocknete ich die Schüsseln ab, hängte die Kellen wieder an das Wandgerüst und deckte die Suppe mit dem alten, verbeulten Deckel zu. Dann drehte ich mich um und sah das Desaster, das Hangar angerichtet hatte. Gemüsereste klebten an der Wand und am Boden. Die Flüssigkeit war heruntergetropft und hatte sich in einer bräunlichen Lache am Boden gesammelt. Dazwischen Holzsplitter und Teile von der zerschlagenen Holzschüssel.

Ich nahm einen alten Topf und machte mich daran, die Holzsplitter einzusammeln. Danach klaubte ich die Gemüsereste von der Wand. Ich holte einen Lappen und reinigte den Boden.

Es dauerte eine Weile, bis Mutter in die Küche zurückkehrte. Sie hatte ein neues Kleid angezogen und sich eine neue Arbeitsschürze umgebunden. Sie nahm mir den Topf ab und ging damit aus dem Haus. Wenn ich nicht bei den Katzen die Zeit vergessen hätte … Wenn ich auf ihre Rufe vorher reagiert hätte … Dann wäre das alles gar nicht passiert. *Ich* war schuld.

Als Mutter von draußen zurückkehrte, wusch sie den Topf schweigend aus. Schließlich drehte sie sich zu mir um und fragte: »Wo warst du eigentlich vor dem Essen?«

Ich hatte Angst, dass meine Mutter mich bestrafen würde, weil ich mich so lange hatte bitten lassen. Bevor ich nachdenken konnte, war mein Mund jedoch schneller als ich: »Ich war in der alten Scheune.« Meine Mutter hob eine Augenbraue. Ich wusste, dass ich dort nicht hingehen durfte. Schnell ergänzte ich: »Da ist eine Katze mit Jungen drin.«

Meine Mutter sah mir tief in die Augen. Dann verzog sich ihr gequältes Gesicht zu einem kleinen Lächeln: »Du und deine Tiere. So so, wir haben also wieder junge Katzen.« Dann wurde sie ernst, griff mir mit der rechten Hand unters Kinn, hob es sanft an und sagte eindringlich zu mir: »Nyella, wenn du willst, dass diese Katzen am Leben bleiben, schaff sie so schnell wie möglich vom Hof. Du weißt, was Hangar mit ihnen macht. Außerdem sollst du nicht in die gefährliche Scheune. Es könnte dir sonst was passieren.«

Ich dachte bei mir, dass es hier im Haus viel gefährlicher für mich war als in der alten Bruchbude. Wenn ich dort vom Dachboden fallen würde, käme mir ein Genickbruch gerade recht.

Ich sah meine Mutter dankbar an, dass sie mich die Kätzchen retten ließ, und rannte aus dem Haus, vorbei an den Ställen, hinüber zur alten Scheune. Im Laufschritt erblickte ich einen leeren Korb, den ich mit mir nahm. Vorsichtig öffnete ich die Türe, trat ein und kletterte die alte Leiter hoch bis zur ersten Ebene hinauf, wo die schwarz-weiße Kätzin ihre fünf jungen Kitten hingebracht hatte. Dort lag sie gerade still da und säugte ihre Katzenkinder, als ich auftauchte. Ich hörte das Schnurren der Kleinen. Die Mutter öffnete ein Auge und blinzelte mich an. Ich hätte die Katzen gerne eine Weile beobachtet, aber es fehlte mir die Zeit dazu. Ich schob die Katzen liebevoll, aber bestimmt in den Korb. Die Kitten wurden durcheinander geschüttelt, die Mutter sah mich missmutig an. Wohin sollte ich nur gehen mit den Katzen? Sie mussten weg von dem Hof, so viel war klar.

Ich zog meine Jacke aus und legte sie über die lebende Fuhre. Dann schnappte ich mir den Korb und kletterte wieder die Leiter hinunter. Bei der Tür blieb ich stehen, sah mich vorsichtig um und rannte los zum Wald. Ich spürte den weichen Waldboden unter meinen Füßen. Die großen Büsche ließ ich hinter mir, auch die Sträucher, dann die gewaltigen, alten Baumstämme. Der erdig-nasse Geruch des Waldes füllte meine Lungen. Ich war oft im Wald gewesen, bevor Hangar mich dort erwischt hatte, und ich erinnerte mich. Plötzlich wusste ich, wohin es mich zog. Ich hatte einmal eine Hütte gesehen, die ich gerne erkundet hätte. Aber so weit war es nicht gekommen. Hangar hatte mir buchstäblich eingeprügelt, dass ich nichts im Wald verloren hätte. Zu diesem Haus wollte ich die Katzen bringen.

Schließlich erreichte ich die Lichtung im Wald und sah die kleine Hütte, die in den Felsen hineingebaut worden war. Sie sah schöner aus, als ich sie in Erinnerung hatte.

Ich wollte gerade auf das kleine Erdhaus zugehen, als ich entdeckte, dass Rauch aus dem Kamin aufstieg. Abrupt blieb ich stehen und war mir plötzlich nicht mehr sicher, ob es eine gute Idee gewesen war, hier herzukommen. Ich kannte mich in dem Wald nicht aus, wusste nichts über seine Umgebung oder seine Bewohner. Als ich mich umdrehen und gerade wieder weglaufen wollte, öffnete sich die Eingangstüre und eine alte Frau kam aus dem Haus geschlurft. Hinter ihr erschien ein roter Kater und schlich ihr um die Beine. Zwar konnte ich aus der Entfernung die Worte nicht verstehen, aber sie redete offensichtlich mit ihrem vierbeinigen Freund. Trotz der grauen, langen Haare wirkte sie jünger, als sie aussah. Ich konnte den Klang ihrer Stimme hören. Sie hatte eine weiche, tiefe Stimme, angenehm und einladend. Dann drehte sie sich um und bückte sich zu dem Kater hinunter, streichelte ihn und tätschelte ihm den Kopf.

Etwas in mir fasste Vertrauen, und ohne jede Überlegung schritt ich auf das Haus zu. Die alte Frau hob ihren Kopf, als mich das Knacksen der herumliegenden Äste, auf die ich getreten war, verriet. In ihrem Blick zeichnete sich ein Lächeln ab:

»Sieh an, wir haben Besuch. Herzlich willkommen in unserer bescheidenen Hütte.« Leise erwiderte ich ihren Gruß.

»Was hast du uns denn Schönes mitgebracht?«, fragte sie mich und deutete auf den Korb. Die Katzen hatten sich bisher still verhalten, aber jetzt machte sich unter dem Stoff meiner Jacke

Leben bemerkbar. Ich hob den Stoff hoch und ließ die alte Frau in den Korb blicken.

»Ho ho, was für eine schöne Überraschung. Die sind ja allerliebst.« Sie lächelte und streckte ihre Hand in den Korb, streichelte jedes der Kätzchen und glitt mit der Hand über den Kopf der Katzenmutter, die sich sofort an sie schmiegte. »Das hast du fein hingekriegt, altes Mädchen. Deine Kinder sind wunderschön.«

Und als ob die Katze das verstehen würde, fing sie an zu schnurren und drückte ihre Augen fest zu.

»Ich glaube, der Kater ist der Vater der Kitten«, sagte ich zu der alten Frau und deutete auf den Kater zu ihren Füßen.

»Ha, und jetzt willst du wohl, dass er seine Vaterpflichten erfüllt, was?«, lachte sie.

»Nein, so meinte ich das nicht. Verzeihen Sie, aber ich muss die Kätzchen vom Hof bringen. Sie würden dort sonst nicht lange leben.« Ich schaute beschämt zu Boden.

»Von welchem Hof kommst du denn?«, wollte sie wissen.

»Vom Schierlingshof.« Ich traute mich kaum aufzublicken, und wich ihrem Blick aus.

»So so, von Hangar kommst du also. Dann bist du die kleine Prinzessin, die er sich mit deiner Mutter zusammen auf den Hof geholt hat.« Sie lächelte.

Ich stutzte. Nicht, weil sie Hangar kannte, nein. Sie hatte mich »Prinzessin« genannt. So hatten mich meine Eltern genannt, als ich noch klein gewesen war. Ich nickte: »Ja, und Hangar will keine Katzen auf seinem Hof.« Ich hielt ihr den Korb hin, den sie ohne zu zögern entgegennahm.

»Hangar will überhaupt keine Tiere auf seinem Hof. Ich war erstaunt, dass er Menschen auf seinem Hof haben wollte. Er ist ein Grobian. Dass er eine Frau gefunden hat, grenzt an ein Wunder.« Ihr Lächeln war erstorben.

»Sie halten wohl nicht so große Stücke auf Hangar?«

»Nein, ich halte nicht einmal kleine Stücke auf den alten Bock. Was treibt eine so wunderschöne Frau wie deine Mutter in die Arme eines solchen Barbaren?«

»Sie kennen meine Mutter?«, wollte ich wissen.

»Ich weiß, wer deine Mutter ist«, sagte sie knapp zu mir und lächelte dann wieder. »Komm herein, dein Tee ist gleich fertig.«

Ich folgte ihr wortlos und dachte über ihre Worte nach.

Im Inneren des Hauses war es einfach und sauber. Es war auf eine schlichte Art und Weise gemütlich. Ich ließ mich auf einen Stuhl sinken und atmete tief durch.

Die alte Frau schlurfte mit dem Korb in der Hand zu einer Ecke, wo ein großes Tuch zusammengefaltet auf dem Boden lag, und hievte die Katzenmutter aus dem Korb, kurz danach auch die Kleinen. Müde kugelten sie sich sofort wieder wie kleine Wollknäuel in der Nähe ihrer Mutter ein und schlossen ihre Augen. Ich war froh, dass wenigstens die Katzen hier in Sicherheit zu sein schienen.

Ich sah mich um. Es war ein einziger, großer Raum. Das Haus schmiegte sich in den Felsen an der Lichtung und nur ein Bruchteil davon schaute aus dem Dickicht hervor. Nur wer scharfe Augen hatte, konnte das kleine Erdhaus finden.

Da hingen ein paar Bilder an der Wand. Wen sie wohl zeigten? Die Gesichter darauf waren mir fremd. Doch da hingen auch Kräuter, Muscheln und Federn. Ein Bild, das mir ins Auge stach, sah einem Raben ähnlich, geflochten aus schwarzen Federn.

»Ich habe mich noch gar nicht vorgestellt, Prinzessin. Nenn mich einfach Roberta.« Sie hantierte an einem Topf herum.

Dampf stieg auf und ein Geruch von herben Kräutern vermischte sich mit der Luft. Roberta nahm den Krug mit einem Lappen in der Hand vom Feuer, griff mit der anderen Hand nach zwei Holzschalen und kam zu mir an den Tisch, an dem ich mittlerweile Platz genommen hatte.

»Du brauchst nicht nervös zu sein. Hangar wird heute lange im Wirtshaus bleiben. Er kehrt nicht vor der Dunkelheit zurück. Er wird heute etwas länger unterwegs sein als sonst.« Sie sah mich mit einem unerklärlich durchdringenden Blick an. Dann schüttete sie den Tee in die beiden Schalen und schob mir eine zu. »Trink das, das wird dir guttun«, sagte sie.

»Was ist das?«, wollte ich wissen.

»Es sind verschiedene Kräuter, die ich gemischt habe. Sie wirken beruhigend und lassen Schwellungen abheilen.« Sie deutete mit ihrem Kinn auf meine linke Schulter.

Ich war vor drei Tagen direkt in eine Kommode gestürzt, als Hangar mir eine saftige Ohrfeige verpasst hatte.

Der Tee duftete herrlich. Ich konnte Pfefferminze herausriechen und Süßholz. Da waren noch andere Kräuter, deren Namen ich nicht kannte. Also blies ich den Dampf weg und kostete vorsichtig. Er schmeckte süß und hinterließ einen leicht pfeffrigen Geschmack auf meiner Zunge.

»Schmeckt er dir?«, wollte Roberta wissen. Ich nickte nur und trank gierig die ganze Schale leer. Sie lächelte selig. »Dann ist es gut.«

»Woher kennen Sie meine Mutter?«, wollte ich wissen.

»Du kannst ›du‹ zu mir sagen«, erklärte mir Roberta.

»Also gut, woher kennst *du* meine Mutter?«

»Ich habe sie einmal auf dem Markt in Breithorien getroffen. Außerdem habe ich Kleider gesehen, die sie genäht hat.«

Ich sah sie fragend an.

»Ich bin viel herumgekommen, Prinzessin. Ich war am Königshaus in Brintesia und ich habe die Delfinbucht gesehen. Ich kenne die Roseninsel und war auch im Tal der Hoffnung. Da trifft man viele Leute und man erfährt so einiges.« Roberta streichelte liebevoll den roten Kater, der sich neben sie gesetzt hatte. »Nicht wahr?«, sagte sie zu ihm. »Und Vodano sieht alles.« Kaum einer traute sich, den Namen des Göttervaters leichtfertig auszusprechen. Roberta blickte auf. Aus ihrem Lächeln wurde eine ernste Miene. »Vodano sieht alles, mein Kind. Alles. Und er wird sich um seine Kinder kümmern, glaub mir.«

Ich nickte, aber ich verstand nicht, was die alte Frau meinte.

»Jene, die Unrecht tun, wird Vodano bestrafen«, sagte Roberta beinahe feierlich. Damit tätschelte sie den Kopf des Katers, als könnte er ihre Worte verstehen. Wir schwiegen beide einen Moment. Mir machte die alte Frau langsam ein wenig Angst. Dann nahm Roberta das Gespräch wieder auf. »Wie, sagtest du noch mal, kam deine Mutter auf den Schierlingshof?«

»Ich habe noch nichts darüber erzählt«, entgegnete ich unsicher.

»Möchtest du mir davon erzählen?«, fragte die Alte.

»Nach dem Tod meines Vaters hat meine Mutter wieder geheiratet. Sie hat in Breithorien Hangar kennengelernt über die Kupplerinnen. Und so sind wir auf den Schierlingshof gekommen.«

Roberta nickte. »Dein Vater ist tot?«, fragte sie nach.

Ich nickte nur. Ich sprach nicht gerne darüber.

»Es muss sehr schwer für dich sein.« Sie machte eine Pause. »Ist er schon lange tot?«, bohrte sie nach.

Ich schüttelte nur den Kopf, dann gab ich mir einen Ruck, ihr mehr zu erzählen. »Mein Vater ist auf einer seiner Reisen verschwunden und nie wieder aufgetaucht. Wir haben lange gebetet und die Götter um Hilfe angefleht. Aber er kam nicht zurück. Schließlich kam die Kunde zu uns, dass er wohl durch einen Hinterhalt von Gaunern zu Tode gekommen sei. Die Leute in unserem Dorf waren sich sicher, dass meine Mutter damit etwas zu tun hatte. Als Großmutter wollte, dass ich alleine bei ihr bleibe, ist meine Mutter mit mir fortgegangen. Sie hatte Angst, sie würden sie verjagen und sie könnte mich nie wiedersehen. Also sind wir geflohen.« Ich machte eine Pause.

»Und was denkst du?«, fragte mich Roberta.

»Worüber?«, fragte ich.

»Ob deine Mutter was mit diesem Hinterhalt zu tun hatte«, ergänzte die Alte.

Ich schüttelte nur den Kopf. »Niemals, meine Mutter hat meinen Vater abgöttisch geliebt.« Ich seufzte schwer.

»Wie ging es dann weiter?«, wollte Roberta wissen.

»Wir waren zu Fuß unterwegs auf den Straßen Arcadiens. Es war sehr gefährlich für uns.« Erneut setzte ich ab und sah Roberta an. Als sie keine Anstalten machte, etwas zu erwidern, fuhr ich fort: »Wir erreichten schließlich Breithorien und meine Mutter suchte eine Seherin auf. Sie las ihr die Zukunft aus den Händen und sah nichts Gutes. Sie riet meiner Mutter, sich bald zu verheiraten zum eigenen Schutz und zum Schutz ihres Kindes. Also folgte meine Mutter dem Ratschlag der Seherin und zerrte mich zu den Kupplerinnen, um diese um Hilfe zu bitten. Diese versprachen, meiner Mutter zu helfen. Wir sollten am gleichen Abend ins Wirtshaus ›Zum goldenen Löwen‹ kommen, wo meiner Mutter Hangar vorgestellt wurde.

Ich habe gleich gesehen, dass er meine Mutter haben wollte. Schon wie er sie angestarrt hat. Wir mussten am selben Abend noch zum Schierlingshof aufbrechen. Es ging sehr schnell. Zwei Tage später wurde geheiratet. Der Dorfälteste kam auf den Hof, zusammen mit dem Altmeister der Stadt, und vollzog die Trauung. Seither leben wir auf diesem Hof.«

Ich endete mit diesem Satz und blickte auf den Tisch. Wenige Emotionen waren aus meinem Gesicht abzulesen gewesen, ich unterdrückte sie, so gut es ging.

»Der Dorfälteste also. War er einigermaßen nüchtern?«, fragte Roberta abschätzig. »Dieser alte Gauner ist einer der Saufkumpanen von Hangar. Ich verstehe nicht, warum die Disen das zulassen. Ich dachte, sie dulden die Kuppeleien des Dorfältesten nicht länger … Seltsam …« Roberta machte eine Pause und wirkte nachdenklich.

»Disen? Was sind Disen?«, wollte ich wissen.

»Die Disen, Prinzessin, sind die Weberinnen des Schicksals. Es sind dies die Schicksalsfrauen Vodanos. Der Dorfälteste strickt im Schicksal der Menschen ohne den Segen der Disen. Das wird Vodano nicht gefallen.« Roberta sah mir in die Augen. Dann erhob sie sich plötzlich und meinte: »Es ist wohl besser, wenn du gehst. Es ist Zeit. Die Kätzchen brauchen ihre Ruhe und die alte Roberta auch. Besuchst du mich wieder?«

Ich erhob mich ebenfalls und nickte. Schweren Herzens verabschiedete ich mich von den Katzen und von Roberta. Dann nahm ich den Korb und machte mich auf den Heimweg. Ich drehte mich mehrmals um und winkte.

Auf dem Weg nach Hause konnte ich nicht mehr aufhören, an Roberta zu denken und an das, was sie gesagt hatte. Ich wusste noch nicht viel über unsere Götter. Mein Vater hatte mir davon erzählen wollen, aber meine Mutter hatte es ihm verboten. Roberta hatte mich neugierig gemacht.

Ich trödelte nicht auf dem Heimweg, aber ich beeilte mich auch nicht. Ab und zu wagte ich einen Blick in die Bäume und atmete den Waldgeruch ein. Als ich auf den Hof zurückkam, sah ich, wie meine Mutter über einem Bottich kniete und Wäsche wusch, vielmehr das Kleid von heute Mittag. Sie strich sich mit der rechten Hand über die Stirn und wischte den Schweiß ab. Dann vertiefte sie sich wieder ins Waschen, lehnte sich über den Zuber und begann den Stoff zu schrubben.

»Ich bin wieder da«, rief ich ihr zu.

Sie blickte kurz auf und winkte zurück. Es war so viel friedlicher auf dem Hof, wenn Hangar nicht da war. Ich streifte herum, hing meinen Gedanken nach und ließ es Abend werden. Schließlich kehrte ich ins Haus zurück, wo meine Mutter am Herd stand. Das Feuer loderte bereits in der Kochnische und die Suppenschüssel hing darüber. Sie schnitt Gemüse klein und warf es in den Topf. Als ich hereinkam, drehte sie sich um und lächelte mir zu. Mit einem Mal wirkte sie so zerbrechlich.

Während die Suppe vor sich hin köchelte, setzte ich mich auf den Stuhl und starrte in die Flammen. Als es draußen schließlich dämmerte, schaute meine Mutter aus dem Fenster.

»Wo Hangar nur bleibt«, murmelte sie vor sich hin. So fing sie an, in der Küche auf und ab zu gehen und setzte sich abwechselnd an den Küchentisch zu mir, um dann wieder zum Fenster zu gehen und nachzusehen, ob Hangar auf den Hof geritten kam. Aber Hangar kam nicht. Er war wohl so wie oft im Wirtshaus hängen geblieben. Aber das hatte meine Mutter bisher nie gestört. Sie war immer zu Bett gegangen. Aber heute war sie auffallend nervös. Doch ich war froh, dass er noch nicht da war. Ich war froh, dass er wegblieb. Von mir aus konnte er für immer wegbleiben. »Von mir aus müsste er nie wieder kommen«, sprach ich laut aus.

Meine Mutter sah mich entsetzt an. »So was darfst du nicht mal denken, Nyella. Wir haben Hangar viel zu verdanken.«

Ich wollte entgegnen, dass das nicht stimmte, als sie mir das Wort abschnitt, bevor ich etwas sagen konnte.

»Du musst dankbar sein, Nyella. Man will uns nicht in dieser Welt, mich noch viel weniger als dich. Ich sehe anders aus, die Menschen haben Angst vor mir. Was glaubst du, wie es uns ergehen würde, wenn wir keinen Mann mehr hätten, der uns beschützt?« Sie sah mich lange eindringlich an. »Dann sind solche Dinge wie heute Mittag an der Tagesordnung, und nicht nur mit einem Mann, Nyella. Willst du das?«

Ich biss mir auf die Lippe. Daran hatte ich nicht gedacht. Betreten senkte ich den Blick und schwieg.

»Nyella, ich weiß, dass das alles nicht so ist wie in unserem früheren Zuhause, und ich würde alles tun, um mit deinem Vater weiterzuleben. Aber er ist nun mal tot. Er ist einfach nicht mehr wiedergekommen. Und er hat nicht dafür gesorgt, dass wir in Sicherheit sind. So sehr ich ihn auch geliebt habe. Aber es ist wahr. Er hat uns nicht beschützt. Also sei ein liebes Kind und mache es uns nicht noch schwerer. Hangar beschützt uns hier vor Ganoven und Männern, die noch viel weniger Gutes im Sinn haben als Hangar selbst.« Sie zitterte und holte tief Luft. »Glaubst du, ich wüsste nicht, was ich dir zumute? Ich …«

Ihre Stimme erstarb. Wir schwiegen beide, dann sagte sie: »Wir haben keine Wahl, Nyella. Es sei denn, du willst wirklich zu den Wanderhuren, wie Hangar es angedroht hat. Als Dirne zu arbeiten ist schwer. Als Wanderhure zu arbeiten, ist der lebendige Tod. Es würde mich umbringen, dich zu verlieren. Dich ausgerechnet an die Wanderhuren zu verlieren.«

Ich wusste, dass sie geweint hätte, wenn sie noch Tränen gehabt hätte. Aber die hatte sie alle vergossen nach dem Tod meines Vaters.

Schweigend saßen wir lange in der Küche, bis es endgültig draußen dunkel wurde. Irgendwann stand meine Mutter auf, nahm eine Kerze, zündete sie an und holte zwei Schalen, um sie mit der heißen Suppe zu füllen. Widerwillig aß ich davon, die Worte von Hangar noch im Hinterkopf, dass er dünne Frauen nicht mochte. Ich nahm mir vor, meiner Mutter zu helfen und artig zu sein.

Wir hatten heute nichts mehr zu tun auf dem Hof, also konnte ich meine Mutter zu einem Spaziergang überreden. Das war das erste Mal seit langer Zeit, dass sie zustimmte. Sie hieß mich, nicht zu weit zu gehen, es wäre gefährlich, wenn wir uns zu weit vom Hof entfernen würden. Der Mond war über dem Hof aufgegangen, die Nacht war sternenklar. Der Mond schimmerte ein wenig Licht auf die Erde hinunter. Es war vor wenigen Tagen neuer Mond gewesen und so füllte sich der Mond ganz langsam, Nacht für Nacht. Wir schlenderten um die Scheune herum, als ich im hohen Gras ein rotes Fell erblickte. Der rote Kater, den ich bei Roberta gesehen hatte. Ich konnte nur noch seine Hinterpfoten und seinen Schwanz erkennen und schon war er wieder weg. Ich folgte dem Kater. Warum war er hierhergekommen? Hier war es nicht sicher für ihn.

»Wohin willst du?«, fragte mich meine Mutter, als ich in Richtung des hohen Grases spazieren wollte.

»Ach, ich wollte nur was schauen. Ich glaube, ich habe Raupen gesehen«, log ich.

»Aber nur kurz, wir wissen nicht, was sich hinter dem Gras verbirgt«, entgegnete meine Mutter und blickte besorgt in diese Richtung.

Das Gras war bestimmt über einen Meter fünfzig hoch. Ich suchte mit meinen Augen nach dem Kater, aber ich konnte nichts erkennen, bis ich schließlich einen schwarzen Stein entdeckte, der am Boden lag. Ich hätte ihn beinahe übersehen, als ich plötzlich das Bild vor Augen hatte, das im Haus von Roberta gehangen hatte. Das Bild von einem Raben, geflochten aus schwarzen

Federn. Ich wusste nicht, warum, aber ich musste den Stein einstecken, weil er ebenfalls die Form eines Raben zeigte.

»Hast du was gefunden?«, wollte sie wissen.

»Nein, es ist doch nichts, ich habe mich getäuscht«, log ich. Ich rannte zu meiner Mutter zurück, hakte mich bei ihr unter und führte sie langsam zurück zum Hof.

Wir ließen gerade den Schweinestall hinter uns, als Ronjo, der schwarze Hengst von Hangar, donnernd über den Hof galoppierte. Er trug den Sattel und das Zaumzeug, hatte Schaum vor dem Maul und kam erst kurz vor dem Stall zum Stillstand. Von Hangar keine Spur. Der Hengst war schweißgebadet, das Zaumzeug hing auf einer Seite herunter und das Ross war voller Blätter. Seine fast bodenlange Mähne war wild zerzaust.

Meine Mutter schlug entsetzt die Hände vor den Mund und rannte zu Ronjo. Sie verlangsamte ihren Schritt, als sie sich ihm näherte, aber der kräftige Hengst ließ sich nicht besänftigen. Er schnaubte, drehte sich nervös, tänzelte und fing an, nach hinten zu treten, als meine Mutter näherkam.

Mich durchfuhr plötzlich ein Schmerz. Siedend heiß meldete sich der Stein in meiner Tasche. Reflexartig warf ich ihn zu Boden und schrie auf. Meine Mutter blickte kurz zu mir herüber. Ich ließ den Stein liegen, und ein innerer Impuls ließ mich festen Schrittes auf den Hengst zugehen. Mit jedem Schritt fühlte ich mich erhabener, klarer, kräftiger. Irgendetwas in mir erinnerte sich an eine uralte Kraft, die nun neu in mir erwacht war. Nicht ich war es, die da ging. Etwas ging in mir vor, etwas bewegte mich. Etwas Stolzes in mir, etwas Majestätisches. Ich wusste nicht, was ich tat, aber plötzlich rief ich Ronjo bei seinem Namen. Er drehte seinen Kopf in meine Richtung und blieb ruhig stehen.

Nun wusste ich plötzlich, was zu tun war, und näherte mich dem Hengst seitwärts, ohne ihn anzusehen. Ich blieb neben ihm stehen, die linke Schulter an seiner rechten Flanke. Der schwarze Hengst war mit einem Mal ganz still geworden und schnaubte nicht mehr so laut. Er zitterte leicht und hob neugierig seinen Kopf. Ich sah ihn nicht an, ich stand nur da und wusste, dass ich die Kraft hatte, ihn zu beruhigen. Mit jedem Atemzug wurde er ruhiger, meine innere Kraft wuchs. Es vergingen Sekunden, die sich anfühlten, als wären sie kleine Ewigkeiten. Meine innere Achse drehte sich um mich, mir war schwindlig.

»Ich bin bei dir«, sprach eine Stimme in mir. Eine männliche, tiefe Stimme voller Kraft und Wärme.

Mir wurde schwindlig, es drehte sich alles. Ich sah wunderschöne Farben, endlose Auen, herrliche Täler, als wäre ich selbst ein Adler. Ich flog über die Täler. Schließlich atmete ich diese grenzenlose Freiheit ein, öffnete meine Flügel und schwebte über die uralten Bäume der riesigen Wälder. Ich schloss die Augen und sah die Täler unter mir, fühlte den Wind unter meinen Flügeln. Ich hob meinen Kopf gen Himmel. Ich musste mich zwingen, wieder hierher zurückzukommen und den Boden wieder unter den Füßen zu spüren. Dann öffnete ich meine Augen wieder und blickte verstohlen über meine Schulter zu Ronjo. Der Hengst drückte die rechte Vorderhand durch, lehnte die Mähne darauf und verneigte sich vor mir. Ich hielt den Atem an. Dann drehte ich mich zu ihm hin, als er sich wieder hinstellte und seinen Kopf an meine Schulter lehnte, ganz nah. Er stand da und offenbarte sich mir, sein Kopf an meiner Schulter, völlig ruhig. Ich konnte die Haare seiner Mähne riechen, fühlte seine Wärme. Er zappelte mit einem Ohr und drückte sich gegen meine Brust. Ich verharrte reglos.

Bisher war ich Ronjo aus dem Weg gegangen. Er war Hangars Hengst gewesen, alle anderen Menschen hatte er nie geduldet. Und wenn sich ein Fremder dem Hengst nähern wollte, schlug er nach ihm. Hier aber stand nicht der Hengst Hangars vor mir, sondern ein Verbündeter, ein Freund, der sich mir anvertraute.

Meine Mutter sah mich mit weit aufgerissenen Augen an. Sie war kreidebleich geworden. Ich tat so, als wäre nichts passiert, schluckte leer, griff das Zaumzeug von Ronjo, drehte ihn sanft um seine eigene Achse und führte ihn in den Stall. Dabei stockte selbst mir der Atem und ich überlegte, was passiert sein könnte. Ich suchte nach einer Erklärung, die nicht völlig verrückt war.

Das Gefühl der Angst schoss mir in die Magengegend. Etwas Außergewöhnliches war soeben geschehen, etwas, was nicht normal war. Ich kleines Mädchen beruhigte einen riesigen, schwarzen Hengst, der zweimal so groß war wie ich selbst. Nachdem meine Mutter schon wegen ihres Aussehens verstoßen worden war, machte mir die Situation mit Ronjo plötzlich großen Kummer.

Nachdem ich Ronjo in den Stall gebracht hatte, entfernte ich den Sattel, das Zaumzeug, brachte ihm Wasser und rieb ihn mit frischem Stroh ab. Der Hengst war die Ruhe selbst, ließ alles geduldig mit sich geschehen. Nachdem ich ihn versorgt hatte, schmiegte ich mich an ihn, umarmte seinen Hals und drückte meinen Kopf an seine Schulter, so, wie er es vorher mit mir gemacht hatte. Ich fühlte mich diesem Tier mit einem Mal stark verbunden. Ein neues, tiefes Band war entstanden, das konnte ich spüren.

Als ich wenig später ins Haus zurückkehrte, saß meine Mutter im Dunkeln. Ich konnte ihren Blick trotz des mangelnden Lichts geradezu auf mir spüren.

»Seit wann tust du solche Dinge?«, fragte sie in einem eisigen Ton.

»Was für Dinge?«, fragte ich sie und setzte mich zu ihr.

»Du weißt genau, was ich meine«, meinte sie ernst. Ich wusste nicht, wie ich ihr das erklären sollte.

»Nyella«, sie packte mich an den Schultern und schüttelte mich durch.

Ich wich zurück auf den Stuhl und sah sie fragend an. »Das war das erste Mal, dass ich …«, antwortete ich, aber sie hob gebieterisch ihre Hand.

»Schweig!«, befahl sie mir. Ich verstummte. Sie rückte näher, immer noch meine Schulter festhaltend, und schaute mir tief in die Augen. Als ich etwas sagen wollte, hielt sie mir den rechten Zeigefinger vor den Mund und hieß mich erneut zu schweigen.

»Lass uns spazieren gehen«, sagte sie. Sie erhob sich, zerrte mich vom Stuhl und ging energischen Schrittes aus der Küche.

Ich konnte ihr kaum folgen, verhedderte mich, stolperte beinahe, aber sie hatte mich fest in ihrem Griff. Sie schleifte mich beinahe aus der Küche.

Sie marschierte aus dem Haus, weg von dem Hof, bis wir beim hohen Gras angekommen waren, als sie stehen blieb, mich wieder fest an der Schulter packte, mit ihrem Gesicht so nahe wie möglich kam und völlig aufgebracht flüsterte: »Bei allen Disen, um Vodanos willen, Nyella, du bringst uns direkt in die Höhlen von Lodur. Was hast du dir nur dabei gedacht? Wenn das jemand gesehen hätte.« Ihr Gesicht war meinem so nahe, dass ich ihren Atem riechen konnte.

»Momma, ich hab wirklich nichts gemacht«, sagte ich.

»Nichts gemacht? Nyella, nichts gemacht? Du hast den wildesten Hengst dieses Tals dazu gebracht, sich vor dir zu verneigen. Das ist *nichts*?« Sie sah mich noch immer wütend an und hielt mich an der Schulter fest.

»Momma, du tust mir weh«, sagte ich ihr und versuchte, ihrem Griff zu entkommen. Sie ließ nicht locker. »Momma, es tut weh«, wiederholte ich und versuchte mich abermals aus ihrem Griff zu befreien.

Sie ließ mich plötzlich los und trat einen Schritt zurück. Sie sah mich lange eindringlich an, ohne ein Wort zu sagen. Dann – plötzlich – drehte sie sich um und ging wortlos zum Haus. Ich blieb lange stehen und sah meiner Mutter nach.

Erst später folgte ich ihr ins Haus. Ich beschloss, dass es besser wäre, das Thema nicht mehr anzuschneiden. Am besten würde ich es den ganzen Tag nicht mehr erwähnen. Irgendetwas war passiert heute. Nicht nur die Angelegenheit heute Mittag. Meine Mutter benahm sich seltsam.

Ich hatte mit einem Mal das Gefühl, dass sie ein Geheimnis hatte vor mir.

# 2. Abschied

Mitten in der Nacht erwachte ich, weil auf dem Hofplatz draußen ein Tumult entstanden war. Männerstimmen waren zu hören, die laut fluchten. Nach wenigen Momenten war ich hellwach, erkannte, dass darunter auch Hangar war. Er war offenbar nicht allein. Ich hörte, wie die Männer herumschrien, und so kletterte ich aus dem Bett, schaute aus dem kleinen Fenster, das zum Hof zeigte.

Als sich die Türe zu meiner Kammer öffnete, stockte mir der Atem. Meine Mutter lugte zu mir herein und hieß mich, in der Kammer zu bleiben und auf keinen Fall mein Zimmer zu verlassen. Sie hatte ihr Nachthemd an und rannte die Treppe hinunter. Ich richtete meinen Blick wieder nach unten. Mehrere Männer waren auf dem Hofplatz und ein Ross, das vor einen Wagen gespannt war. Hangar schrie herum und meine Mutter mischte sich zu den Besuchern und ihrem Mann. Ich hörte Hangar brüllen. Meine Mutter versuchte ihn zu beruhigen. Er stieß sie von sich. Er war sturzbetrunken, lallte und konnte sich kaum gerade auf den Beinen halten. Ich konnte nur einzelne Wortfetzen heraushören.

»Der vermaledeite Gaul gehört totgeschlagen. Kein Ross wirft einen Hangar von Hacken ab. Ich schlag dich tot, du verfluchtes Mistvieh.«

Er taumelte in Richtung Stall. Einer der Männer stützte ihn. Ronjo? Er musste ihn offenbar abgeworfen haben. Deshalb war er alleine zurückgekehrt. Ich hatte das völlig ausgeblendet. Panik kam in mir auf. Ich begriff sofort: Er wollte Ronjo etwas antun. Hangar schleifte sich torkelnd zum Stall.

In Windeseile schlüpfte ich in mein Kleid, ließ die Haare offen und riss die Türe auf. Als ich die Treppe herunterrannte, stolperte ich und kugelte mindestens vier Treppenstufen hinunter. Ich fluchte leise, versuchte den Schmerz zu unterdrücken, den ich im linken Knie und im Rücken spürte, und rannte weiter die Treppe hinunter. Meine Haare verhedderten sich bei einem Holzstift des Treppengeländers und ich riss mir ein Büschel Haare aus. Nein, er durfte Ronjo nichts antun. Ich musste mich beeilen. Ich musste Hangar von Ronjo ablenken. Draußen wurde das Fluchen von Hangar immer lauter. Die Männer schrien durcheinander.

Als ich den Hof betrat, schlug Hangar gerade meiner Mutter so hart ins Gesicht, dass sie zu Boden fiel. Er griff sich das große Beil, das an der Stalltüre lehnte. Wie von Sinnen schrie er und schüttelte einen Saufkumpanen ab, der – betrunken wie dieser auch war – hinfiel und auf seinem Hosenboden sitzen blieb. Er machte keine Anstalten, sich wieder zu erheben. Hangar riss indessen die Stalltüre auf, die laut ächzend aufging.

»Du verfluchtes Mistvieh. Ich werde dir zeigen, wie dir geschieht. Mich abzuwerfen.«

Er marschierte wild entschlossen auf Ronjo zu, als ich den Stall erreicht hatte.

»Nein, Hangar, nicht!«

Ich schrie ihn an, aber Hangar reagierte nicht. Humpelnd rannte ich hinter ihm her, bis ich ihn am Ärmel zu fassen bekam. Ich überlegte nicht lange. Er war viel größer als ich, aber ich griff seinen Ledergürtel und zog daran.

»Nein – nicht Ronjo«, schrie ich ihm entgegen, als er sich plötzlich umdrehte.

Ich konnte den Met riechen. Der Hass hatte seine Gesichtszüge verzogen. Er taumelte einen kurzen Augenblick, sah mich in seinem Suff an und fasste grob meinen rechten Arm, verdrehte ihn und ich schrie vor Schmerz auf.

»Dieser verfluchte Gaul. Du verfluchtes Balg«, schrie er mich an und kugelte mir den Arm aus. Ich schrie auf vor Schmerzen und wand mich, um ihm zu entkommen, was mir nicht gelang.

Ich spürte einen höllischen Schmerz. Er schlug mir den Handrücken mit dem Schaft des Beils ins Gesicht. Mir wurde schwindlig und ich sackte zu Boden. Er gab mir einen heftigen Tritt, mit dem ich aus dem Stall zur Eingangstüre geschleudert wurde, dann drehte er sich um und ging auf Ronjo zu.

Ich versuchte aufzustehen, taumelte und fiel wieder hin. Alles drehte sich. Ich hörte nur das Gebrüll von Hangar und wenig später dumpfe Schläge, ein sich wiederholendes, schmatzendes Geräusch und schrecklich lautes Quieken eines Tieres. Dieses schrille Quieken ging mir durch Mark und Bein. Unfähig, mich zu bewegen, hoffte ich, dass Ronjo wenigstens sofort tot war. Ich hoffte es für ihn. Ich hatte unsagbare Schmerzen. Ich hatte Ronjo nicht helfen können. Tränen stiegen in mir auf. Ich hatte versagt und plötzlich bekam ich erneut einen Schlag. Ich sackte zusammen und es wurde Nacht um mich herum.

Als ich aufwachte, lag ich in meinem Bett. Meine Mutter saß neben mir, unterdrückte die Tränen und betupfte mein Gesicht mit einem Leinentuch, das stark nach Kräutern roch. Auf dem Schoß hielt sie eine Schüssel mit Wasser. Als ich die Augen öffnete, ließ sie das Tuch fallen, stellte die Schüssel ab und umarmte mich stürmisch.

»Oh, Vodano sei Dank, du bist wach«, sagte sie und schluchzte in meine Haare. Sie zitterte und hielt mich so fest, dass ich kaum atmen konnte.

»Mom – ma – Luft«, stammelte ich, als sie mich wieder losließ und die Schüssel hochhob, um mein Gesicht weiter abzutupfen.

»Ist Ronjo …?«, wollte ich fragen, aber ich war nicht imstande, die Frage zu Ende zu formulieren.

Meine Mutter hielt einen Moment inne, senkte den Blick und begann, langsam zu nicken. Die Tränen stiegen mir in die Augen. Ich saß da, betäubt von den Schmerzen am ganzen Körper. Es war nicht der körperliche Schmerz, der mich regungslos dasitzen ließ. Es war ein Schmerz, einen alten Freund, den ich eben gewonnen hatte, im Stich gelassen und verloren zu haben.

Ich ließ es zu, dass meine Mutter die Wunden in meinem Gesicht abtupfte. Aber es machte keinen Unterschied. Wenn er Ronjo totgeschlagen hatte, würde er in baldiger Zukunft jemanden von uns totschlagen. Dessen war ich mir sicher. Und es war mir egal. Je schneller, desto besser.

Meine Mutter sprach nicht mit mir. Ich hatte tausend Fragen, aber ich konnte sie nicht stellen. Ich war genauso gelähmt wie sie. Und ich hatte Angst, die Fragen zu stellen. Ich kannte die Antworten, die ich nicht hören wollte. Ich spürte den Schmerz im Gesicht von dem Schaft des Beils. Ich konnte den Schmerz im Arm spüren, den er mir ausgekugelt und herumgerissen hatte, und ich spürte meinen ganzen Körper von den Tritten und dem Fall zu Boden. Mein Knie und mein Rücken taten mir vom Treppensturz weh.

Meine Mutter bat mich zu schlafen und entfernte sich bald aus meinem Zimmer. Sie schloss die Türe hinter sich und so wurde es still in meiner Kammer. Eine greifbare Stille, die mir beinahe den Atem raubte. Ich fühlte mich einsam, einsamer als je zuvor. Ronjo – totgeschlagen. Welch' barbarischer Akt. Hangars Ross, das er über alles geliebt hatte. Totgeschlagen von ihm selbst.

Es war still geworden im ganzen Haus. Schließlich setzte ich mich auf und versuchte auf die Füße zu kommen. Ich selbst war Opfer von Hangars Schlägen geworden, nicht zum ersten Mal. Überall konnte ich sie spüren. Ich hatte meine Kleider noch an, offenbar hatte man mich so ins Bett gelegt. Meine Kammertür ließ sich ohne Geräusch öffnen. Ich horchte und verharrte einen Moment. Es war ruhig, also schlich ich mich auf Zehenspitzen bis zur Treppe. So leise wie möglich schlich ich an der Kammer von Hangar und meiner Mutter vorbei, hielt einen Moment inne und horchte an der Tür. Nach wenigen Augenblicken vernahm ich ein unregelmäßiges Schnarchen von Hangar. Was für ein erlösendes Geräusch. Wenn er so schnarchte, dann konnte ihn nichts und niemand wecken. Ich wollte auch, dass meine Mutter mich nicht hörte. Also blieb ich auf der Hut und schlich mich so leise wie möglich die Treppe hinunter.

Schließlich gelangte ich über den Hof und zum Stall. Der Mond gab noch immer ein wenig Licht ab und schien unbeeindruckt von den Ereignissen, die den Hof vor wenigen Stunden erschüttert hatten. Als ich bei der Stalltüre angekommen war, zögerte ich einen Moment. Die Schreie von Ronjo waren schrecklich gewesen. Ich fürchtete mich vor dem, was mich hier erwartete. Ich wollte mich bei ihm entschuldigen, das musste ich einfach tun. Selbst wenn er mir nicht verzeihen würde. Selbst wenn ich mir nicht verzeihen konnte. Ich musste Abschied nehmen, das war ich ihm schuldig.

Langsam tappte ich ihm Dunkeln zu Ronjo, dessen lebloser Körper am Boden lag. Er sah riesig aus. Ich spürte unter meinen Füßen eine warme, dickliche Flüssigkeit und merkte zu spät, dass Ronjo in seinem eigenen Blut lag. Darüber, dass es dunkel war, war ich froh, und dass der Mond nur wenig Licht spendete. Ich hätte den Anblick bei Licht nicht ertragen. Ich spürte nur sein Blut, ich konnte es riechen. Es war schlimm genug. So, wie er dalag, war es fast schon friedlich. Er musste nicht mehr leiden. Die lange Mähne lag im Blut und war nass von der schweren Flüssigkeit. Eine Spur von Neid kam in mir auf. Er hatte allen Schmerz bereits hinter sich. Ich wusste nicht, welcher Schmerz noch auf mich wartete.

Als ich vor ihm stand, wie er auf dem Boden lag, überkam mich Verzweiflung, und ich ließ mich auf meine Knie fallen. Ein Schmerz durchfuhr mich und ließ mich einen Moment zusammenzucken. Ich vergrub mein Gesicht im Fell von Ronjo, vergrub meine Finger in seiner blutüberströmten Mähne, spürte, wie sich das Blut auch hier über meine Finger ergoss, und ich schluchzte hemmungslos.

All der körperliche Schmerz war qualvoll genug, aber es war nichts im Vergleich zu diesem Schmerz, der mein Herz lähmte. Ich fühlte mich so hilflos. Ich fühlte mich wie ein Verräter. Ich merkte nicht, wie das Blut mein Kleid tränkte, meine Füße färbte und über meine Finger rann. Ich saß lange so da, hielt den Hengst in meinen Armen, begann, ihn weinend zu wiegen und sang ihm mein altes Schlaflied vor, das mein Vater immer für mich gesungen hatte:

*So wird die Welt denn abends stille*
*Leg dich hin, mein Schatz, und komm zur Ruh*
*Und in der Nacht, es singt die Grille*
*´s wird Nacht – mach deine Äuglein zu*
*Und die Fee des Westens wacht über deinen Traum*
*Wenn du reitest gen Himmel zu den goldnen Sternen*
*Das Schicksal wird neu gestrickt am Weltenbaum*
*Damit erwacht am Morgen die Dämmerung in den Fernen*

Eine gefühlte Ewigkeit war ich so dagesessen. Blutgetränkt setzte ich mich wieder auf und schaute ein letztes Mal auf Ronjo.

»Es tut mir so leid, mein Freund. Es tut mir so leid, dass ich dir nicht geholfen habe. Bitte verzeih mir.«

Ich erstickte beinahe an meinen Tränen. Ich erhob mich und verließ den Stall. Das Blut klebte an meinen Füßen, an meinen Händen, tropfte von meinem Kleid. Ich nahm den Saum meines Kleides in die Hand und wrang es vor dem Stall aus. Meine Füße versuchte ich am lehmig-steinigen Boden abzuwischen.

Genauso, wie ich mich hinuntergeschlichen hatte, schlich ich mich wieder zurück ins Haus, stieg Tritt für Tritt die Treppe hinauf. Ich hatte kalte Füße. Als ich oben angekommen war, öffnete ich vorsichtig die Türe und schlich mich zurück ins Zimmer. Es war stockdunkel und ich tippelte zu meiner Kommode hinüber. Als ich mich gerade entkleiden wollte, knackste es hinter mir. Ich erschrak und drehte mich um.

»Wo warst du?«, hörte ich die dunkle Stimme.

»Ich, ich …«, stammelte ich.

Das Bett quietschte, als Hangar sich erhob. »Wo du warst, will ich wissen?«, fragte er erneut. Mein Herzschlag setzte beinahe aus, als Hangar näher kam.

Ich antwortete nicht und Hangar packte mich grob an den Schultern. Dann hielt er inne und begann, an mir zu schnüffeln.

»Du stinkst grauenvoll«, schimpfte er und gab mir einen unsanften Stoß. Argwöhnisch betrachtete er mich. »Du warst bei diesem toten Gaul im Stall?«, begann er. »Du stinkst wie totes Fleisch«, ergänzte er kalt. »Was wolltest du bei diesem Vieh?«, wollte er wissen, aber ich blieb stumm. Hangar ging zwei Schritte zurück.

»Wasch dich, der Gestank ist nicht zum Aushalten«, sagte er. Schließlich hielt er sich die Nase zu und drehte sich um. »Du wirst nie wieder so stinken, hast du mich verstanden?«, maulte er. Dann verließ er mein Zimmer.

Ich konnte mein Herz klopfen hören, mein Herzschlag raste. Ich hob meinen Arm und roch an mir. Ich stank wirklich bestialisch nach Blut und nach Tod, vor allem aber nach Verrat.

Ich entkleidete mich und ging zur Schüssel auf der kleinen Kommode, die gefüllt war mit Wasser. Dort begann ich, mich zu reinigen. Ich zitterte am ganzen Körper und weinte leise vor mich hin. Als ich mir das Blut abgewaschen hatte, fing ich an, meinen Körper und meine Schmerzen wieder zu spüren und kroch erschöpft ins Bett.

Es wollte mir nicht gelingen einzuschlafen. Tausend Gedanken füllten meinen Kopf, unzählige Bilder verfolgten mich. Geräusche holten mich ein, die ich nicht loswerden konnte. Es drehte sich alles in meinem Kopf. Mein Herz war schwer, Tränen rannen über mein Gesicht. Ich dachte über Roberta nach. Ich dachte an den Kater, ich dachte an Ronjo.

Ich war noch immer wütend und wünschte mir, Hangar würde sterben. Ich wünschte mir, Hangar würde genauso leiden wie Ronjo. Ich wünschte, Hangar würde bestraft werden. Ich hasste ihn und ich hoffte, dass es Vodano wahrhaftig geben würde, der ihn quälen und bestrafen sollte. Mein Atem war erfüllt von Hass gegen Hangar. Ich verfluchte ihn innerlich, bis ich es schließlich laut aussprach: »Verflucht seist du, Hangar von Hacken. Ich verfluche dich und mit dir deinen Hof.«

Noch nie hatte ich so harte Worte benutzt. Die Worte blieben im Raum stehen wie ein unheilbares Omen, während ich mir die

Decke bis zur Nasenspitze hochzog. Nach langem Hin- und Herwälzen schlief ich schließlich ein.

Irgendwann in der Nacht polterte es heftig an meiner Tür. Mit einem Schlag war ich wach.

»Nyella, schnell, komm, raus aus dem Haus!«, hörte ich meine Mutter hysterisch rufen. Ich versuchte aufzustehen und humpelte zu meiner Kommode. Dort entnahm ich ihr schnell ein Kleid, stülpte es über und öffnete die Türe. Meine Mutter rannte bereits die Treppe hinunter. Draußen fluchte Hangar und brüllte herum. Ich ging hinkend die Treppe hinunter.

»Schnell, Nyella, komm da weg«, rief meine Mutter, griff meine Hand und zerrte mich vom Haus weg. Ich sah erst jetzt, dass der ganze Stall in Flammen stand. Hangar stand beim Wagen neben dem Stall, auf dem ein großes Fass mit Wasser stand. Er versuchte mit dem Eimer Wasser in die Flammen zu werfen, gab es nach wenigen Minuten auf. Es war aussichtslos. Der ganze Stall brannte lichterloh und die Flammen züngelten bereits zum Schweinestall, langsam hinüber zur alten Scheune, wo die Kätzin mit ihren Jungen Stunden zuvor gelegen hatte. Der Lärm des Feuers war ohrenbetäubend, die Hitze unerträglich. Wo Ronjo noch vor wenigen Stunden totgeprügelt worden war und sein toter Körper im eigenen Blut gelegen hatte, tanzten jetzt die Flammen und brachten brennendes Unheil über den Schierlingshof.

Hangar rannte zu uns zurück. »Bringt euch in Sicherheit«, rief er und lief hinter uns her, seine Arme schützend über meine Mutter und mich haltend. »Hoffentlich dreht sich der Wind nicht«, sprach er zu meiner Mutter, während wir uns vom Hof entfernten.

Wir rannten in Panik los und ließen uns bei den Apfelbäumen nieder, die weit genug weg vom Hof wuchsen. Hilflos mussten wir zusehen, wie der Stall niederbrannte. Das Feuer war zu mächtig. Wir verharrten, sahen voller Furcht dem Feuer zu und bangten um die Zukunft des Schierlingshofes. Mutter hatte angefangen, so etwas wie ein Gebet vor sich hinzumurmeln. Sie hielt mich fest und drückte mich an sich. Hangar stand angespannt an einem Baum und blickte auf den brennenden Stall.

»Bei den Göttern, so tu doch etwas«, rief ihm meine Mutter zu.

»Wir sind vorerst in Sicherheit, Gerda, das ist das Wichtigste. Hoffen wir, dass sich der Wind nicht dreht«, rief Hangar zurück.

Doch dann drehte sich der Wind …

Hangar ergriff Panik. Er stürzte zurück auf den Hofplatz und schrie uns zu, dass wir bei den Apfelbäumen bleiben sollten. Die Flammen griffen langsam züngelnd über auf das Wohnhaus. Hangar hievte Wasser aus dem Fass und versuchte erneut dem Feuer Einhalt zu gebieten. Verzweifelt rannte er vom Wagen zum Haus und zurück. Er kippte Eimer um Eimer wahllos in die Flammen. Zwischendurch stürzte er, das Wasser lief aus dem Eimer auf den Boden, er rannte zurück und begann von Neuem. Der Wind wurde stärker und binnen weniger Minuten standen auch das Haupthaus und alle umliegenden Gebäude in Flammen, brannten lichterloh. Das Feuer nahm sich Zentimeter für Zentimeter, wonach es hungrig war. Es war, als tänzelten die Flammen um ihn herum und lachten Hangar aus. Die Flammen sahen aus wie eine einzige große Fratze, die Hangar ins Gesicht lachte.

Hangar bemühte sich weiter, Eimer für Eimer zum Haus zu tragen, als ob er irgendetwas hätte ausrichten können. Die wenigen Liter Wasser waren wie ein Tropfen auf dem heißen Stein. Schließlich gab er erschöpft auf, entfernte sich von den brennenden Gebäuden und sank wenige Meter weiter auf der Wiese auf die Knie. Und in diesem Moment ergriffen die Flammen auch den Wagen mit dem Wasserfass darauf. Er ging in wenigen Sekunden vollständig in Flammen auf.

Nichts mehr war übrig von dem schreienden, brüllenden Barbaren Hangar. Als er sich wieder erhob und auf uns zukam, wirkte er gebrochen, beinahe schon verletzlich. Der stolze Hangar von Hacken war von Flammen bezwungen worden.

Am Himmel sammelte sich der schwarze Rauch über uns. Bedrohlich verkündeten die dicken Rauchwolken den Untergang des Hofes und trugen die Kunde weiter in die Nachbarschaft. Der ganze Himmel war schwarz gefärbt. Und im Osten erhob sich langsam die Sonne aus ihrem Nachtquartier, um den neuen Tag anzukündigen. Irgendwo in den nahegelegenen Bäumen krähten die Raben.

Während die Sonne immer weiter über den Horizont kroch, um den Tag zu erhellen, saßen wir noch immer bei den Apfelbäumen. Die Vögel hatten ihren Gesang wieder aufgenommen und die Raben stimmten mit lautem Krächzen mit ein. Die Sonne scherte sich nicht darum, was passiert war. Sie ging auf, bis sie schließlich hoch am Himmel stand und ihre volle Pracht entfaltet hatte.

Hangar lehnte wortlos an einem Baum. Meine Mutter hatte sich mit mir hingesetzt und hielt mich fest. Es war, als würde unsere kleine Welt stillstehen. Hangar war vom Kampf mit den Flammen über und über mit Ruß bedeckt. Die immer noch gleißende Hitze trieb uns allen den Schweiß ins Gesicht. Hangar wischte sich mit dem schwarzen Handrücken das Gesicht ab und hustete laut. Der Ruß hatte sich in unseren Lungen festgesetzt. Unsere Kleider und unsere Haut waren durch und durch schwarz. Hangar hatte es noch schlimmer getroffen. Er hatte Verbrennungen und seine Haut war komplett schwarz gefärbt. Irgendwann hörten wir das Getrampel von Hufen und das Quietschen eines Wagens. Hinter den glühenden Kohlen tauchte ein Pferdegespann auf.

»Hangar, Haaaaangar«, hörten wir jemanden rufen.

Hinter dem Rauch konnten wir auf dem Wagen den Altmeister erkennen, den alten Freund von Hangar. Er bahnte sich einen Weg an dem niedergebrannten Haus vorbei, inspizierte mit seinem neugierigen Blick den ganzen Platz und fuhr uns mit Ross und Wagen entgegen.

»Bei Vodanos Bart, was ist passiert, Hangar?«, wollte Altmeister Ritternich wissen.

»Sieh selbst – der Hof …« Hangar brach ab.

Der Altmeister hielt seine Pferde an: zwei braune, bullig wirkende Stuten mit langen Mähnen. Ritternich kletterte vom Wagen. Er stellte sich neben Hangar, der auf Schutt und Asche blickte, stemmte die Hände in die Hüften und sah sich die Ruine vom Schierlingshof an.

»Bei Vodanos Bart, ich weiß nicht, was ich dazu sagen soll.« Der Altmeister räusperte sich schließlich.

»Lasst uns zuerst zum Schutt gehen und sehen, was sich retten lässt«, meinte Hangar und ging schnellen Schrittes auf den Hof zu.

Der Altmeister und meine Mutter folgten ihm, während ich mich langsam erhob und ihnen hinterherlief. Die Glieder schmerzten vom langen Sitzen und von den Schlägen der letzten Nacht. Was sollte da noch zu retten sein? Ich war froh, dass es auf dem Hof keine weiteren Tiere mehr gegeben hatte. Sie wären wohl elendig verbrannt. Die Stuten des Altmeisters blieben samt dem Wagen dort stehen, wo sie waren, und ich hatte Mühe, den Erwachsenen zu folgen. Als wir beim niedergebrannten Wohnhaus angekommen waren, sonderte ich mich von den anderen ab. Sie suchten dort, wo das Haupthaus gestanden hatte, nach möglichen Dingen, die den Brand überstanden haben könnten. Überall stieg Rauch auf und wir mussten mit jedem Schritt darauf achten, nicht in heiße Kohlen zu treten.

Mich zog es zu dem Platz, wo der Stall gestanden hatte. Ich wusste nicht, worauf ich gehofft hatte. An dem Ort, wo Ronjo gelegen hatte, waren nur ein paar verkohlte Eisenteile übrig geblieben, ein großer Balken, der nicht vollständig abgebrannt war und sonst nur Schutt und Asche.

Ich schlenderte weiter und suchte mit dem Blick immer wieder den Platz ab, wo Ronjo gelegen hatte. Ich hatte gehofft, es würde vielleicht ein Teil des Skeletts noch dort liegen. Aber außer Schutt und Asche war nichts zu sehen.

Als ich mich von dem Stall entfernte, fiel mein Blick auf etwas, das merkwürdig hell leuchtete. Ich sah mich um, ob mich niemand beobachtete. Ich sah genauer hin, was da leuchtete. Es war der Stein, den ich gestern hatte fallenlassen. Trotz des Brandes war er nicht schmutzig. Ich bückte mich kurz, um ihn vorsichtig zu berühren. Er war kalt. Sofort nahm ich ihn in meine Hände und vergrub ihn in meiner Tasche im Rock.

Wenig später rief mich meine Mutter zu sich. »Kommst du, Nyella? Wir werden vorerst bei Ritternich und seiner Familie wohnen können«, sagte sie zu mir.

Und so gingen wir zurück zu den Apfelbäumen, bestiegen den Wagen und machten uns auf den Weg in die Stadt – nach Breithorien, wo Ritternich ein Haus bewohnte, gemeinsam mit seiner Frau Meryt und seinen Kindern. Das, was vom Schierlingshof noch übrig geblieben war, ließen wir hinter uns. Aus den Trümmern hatten sie nichts mehr bergen können.

Als wir vom Hof fuhren, hörte ich abermals einen Raben schreien. Ich dachte an Ronjo, an das blutverschmierte Kleid von gestern und an die Kammer, in der ich geschlafen hatte. Alles nicht mehr da. Alles verbrannt.

Die Fahrt nach Breithorien war lang. Wir waren mit dem Wagen mehr als drei Stunden unterwegs. Ich war schon lange nicht mehr in Breithorien gewesen. Ich hatte die Stadt zuvor nur wenige Tage lang gesehen, nach unserer Flucht aus unserem alten Dorf. Als ich klein gewesen war, hatte ich einige wenige Male mit in die Stadt gedurft, aber daran konnte ich mich kaum mehr erinnern.

Der Weg nach Breithorien führte uns durch tiefe Täler, lange Waldabschnitte und ließ uns einen Fluss überqueren – den »Fluss der wilden Biber«. Meine Mutter und ich saßen hinter den beiden Männern, die sich auf dem Wagenbock unterhielten. Seit Stunden hatte ich kein Wort mehr gesprochen. Meine Mutter schaute mit leerem Blick vom Wagen. Die Fahrt schüttelte uns kräftig durch, die Räder quietschten gleichmäßig und die Pferde brachten uns sicher über Stock und Stein nach Breithorien.

Arcadien war ein wunderschönes Land. Wir erreichten schließlich den Hügel, der kurz vor der Stadt lag. Dort hielt der Wagen an und wir schauten hinunter ins Tal, wo sich majestätisch die Stadt Breithorien zu unseren Füßen erhob, umgeben von einer stattlichen Mauer. Dann lenkte Ritternich die Pferde weiter auf der Straße hinunter in Richtung Stadttor.

Als der Wagen schließlich auf das Haupttor der Stadt zusteuerte, hallten die Hufe auf dem Steinboden wider und eine kühle Brise umspielte meine Haut. Der Fahrtwind hatte uns zuvor abgekühlt nach dieser hitzigen Nacht. Die Abkühlung innerhalb der Mauern der Stadt tat zusätzlich gut. Wir passierten die Wächter am Haupttor der Stadt und fanden uns sofort im bunten Treiben von Breithorien wieder. Mit einem Mal erfüllte der Klang von Marktgeschrei und Menschenmassen unsere Ohren. Die Geschäftigkeit überforderte meine Augen – und mein Gehör.

Der Marktplatz war gefüllt mit einem breiten Angebot an Waren. Dort gab es Fisch, der laut schreiend angepriesen wurde, und alle möglichen Fleischleckereien direkt daneben. Gemüse wurde angeboten in allen Variationen und Farben, üppig zur Schau gestellt auf den Marktständen, deren Hölzer sich unter der Last krümmten. Dort gab es Delikatessen aus eigener Herstellung zu kaufen und eine alte Frau bot Wolle zum Spinnen an.

Verschiedene Händler hielten ihre Ware über die Feuer vom Marktplatz, um sie denen gebraten zu verkaufen, die sich eilig auf ihrem Weg verpflegen wollten. Geruch von Schweinefleisch und verbranntem Öl erfüllte die Luft, es stieg uns eine Brise des frischen Fischs in die Nase und einen Meter weiter lockte der Duft von herben Kräutern. Fässer mit Wein und Met waren aufeinandergestapelt und selbst lebende Hühner waren in Käfigen zum Verkauf bereit.

In einer Ecke saßen Weissagerinnen auf ihren Stühlen und versprachen den Blick in die Zukunft, Kinder sprangen um die Wette zwischen den Menschen umher. Bettler hockten am Boden und hielten ihre Hände auf, bettelten mit ihren verkrüppelten Körpern um eine milde Gabe, während die Mägde ihre Körbe üppig füllten für ihre Herrschaften. Im Tumult unterhielten sich zwei Frauen und tauschten den neusten Klatsch und Tratsch aus. Bei dem großen Feuer, über dem ein ganzes Rind gebraten wurde, lachten Männer mit Trinkhörnern in der Hand, während der Metzgersjunge mit großer Anstrengung das Rind drehte.

Der Wagen von Ritternich schob sich langsam durch die Menschenmenge, die sich teilte und ihm Platz verschaffte, um zu seinem Haus vorzudringen.

Ich sah Gaukler, die zu einer fahrenden Truppe gehörten und ihre Kunststücke auf dem Platz zum Besten gaben. Ein Geschichtenerzähler in einem herrlich verzierten Rock hockte in der Mitte vor den Pferdewagen, umringt von einer Horde Kinder, die begeistert zuhörten, wie er ein fremdes Instrument zupfte und in singendem Rhythmus eine Geschichte von fremden Ländern erzählte. Die Kinder verfielen in lautes Gelächter und klatschten, sodass er lachend weitersang. Andersartig aussehende Menschen hockten auf der Treppe zu einem der Pferdewagen, flickten ihre Gewänder und einer putzte seine Stiefel.

Es waren Menschen, die viel kleiner waren als ich und dennoch erwachsen aussahen. Ihre Gliedmaßen waren viel zu kurz geraten und zogen die neugierigen Blicke einzelner Zuschauer auf sich. Zwei Clowns, deren Gesichter bunt bemalt waren, ließen Teller auf einem Stab jonglieren und ein kleines Mädchen rannte zur staunenden Menge von einem zum anderen mit einem Hut in den Händen und lächelte freundlich, um Taler zu ergattern. Ein älterer Mann ging vor den Wagen auf und ab und rief in die Menschenmenge, sie möge nähertreten. Sie würden Menschen sehen, bei denen ihnen die Augen überquellen würden, und sie würden staunen, was seine Truppe alles zu bieten hätte. Er pries den Geschichtenerzähler an, die bärtige Frau und den Zwerg, der zusammen mit einem Berglöwen durch einen brennenden Feuerring spränge. Er trug einen bizarren, violetten Mantel, hatte halblanges, graues Haar und einen ebenso grauen Bart. Mit einem violetten Hut auf dem Kopf verströmte er ein warmes Lächeln. Sein von Falten gezeichnetes Gesicht erzählte die Geschichte eines Mannes, der schon vieles erlebt haben musste.

Hinter den großen Wagen der Gaukler standen Dutzende von Pferden, aber auch Tiere, die ich noch nie gesehen hatte. Fasziniert entdeckte ich ein braunes Tier mit fleckigem Fell, das einem Bären ähnlich sah, aber doch viel größer schien und mit kleinen Flügeln auf dem Rücken vor sich hinstarrte, als würde es schlafen. Daneben stand ein Tier auf dicken und breiten Füßen mit einem langen Hals und trug eine grünlich-braune Farbe, die es im Wald hervorragend tarnen würde. Es war so groß, wie die Bäume hoch waren, und es konnte garantiert alles von den Bäumen fressen. In einem Käfig sah ich zwei graue, schlafende Biber und in einem anderen saßen hundeähnliche, monströs große Viecher, die lange Zähne hatten, mit denen sie fletschten, wenn jemand in ihre Nähe kam.

Die fahrende Truppe faszinierte mich. Da saßen Frauen in bunten Kleidern, die ihre Gesichter auffällig bemalt hatten, viel zu viel von ihren weiblichen Rundungen und ihrer nackten Haut preisgaben. Und da standen auch Wanderhuren bei ihnen, die an den roten Bändern am rechten Arm gut zu erkennen waren.

Ich erinnerte mich daran, was Hangar mir angedroht hatte und bekam eine Gänsehaut. Als wir nahe genug an den Gauklern vorbeifuhren, hob eine der Wanderhuren ihren Kopf, so als hätte jemand sie beim Namen gerufen, mit ihrem Blick nach etwas oder jemandem suchend. Sie war eine wunderschöne, junge Frau mit blondem, langem Haar und auffällig blauen Augen, von schlanker Statur und einem milden Gesichtsausdruck.

Dann, als sie mich erblickte, schaute sie mir direkt in die Augen und lächelte. Plötzlich spürte ich, wie der Stein in meiner Tasche heiß wurde, und ich musste die Zähne zusammenbeißen, um keinen Schmerzenslaut von mir zu geben. Wir hatten die Truppe bereits hinter uns gelassen, als ich mich nochmals umdrehte. Die blonde Wanderhure schaute mich noch immer an und folgte mir mit ihrem Blick. Ich konnte meine Augen nicht von ihr abwenden. Dann bog Ritternich mit dem Wagen um die Ecke und sie verschwand aus meinem Blickfeld. Ich drehte mich wieder nach vorne.

Die Stadtmauern waren in helles Licht getunkt von der Sonne und warfen Schatten ins Innere der Stadt. Die Wächter der Stadt gingen auf den Beobachtungsposten hoch über den Mauern auf und ab und lugten in weite Ferne. Auf einem kleinen Vordach saß ein schwarzer Rabe und schaute auf den Wagen mit den braunen, bulligen Stuten hinunter. Er drehte seinen Kopf und krächzte laut über den Marktplatz. Sein Geschrei ging in der Menge unter, wie so viele andere Geräusche. Doch die Wanderhure mit den blonden Haaren und den blauen Augen schaute kurz hinauf zu dem Raben. Dieser breitete die Flügel aus und entschwand in den Himmel.

Ritternich ließ wenig später ein lautes »Brrrr« ertönen und die Stuten kamen samt dem Wagen zum Stehen. Er kletterte vom Bock und wir folgten seinem Beispiel.

»Gerda, lass uns einen Moment Zeit. Hangar und ich werden meine Frau informieren, dass ihr in den nächsten Wochen bei uns leben werdet. Macht es euch vor dem Haus gemütlich, ich werde sofort zurückkommen«, sagte Ritternich zu meiner Mutter.

Sie nickte und nahm mich bei der Hand. Wir setzten uns vor dem Haus auf eine alte Holzbank, die zum Haus gehörte. Während Hangar und Ritternich im Haus verschwanden, betrachteten wir das Treiben auf dem Platz weiter.

Eine rundliche, herzliche Frau stand plötzlich vor uns, breitete ihre Arme aus und umarmte meine Mutter ungefragt.

»Bei allen Disen, ihr armen Kinder, seid willkommen. Selbstverständlich gewähren wir euch Unterschlupf«, sagte sie, ließ meine Mutter los und umarmte auch mich stürmisch, sodass ich nach Luft ringen musste. Dann stellte sie sich vor uns beide hin.

»Ich bin Meryt, meine Lieben. Jetzt habe ich schon sechs Kinder und die Disen bescheren mir noch zwei weitere Zöglinge. Es ist so schlimm, was ihr da erleben musstet. Bei allen Göttern. So ein Feuer, es muss von den Disen gewoben worden sein. So, wie Ritternich das beschrieben hat, ging das nicht mit rechten Dingen zu und her. Wer hat die Götter nur so erzürnt?«, mutmaßte Meryt. Sie redete unaufhörlich weiter, und ich hatte das Gefühl, sie würde zwischen keinem der Worte Luft holen.

Ich mochte Meryt sofort. Sie war das pure Gegenteil von Ritternich. Meryt war ein Plappermaul, trug ihr Herz auf der Zunge, aber sie verströmte eine warme und herzliche Energie.

»Kommt, unser Haus ist groß genug.« Fröhlich zog sie meine Mutter mit sich.

Es schien beinahe so, als wäre der Hausbrand ein Segen für uns. Ich folgte den beiden und Meryt redete die ganze Zeit, erklärte uns, wer das Haus wann erbaut hatte. Innerhalb von wenigen Minuten kannten wir die gesamte Familiengeschichte, nicht mit dem Anspruch, uns diese auch merken zu müssen. Meine Mutter und ich hörten ihr zu, ohne etwas zu erwidern. Wir wären ohnehin nicht zu Wort gekommen.

Meryt zeigte uns zwei Kammern, die oben im Haus in der zweiten Etage lagen. Die Zimmer waren klein und ordentlich. Das Beste an den beiden Zimmern war, dass sie nahe beieinanderlagen, und auch die Kammer von Ritternich und Meryt lag nebenan so wie die von meiner Mutter und Hangar. In meinem Zimmer standen zwei Betten. Meryt erklärte mir, dass ich das Zimmer teilen müsste mit der ältesten Tochter des Hauses. Hier musste mich Hangar in Ruhe lassen. Ich atmete auf.

Noch weitere Zimmer befanden sich auf derselben Etage. Die Söhne, aber auch die Magd schliefen in der unteren Etage. Mir kam der Stein wieder in den Sinn. Ich griff in die Tasche des Rocks. Als ich ihn spürte, war ich beruhigt. Meryt erklärte meiner Mutter ausführlich, wo sie alles fände im Haus.

Ich blieb einen Moment in der Kammer, die mir Meryt zugewiesen hatte. Ich hockte mich auf das kleine Bett und probierte aus, wie es sich anfühlte, darauf zu sitzen. Die Liegefläche war aus einem viel festeren und doch weicheren Material als mein altes, ausgeleiertes Bett auf dem Schierlingshof. Es fühlte sich herrlich an, darauf zu sitzen. Ich konnte es kaum erwarten, darin zu schlafen.

In dem kleinen Zimmer stand eine Kommode, darauf ein Spiegel und ein Krug, der leer war. Vor dem Spiegel lagen eine Bürste mit goldenem Griff und ein paar Bänder, mit denen sich wohl das Mädchen, das hier schlief, die Haare zusammenband. Ich hatte noch nie eine so fein gefertigte Bürste in den Händen gehalten. Die Bettdecke war von dickem und weichem Material in frischem Rosa, so wie das gesamte Zimmer. Auf der Kommode standen bunte Wiesenblumen in einer Vase. Durch das offene Fenster wehte ein Geruch von frischem Brot herein.

Ich lief zum Fenster und schaute in den Innenhof hinab. Da erblickte ich einen großen Ofen, aus dem der verheißungsvolle Duft aufstieg bis ins Zimmer hinauf. Ein Junge war damit beschäftigt, Brotlaibe aus dem Ofen herauszunehmen und legte sie zum Abkühlen auf ein Brett daneben.

Ich schaute ihm einen Moment zu und drehte mich danach wieder zum Bett. Ich erschrak, als Hangar wie aus dem Nichts aufgetaucht war und direkt vor mir stand.

»Glaub ja nicht, dass du hier machen kannst, was du willst«, sagte er mit bedrohlicher Stimme. Er kam einen Schritt auf mich zu und Panik erfüllte mich. Er war noch immer schwarz vom Ruß der letzten Nacht und stank nach Schweiß und Rauch. Er packte mich am Arm und zerrte mich zum Bett. Grob hielt er meinen Arm fest und drückte mich auf das Bett, als Ritternich von unten nach ihm rief. Hangar ließ meinen Arm los und schob mich grob von sich weg. Ich fiel rücklings aufs Bett.

»Wir sind noch nicht fertig miteinander, das versprech' ich dir«, drohte er mir und ging schnellen Schrittes aus dem Zimmer.

Ich hatte vor Schreck einen Augenblick lang vergessen zu atmen. Ich blinzelte und erhob mich vom Bett. Meine Knie versagten mir beinahe den Dienst. Unten hörte ich das Geplapper von Meryt. Zwischendurch vernahm ich die Stimme meiner Mutter.

Ritternich und Hangar waren offenbar im selben Raum und diskutierten mit den beiden Frauen.

Ich brachte mein ebenfalls schwarzes, verschwitztes Kleid einigermaßen in Ordnung. Dann ging ich hinunter zu den anderen in die Küche und setzte ein künstliches Lächeln auf, das mir beinahe mein Gesicht einfror.

»Ach, Kind, komm herein. Hast du Hunger?«, fragte mich Meryt, als ich die Küche betrat.

Mutter saß mit Hangar und Ritternich am Tisch. Zwei der Kinder von Ritternich und Meryt saßen ebenfalls da. Es waren zwei Jungen, einer davon derjenige, der vorher die Brote aus dem Ofen geholt hatte. Meine Mutter hatte einen Laib Brot vor sich auf dem Tisch stehen. Meryt schnitt mir eine dicke Scheibe davon ab und reichte sie mir zusammen mit einem großen Holzbecher, gefüllt mit frischem Wasser.

»Iss erst mal was, das wird dir guttun«, meinte sie.

Dann diskutierten die Erwachsenen weiter und kümmerten sich nicht um uns Kinder. Ich sah die beiden Jungs an. Sie waren kleiner als ich. Sie grinsten mich verstohlen an.

Herzhaft biss ich in das Stück Brot und bemerkte erst jetzt, wie hungrig ich war. Ich verschlang das große Stück und trank gierig den ganzen Becher aus. Meryt schnitt mir zwei weitere Scheiben Brot und reichte sie mir lächelnd.

»So, das sind unsere beiden Söhne, Rauke und Rolin. Holt Wasser vom Innenhof, damit unser Besuch sich frisch machen kann, sie haben eine schwere Nacht hinter sich«, beauftragte Meryt ihre beiden Söhne.

Der Brand auf dem Schierlingshof war Tischgespräch. Die beiden Buben standen auf. Sie waren fünf und acht Jahre alt, wie Meryt uns erklärte.

»Die restliche Bande lernt ihr bald kennen«, scherzte sie.

Der Schalk stand den Jungen ins Gesicht geschrieben. Sie hatten kurze, blonde Haare und helle Haut, wie es hier üblich war. Die Jungen trugen hellbraune Leinenhosen, beige Leinenhemden und lederne Westen, die ziemlich neu aussahen. Beide lachten und alberten, als sie die Treppen hinunterrannten, klopften sich gegenseitig auf die Schulter und beschlossen, ein Wettrennen zum Brunnen zu veranstalten.

Ich hörte nur mit halbem Ohr hin, worüber die Erwachsenen sprachen. Aber es ging wohl um die Pläne, wie der Schierlingshof wieder aufgebaut werden sollte. Ich sah mich in der Küche um. Es war anders als bei uns. Die Küche quoll über vor kleinen Dingen. Da gab es tausendundeinen Topf, unzählige Kellen, Schalen und eine Feuerstelle, die dreimal so groß war wie die bei uns. Kleine Becher mit Blumen standen auf fast jeder freien Ablagefläche, Schnitzereien hingen an den Wänden. Kleine Lederschuhe in verschiedenen Größen hingen an einem Lederriemen an der Wand. An einer anderen Wand waren in Abständen sechs verschiedene Maße hineingeritzt worden. Bei genauerem Hinsehen sah ich, dass das Wachstum der sechs Kinder dokumentiert worden war. Darüber standen kleingeschrieben die Namen der Kinder.

Wirr gewundene Holzwurzeln standen auf dem Tisch und Pergamentschnipsel zeigten kindliche Zeichnungen. Die Kommode war üppig gefüllt mit Gemüse, Früchten, Laiben von Brot und Fleisch. Eine hölzerne Türe daneben führte in die Vorratskammer, aus der es herrlich roch. Der kleine Spalt ließ Verheißungsvolles erkennen: Saftige Schinken, große Käselaibe und Dutzende von Würsten baumelten von der Decke. Ich wusste, dass der Altmeister reich war, aber dass er so reich war, das erkannte ich erst jetzt. Noch nie hatte ich so viel zu essen auf einem Haufen gesehen.

Doch auch das Haus war solide gebaut. Fast alles war aus Stein, nur wenige Türen und Möbel waren aus Holz. Die Türen waren bemalt mit Zeichen, die ich nicht kannte. Aber ich wusste, dass sie eine Bedeutung hatten. Die Holzbalken, die zwischen dem Gemäuer erkennbar waren, stützten das Haus und verliehen den Zimmern einen heimeligen Charakter. Meryt hatte fleißig gestrickt und gewoben, um die Räume wohnlich zu gestalten. Und die Handarbeiten der Kinder waren sorgsam aufbewahrt und stolz ausgestellt worden.

Der Duft von saftigem Fleisch stieg mir in die Nase. Auf dem Feuer kochte eine Suppe, die ihren verlockenden Duft in der ganzen Küche verströmte. Mittlerweile war es nach Mittag, und obwohl ich Brot und Wasser bekommen hatte, verspürte ich ein großes Loch in meiner Magengegend. Wenig später kamen Rauke und Rolin mit großen Kübeln, gefüllt mit frischem Wasser, an der Küche vorbeigerannt und trugen sie laut schnatternd in die Zimmer nach oben. Das Getrampel der Buben hörte man durch das ganze Haus.

Meryt hatte meiner Mutter Kleider von sich herausgesucht. Für mich hatte sie ein Kleid von einer ihrer Töchter herausgelegt. Wir konnten uns in unseren Kammern frisch machen. Meryt hatte die Kleider auf die Betten gelegt. Es war herrlich, sich den Ruß vom Körper zu waschen. Vor allem der Gestank war noch immer allgegenwärtig. Aber ein noch viel besseres Gefühl war es, eine duftende Seife benutzen zu dürfen, ein gelbliches Seifenstück, das nach Blumen roch.

Ich wusch mich damit und roch an meiner Haut. Das Wasser und die Seife reichten sogar aus, um meine langen Haare zu waschen. Das Kleid, das ich anziehen durfte, war schöner als alle meine Sonntagskleider, die ich kannte. Es war ein dunkelrotes Samtkleid mit weißem Einlass, einer weißen Bluse und großen, weißen, weiten Ärmeln. Über der Bluse wurde der rote Samt zusammengeschnürt und war umrandet von einer goldenen Bordüre. Meines passte mir wie angegossen. Ich betrachtete mich im Spiegel, drehte mich und freute mich wie ein kleines Kind. Ich konnte kaum glauben, wie hübsch ich aussah. Solch edle Kleidung kannte ich nur von hochwohlgeborenen Leuten. In letzter Minute erinnerte ich mich an den Stein, den ich aus dem verdreckten Kleid entnahm und wieder einsteckte.

Meine Mutter dagegen ertrank beinahe in dem Kleid, das sie erhalten hatte. Meryt war viel fülliger als sie. Der Rock war wunderschön, ein langes Kleid in wunderschönem, weichem

Braun, das über ein weißes Unterkleid fiel und über der Brust zusammengeschnürt war. Sie musste das Kleid etwas enger um die Taille schnüren und lächelte, als Meryt an ihr zupfte und versuchte, das Kleid in Ordnung zu bringen. Mutter ließ sich nichts anmerken und bedankte sich überschwänglich bei Meryt.

Ich fuhr mit der Hand immer wieder über die Beschaffenheit des Kleiderstoffes. Er fühlte sich sehr edel an. Auch ich bedankte mich mehrmals bei Meryt, die errötete. Meine bisherigen Kleider waren aus gutem, reinem Leinen gewesen, meist in einfachen Farben wie Grau oder Braun, der Stoff oft rau und steif, wie ihn die meisten einfachen Leute trugen. Es waren praktische Kleider für den Alltag und die Arbeit, schließlich mussten sie die harte Arbeit auf Hof und Feld überstehen.

Für Meryt war es offensichtlich üblich, so großzügig zu sein. Ich konnte mir keinen Reim darauf machen, wie Ritternich zu so einer Perle von Frau gekommen war. Meryt war klein und rundlich, hatte hellbraunes, langes Haar, welches sie zu einem Zopf zusammengebunden hatte, und üppige Brüste, die in der Bluse mit jedem Schritt mitwippten und manchmal beinahe aus der Bluse herauszuhüpfen drohten. Sie besaß erlesenen Geschmack, das konnte man an den Kleidern erkennen.

Ritternich hatte ich nur wenige Male zuvor gesehen, meistens war er genauso betrunken gewesen wie Hangar. Reiche Menschen waren hier zu Hause, aber auch sehr großzügige. Mir fiel auf, wie liebevoll Ritternich mit Meryt umging. Da waren die kleinen Gesten und sanften Worte, mit denen er sie umgarnte, als ob er sie jeden Tag aufs Neue erobern wollte. Es erinnerte mich daran, wie mein Vater immer mit meiner Mutter umgegangen war.

Auf dem Schierlingshof hatte ich mich nie zuhause gefühlt, doch hier fühlte sich das anders an. Es war zwar fremd, nicht wie ein eigenes Zuhause, aber ich fühlte mich hier sehr wohl. Und ich fühlte mich willkommen.

Auch Hangar hatte eine neue Bekleidung bekommen. Ritternich war nicht so groß und füllig wie Hangar. Und so platzten die Beinkleider und das Hemd beinahe über dem Körper von Hangar. Die Hose war zu kurz, die Hemdsärmel nicht lang genug. Die Bekleidung war ebenfalls aus edlem Stoff, in den Farben aber schlichter. Ich musste mir auf die Lippen beißen, um nicht zu lachen, als ich Hangar sah. Um Hangar keinen Stein des Anstoßes zu geben, drehte ich mich weg, damit er mein unterdrücktes Lächeln nicht sah. Es erinnerte mich wieder an die Schmerzen, die ich überall verspürte.

Schließlich bat Meryt uns alle zu Tisch. Sie rief aus dem Küchenfenster, es gäbe zu essen, und nach wenigen Minuten traf der Rest der Familie ein. Wir lernten nun auch noch die Mädchen kennen und Meryt stellte uns vor, während sie zwischen den Sätzen über den Alltag auch vom Unglück auf dem Schierlingshof erzählte. Da war Myriam, die älteste der Töchter, ich schätzte sie auf rund siebzehn Jahre. Sie war ihrer Mutter sehr ähnlich im Gesicht, aber wesentlich schlanker und größer gewachsen. Nur die Brüste waren nicht so üppig wie die ihrer Mutter. Sie trug ein langes, grünes Kleid mit weißer Bluse, das ihre Taille betonte. Offensichtlich legte sie großen Wert auf Schmuck und trug eine goldene Kette sowie goldene Ohrringe. Das dunkle Grün harmonierte mit dem schönen Goldschmuck und ließ sie erwachsener aussehen, als sie war.

Auch Sandrina war beinahe so groß wie Myriam und ähnelte ihrer Schwester und ihrer Mutter sehr. Sie trug ein ähnliches Kleid wie Myriam, aber in der Farbe Blau, und dazu Silberschmuck, wenn auch sehr viel dezenteren. Die Bluse spannte bei Sandrina weitaus mehr über der Brust. Ihr Busen war schon fülliger als der ihrer großen Schwester. Ich bemerkte, wie Hangar sie unverblümt anstarrte. Er spürte meinen Blick und sah mich hämisch grinsend an. Beide Mädchen trugen ihr bis zur Hüfte reichendes, langes Haar offen.

Mandina, die kleinere Schwester, trug das fast gleiche Kleid wie ihre großen Schwestern in den Farben Rot und Weiß. Das harmonierte mit ihrem dunkelbraunen, samtenen Haar, das ihr bis über die Schultern ging. Mandina hatte keinen Schmuck angelegt, vielleicht war sie noch zu klein dafür. Ich schätzte sie auf ungefähr elf Jahre. Eine junge Frau, die deutlich älter war als die Mädchen, stellte sich als die Magd vor, sie hieß Growena. Sie hatte einen kleinen Buben auf dem Arm: Morvin, den kleinsten Spross der Familie.

Growena war eine Schönheit, in ein altes, einfaches Leinenkleid gekleidet, trug ihre langen, schwarzen Haare zu einem Zopf zusammengebunden und über ihrem Kleid eine schmutzige Schürze. Sie hatte äußerst üppige Brüste und ausladende Hüften. Ich konnte die lüsternen Blicke von Hangar sehen, als sie die Küche betrat. Geschäftiges Treiben herrschte am Tisch, bis jeder seine Schüssel voller Suppe und eine dicke Scheibe Brot vor sich hatte. Meryt bat uns, mit dem Essen zu warten. Als schließlich alle ihre Schüssel voller Essen vor sich stehen hatten, griffen sich alle bei den Händen. Dann sprach Myriam, die älteste Tochter, einen Dank aus: »Götter, ihr seid gnädig mit uns, jeden Tag. Wir danken für dieses Mahl und den Trank. Wir danken aber auch, dass wir so viel zu geben haben, dass wir unseren Gästen Speis, Trank und ein Dach über dem Kopf geben dürfen. Und wir danken für unsere Gäste, die trotz der Feuersbrunst gesund an unserem Tisch sitzen.«

Dann verstummten die Stimmen und die Küche war erfüllt von Schmatzen und Schlürfen.

# 3. Breithorien

»Komm, wir zeigen dir die Stadt«, sagte Myriam aufgeregt zu mir, als sie fertig gegessen hatte. Sandrina und sie sahen mich erwartungsvoll an.

»Müssen wir nicht erst den Abwasch machen?«, wollte ich wissen und trug meine Schüssel vom Tisch.

»Nein, das erledigt Growena für uns, unsere Magd«, entgegnete Sandrina etwas altklug.

»Darf ich, Momma?«, fragte ich, den Blick auf meine Mutter gerichtet. Ich konnte die Augen von Hangar auf mir spüren. Und ich war mir sicher, dass er »Nein« gesagt hätte. Ich sah auch die verlogene Art, wie Hangar seine Hand schützend auf dem Oberschenkel meiner Mutter ruhen ließ.

»Die Mädchen sind bekannt in der Stadt, Gerda, du brauchst dir keine Sorgen zu machen«, erklärte ihr Ritternich, der den Blick von Hangar missverstanden hatte und meine Mutter beruhigen wollte.

»Na gut, dann zieht los«, meinte Mutter lächelnd. Myriam und Sandrina rannten die Treppe hinunter und ich folgte ihnen. Ich blickte noch einmal kurz zurück in die Küche und sah in die Augen von Hangar. Es war ein warnender Blick. Dann wandte er sich wieder den anderen zu und setzte sein falsches Lachen auf.

Ich konnte kaum Schritt halten mit den beiden Mädchen, die bereits das Haus verlassen hatten und unterwegs waren zum Marktplatz, wo noch immer geschäftiges Treiben herrschte.

»Na los, komm schon«, foppte Sandrina mich und winkte mir.

Doch bevor ich die beiden einholen konnte, waren die zwei großen Mädchen schon wieder losgerannt und in der Menge verschwunden. Es waren viele Menschen unterwegs und ich kannte mich nicht aus. Schließlich zupfte jemand von hinten an meinem ausgeliehenen Rock und als ich mich umdrehte, sah ich Mandina vor mir.

»Komm, ich zeig dir, wo sie hingehen. Das machen die immer so«, sagte sie ein wenig resigniert, seufzte und nahm mich bei der Hand. Wie selbstverständlich ging sie neben mir her, hielt meine Hand und zog mich sanft mit sich durch die Menge. Wir mussten uns durch die Leute zwängen, bis wir schließlich bei der Feuerstelle landeten, wo am Morgen noch ein ganzes Rind am Spieß gebraten worden war. Myriam und Sandrina standen bei dem Metzgersjungen und lachten. Das Rind hatte inzwischen nicht mehr so viel Fleisch auf den Rippen wie noch Stunden zuvor.

Mandina zog an meiner Hand und machte Anstalten, mir etwas ins Ohr zu flüstern. Ich beugte mich zu ihr hinunter.

»Myriam ist verliebt in diesen Jungen da«, flüsterte sie mir ins Ohr und zeigte mit ihrem Kinn zum Metzgersjungen.

Ich nickte und sah hinüber. Mandina hielt mich weiter an der Hand fest und hatte nicht vor, diese in der nächsten Zeit loszulassen. Sie stellte sich stolz neben mich und schaute zu mir auf. Dann lächelte sie mich an und schaute Myriam zu.

»Peinlich, nicht?«, sagte sie zu mir.

»Ähm … Ich weiß nicht, ich war noch nie verliebt«, sagte ich zu ihr. Myriam benahm sich wirklich albern. Sie lachte viel zu laut, wog ihren Oberkörper hin und her und nestelte mit ihren Fingern am Kleid. Anschließend spielte sie mit ihren Haaren und biss sich auf die Lippen. Dabei senkte sie ihren Blick und sah den Metzgersjungen mit einem gekonnten Augenaufschlag an, der schließlich einen Schritt näher trat und sie auch anlachte. Sandrina benahm sich ähnlich albern und ich beobachtete die beiden, wie sie um die Gunst des Jungen buhlten. Mir kam das lächerlich vor, sich so künstlich zu benehmen wegen eines Jungen.

Mandina kicherte und fragte: »Du warst noch nie verliebt?«

»Nein, noch nie«, antwortete ich ihr und sah sie fragend an. »Du etwa schon?«, hakte ich nach.

»Na klar, ich war schon tausendmal verliebt«, lachte sie mir ins Gesicht und winkte ab.

»Ah ja, und in wen?«, wollte ich wissen.

»In Bernie war ich auch schon verliebt, aber der ist viel zu alt für mich.« Sie deutete auf den Metzgersjungen. »Jetzt bin ich in jemand anderen verliebt. Vielleicht erzähl ich dir mal irgendwann davon.«

Als Bernie seinen Namen hörte, sah er zu Mandina, lächelte und ließ Myriam und Sandrina stehen. Er trug ein edles, braunes Beinkleid und ein Leinenhemd, das von einer goldenen Bordüre umspielt wurde. Er wischte sich die Hände an seiner ledernen Schürze ab und reichte mir die rechte Hand zum Gruß: »Du bist also das Mädchen, das vom Schierlingshof flüchten musste.«

Ich sah ihn kurz an und erwiderte den Händedruck. Er drückte die Hand sanft, aber fest, und sah mir tief in die Augen. Zugegeben, er hatte schöne, grüne Augen, aber es war mir unangenehm, zumal ich bemerkte, dass Myriam und Sandrina nicht sehr erfreut waren von der Art, wie Bernie sie hatte stehenlassen und sich mit mir abgab. Er ließ schließlich meine Hand nach einer gefühlten Ewigkeit los und zog seine Schürze aus.

»Äh, ja, woher weißt du …«, wollte ich nachfragen, als mich Myriam unterbrach.

»Das weiß bereits die ganze Stadt«, entgegnete sie. Ihr Tonfall war nicht mehr so freundlich und ein gewisser Unterton ließ mich vorsichtig werden.

»Die ganze Stadt spricht darüber«, erklärte mir Bernie etwas sanfter. »Hast du Hunger? Ich geb dir'n Stück Rind aus, wenn du magst.« Er lächelte mich an und zeigte auf den Rest des Rindes, der noch über der Glut hing.

»Nein, vielen Dank, ich wurde reichlich bewirtet im Haus des Altmeisters. Myriam und Sandrina waren sehr …«, sagte ich, aber Myriam schnitt mir das Wort ab.

»Ja, die ganze Stadt spricht über dich und *Bernie* spricht auch über dich.« Sie bekam einen giftigen Unterton. Ich versuchte heil aus der Situation herauszukommen.

»Vielen Dank, Bernie.« Ich sprach seinen Namen so belanglos wie möglich aus. »Ich sehe mir jetzt die Stadt an, bis dann.«

Ich winkte und wandte mich von ihm ab. Myriam sah mich triumphierend an, Sandrina hatte die Arme verschränkt. Beide blickten mich feindselig an.

Mandina holte mich wieder aus meinen Gedanken. »Ach komm, lass sie…«, sagte sie, drückte meine Hand fest und drehte sich mit mir um. »Komm, ich zeig dir die Schwanenkränze.«

Sie lachte und zog mich wieder mit sich. Ich musste schneller laufen, um mit ihr mitzuhalten. Wir gingen an den Marktständen vorbei mit Gemüse, Früchten, Met, dem Wein und all den Leckereien, bis Mandina schließlich anhielt vor einem Stand, der über und über bedeckt war mit geflochtenen Korbwaren. Neben den nützlichen Körben für den Alltag waren Geflechte ausgestellt, die den Haushalt verschönern sollten und wohl mehr für reiche Leute gedacht waren. Unter anderem zeigte Mandina auf Korbgeflechte, die aussahen wie Schwäne.

»Sind die nicht hübsch?«, fragte sie mich.

»Ja, die sind wirklich hübsch«, musste ich zugeben.

»Mutter kauft hier keine, sie mag die Frau nicht, die die Körbe flicht«, sagte sie etwas leiser zu mir, zuckte mit den Achseln und wandte sich bereits dem nächsten Marktstand zu.

»Warum, was ist mit ihr?«, fragte ich Mandina.

»Ich weiß nicht genau, Mutter will es mir nicht sagen. Aber ich vermute, dass sie da herkommt, wo es Hexen und Seherinnen gibt.« Mandina kniff ihre Augen zusammen. Das erweckte mein Interesse und ich suchte mit den Augen nach der Besitzerin des Marktstandes. Hinter all den Körben konnte ich nach einigen Momenten eine Frau erblicken mit feuerroten Haaren. Ihre Augen waren weiß, ohne Pupillen, und sie hatte ihren Blick irgendwo ins Nirgendwo gerichtet. Ich konnte meinen Blick nicht abwenden. »Was ist mir ihr?«, fragte ich Mandina leise.

»Sie ist blind«, erklärte mir Mandina und wollte weitergehen zu den nächsten Leckereien.

Ich folgte Mandina, zog an ihrer Schulter und fragte sie: »Sie ist blind? Du meinst, sie kann rein gar nichts sehen?«, wollte ich noch genauer wissen.

»Genau so ist es. Es gibt dazu auch eine Geschichte. Willst du sie hören?«, fragte sie mich.

Ja, das wollte ich und so stimmte ich zu.

Während Mandina sich mit mir durch die Menschenmenge zwängte, erklärte sie mir: »Sie heißt Ira. Sie ist erblindet, als sie einem Drachen das Ei stehlen wollte. Dafür hat der Drache sie bestraft und ihr das Augenlicht verbrannt.«

Ich blieb stehen. »Du glaubst an Drachen?«, fragte ich sie verdutzt.

»Nein, natürlich nicht. Das ist eine Sage, die erzählt wird, aber wer weiß schon, was wirklich passiert ist? Einige behaupten, sie wäre von Kindesbeinen an blind. Aber die Gaukler ...«, damit zeigte sie in die Ecke, in der die Gaukler noch immer ihr Lager aufgeschlagen hatten, »... erzählen die Geschichte von Ira und dem Drachen«, fuhr sie fort. Und damit war ich wieder mitten in der Faszination von heute Morgen: die Gaukler. Insgeheim hatte ich gehofft, dass sie noch da wären, und jetzt konnte ich sie sehen. Die bunten Wagen, die Planen darauf, die Menschen und die seltsamen Tiere. Auf Zehenspitzen stehend, reckte ich meinen Hals, um genauer hinsehen zu können. Ich wusste, ich wollte dahin. Also bat ich Mandina, mir mehr über die Drachengeschichte von Ira zu erzählen.

»Die Gaukler hier erzählen eine Geschichte über die blinde Ira?«, fragte ich möglichst unverfänglich. Mandina ging sofort auf mein Ablenkungsmanöver ein.

»Ja, der eine da«, sie zeigte wieder in die Richtung der Gaukler. »Schau, der, der so klein ist, mit den blauen Hosen und dem nackten Oberkörper. Der hat uns das mal erzählt.« Sie zeigte auf einen klein gewachsenen Mann, der zu der Beschreibung passte.

»Willst du ihn fragen?« Sie schaute wieder hoch zur mir.

»Dann musst du aber für die Geschichte bezahlen«, erklärte sie mir weiter.

»Ich habe keine Taler.« Ich senkte den Blick.

Vor uns tauchten aus der Menge Myriam und Sandrina auf.

»Du lässt die Finger von Bernie, verstanden?«, erklärte mir Myriam in sehr ernstem Tonfall und schaute mich bedrohlich an.

»Behalt deinen Bernie. Er interessiert mich nicht«, sagte ich abwehrend zu ihr. Myriam kniff die Augen zu und sah mich an. »Ehrlich – ich interessiere mich nicht für den Typen«, erklärte ich ihr nochmals.

»Sie ist wirklich nicht interessiert«, sagte Mandina altklug und schubste ihre große Schwester.

»Na gut, aber ich sag dir eines, wenn du dich an Bernie ranmachst, dann hast du ein Problem«, sagte Myriam bissig zu mir.

Ich nickte und hob die Hände hoch, als würde ich kapitulieren.

»Jetzt seid mal wieder normal«, insistierte Mandina und zog eine Schnute.

»Ja, okay, Schwesterlein, warst du wieder bei Ira?«, wollte Sandrina wissen.

»Klar, sie will wieder die Drachengeschichte hören, wetten?«, lachte Myriam und zog sie auf. Ich blieb still und sagte nichts. »Hat sie dir die bizarre Geschichte auch erzählt, dass Ira ein Drachenei gestohlen haben soll?«, fragte mich Myriam.

»Ich dachte, der Drache hätte sie vorher erwischt?«, entschlüpfte es mir. Mandina sah mich strafend an.

»Also doch, dann hat sie dir den Quatsch also auch schon erzählt.« Myriam und Sandrina lachten über ihre kleine Schwester.

»Ja, ja, lacht ihr nur …«, meinte Mandina und wirkte beleidigt.

Sie verzog ihren Mund zu einem Schmollmund und Sandrina schubste sie wieder kurz darauf: »Ach, komm schon, du wirst den Quatsch doch nicht ernsthaft glauben, oder?«

Mandina schaute mich an. Sie senkte ihren Blick. Dann äffte sie ihre große Schwester nach: »Also doch, dann hat sie dir den Quatsch auch schon erzählt.« Sie machte eine Pause und sagte: »Keiner von euch weiß, ob es wahr ist oder nicht.«

»Also, komm schon, hast du schon jemals einen Drachen leibhaftig gesehen?«, fragte Myriam provozierend.

»Nein, hab ich nicht, aber nur, weil du auch noch nie einen gesehen hast, heißt es nicht, dass es auch keine gibt«, behauptete Mandina stur.

Hinter Myriam erschien Bernie. »Sie hat recht, keiner von uns hat je einen lebendigen Drachen gesehen. Aber, hey: Ich glaube, dass es sie wirklich gibt.« Er hielt die Hände auf den Schultern von Myriam und schaute vielversprechend in die Runde.

»Du glaubst ernsthaft an den Quatsch von Iras Geschichte?«, fragte Sandrina verächtlich.

Myriams Stimmung war augenblicklich eine andere.

»Glaubst du, Drachen spazieren hier einfach so rum?«, fragte Bernie altklug. Er machte eine wichtige Miene dazu und nickte langsam.

Mit einer übertrieben hellen Stimme entgegnete Myriam: »Okay, das hat was. Dann muss ich mich natürlich bei meiner kleinen Schwester entschuldigen.« Sie lächelte Bernie an, als ob sie einen ganzen Krug Met auf einmal hinuntergestürzt hätte. Ich schüttelte den Kopf. Wie konnte man sich nur so zum Affen machen für einen Jungen.

»Ach, und so schnell hat das Fräulein seine Meinung geändert, ja?«, foppte Sandrina sie.

»Na ja …« Myriam räusperte sich. »Es könnte was Wahres dran sein, an der Geschichte …«, stammelte sie. Mandina und Sandrina sahen sich an, verdrehten ihre Augen und schwiegen.

»Glaubst *du* an Drachen?«, wollte Bernie von mir wissen.

»Ich weiß nicht, ich höre so etwas zum ersten Mal«, sagte ich zu ihm und versuchte seinem Blick aus dem Weg zu gehen. Das hatte mir gerade noch gefehlt, dass er mich schon wieder so komisch anlächelte.

»Was, dass es Drachen gibt?«, wollte er wissen.

»Das auch, und dass Drachen das Augenlicht verbrennen können, wenn man ihnen Eier stiehlt. Hat sie nun das Ei gestohlen oder nicht?«, wollte ich wissen.

Bernie schob uns alle zusammen, sodass wir näher zusammen im Kreis standen, dann dämpfte er seine Stimme: »Lasst uns Gimle fragen, er ist ein alter Freund von mir. Er wird euch erzählen, was wirklich passiert ist.« Dabei deutete er auf den kleinwüchsigen Mann, zu dem vorher auch Mandina gezeigt hatte.

»Also, ich weiß nicht«, bockte Myriam. »Mutter hat uns verboten, zu den Gauklern zu gehen«, sagte sie und blieb eisern an ihrem Platz stehen.

»Kein Mut?«, foppte Bernie Myriam und ging weiter in Richtung Gaukler. Ich folgte ihm, denn ich war neugierig geworden. Es war mir gerade egal, was Myriam dachte.

»Mutter hat uns ausdrücklich verboten …«, zischte Sandrina zu Myriam.

»Halt den Mund, du kannst ja heimgehen, wenn du keinen Mut hast«, fauchte Myriam wütend.

»Ladys, Ladys, was soll denn schon passieren? Ich bin ja bei euch«, lachte Bernie und zwinkerte mir zu.

Wir schlichen uns also zu den Gauklern hinüber, an der Menschenmenge vorbei, bis wir schließlich vor den bunt gekleideten Artisten standen und Bernie seinen Freund begrüßte: »Gimle, alter Freund«, rief er und ging auf den kleinwüchsigen Mann zu.

Bernie war für sein Alter groß, er musste bestimmt achtzehn Jahre alt sein. Seine Stimme war schon tief wie die eines Mannes und der hervorstehende Adamsapfel am Hals bestätigte das. Hier bei Gimle musste er sich bücken und umarmte den kleinen Mann, der mit fröhlichem Lachen auf ihn zu gerannt kam.

»Bernie, altes Haus, schön dich zu sehen«, rief er ihm zu und ließ sich von Bernie kurz hochheben. »Was hast du für bezaubernden Besuch mitgebracht.« Er schaute uns Mädchen alle an und verneigte sich: »Gestatten, Gimle von Cabergrat aus dem Land der schwarzen Moore«, sagte er und als er lachte, legte sich sein Gesicht in Falten.

»Ach, ein Adliger bist du also auch noch«, lachte Bernie.

»Ja, so ist es, mein Lieber, ich muss dir schließlich nicht alles auf deine junge Nase binden.« Gimle verzog besserwisserisch das Gesicht und lachte weiter. »Welches ist deine Freundin?«, wollte er dann wissen und fuchtelte mit dem Zeigefinger auf uns deutend herum.

Bernie trat auf mich zu, nahm mich in den Arm und sagte: »Das ist meine neue Freundin Nyella, sie ist erst heute in der Stadt angekommen.«

Ich stand starr da und konnte den feindseligen Blick von Myriam auf mir spüren, ohne sie dabei anzusehen. Ich hörte Sandrina schnauben.

Mandina drängte sich zwischen Bernie und mich: »Sie ist unser aller neue Freundin, ihr Haus ist gestern abgebrannt«, sagte sie in ihrer kindlichen Art.

»So so, dein Haus ist gestern abgebrannt«, wiederholte Gimle und kam näher. »Woher kommst du denn?«, fragte er mich.

Ich schaute ihn an und antwortete, ohne zu überlegen. »Wir kamen heute Morgen mit Ritternich hierher. Er hat uns vom Schierlingshof abgeholt, der letzte Nacht abgebrannt ist«, sagte ich und biss mir auf die Zunge.

»Ach, das war also der Schierlingshof, der abgebrannt ist? Wir konnten den Rauch bis hierher riechen und der Himmel war schwarz wie die Nacht.« Gimle hielt inne und musterte mich. Plötzlich sagte er: »Irgendwoher kenne ich dich.« Er zögerte.

»Mich?«, fragte ich unsicher nach. »Das kann nicht sein, ich war erst einmal in Breithorien«, antwortete ich.

Gimle hielt sich seine rechte Hand ans Kinn und überlegte lange, sah mich immer wieder an und meinte dann schließlich: »Vielleicht sieht dir jemand auch einfach nur unglaublich ähnlich.« Dann lachte er überschwänglich.

»Gimle, die Damen möchten die Geschichte hören von Ira und dem Drachen«, lachte Bernie und zeigte auf Myriam und Sandrina. »Sie glauben nicht, dass es Drachen gibt«, spöttelte er und zog eine Fratze.

Gimle verzog auf der Stelle sein Gesicht und wurde ernst: »Pssst ... Was, ihr glaubt nicht an Drachen?« Dabei fing er leise mit dem Satz an und sprach das Wort *Drachen* bedrohlich laut aus. »Eine Geschichte über Drachen erzählt sich nicht einfach eben mal so. Jede Geschichte braucht ihren ganz eigenen Rahmen«, erklärte er. »Ich erzähle euch von Ira und dem Drachen, aber ihr müsst um Mitternacht zur alten Schmiede kommen, wo unsere Wagen stehen, dann werde ich euch berichten, wie es sich zugetragen hat«, sagte er mit geheimnisvoller Stimme.

»Ja ja, und ich verwandle mich in einen Raben, der bei Vollmond davonfliegt«, sagte Sandrina und verdrehte die Augen.

»Gib acht, junge Dame, benutze niemals den Namen der Raben für deine Ungläubigkeit.« Gimle hob drohend den Zeigefinger.

Sandrina war still geworden und verlor an Farbe im Gesicht. Ich wollte diese Geschichte unbedingt hören.

»Okay, Gimle, wir kommen«, sagte Bernie verschwörerisch. »Wer mit dabei ist, schlägt jetzt ein.«

Damit hielt er seine Hand in die Mitte vor uns ausgestreckt hin. Und bevor wir nachdenken konnten, hatte Mandina schon eingeschlagen. »Ich bin mit dabei, wer noch?«, fragte sie stolz.

»Okay, kleine Lady, du bist mit dabei«, entgegnete er und sah uns anderen erwartungsvoll an.

Ich trat einen Schritt näher. Ich wollte mehr über die Drachen wissen und ich wollte mehr von den Gauklern erfahren. Also schlug ich auch ein: »Ich komme auch.«

»Ihr seid ja alle verrückt«, meinte Sandrina und schüttelte den Kopf.

»Ach, komm schon«, entgegnete Myriam. Nachdem klar war, dass Bernie um Mitternacht bei der alten Schmiede sein würde, war ebenso klar, dass Myriam mit von der Partie sein wollte. Dass ich auch mit dabei sein würde, heizte sie erst richtig an.

Myriam schlug ein und schaute ihre jüngere Schwester an: »Kommst du auch mit?«, fragte sie Sandrina.

Sandrina schüttelte den Kopf. »Vater reißt dir den Kopf ab, wenn du da hingehst – euch allen«, teilte sie mit.

»Er wird zu betrunken sein, um zu merken, dass wir nicht in unseren Betten liegen«, lachte Myriam und hielt sich sogleich den Mund zu, als hätte sie ein Geheimnis ausgeplaudert.

»Sprich nicht so über unseren Vater«, ermahnte sie Sandrina.

»Unrecht hat sie nicht, die ganze Stadt weiß das«, sagte Bernie ernst.

Myriam fühlte sich bestätigt.

»Trotzdem, er war uns immer ein guter Vater«, sagte Sandrina.

»Sandrina, das weiß ich ja alles, aber ich möchte trotzdem mehr von den Drachen erfahren«, erklärte Myriam.

»Jetzt auf einmal.« Sandrina schaute sie fordernd an. »Vorher hast du Mandina ausgelacht, als sie von der Geschichte angefangen hat, aber auf einmal hat das Fräulein selbst Interesse an Drachen«, äffte Sandrina ihre Schwester nach. Myriam gebot ihr mit einer wilden Geste, endlich zu schweigen.

»Kommt schon, Leute, was kann schon passieren?«, brachte ich mich ein, um wieder Frieden zu stiften.

»Genau, was kann schon passieren?«, lachte Bernie. »Also, *ich* werde da sein. Wenn die hintere Glocke elfmal schlägt, bin ich beim Feuerplatz. Wer noch?« Er hob die Hand.

Mandina hob ebenfalls die Hand, ich auch. Gleich darauf hob Myriam die Hand und ganz zögerlich schließlich auch Sandrina.

»Also gut, dann wäre das geklärt«, meinte Bernie und nickte Gimle anerkennend zu. Sandrina schüttelte den Kopf.

»Schön, dass ihr das miteinander abgesprochen habt. Also, meine Lieben, ich muss mich jetzt bereitmachen für die Vorstellung heute Abend. Wir sehen uns spätestens um Mitternacht, meine neuen Freunde«, teilte Gimle mit, verneigte sich erneut, drehte sich um und ging zu einem der bunten Wagen, hob dessen Plane zur Seite und verschwand darin.

Die anderen Artisten und Gaukler hatten kaum Notiz von uns genommen. Zwei von ihnen hatten zwischendurch kurz zu uns herübergeschaut. Die meisten waren in ihre Vorbereitungen vertieft für den heutigen Abend.

Ich konnte die Wanderhuren nirgends erblicken, nach denen ich insgeheim Ausschau gehalten hatte. Ihre auffällig bemalten Zelte neben den Wagen der Artisten waren gut sichtbar. Sie mussten also in der Nähe sein. Vielleicht waren sie bei der Arbeit. »Ein schrecklicher Gedanke«, durchfuhr es mich. Ich reckte mich, um zu sehen, ob ich die Frau mit den blonden Haaren und den seltsam blauen Augen irgendwo sehen konnte, aber keine der Wanderhuren war weit und breit zu sehen.

»Suchst du jemanden?«, fragte mich Bernie und schaute in dieselbe Richtung wie ich zuvor.

»Nein, nein«, sagte ich schnell und fühlte mich ertappt.

»Aha, okay«, antwortete er und sah mich forschend an.

Bernie hatte schöne, grüne Augen, zugegeben. Er lächelte mich an. Ein schönes Lächeln. Er hatte eine warme Ausstrahlung. Eigentlich war er sogar ein sehr attraktiver, junger Mann. Ich senkte den Blick und sah, dass Myriam mich beobachtete.

»Musst du nicht arbeiten?«, fragte ich ihn schließlich etwas forscher, als ich es beabsichtigt hatte.

»Mein Vater ist am Feuerplatz, keine Sorge.«

Er schaute mich weiter prüfend an. Ich ging seinem Blick wieder aus dem Weg. Dann drehte ich mich um und fragte Mandina, ob sie mir den Rest des Marktplatzes auch noch zeigen würde. Myriam und Sandrina ließen sich überreden mitzukommen. Wir ließen Bernie stehen. Myriam schaute ihm kurz traurig hinterher. Mandina zeigte mir den gesamten Marktplatz mit Myriam und Sandrina im Schlepptau.

Schließlich ließ die Hitze des Tages nach und die Sonne machte Anstalten, langsam unterzugehen. Die Schatten wurden immer länger. Es kühlte merklich ab auf dem großen Platz und das bunte Treiben verlor an Tempo. Viele der Händler und Bauern packten langsam ihre Sachen zusammen, um den Heimweg anzutreten oder ihre Nachtlager aufzusuchen. Die Kunden hatten eingekauft, was sie benötigten, tranken einen letzten Met und machten sich dann auf den Heimweg.

Die Einen kamen von weiter her und sattelten ihr Pferd oder spannten die Tiere vor den Wagen. Andere wiederum spazierten zu ihren Häusern zurück in die Stadt. Die einzelnen Tavernen hatten ihre Bänke und Tische draußen aufgestellt und es wurden volle Trinkhörner gereicht. In den Laternen wurden die ersten

Kerzen entzündet. Der Abend zog ins Land und wir schlenderten schließlich zurück zum Haus des Altmeisters.

Wir trafen in der Küche auf Meryt, Growena und meine Mutter zusammen mit den drei Buben, die gemeinsam am Tisch spielten. Ritternich und Hangar waren ins Wirtshaus gegangen, dieses Mal aber nicht nur zum Trinken, sondern um Gehilfen zu finden, um den Schierlingshof wieder aufzubauen.

Die Frauen waren damit beschäftigt, Gemüse zu waschen, zu zerkleinern und in einen großen Kessel zu werfen, der über dem Feuer hing. Fremde Gewürze verbreiteten einen exotischen Duft und mein Magen knurrte. Wir waren den ganzen Nachmittag unterwegs gewesen. Meine Mutter schien gelöst und lachte. Es machte mich froh, sie so zu sehen. Myriam und Sandrina deckten den Tisch und Mandina nahm mich mit in den Keller, um Met und Wasser für das Abendmahl zu holen.

Beim Abendessen stürzte ich mich auf den leckeren Eintopf.

»Nyella, sei nicht unverschämt«, ermahnte mich meine Mutter.

»Ach, Gerda, das ist schon in Ordnung, wir haben reichlich.« Meryt legte eine Hand auf die von meiner Mutter und lächelte sie an. Meine Mutter nickte und bedankte sich höflich.

Nach dem Essen machten wir gemeinsam den Abwasch und schließlich meinte Meryt: »Mädchen, es wird Zeit. Growena bringt die Buben ins Bett. Wir haben noch Zeit für eine Geschichte, und dann ist es auch an euch, ins Bett zu gehen.« Die beiden Buben gingen mit Growena mit, die Morvin auf dem Arm trug.

»So, Mädchen, wir haben noch Zeit für *eine* Geschichte, dann geht's ab ins Bett«, wiederholte Meryt und lächelte uns alle an.

Mandina kletterte von der Bank und rannte zu ihrer Mutter. Dort zwängte sie sich zwischen den Tisch und die Bank und kletterte auf den Schoss ihrer Mutter. »Erzähl uns die Geschichte vom bösen Haryt«, bettelte Mandina.

»Meine kleine Mandina, schon elf Jahre alt, aber sie braucht jeden Abend noch immer ihre Geschichte«, lachte ihre Mutter und bewegte ihre Beine auf und ab, sodass Mandina durchgeschüttelt wurde, die ihr auf dem Schoß saß. Diese lachte und bettelte nochmals um die besagte Geschichte.

Meryt begann zu erzählen: »Es begab sich zu einer Zeit, in der noch seltsame Wesen auf dieser Welt lebten. Damals, so erzählte man sich, ging Vodano noch leibhaftig durchs Land. Seine treuen Begleiter, Raven und Crow, die beiden Raben, berichteten ihm alles, was er zu wissen wünschte. Sie waren überall und nirgendwo, um immer einen Überblick zu behalten. Sie waren seine Augen, wo er nicht hinzublicken vermochte. Die Ländereien von Vodano waren größer als die Geschichten in den Büchern. Vodano wanderte durch die Täler und nahm jede Gestalt an, die er wollte, um die Menschen zu beobachten und zu sehen, ob sie dem Land Sorge trugen, das er geschaffen hatte. Er befruchtete das Land in jeder Gestalt, wie es ein Gott tut, um Nachwuchs zu zeugen und dafür zu sorgen, dass seine Kräfte und sein Name erhalten blieben.

Man sagt, dass es heute noch Kinder gibt, die aus der direkten Blutlinie Vodanos stammen sollen. So wurden damals Kinder geboren ohne Väter, und in diesen frühen Tagen sah man den Kindern an, wer Vodanos direkter Nachkomme war und wer nicht. Sie hatten auffällige Augen und trugen seltsame Zeichen auf der Stirn oder manchmal auch auf der Haut, die den Runen sehr ähnelten, so wie sie auch die Kinder Gebohans tragen.

Doch mit der Zeit verwischten sich die Blutlinien. Viele nutzten dies zu ihrem eigenen Vorteil, und so kam es, dass ein Junge in Breithorien geboren wurde, dessen Name Haryt war. Seine Mutter Varietta ließ alle im Glauben, er sei ein Nachkomme Vodanos, und er trug tatsächlich seltsame Zeichen auf der Stirn. Aber schon als er klein war, fiel er unheilvoll auf und hielt sich stets dort auf, wo das Unheil hockte. Er streifte in den Wäldern herum, wilderte, stahl auf dem Heimweg der Bauersfrau Äpfel und machte der Mutter mit jedem Tag mehr Kummer. Er war grausam zu den Tieren und unbeugsam zu anderen Kindern. Ein dicklicher, großer Junge, der kräftig war und nichts Gutes im Sinn hatte.

Die Mutter verzweifelte und wusste sich keinen Rat mehr, wie der Junge zu bändigen sei. Da suchte sie die Disen auf und bat diese, ihr zu helfen. Das Wyrd des Jungen sollte neu gewoben werden, um ihn auf den richtigen Weg zu bringen. Die Disen berieten sich lange, denn dies war kein einfaches Unterfangen. Sie trugen Varietta auf, sieben volle Monde hintereinander hinter der Stadt Breithorien am größten Haselnussstrauch ein Goldstück zu vergraben, Weihrauch zu verbrennen und die Asche unter dem Kopfkissen des Jungen zu verstecken. Dann sollte sie die Disen wieder aufsuchen und hören, was sie beraten hatten.

Varietta tat, wie ihr geheißen, und schlich sich vor die Stadtmauern, sieben volle Monde lang. Vodano erfuhr von der Bitte der Mutter und ließ die Disen zu sich kommen. Er zürnte mit ihnen, denn die Mutter hatte Lügen erzählt, der Sohn sei sein direkter Nachkomme, und so deckte er die Unwahrheit auf. Die Zeichen Haryts auf seiner Haut hatte die Mutter aufgemalt und so die Leute getäuscht.

Die Disen berieten sich daraufhin mit Vodano und als Varietta wieder bei den Disen vorsprach, verkündeten sie ihr, sie hätte Vodano erzürnt und würde mit ihrem Sohn nun bestraft werden. Vodanos Zorn war mächtig und so verfluchte er sie und ihre Familie für die Lügen. Er verhängte diesen Fluch über sie und über drei Blutlinien ihrer Familie. Dann fegte er über die Stadt Breithorien wie ein Orkan und verkündete, Varietta habe Vodanos Kind nie empfangen.

Der Orkan hatte verheerende Folgen für alle Bewohner der Stadt. Die Bürger von Breithorien waren gleichsam erzürnt und jagten Varietta schließlich aus der Stadt. Sie weinte bitterlich und wusste nicht, wohin sie gehen sollte. Haryt und sie konnten nicht mehr zurück in die Stadt. Also machten sie sich schließlich zu Fuß auf in Richtung Norden, wo sie Holz sammelten, um einen Hof zu erbauen. Sie arbeiteten Tag und Nacht, bis ihre Hände bluteten, bis das Haus stand und die Felder bebaut werden konnten, doch weder Korn wuchs auf dem Feld, noch überlebte ein Schwein in ihrem Stall. Haryt hielt beide am Leben, indem er

Tiere vom Wald zu Tode quälte. Trotz allem war Varietta eine Mutter und egal, was Haryt tat, war er ihr Sohn.

Als er sich mit Gewalt eine Braut nahm, wurde diese schwanger und gebar ihm einen Sohn. Varietta hatte Haryt nichts von dem Fluch der drei Blutlinien erzählt und Haryt wusste nicht, wie ihm geschah, als sein eigener Sohn sich genauso entwickelte wie er. Der Sohn von Haryt wurde noch grausamer als er selbst und schließlich erschlug er seinen eigenen Vater im Stall. Varietta weinte bitterlich und konnte kaum fassen, wie viel Elend sie noch ertragen musste.«

Meryt holte tief Luft, machte eine Pause und trank einen großen Schluck Apfelwein. Mandina hörte ihr gebannt zu und zupfte an ihrem Oberkleid. »Erzähl weiter«, mahnte sie ihre Mutter.

»Ich glaube, jetzt ist es Zeit für euch, zu Bett zu gehen«, mischte sich meine Mutter ein.

»Wir wollen aber noch hören, wie es ausgeht«, bettelte Sandrina.

»Ach, Kinder, ihr wisst, wie die Geschichte ausgeht. Es gab drei Blutlinien nur Ärger und Krieg, bis schließlich alle starben.

So, aus, jetzt ist genug. Gerda hat recht. Es ist schon spät. Bettfertig machen und schlafen gehen«, ordnete Meryt an und fertigte uns ab.

»Ja, aber wie starben sie?«, wollte Sandrina wissen.

»Ich weiß nicht mehr genau. Irgendjemand muss den Letzten dann wohl erschlagen haben«, lachte Meryt.

»Vielleicht lebt der noch«, kicherte Myriam und verstellte ihre Stimme: »Und dann komme ich in der Nacht zu dir, Mandina, und erschlage dich, ha ha ha.«

Sie rückte zu ihrer Schwester, hielt sie fest und balgte sich mit ihr. Diese riss sich aus ihrer Umarmung. »Gar nicht.« Mandina zog eine Schnute, stand auf und ordnete ihr Kleid.

»So, los jetzt Kinder, keine Späße über solche Themen, ab ins Bett. Gute Nacht, Mädchen.« Meryt schubste eine nach der anderen sanft aus der Küche.

# 4. Iras Geschichte

Draußen war es dunkel geworden. Es dauerte lange, bis ich die Stimmen in der unteren Etage nicht mehr hörte. Das Bett war herrlich bequem, dennoch fand ich keinen Schlaf.

Als ich die Glocken zehnmal schlagen hörte, entschied ich mich aufzustehen. Ich huschte durch die kleine Kammer und lehnte mich ans Fenster, welches offen stand, und sah nach draußen. Der Stadtwächter war noch nicht umgegangen, um die Lichter zu löschen. Es waren noch ein paar wenige Leute auf den Straßen unterwegs. Ich blickte wortlos nach draußen. Auf dem gegenüberliegenden Dach konnte ich die Umrisse eines Raben erkennen, der in meine Richtung zu blicken schien. Ich dachte an meinen Stein und fühlte in die Tasche. Er war noch immer da.

Nach einer Weile regte sich etwas im Bett von Myriam. »Du schläfst ja gar nicht«, flüsterte sie.

»Ich hab irgendwie zu viel im Kopf«, antwortete ich ihr.

»Ja, das kann ich gut verstehen«, sagte sie und kletterte aus dem Bett. Sie kam lautlos zu mir geschlichen. »Ähm, hör mal, Nyella, ich hab mich heut' Nachmittag ganz schön blöd benommen. Wegen Bernie, du weißt schon ...« Sie unterbrach sich selbst.

»Kein Problem, Myriam. Ich find ihn nett, aber auch nicht mehr. Ich bin euch sehr dankbar, dass wir hier wohnen dürfen. Ich hab ganz andere Sorgen, weißt du«, erklärte ich ihr.

»Ja, ich vergeß' manchmal, wie gut wir es haben«, seufzte sie. Es entstand ein Moment der Stille. »War ich sehr schlimm?«, fragte sie schüchtern.

»Nein, Myriam, mach dir keinen Kopf deswegen«, war meine Antwort.

»Danke, du bist sehr nett. Paps sagt mir immer, wir wären zu verwöhnt. Vielleicht hat er ja recht«, sagte sie traurig.

»Es ist kein Verbrechen, dass es einem gut geht, Myriam«, sagte ich. Ich beneidete sie. Ja, das tat ich. Offenbar hatte sie wirklich allen Grund, zufrieden zu sein. Aber vielleicht hatte man dann auch andere Probleme, von denen ich nichts wusste.

»Das nicht, aber ich denk oft nur an mich. Es kommt mir manchmal gar nicht in den Sinn, dass es noch andere Probleme gibt als meine«, seufzte sie.

»Wir müssen alle unsere Erfahrungen machen«, versuchte ich sie zu trösten.

»Eigentlich müsste ich *dich* trösten und nicht umgekehrt. Du bist sehr nett«, sagte sie zu mir.

»Danke«, war alles, was ich sagen konnte.

Ich kannte mich mit solchen Gesprächen nicht aus. Ich war die meiste Zeit alleine gewesen. Es war schön, hier mit Myriam ein Zimmer zu teilen. Ich legte ihr meine Hand auf die Schulter und im Halbdunkeln konnte ich sehen, wie sie mich anlächelte.

»Du bist unglaublich schön, weißt du das?«, fing sie an.

Ich war überrascht. »Ich bin schön?«, fragte ich ungläubig.

»Ja, alle Jungs haben dir heute nachgesehen.« Sie schaute verlegen zu Boden. »Normalerweise schauen die Jungs mir oder Sandrina nach. Ich bin die Ältere, weißt du«, sagte sie.

Ich antwortete nichts darauf. Ich war schön? Das hatte mir noch keiner gesagt. Ich sah sie lange an, ohne auch nur ein Wort zu sagen.

»Was ist?«, fragte sie nach.

Ich drückte die Lippen zusammen. »Mir hat noch nie jemand gesagt, dass ich schön bin.«

Sie hob die Augenbrauen. »Ehrlich nicht?«

»Nein, ehrlich nicht«, antwortete ich.

»Aber du hast doch einen Spiegel, oder?«, fragte sie mich scherzhaft.

»Na ja, da sehe ich nicht so oft rein, um ehrlich zu sein«, entgegnete ich verlegen.

Nach einer Weile fragte ich: »Du findest mich wirklich schön?«

»Ja doch«, sagte sie und hielt sich sofort den Mund zu, weil sie lauter gesprochen hatte als beabsichtigt.

»Ich bin schön«, wiederholte ich flüsternd. Und dann lächelte auch ich.

Plötzlich hörten wir ein Rascheln und erschraken uns.

»Keine Sorge, wir sind's nur.« Es war Sandrina mit Mandina im Schlepptau. Mandina gähnte laut und trug eine Puppe unter dem Arm.

»Die nimmst du aber nicht mit, das sag ich dir«, ermahnte sie Myriam.

»Warum denn nicht? Paula will die Geschichte auch hören«, sagte sie patzig.

»Pssst«, machte Sandrina. »Ihr weckt noch alle auf.«

Myriam wollte Mandina die Puppe wegnehmen, die sie vehement festhielt.

»Jetzt gib schon her«, ächzte sie.

»Nein, ich geb′ sie nicht her«, flüsterte Mandina viel zu laut.

»Jetzt ist aber gut«, intervenierte Sandrina und schob sich zwischen die zwei. »Könnt ihr euch nicht zusammenreißen, bei Vodanos Bart«, schimpfte sie. »Wir werden noch erwischt, bevor wir überhaupt etwas angestellt haben. Jetzt ist Ruhe«, befahl sie.

Mandina und Myriam sahen sie böse funkelnd an. Mandina legte schließlich die Puppe auf das Bett.

Nach einer Weile fragte Myriam: »Sind sie eigentlich schon zurück vom Wirtshaus?« Es war offensichtlich, dass sie Hangar und ihren Vater meinte. Sandrina schüttelte den Kopf.

»Ich weiß nicht, ob ich das gut finde. Entweder sind sie zu betrunken, wenn sie dann zuhause sind, oder wir laufen ihnen direkt in die Arme«, seufzte Myriam.

»Wir müssen *einmal* mutig sein«, erklärte Sandrina und stemmte ihre Hände in die Hüfte.

»Mutter schläft wie ein Stein«, erklärte Myriam und ging nicht auf Sandrina ein.

»Wie ist das mit deiner Mutter?«, wollte Sandrina von mir wissen.

»Meistens hat sie sehr gute Ohren und Augen und schläft nicht so tief und fest«, sagte ich besorgt.

Auf leisen Sohlen schlichen wir aus dem Zimmer zur Treppe. Ein paar Mal konnten wir es nicht verhindern, auf den Teil des Holzbodens zu treten, der unter unseren Füßen knarrte. Wir waren so leise wie Katzen. Als wir bei der Treppe ankamen, hörte ich meine Mutter laut schmatzen und erschrak. Einen Moment verharrend sah ich in Richtung Zimmer, wo meine Mutter nächtigte. Wir mussten einen Moment stehen bleiben. Die ersten Treppenstufen schlichen wir hinunter und kamen an der Küche vorbei, als Mandina stolperte. Die Tür öffnete sich und Growena fragte, was los sei. Geistesgegenwärtig meinte Myriam, dass sie zur Latrine müsse, und Growena beließ es dabei. Nun hatten wir freie Bahn, aus dem Haus zu kommen, was wir sogleich ausnutzten. Als wir auf die Straße kamen, waren die Lichtwächter bereits umgegangen und hatten die Lichter ausgelöscht. Es war dunkel, aber wir konnten die Hand vor Augen noch erkennen.

»Also, los geht's«, flüsterte Sandrina und zog Mandina an der Hand mit sich.

Myriam und ich folgten ihr. Gestern noch hatte man den Mond gesehen, doch war er nicht am Himmel erschienen. Dunkle Wolken hatten sich vor ihn gehängt am Himmelszelt. Als wir schließlich am Wirtshaus »Zur alten Seemöwe« vorbeikamen, hörten wir Gelächter von tiefen Männerstimmen und die Stimme eines Geschichtenerzählers, der lallend seine Künste zum Besten gab. Die Lichter flackerten aus den kleinen Fenstern und just, als wir schon wegsehen wollten, konnten wir Hangar sehen, wie er eine füllige Brünette auf dem Schoß hielt, sein Gesicht in ihren Ausschnitt grabend. Gleich darauf tauchte er wieder auf, lachte laut und gab der Frau einen kräftigen Klaps auf die Oberschenkel. Sie rieb ihre Hand an seinem Haar und zog seinen Kopf wieder an ihren Busen, damit er sein Gesicht darin vergraben konnte. Ich musste wegsehen.

Nach wenigen Schritten kamen wir zum Feuerplatz, wo Bernie bereits auf uns wartete. »Ah, schau an, ich hätte wahrlich nicht gedacht, dass ihr kommt.« Dabei sah er Myriam fordernd an.

»Warum sollten wir nicht kommen? Wir haben doch vereinbart hier zu sein, oder?«, entgegnete ich lässig.

»Ja, du schon, du bist aus einem anderen Holz geschnitzt als die Prinzessinnen hier«, lachte er.

*Was für ein aufgeblasener Gockel,* dachte ich mir.

»Wollen wir uns nun die Geschichte von den Drachen anhören oder möchtest du hier noch ein wenig tratschen?«, foppte ich ihn.

»Du bist ganz schön frech«, meinte Bernie mit einem lässigen Lächeln »Das gefällt mir.«

»Aber mir gefällt deine unhöfliche Art nicht«, entgegnete ich.

Er lachte. »So so, eine kleine Raubkatze.«

»Können wir jetzt gehen?«, fragte ich erneut nach.

»Sicher, sicher, keine Sorge, Gimle fängt nicht ohne uns an«, sagte er und lachte erneut vor sich hin.

Ich konnte Myriams Blick fühlen, sie starrte mich an.

»Hey, lass den doch«, flüsterte ich ihr zu.

»Ach, Nyella, das sagst du so leicht. Ich bin ein Angsthase«, sagte sie.

»Prinzessin«, korrigierte ich sie schmunzelnd.

»Ja, ja, streu noch Salz in meine Wunden«, zog sie eine Schnute.

»Och, du armes Prinzesschen.« Ich konnte nicht widerstehen. Ich musste sie ein wenig aufziehen.

»Was ist los?«, wollte Sandrina wissen und sah uns fragend an, während sich Mandina an Bernie gehängt und ihn bei der Hand genommen hatte. Er ließ es mit sich geschehen. Als er sich kurz umdrehte, konnte ich sein selbstgerechtes Lächeln im Halbdunkel erkennen.

»Idiot«, murmelte ich beinahe lautlos und beruhigte Myriam, die es nur allzu persönlich nahm, dass Bernie sie eine Prinzessin genannt hatte.

Bernie führte uns über den inzwischen fast leeren Marktplatz. Nur einige wenige Bettler lagen in den Hauseingängen, wo sie kaum zu erkennen waren, nur ihre Stimmen waren zu hören. Die Nacht hatte sich über die Stadt gelegt und in den Häusern spiegelten sich die Lichter, während die Straßen fast leer und dunkel waren.

Als wir bei den Fuhrwagen der Gaukler ankamen, herrschte reger Betrieb, alles war hell erleuchtet. Überall standen Laternen oder brennende Fackeln. Die Wagen waren oberhalb des Marktplatzes abgestellt worden, wo niemand mehr wohnte und der Lärm niemanden störte. In der Mitte des Platzes brannte ein großes Feuer und die Menschen saßen versammelt davor. Drei Frauen tanzten, eine davon war offensichtlich eine Wanderhure. Dazu spielte ein langhaariger Mann wild auf seiner Violine und einer der klein gewachsenen Männer ließ seine Finger auf eine Trommel niedersausen. Einige sangen gemeinsam ein Lied, welches ich nicht kannte, und klatschten begeistert mit.

Als wir näherkamen, erkannte uns Gimle und winkte uns zu sich. Wir folgten seiner Einladung und stiegen über die Leute hinweg. Die meisten gehörten wohl nicht zu den Artisten, waren normale Stadtleute, die einfach nur neugierig waren und den Abend ausklingen ließen am Lagerfeuer, dankbar für die Zerstreuung, die mit der Gauklergruppe Einzug gehalten hatte. Gimle nickte uns zu und zeigte mit einer Handbewegung, dass wir uns zu ihm setzen sollten. Bernie und Mandina setzten sich zu seiner Rechten auf eine große Holzwurzel. Myriam, Sandrina und ich setzten uns auf einen Stein links neben Gimle. Wir sahen den Tänzerinnen zu und Mandina klatschte kräftig mit.

Ich suchte mit den Augen den ganzen Platz ab in der Hoffnung, die blonde Wanderhure wiederzufinden. So sehr ich meinen Kopf hin- und herdrehte, ich konnte sie nirgends sehen. Schließlich blieb mein Blick auf Ira haften, der rothaarigen Marktfrau, von der sie behaupteten, sie wäre von Drachen bestraft worden. Sie sah bizarr aus, wie sie ihren leeren Blick auf das Feuer gerichtet hatte. Ihre weißen Augen ohne Pupillen machten mir Angst.

Die Tänzerinnen beschleunigten ihren Tanz, schlugen ihre nackten Füße auf den Boden und wippten mit ihren Hüften. Dabei wirbelten sie ihre Arme immer wieder wie Schlangen um ihren Körper und an demselben entlang, bewegten ihren Kopf hin und her und sangen das Lied leidenschaftlich mit. Der Met wurde flaschenweise herumgereicht und jeder trank einen kräftigen Schluck. Schließlich kam eine der Flaschen auch zu uns, ich packte sie herzhaft, setzte sie an meine Lippen und nahm einen kräftigen Schluck. Das süße Bier war herrlich zu trinken, aber das Zeug war stark. Ich konnte spüren, wie es in den Füßen und Beinen anfing zu kribbeln.

Myriam sah mich erschrocken an. Daraufhin hielt ich ihr die Flasche hin und sie nahm sie zögernd entgegen. Dann bemerkte sie, wie Bernie sie beobachtete, und kurz darauf setzte sie die Flasche an den Mund und nahm ebenfalls einen kräftigen Schluck. Als sie damit fertig war, musste sie das Husten unterdrücken und ich konnte sehen, wie sich Tränen in den Augen gesammelt hatten. Aber sie ließ sich nichts anmerken und reichte die Flasche weiter.

Ganz plötzlich wurde der Stein in meiner Tasche heiß. Und als ich mich umschaute, sah ich die blonde Wanderhure, wie sie sich durch die kleine Menschenmenge zum Feuer einen Weg bahnte. Sie begrüßte zwei Frauen, die mir gegenüber saßen, bis sie schließlich mich erblickte. Ich erschrak, als sie mich so ansah und dann direkt auf mich zukam. Doch sie setzte sich an einen anderen Ort, gut zwei Meter von mir entfernt, und gesellte sich zu ihren Begleiterinnen auf den Boden. Sie sah mich an und lächelte, schließlich nickte sie Gimle zu und winkte ihm.

Als das nächste Lied verklungen war, erhob sich Gimle und sagte laut: »So, meine Lieben, wir haben besondere Gäste heute Abend unter uns.« Dann drehte er sich zu uns und verkündete: »Des Altmeisters Kinder sind hier und ihre Freunde.«

Die Menge klatschte begeistert.

»Und was wollen sie hören, ja, was wohl?«, fragte er schelmisch. »Natürlich die Geschichte von Ira und den Drachen«, sang er schon fast, schnappte sich die herumgereichte Flasche Met, trank einen Schluck daraus und tanzte mit seinen kurzen Beinen zu Ira hinüber.

Sie lächelte und er hüpfte wieder in unsere Richtung zurück.

»Wollt ihr denn alle die Geschichte von Ira und den Drachen hören?«, schallte es in die kleine Menge hinaus.

»Ja, natürlich wollen wir die Geschichte hören«, bestätigte ein Mann hinter mir.

»Ja, erzähl uns von Ira und den Drachen«, forderte eine der Wanderhuren.

»Also gut«, begann Gimle. »Dann hört gut zu. Ich erzähle euch die Geschichte von Ira und den Drachen. Und die Raben mögen meine Zeugen sein.«

Er deutete auf die Stadtdächer, und tatsächlich, da oben saß ein pechschwarzer Rabenvogel. Seine Umrisse waren gut zu erkennen. Gimle setzte sich wieder hin und es wurde still um uns herum. Keiner nestelte mehr an etwas herum, sondern hörte gebannt zu, was Gimle zu erzählen hatte.

»Nun ...«, begann er. »Lange vor dieser Zeit wandelte Vodano durch die Wälder, durch Städte, über Berge, um zu sehen, wie es um die Welt stünde. Er hatte seine Botschafter Raven und Crow, die schwarzen Raben, stets dabei.«

Dabei zeigte Gimle wieder zu dem Raben, der noch immer hoch oben über der Stadt auf dem Dach thronte.

»Sie trugen viele Geschichten zu ihm und berichteten, was auf dieser Welt vor sich ging. Vodano wandelte leibhaftig über das Land und immer wieder befruchtete er es. Das tat er, indem er neue Wesenheiten und Tiere schuf. Er beschenkte die Zauberinnen der Insel Gebohan mit Kindern, mit direkten Nachkommen Vodanos, die mit magischen Aufgaben groß wurden und eines Tages unser Land retten werden, wenn die Schatten über das Land ziehen werden. Und dieser Tag wird kommen. Die Kinder und Kindeskinder von Vodano weilen noch immer unter uns, die meisten unerkannt. Wir wissen, dass sie noch immer unter uns sind, und solange es keinen Krieg gibt, werden sie sich nicht zeigen. Viele davon wissen selbst noch nicht, welches Erbe sie in sich tragen. Wenn aber Vodano erzürnt werden sollte, wenn die Schatten über das Land ziehen, dann werden sie sein Erbe antreten und uns alle retten.

Es gibt viele Legenden über die Nachkommen Vodanos. Wir erzählen heute die eine. Alle anderen wollen an einem anderen Tag erzählt werden. Es sind heilige Legenden, über die Nachkommen Vodanos und sein Kindeskind Bruenhild.

Nun aber lasst mich die Geschichte von Ira weitererzählen. Was Vodano große Freude bereitete, war, mit den Drachen zu fliegen, die in den Goldhöhlen wohnten und dort seine Schätze bewachten. Es war ein Meer an Gold dort. Viele Rubine und Edelsteine ruhten in den Höhlen und tausende von Goldtalern lagen unter Tropfstein und nahe bei den Wasserquellen. Die Trolle wussten um diese Schätze. Sie heckten Pläne aus, um die Reichtümer zu stehlen. Doch die Drachen waren ihnen im Weg.

Trolle sind nicht dumm. Sie konnten gegen die ausgewachsenen Drachen nichts ausrichten und beschlossen, die großen Urtiere auszurotten. Die Trolle schlichen sich zu den Drachennestern und fingen an, Ei um Ei zu zerstören, Jahr für Jahr. Und so kam es, dass es immer weniger Drachen gab. Die Drachen baten Vodano um Hilfe. Er schuldete ihnen Dank, weil sie seine Schätze bewachten. So überlegte er lange, wie er den Drachen helfen könnte, bis ihm die Idee mit dem dritten Ei kam.

Fortan sollte jede Drachenmutter drei Eier ausbrüten. Zwei Eier waren gefüllt mit einem Drachenjungen. Wenn aber ein Drachenkind sterben sollte, sollte die Mutter einen Wunsch freihaben im dritten Ei, das die Macht der Wunscherfüllung in sich trug. Die Drachen nahmen die Hilfe von Vodano gerne an. Sie trugen Sorge für ihre Jungmannschaft, bewachten ihre Nester gegenseitig vor den Trollen und so blieben einige magische Eier übrig. Legenden erzählten sich, dass diese im Innersten der Goldhöhle versteckt wurden, und davon erfuhren auch die Trolle, die ihren Mund nicht halten konnten, sodass die ganze Welt von den magischen Eiern erfuhr, was besser nie hätte geschehen dürfen.

Vor einigen Jahren dann wurde ein kleines Mädchen bei den Smurils geboren, einem Volk, das am Fuße der Goldhöhlen lebt und leicht erkannt wird an seinen feuerroten Haaren. Dieses Mädchen heißt Ira.« Er unterbrach und zeigte auf Ira. »Seht sie euch an, es ist ihre Geschichte. Also, Ira ist am Fuße von den Goldhöhlen geboren und aufgewachsen. Sie kannte viele der Legenden, auch das Geheimnis der magischen Dracheneier, und es war eine Zeit, in der es nicht sicher war, über Stock und Stein zu wandern.

Zu dieser Zeit verbreiteten die Schattenreiter aus dem Norden Angst und Schrecken. Sie zogen durch Dörfer und verwüsteten alles, was sie fanden. Üble Gesellen, die nichts anderem nachsannen, als Unruhe zu stiften und Siedlungen zu zerstören. Wer so lange im dunklen Licht des Nordens gelebt hat, wird im Herzen trüb und ist guter Gedanken nicht mehr mächtig. Ihr kennt alle die Sage von Varietta und Haryt, die aus Breithorien in den Norden verbannt worden waren. Nun, ihre Nachkommen und die Schattenreiter lebten zusammen im Norden und sie alle sannen auf Rache für die Verbannung Variettas aus Breithorien.

Als die Schattenreiter durch das Dorf der Smurils zogen, in dem auch Ira lebte, verwüsteten sie alles und Ira musste mit ihren beiden Geschwistern fliehen, um sich zu verstecken. Die Schattenreiter ließen keinen einzigen am Leben aus dem Dorf. Es war ihnen nicht entgangen, dass die Kinder geflohen waren und so verfolgten sie sie lange. Ira nahm ihre Schwestern an die Hand und lief davon, immer weiter hinauf zu den Goldhöhlen. Sie krochen unter Stauden, wo sie schließlich unauffindbar schienen. Als es Nacht wurde und die Schattenreiter verschwunden waren, trauten sie sich aus ihrem Versteck und wanderten weiter hinauf zu den Goldhöhlen.

Dort schliefen sie erst unter einem kleinen Felsvorsprung am Fuße eines Berges. Am nächsten Morgen erkundeten die drei

Kinder die Gegend und erblickten voller Erstaunen die Nester der Drachen. Sie trauten ihren Augen kaum, denn sie hatten die Geschichten der Drachen immer für Märchen gehalten.

Ira erinnerte sich an die Geschichte von dem magischen Drachenei und war wild entschlossen, ein solches zu stehlen. Sie hoffte, dass es die Toten auferstehen lassen könnte. Sie ließ ihre Geschwister vor den großen Felsen und kletterte alleine hoch in den Berg hinein, um dort zu einem Nest zu gelangen, in dem drei Eier lagen, die eine Drachenmutter tags zuvor gelegt hatte. Die Drachenmutter war ausgeflogen, um Nahrung zu besorgen.

Die Dracheneier sind groß, müsst ihr wissen. Ira hatte Mühe, sie in die Hände zu nehmen und so konnte sie ihr Gleichgewicht kaum halten. Und so geschah, was geschehen musste: Ein Drachenei fiel ihr aus der Hand, kullerte aus dem Nest heraus und prallte unten auf den Boden. Die anderen Drachen schrien laut auf, um die Drachenmutter herzulocken. Sie selbst breiteten ihre riesigen Flügel aus und griffen Ira an. Mit großer Angst klammerte sich Ira nun an den Horst, als auch die Drachenmutter wütend angeflogen kam. Sie setzte sich ins Nest, um die beiden anderen Eier zu schützen, und schlug mit ihrem riesigen Schwanz um sich, bis sie schließlich Ira erwischte. Diese wurde getroffen und fiel, betäubt vom Schmerz, den ganzen Berg hinunter.

Als sie unten aufprallte, rannten ihre Geschwister zu ihr und wollten ihr helfen, als die Drachenmutter auch schon auf sie zugeflogen kam. Ira lag auf dem Rücken und starrte voller Panik auf die Drachenmutter, als diese ihre Nasenflügel öffnete und Feuer ausstieß, direkt in Iras Augen. Das Feuer aus der Nase eines Drachen ist noch nicht tödlich. Dies war die Strafe, mit der die Drachenmutter Ira bedachte.

Die Drachen waren außer sich vor Zorn und sie attackierten den Stein, unter dem sich die Kinder versteckt hielten. Sie bombardierten ihn mit wütenden Feuerkugeln aus ihren Mäulern. Eine der kleinen Schwestern von Ira wurde schwer verletzt. Die Drachen könnten diese Stadt mit einem einzigen Angriff dem Erdboden gleich machen. Nun ...« Gimle machte eine weitere

Pause und sah traurig in die zuhörende Runde. »Ira entkam, aber sie verlor dabei beide Schwestern und ihr Augenlicht«, endete Gimle und senkte seinen Blick zu Boden, während er mit einem Holzstecken im Sand herumstocherte.

»Drachen?«, lachte ein Mann, der im Halbdunkeln hinter uns stand. »Schöne Geschichte, Gimle, aber *Drachen*? Ich glaub dir kein Wort. Das Mädchen ist von Geburt an blind. Das ist alles. Aber die Geschichte verkauft sich bestimmt gut, oder?«, hakte er nach. »Und deine Geschichte geht nicht auf. Wenn es diese Eier wirklich gegeben hätte, hätten die Drachen doch ihren Bestand erhalten können«, lachte er Gimle aus.

Ira stand wortlos auf und ging.

»Feingefühl ist nicht deine Stärke, oder?«, fragte Gimle den Mann.

»Sie wird es überleben«, sagte der Mann, immer noch lächelnd.

»Dir ist entgangen, dass Ira nicht direkt zu unserer Truppe gehört, oder? Außerdem: Ich weiß sehr wohl, dass es ein Geheimnis um die Dracheneier gibt, das noch nicht gelüftet ist«, entgegnete Gimle und erhob sich.

Ich hörte, wie der andere Mann verächtlich schnaubte.

»Es ist wohl besser, wenn du jetzt gehst«, sagte Gimle zu dem Mann und wollte sich ihm nähern, als dieser nach vorne ins Licht trat und sich neben das Feuer stellte.

»Warum? Weil du hier der König der Märchen bist?«, fragte er provokant.

»Nein, weil die Vorstellung jetzt zu Ende ist«, hörte ich eine andere tiefe, dunkle Stimme, die näherkam. Es war der ältere Mann, der am Morgen die Gaukler und deren Talente angepriesen hatte. Er stellte sich zwischen den Mann und Gimle. Seinen auffällig bunten Rock vom Morgen hatte er eingetauscht in ein schlichtes Leinenhemd und braune Hosen. Der Mann aus dem Publikum trat einen Schritt zurück und sah sein Gegenüber an.

»Vertragt ihr keine Kritik?«, fragte er fordernd.

»Doch, schon, aber das hier sind unsere freien Abende. Du bezahlst nicht für diese Geschichten, also bist du Gast hier. Ich denke, du hast unsere Gastfreundschaft schon genügend strapaziert, meinst du nicht?«, antwortete der Mann, den ich für den Kopf der Gauklertruppe hielt.

»Ach, so ist das, du glaubst, ich bin *dein* Gast?«, provozierte der andere Mann weiter. »Du bist Gast in *meiner* Stadt, so sieht es aus, und du kannst dich glücklich schätzen, dass du dein fahrendes Lager hier überhaupt aufstellen darfst.«

Der Mann aus dem Publikum wurde immer lauter. Dabei war seinem Tonfall zu entnehmen, dass er die Fahrenden nicht guthieß.

»Und nun werden wir uns alle wieder beruhigen«, hörte ich eine bekannte Stimme sagen und fast starr vor Angst bemerkten wir, dass es Ritternich war. »Ich höre, hier ist ein Streit im Gange?«, fragte der Altmeister versöhnlich, der nun direkt vor uns stand. Wir sahen uns entsetzt an.

»Ritternich, schön dich zu sehen«, sagte der Kopf der Gauklergruppe und umarmte den Altmeister.

»Melchar, du alter Narr, hör auf, die Gaukler zu provozieren. Sie sind hier herzlich willkommen.« Damit zeigte er auf den Mann aus dem Publikum, welcher mürrisch nickte und sich entfernte.

»Ritternich, komm, sei unser Gast. Wir trinken einen Met zusammen«, meinte der Kopf der Gauklertruppe und die Leute, die sich ums Feuer gesetzt hatten, klatschten Beifall.

Ritternich bat die Leute mit einer beschwichtigenden Geste, sich zu beruhigen. »Nein, vielen Dank, ein ander' Mal gerne. Ich habe noch etwas zu erledigen«, sagte er bedeutungsschwanger.

Er drehte sich in unsere Richtung, bückte sich zu Mandina und sagte zu uns: »Und ihr habt genau fünfzehn Minuten Zeit, um ins Bett zu kommen. Wenn ich nach Hause komme und nicht alle gleichmäßig atmend, ruhig schlafend im Bett vorfinde, dann werde ich jeder Dame den Hintern einzeln versohlen, auch unseren Gästen. Haben wir uns verstanden?«

Seine Worte waren zwar warmherzig, aber mit einem äußerst strengen Unterton. Wir machten uns augenblicklich auf den

Heimweg. Mandina drehte sich um und winkte Bernie noch zu, der sitzen geblieben war.

Gut, dass die Mädchen den Weg so gut kannten, es war mittlerweile zappenduster. Ich hatte einen Heidenschrecken bekommen. Ich hätte gerne mehr erfahren von Ira und über die Drachen. Und ich hatte die Hoffnung gehabt, die Wanderhure weiter zu beobachten oder vielleicht sogar mit ihr zu sprechen.

Wenig später waren wir alle wohlbehalten in unseren Zimmern unter unseren Decken in dem herrlich weichen Bett, als Ritternich zu hören war, wie er die Treppe hinaufstolperte. Er machte sich keine Mühe, leise zu sein. In der ersten Etage hielt er einen Moment inne, dann hörten wir ihn fluchen und schließlich hörten wir seine Schritte in unsere Kammer kommen. Zuerst kam er zu uns in die Kammer.

»Gute Nacht, Mädchen, und kein Wort zu Mutter, zu niemandem, hört ihr«, sagte er leise zu uns.

»Gute Nacht, Papa«, sagte Myriam.

»Gute Nacht, Ritternich, und vielen Dank«, meinte ich.

Dann ging er zu den zwei anderen Mädchen und wünschte auch ihnen eine gute Nacht. Wenig später zog sein Schnarchen durch die engen Gänge des Hauses und schließlich schlief auch ich ein.

# 5. Erlass der neuen Königin

Wir saßen gerade am Tisch, um zu frühstücken, als wir hörten, wie galoppierende Pferde ihren Schritt vor dem Haus des Altmeisters verlangsamten. Ich wusste nicht, wann ich das letzte Mal so lange und so erholsam geschlafen hatte. Hier fühlte ich mich mehr zu Hause, als es auf dem Schierlingshof je möglich gewesen wäre. Insgeheim musste ich zugeben, dass der Brand ein Segen gewesen war. Ich genoss die Anwesenheit von Meryt und ihren Töchtern.

Das gestrige Erlebnis saß mir zwar noch in den Knochen, aber Ritternich verlor am Tisch kein Wort über unsere Begegnung bei den Gauklern. Selbst Hangar schien ausgeglichener zu sein und behandelte meine Mutter angenehmer als sonst, aber sein seltsamer Blick ließ mich auf den Boden der Realität zurückkommen und vorsichtig bleiben.

Meryt hatte sich mit dem Frühstück selbst übertroffen und alles hergerichtet, was sie zu bieten hatte. Frisches Brot und Speck waren aufgetischt worden sowie Käse, frischer Apfelwein und eingelegte Fische. Mein Magen war es nicht gewohnt, so viel zu essen, aber ich kam der Bitte von Meryt nur zu gerne nach, noch einen Nachschlag zu nehmen.

Als es schließlich laut ans Eingangstor polterte, stand Ritternich auf und gab seiner Verblüffung Ausdruck.

»Wer das wohl sein könnte um diese Zeit?«, murmelte er vor sich hin und schlurfte die Treppen hinunter.

Als er unten die Türe öffnete, vernahmen wir Männerstimmen. Wenig später marschierte ein edel gekleideter Mann in schwarzem Mantel mit königsblauer Stickerei schwungvoll zur Tür herein, sein Kettenhemd sauber blitzend, sein Schwert lag am Körper. Er umarmte Meryt stürmisch. Er war außer Atem.

»Badogan, was führt dich zu uns?«, fragte Meryt und war sichtlich überrascht über den morgendlichen Besuch. »Setz dich doch zu uns. Hast du schon gegessen?«, fragte sie und wies ihm einen Platz am Tisch.

»Ich komme mit schlechten Nachrichten«, sagte er, noch immer außer Atem und aufgekratzt. »Wir sind so schnell hergeritten, wie wir konnten«, sagte er und nahm Platz am Rande der Holzbank.

Seine Körperhaltung war sehr angespannt und er machte eine ernste Miene. Blaue Augen zierten das schöne, männliche Gesicht mit einem Dreitagebart und seine schwarzen Haare waren feucht vom nächtlichen Ritt durch den Wald, seine Haut war gebräunt von der Sonne.

»Wir?«, fragte Meryt.

In diesem Moment kam ein junger Mann zur Tür herein, der etwa im Alter von Bernie war, und grüßte freundlich. Er war ein Abbild Badogans, ebenfalls mit schwarzen, feuchten Haaren, ohne Bart und mit denselben blauen Augen. Auch er trug einen schwarzen Mantel mit derselben Stickerei.

»Russ, guten Morgen«, sagte Meryt und umarmte ihn. »Sei ebenfalls willkommen und setz dich zu uns«, meinte sie dann und Ritternich kam zurück in die Küche.

Dann setzte er sich wieder an den Tisch. Nachdem die Männer am Tor unten schon gesprochen hatten, wirkte Ritternich verwirrt.

»Badogan bringt schlechte Nachrichten, Meryt«, sagte er sichtlich betroffen.

»Jetzt trink erst einen Apfelwein«, forderte ihn Meryt auf und goss Badogan das Getränk ein.

Auch Russ wurde zunächst bewirtet und wir erfuhren, dass er der Sohn von Badogan war. Sie waren die letzten Tage durchgeritten.

»Wir kommen direkt aus Brintesia. Der König ist tot«, teilte Badogan mit.

Meryt ließ das Messer sinken, das sie in Händen gehalten hatte, um Brot zu schneiden, und sah Badogan erschrocken an. Die Jungen, die am Tisch saßen, blickten auf.

»Was sagst du da? Der König?« Meryt machte eine Pause. »Tot?«

Schweigen am Tisch. Meine Mutter sah Hangar kreidebleich an. Es war still am Tisch, bis Ritternich das Schweigen brach.

»Badogan, ich danke dir, dass du sofort zu uns gekommen bist«, sagte Ritternich zu ihm und legte seine Hand auf die Schulter von Badogan.

»Ritternich, das ist noch nicht alles. Walrivia hat sich zwei Stunden nach dem Tod von König Wernot selbst zur Königin gekrönt«, sagte Badogan mit belegter Stimme.

Ritternich riss die Augen weit auf. Nach Worten ringend stieß er »Dieses Weib« hervor.

»Du redest von der neuen Königin«, ermahnte ihn Badogan.

»Ha, Königin! Eine Schlange ist sie, nichts anderes«, insistierte Ritternich.

»Du sprichst wahre Worte, aber wir können nicht viel dagegen tun«, überlegte Badogan.

»Was willst du jetzt machen?«, fragte Meryt an Badogan gerichtet.

»Wir können nicht zurück nach Brintesia. Ich war enger Vertrauter Wernots. Ich war Walrivia stets ein Dorn im Auge und sie wird alles tun, um mir das Leben schwerzumachen. Und nicht nur mir. Deshalb sind wir geflohen.«

»Wir werden ein Nachtlager für dich und deinen Sohn herrichten«, sagte Ritternich.

»Es ist zwar keine Kammer mehr frei, aber wir werden sicher eine Lösung finden«, erklärte Meryt.

»Wir können doch zusammenrücken«, mischte sich Sandrina ein. »Ist es okay für euch, wenn wir zu euch umziehen?«, fragte sie.

»Au fein, dann schlaf ich bei Nyella«, klatschte Mandina in die Hände und Sandrina seufzte, während sie die Augen verdrehte.

»Und Sandrina soll bei mir schlafen?«, fragte Myriam aufgebracht.

»Sie ist deine Schwester, wir haben Gäste in Not«, ermahnte sie Meryt.

Sandrina verdrehte erneut die Augen und ließ den Mund offenstehen, während sie anschließend den Kopf schüttelte.

»Lass nur, Meryt, ein Lager im Stall reicht völlig aus«, meinte Badogan.

»Nein, hier schläft niemand beim Vieh im Stall. Die Mädchen können zusammenrücken, dann kannst du die Kammer mit deinem Sohn teilen. Ihr seid uns herzlich willkommen«, sagte Meryt und warf Myriam einen mahnenden Blick zu.

Diese seufzte und gab sich geschlagen. Growena nahm einen der Jungen auf den Schoß und schaukelte ihn.

Die Männer sinnierten weiter. Walrivia kam aus einer üblen Gegend aus dem Norden. Ihr Anspruch auf den Thron war nicht gegeben, weil sie nur angeheiratet und nicht von hohem Blut war. Walrivia war damals überraschend in Brintesia aufgetaucht, der Hauptstadt von Mercurien und der Stadt, in der unser König lebte. Wernot hatte sich leidenschaftlich in sie verliebt und sie schon nach wenigen Wochen geheiratet. Kinder waren ausgeblieben, obwohl Walrivia verzweifelt versucht hatte, dem König einen Thronfolger zu schenken. Sie wäre die mächtigste Frau im Land geworden als Mutter eines Thronfolgers. Durch den plötzlichen Tod von Wernot und die Selbstkrönung von Walrivia würde sich die politische Lage im Land schlagartig ändern.

»Was sagt der Bruder von Wernot dazu? Warum besteigt *er* nicht den Thron? Er ist doch der rechtmäßige Thronfolger«, wollte Ritternich wissen.

»Gerham ist vor einigen Monaten plötzlich schwer erkrankt. Sein Geist ist verwirrt. Er kann die Hand vor Augen nicht mehr erkennen«, erklärte ihm Badogan.

»Das alles ist äußerst mysteriös«, sagte Meryt nachdenklich. »Was sagen die Kräuterfrauen bei Hofe?«, wollte sie wissen.

Badogan schüttelte den Kopf. »Es ist eine Krankheit, die sie nicht kennen. Bisher ist kein Kraut gewachsen, das ihm helfen könnte.«

Meryt verzog das Gesicht. »Und das kam plötzlich, sagst du?«, wollte sie wissen.

Badogan nickte. »Ja, vor einigen Monaten fing es an, dass er morgens kaum mehr aus dem Bett kam, sich über Schwindel beklagte.« Er schwieg einen Moment. Dann fuhr er fort: »Er hat das selbst nicht ernst genommen. ‚Wahrscheinlich habe ich nur zu viel gesoffen', pflegte er zu sagen«, ergänzte Badogan. Dabei musste er lächeln. »Es schlich sich in seinen Geist, ich habe ihn nicht mehr wiedererkannt, als ich vor einigen Wochen bei ihm war. Er ist nicht mehr er selbst.« Badogan strich sich übers Kinn.

Schließlich räumten wir die Kammern um, damit Meryt für Badogan und seinen Sohn ein Lager herrichten konnte. Wir halfen mit und als wir oben bei der Arbeit waren, kam Ritternich zu uns und setzte sich auf das Bett von Myriam.

»Mädchen, was habt ihr euch nur dabei gedacht, so spät nachts bei den Gauklern aufzutauchen?«, wollte er wissen.

Myriam und Sandrina hielten inne. Sie waren gerade dabei, Kissen und Decken umzulagern und auf dem Bett von Myriam aufzuschütteln. Wir sahen uns an und wussten keine vernünftige Erklärung, als Myriam das Wort ergriff.

Sie stammelte: »Na ja … Weißt du, Vater, ich wollte jemanden beeindrucken. Ich …«, sie stockte.

»Beeindrucken?«, wiederholte Ritternich.

»Ja, Vater, es gibt da diesen Jungen, und …«, wieder stockte sie.

»Ach so, der Metzgersjunge«, lachte ihr Vater. »Dann bin ich beruhigt. Ich dachte schon, ihr glaubt das dumme Gefasel über die Drachen«, lachte er. Spöttisch fügte er hinzu: »Als ob jemand, der halbwegs bei Trost ist, an Drachen glauben würde, nicht wahr?«

Ritternich erhob sich. »Myriam, du musst noch lernen, dass ein Junge sich um eine junge Dame bemühen muss und nicht umgekehrt. Mach dich ein bisschen rar, dann findest du heraus, ob der Metzgersjunge deiner wert ist.« Er klopfte auf ein Kissen. »So, und jetzt muss ich noch ein wenig arbeiten«, sagte er und verschwand.

Die nächsten Tage verliefen ereignislos. Wir lernten Badogan und seinen Sohn Russ etwas besser kennen, wenngleich sie auch meistens mit Ritternich und Hangar unterwegs waren. Sie trafen sich in Wirtshäusern mit Leuten aus der Stadt, um herauszufinden, wie sich die Lage durch den Tod Wernots veränderte. Ich sah, dass Hangar jede Gelegenheit nutzte, um sich zu betrinken. Der Tod Wernots schien ihm gerade recht zu kommen. Sein falsches Lachen fiel offenbar nur mir auf. Wie er sich bemühte, meine Mutter und mich anständig zu behandeln, widerte mich noch mehr an, als wenn er sein wahres Gesicht zeigte. Ich glaubte ihm nicht ein Wort. Mir sollte es recht sein, so ließ er wenigstens mich in Ruhe.

Mit dem Zuwachs im Haus waren wir dazu verurteilt worden, in der Küche und im Haus mitzuhelfen. Außerdem fanden Meryt und Ritternich es nicht angebracht, uns in diesen Tagen alleine auf die Straße zu lassen, bevor nicht geklärt war, was der Tod Wernots zu bedeuten hatte.

Wir traten uns nach wenigen Tagen gegenseitig auf die Füße und waren der Hausarbeit überdrüssig geworden. Irgendwann waren alle Schubladen sauber, alle Böden gekehrt und alle Spinnweben entfernt. Das Haus blitzte und es gab nichts weiter zu tun. Die Tage vergingen nur schleppend. Die Mädchen bettelten so lange, bis wir die Erlaubnis erhielten, wenigstens zum Marktplatz gehen zu dürfen, um für die Familie einzukaufen. Meryt trug uns auf, nach dem Einkauf von Gemüse und Fleisch sofort nach Hause zu kommen. Bevor wir uns jedoch auf den Weg machen konnten, hatte sie es sich anders überlegt und gesellte sich zu uns. Myriam hatte keine Gelegenheit mehr bekommen, Bernie zu sehen.

Ich dachte oft an die blonde Frau von den Wanderhuren, ich hätte sie zu gerne wiedergesehen. Durch den Gang zum Markt in Gesellschaft von Meryt war ein Besuch bei den Gauklern unmöglich geworden. Myriam wollte herausfinden, ob Bernie sich für sie in gleichem Maße interessierte wie sie sich für ihn. Sie hatte Angst, dass er sich in ein anderes Mädchen vergucken würde, wenn sie sich so lange nicht blicken ließe. Das alles konnten wir Meryt nicht erzählen, dennoch: Es gab keine andere Wahl. Entweder mussten wir im Haus bleiben oder mit Meryt zum Markt.

Wir entschieden uns für den Markt und machten uns auf den Weg in die Stadtmitte. Die Straßen waren wieder belebter als noch ein paar Tage zuvor. Die Sonne schien und erhellte die Stadtmauern. Meryt war in ein Gespräch mit Myriam verwickelt, als wir von weitem Hufgeklapper vernahmen. Es waren viele Pferde, die in die Stadt trabten, denn der Lärm wurde immer lauter und wenig später sahen wir sie: stolze, schwarze Pferde, geschmückt mit dunklen Ledersätteln. Und sie trugen schwarze Hauben über ihren Augen. Auf ihnen saßen in Schwarz gehüllte Reiter mit langen Schwertern und Kettenhemden. Die Reiter trugen lange, schwarze Mäntel, deren Kappen sie sich über die Köpfe gestülpt hatten. Mindestens ein Dutzend Pferde hatte sich am Rande der Stadtmauern versammelt und postierten sich im Kreis um den ganzen Marktplatz.

Die Leute auf dem Markt blickten nach links und rechts. Bevor wir reagieren konnten, waren wir alle umzingelt von den dunklen Gestalten.

»Schattenreiter«, flüsterte Meryt und hielt ihre Hand schützend über uns, als könnte sie uns mit dieser kleinen Geste beschützen. Mir kam die Geschichte von Gimle in den Sinn. Keiner konnte den Marktplatz nun mehr verlassen. Die Pferde tänzelten nervös auf der Stelle, während die Gesichter der Männer mit den schwarzen Umhängen unter ihren Kapuzen nicht zu sehen waren. Die Menschen stellten sich ängstlich in der Mitte zusammen, als einer der gesichtslosen Reiter sich mit seinem Ross in die Mitte bewegte, eine große Pergamentrolle zückte, sein Pferd in der Mitte anhielt und die Schriftrolle auseinanderzog.

Mit lauter, herrischer Stimme verkündete er: »Seid willkommen, ihr Bürger von Breithorien. Wir kommen im Namen der Königin Walrivia.« Er machte eine Pause. Ein Raunen ging durch die Menge, als er fortfuhr: »Die Königin ordnet an, dass sich alle unverheirateten Mädchen im gebärfähigen Alter heute Abend, wenn die Uhr sieben Mal schlägt, auf dem Dorfplatz einzufinden haben.«

Einer der älteren Männer traute sich nachzufragen: »Und wie wollt ihr herausfinden, wer gebärfähig ist und wer unverheiratet?«, lachte er.

Er hatte die Frage kaum ausgesprochen, als der Reiter, der die Botschaft verkündet hatte, sein Schwert zückte und auf den Mann zu galoppierte. Es kümmerte ihn nicht, dass er dabei Menschen umstieß, die sich verletzten und unter die Hufe des Pferdes gerieten. Er hob das Schwert und ließ es auf den alten Mann niedersausen, dessen Kopf auf der Stelle von seinem Rumpf getrennt wurde. Das Blut spritzte auf die umliegenden Menschen, die panisch aufschrien.

Der Reiter in der Mitte hob das blutverschmierte Schwert in die Höhe, sodass es alle sehen konnten. »Ist noch jemand zu Späßen aufgelegt?«, fragte er fordernd. Dann fuhr er fort: »Aber die Frage des alten Narren ist berechtigt. Es haben sich alle Mädchen ab dem zwölften Lebensjahr zu versammeln, die nicht verheiratet sind. Weitere Fragen werden nicht beantwortet«, herrschte er die Menge an. »Und wer nicht erscheint, den werden *wir* finden. Fluchtversuche sind zwecklos«, setzte er hinzu, zog heftig an den Zügeln, riss sein Pferd herum und trabte davon.

Die anderen Reiter taten es ihm gleich und ritten über den Platz durch das Haupttor aus der Stadt hinaus.

Der leblose Körper des alten Mannes blieb am Boden liegen, abgetrennt von seinem Kopf, der ein paar Meter weit weggerollt war. Das Blut färbte den Boden meterweit und breitete sich langsam aus. Seine Angehörigen trauten sich erst, sich um ihn zu kümmern, als die Schattenreiter nicht mehr in Sicht waren. Eine Frau kniete sich zu ihm hinunter und hatte die Hände vor den Mund geschlagen.

Meryt drehte sich zu uns und schubste uns in die andere Richtung. »Seht weg, Kinder, bitte seht weg. Das ist ja fürchterlich.«

Wir folgten ihrer Aufforderung und sahen weg, obwohl sich die Bilder bereits in unsere Erinnerung gebrannt hatten.

Meryt war außer sich vor Sorge, sie war kreidebleich geworden, schob uns in Richtung Haus und konnte kaum mehr atmen. Meine Mutter versuchte wiederum sie zu beruhigen, während wir selbst verstört zum Haus marschierten. Als wir im Haus des Altmeisters waren, dauerte es nicht lange, bis die Männer nach Hause kamen.

»Ritternich, sie wollen die Mädchen sehen, alle, die zwölf Jahre und älter sind«, sagte Meryt sorgenvoll zu ihrem Mann.

»Ich weiß, Meryt, ich weiß. Ich hab es gehört«, antwortete Ritternich.

»Das bedeutet nichts Gutes«, teilte Badogan mit.

»Vielleicht können wir fliehen«, meinte Sandrina, doch Badogan schüttelte den Kopf:

»Die Schattenreiter haben sich rund um die Stadt postiert. Es sind Dutzende, du wirst keinen Zentimeter finden, den sie nicht überwachen. Und sie werden auch alle Häuser durchsuchen. Es macht keinen Sinn, sich verstecken zu wollen oder zu fliehen.«

»Aber sie sagten doch, alle unverheirateten Mädchen. Wir sagen ihnen einfach, sie wären verheiratet«, schlug Meryt vor.

»Mit wem denn?«, fragte Badogan. »Alle Ehen sind eingetragen im Rathaus und ich wette mit dir, dass sie das Buch längst in ihren Händen haben, um genau das zu kontrollieren.«

»Können wir denn gar nichts tun?«, fragte meine Mutter traurig und stellte sich hinter mich, die Hände auf meiner Schulter ruhend.

»Ich fürchte, nein«, teilte Ritternich mit.

»Was wollen sie denn mit den Mädchen?«, fragte Hangar scheinheilig.

»Nicht vor den Kindern«, insistierte Meryt.

»Warum nicht?«, fragte Myriam.

»Ihr seid noch zu jung«, sagte Meryt zu ihr.

»Mutter, begreif doch. Wir sind offenbar nicht zu jung, um uns da versammeln zu müssen, was auch immer sie mit uns vorhaben. Ich wüsste gerne, was es ist.«

Sie schrie ihre Mutter beinahe an und es wurde deutlich, wie panisch sie war.

Für Meryt bedeutete es, dass sie zwei ihrer Töchter auf den Platz schicken musste, während meine Mutter mich zu der Versammlung gehen lassen musste. Es gab keine andere Lösung, als dort zu erscheinen.

»Ich werde auch gehen müssen«, sagte Growena plötzlich und uns wurde bewusst, dass wir sie ganz allein ihrer Angst überlassen hatten. Meryt nickte und so kam die Stunde näher, in der wir zum Platz schreiten mussten.

Als wir vor dem siebten Glockenschlag auf den Platz aus dem Haus heraustraten, standen Schattenreiter in einer ähnlichen Formation wie am Mittag rund um den Marktplatz auch direkt vor dem Haus des Altmeisters. Da waren noch mehr Schattenreiter als vor ein paar Stunden und sie standen mit ihren schwarzen Rössern da, die Schwerter gezückt, bereit, noch mehr Blut zu vergießen, sollten sich die Bürger von Breithorien ihren Anordnungen widersetzen.

Als Meryt, Ritternich, Badogan, Mutter und Hangar uns begleiten wollten, versperrten sie ihnen den Weg mit den Klingen. »Nur die Mädchen«, hieß es von einem der Schattenreiter. Seine Stimme war dunkel, unfreundlich. Sein Gesicht war nur in schwarzen Umrissen unter der Kappe zu erkennen.

Sie mussten uns gehenlassen und zurückbleiben. Wir hörten eine Mutter schreien auf der anderen Seite, als einer der Schattenreiter das Schwert erhob und auf sie niedersausen lassen wollte. Sofort hielt sich die Frau den Mund zu und der Schattenreiter verschonte sie im letzten Moment. Verunsichert gingen wir nun langsam auf den Platz, Mandina hatten wir zurückgelassen. Ich schaute zurück und sah, dass sie weinte. Sie winkte mir und sah mich besorgt an. Auch Meryt und meine Mutter hatten Tränen in den Augen. Ich sah, wie meine Mutter am ganzen Leib zitterte. Hangar hatte die Hand auf ihre Schulter gelegt. Wir Mädchen hielten uns an der Hand, wir hielten sie so fest, dass es uns das Blut abdrückte.

Growena wollte alleine gehen. Sie ging vor uns her, grummelte irgendein Gebet. Ich konnte mein Herz bis zum Hals schlagen spüren. Unbeschreiblich, wie groß meine Furcht war. Schritt für Schritt schob ich meine Füße in die Mitte des Marktplatzes, sie waren schwer wie Blei. Wir versammelten uns auf dem Platz, als wir auch Artistinnen und Wanderhuren sahen, sogar Ira war da, blind und beinahe orientierungslos. Wir blickten uns immer wieder um und sahen, wie Eltern und Angehörige hinter den schwarzen Reitern standen und wie der Reiter von heute Morgen, der den alten Mann getötet hatte, auf uns zuritt.

»Euch wird eine große Ehre zuteil. Königin Walrivia lädt euch nach Brintesia ein.« Er ritt um uns herum und sah uns dabei an, als wären wir Vieh, das verkauft werden würde.

»Nicht alle von euch, nur ein paar Auserwählte«, ließ er verlauten und schaute Ira an, lächelte höhnisch und stieß ihr mit dem Stiefel mitten ins Gesicht. »Krüppel werden wir keine mitnehmen«, lachte er und Ira fiel zu Boden.

Ihre Nase fing an zu bluten. Sie wischte es sich mit dem Handrücken weg. Als ihr ein Mädchen helfen wollte aufzustehen, erhielt auch sie einen Schlag vom Stiefel des Reiters. Sie fiel ebenfalls hin und rieb sich die Schulter.

»Lass das Drecksgesindel liegen«, ermahnte er sie. Dann wandte er sich wieder an die Menschen in der Menge.

»Wir werden eine erste Auswahl treffen. Diese Mädchen werden uns in die Hauptstadt zur Königin begleiten«, verkündete er.

Damit hob er sein rechtes Bein schwungvoll über den Sattel, stieg aus seinem Steigbügel und sprang lässig von seinem hohen Ross. Dann ging er zwischen uns herum, hob bei einem Mädchen eine Haarsträhne hoch, um an ihrem Hals zu riechen. Dann ließ er ihre Haare wieder los, lachte laut und ergötzte sich an ihrer Angst. Er war der Einzige, der die Kapuze abgelegt hatte und dessen Gesicht wir nun sehen konnten. Dann rief er zwei Reiter zu sich und wir mussten uns in sechs Reihen hintereinander aufstellen. Eine nach der anderen wurde begutachtet. Sie befühlten die Haare, rochen an unserem Hals, sahen in die Ohren, hoben mit grobem Griff am Kinn das Gesicht, um Gesichtsformen anzustieren, öffneten unsere Lippen, um die Zähne zu betrachten, und ließen uns sich drehen, damit sie sich ein Bild machen konnten, ob wir passend wären für das Vorhaben der Königin. Ihre lüsternen Blicke blieben auf den Brüsten der Mädchen haften und sie machten sich mit unangebrachten Bemerkungen lustig über uns.

Viele Mädchen waren noch Kinder, die meisten kaum älter als zwölf Jahre. Myriam gehörte zu den Ältesten. Neben mir stand ein dickliches Mädchen, das der Reiter ohne Kapuze auslachte und ihr sagte, sie wäre zu fett, um der Königin zu gefallen. Sie war zwar etwas beleibter, aber doch sehr hübsch, hatte runde Wangen und füllte ihr Kleid üppig aus. Sie hatte trotz ihrer fünfzehn Jahre ein sehr kindliches Gesicht und große, runde, braune Augen und lange, blonde Haare.

Mit einem abfälligen Tritt wurde sie aus der Runde gestoßen und durfte wieder zu ihren Angehörigen gehen. Innerlich verfluchte ich mich, dass ich nicht mehr gegessen hatte. Ich hätte auf Hangar hören sollen.

Auffällig war, dass hauptsächlich schlanke, beinahe dünne Mädchen mit blonden Haaren und blauen Augen ausgewählt wurden, ebenso Mädchen mit einer auffälligen Augenfarbe und leicht rötlichen Haaren. Wer jedoch feuerrote Haare hatte, wurde aussortiert, egal wie hübsch. Wer das Pech hatte, so kastanienrote Haare zu haben wie ich, der wurde mit Sicherheit ausgewählt und sollte die Königin kennenlernen. Und natürlich waren auch Myriam und Sandrina Schönheiten, die sie mitnehmen wollten in die Königsstadt. Die Panik fuhr uns durch Mark und Bein, als wir an der Reihe waren, ausgewählt zu werden, und das wurde auch nicht besser, als die Auswahl bereits getroffen war.

Wir wurden zusammengetrieben wie Vieh für einen Rindertransport. Gemeinsam mussten wir die Stadt zu Fuß verlassen, eskortiert von den Schattenreitern, wir, die auserwählten Mädchen. Schattenreiter umkreisten uns wie Geier ihr Aas, ließen uns nicht aus den Augen und sorgten dafür, dass niemand fliehen konnte. Verzweifelt sahen wir uns nach unseren Familien um, doch es gab keine Hilfe, kein Entkommen.

Growena hatten wir inzwischen aus den Augen verloren und wir nahmen uns wieder alle bei der Hand, als könnte das die Situation besser machen. Es musste nach acht Uhr abends sein und ich konnte mir nicht vorstellen, dass wir in der Dunkelheit zu Fuß aufbrechen würden nach Brintesia, doch ich wurde eines Besseren belehrt.

Vor den Stadttoren standen große, sperrige Holzwagen, auf deren Brücke eisernen Käfige standen, in die wir gepfercht wurden. Sich darin zu bewegen, war beinahe unmöglich. Myriam, Sandrina und ich hielten uns gegenseitig fest, wir konnten uns auf dem Wagen gerade noch hinsetzen, als der auch schon losfuhr. Diejenigen, die noch aufrecht standen, wurden mit einem Ruck zurückgeworfen und einige landeten auf anderen Leibern. Viele Mädchen kannten sich gegenseitig, aber ich kannte niemanden, weil ich nur zu Gast in Breithorien gewesen war. Die Wanderhuren hatten sie nicht mitgenommen, denn offenbar waren sie ihnen nicht gut genug gewesen. Und aus weiter Ferne hörte ich einen Raben schreien. Der Schrei erschütterte mich bis ins Innerste.

»Was haben sie mit uns vor?«, fragte Sandrina ängstlich und klammerte sich an mich.

»Ich weiß es nicht«, sagte ich und hielt sie fest.

Ich sah Myriam an und sie erwiderte traurig meinen Blick. Die anderen Mädchen waren eng an uns gepfercht. Neben mir saß ein blondes Mädchen, das edel gekleidet war und samtweiches, langes, blondes Haar hatte. Ihre blauen Augen waren gefüllt mit Tränen. Sie sah mich an und holte tief Luft: »Ich bin Kathi«, sagte sie zu uns.

»Nyella«, sagte ich zu ihr.

Sie nickte. Dann zeigte ich auf Myriam und Sandrina. »Myriam und Sandrina«, sagte ich ihr.

»Ich weiß, wer die beiden sind.«

Dann meldete sich hinter Kathi noch ein Mädchen.

»Ich bin Yasmina und das hier ist Rutha«, stellte sie sich und ihre Begleiterin vor. Beide Mädchen waren rund fünfzehn Jahre alt.

Die holprige Fahrt ging weiter und die Schattenreiter kümmerten sich nicht um uns. Miteinander unterhielten sie sich nicht und ritten wie lebendige Statuen auf ihren Rössern an der Seite der Wagen. Bis tief in die Nacht hinein waren sie unterwegs mit uns und wir hatten gerade eine Anhöhe passiert, als ich entdeckte, dass hier eine Verzweigung war, an der es zum Schierlingshof ging. Die Karawane kam zum Stehen.

»Hier schlagen wir unser Lager auf«, verkündete der Anführer, der uns in der Stadt angesprochen hatte.

Er hatte seine Kapuze längst wieder übergezogen und war vorneweg geritten. Die Tore zu den Käfigen wurden geöffnet.

»Macht gar nicht erst den Versuch, abhauen zu wollen, jede von euch würde wiedergefunden werden«, sagte er und richtete sein Schwert auf uns. »Und wir werden jede junge Dame töten, die versucht zu fliehen«, ergänzte er.

Die Schattenreiter machten ein Feuer und bereiteten ein üppiges Mahl vor. Es wurde großzügig aufgetischt: Wein, Wasser, Brot, Früchte und Schinken.

»Mein Name ist Dragomal«, verkündete der anführende Schattenreiter plötzlich und verneigte sich vor uns. »Und hier lädt euch die Königin auf ein festliches Mahl ein. Sie will, dass es euch an nichts mangelt«, teilte er uns mit. Dann wies er uns unfreundlich an, uns hinzusetzen und zu essen.

»Von wegen Einladung. An nichts fehlen«, flüsterte Myriam zu mir.

Ich nickte nur und die Mädchen um uns gaben ebenfalls ihre Zustimmung durch ein stummes Nicken. Mir war der Appetit vergangen, aber Dragomal und seine Leute beobachteten jede Einzelne von uns. Also setzten wir uns auf den feuchten Boden und langten zu. Wer nicht aß, wurde mit dem Schwert dazu aufgefordert.

»Und wenn das Essen vergiftet ist?«, fragte Yasmina.

»Warum sollten sie uns vergiften wollen? Der Aufwand, uns hier herzubringen, ist viel zu groß«, erklärte Myriam ihr.

»Genau, die haben anderes mit uns vor«, sagte Rutha düster.

»Ich will es gar nicht wissen«, antwortete Sandrina.

Myriam und ich schauten uns an und seufzten.

»Wir können nichts tun im Moment, also können wir ebenso gut erst einmal etwas essen. Wer weiß, wann wir das nächste Mal wieder was bekommen«, schlug Kathi vor.

So aßen wir stillschweigend. Dank des Feuers konnten wir uns gegenseitig sehen, ansonsten war es dunkel. Die Flammen gaben zudem ein bisschen Wärme ab. Kein Mond war am Himmel zu sehen, kein Stern.

Nach einer Weile stolzierte Dragomal um uns herum. »So, ich hoffe, das Essen hat euch gemundet. Legt euch schlafen. Wir haben morgen eine lange Reise vor uns«, erklärte er uns.

Wir sollten hier auf der Stelle am Boden schlafen, ohne Decke, ohne Unterlage. Also versuchten wir, uns gegenseitig Halt zu geben, und kuschelten uns aneinander. Mir gingen 1000 Dinge durch den Kopf. Ich wollte fliehen. Ich wusste, wo es zum Schierlingshof ging. Ich kannte die Gegend hier.

»Nyella?«, flüsterte Myriam.

»Ja?«, antwortete ich.

»Was tun wir jetzt?«, fragte Myriam.

»Ich weiß es nicht«, gab ich zur Antwort.

»Können wir nicht fliehen?«, fragte Myriam wieder.

»Ich glaube nicht«, gab ich zur Antwort. »Jedenfalls nicht alle«, ergänzte ich leise.

»Du verheimlichst mir doch was«, flüsterte Myriam.

Ich seufzte und drehte mich um, Myriams Gesicht war so nahe, dass meine Nasenspitze die ihre berührte.

»Myriam, es gäbe schon eine Möglichkeit, aber dazu brauche ich dein Vertrauen und deine Hilfe«, sagte ich zu ihr.

»Was für eine Möglichkeit?«, fragte Sandrina, die mitbekommen hatte, worum es ging.

Natürlich hörte auch Kathi zu, für die anderen waren wir zu leise. Denn ich war eingeschlossen zwischen Kathi, Sandrina und Myriam.

»Alle können wir nicht fliehen, das wäre zu auffällig. Aber eine von uns könnte fliehen«, sagte ich.

»Und wer sollte das sein?«, fragte Myriam.

»Ich?«, antwortete ich fragend.

»Und warum solltest das ausgerechnet *du* sein?«, fragte Kathi.

»Weil ich die Gegend hier ein bisschen kenne. Der Schierlingshof liegt östlich von hier. Da habe ich vorher gelebt«, erklärte ich.

»Aber der ist doch abgebrannt«, sagte Myriam.

»Das schon, aber ich kann vielleicht irgendwie Hilfe holen«, antwortete ich.

»Ich find' den Plan nicht gut, du machst dich doch nur aus dem Staub«, erklärte Sandrina verärgert.

»Bitteschön, dann gehen eben *alle* nach Brintesia«, gab ich patzig zur Antwort.

Stille.

»Sie hat recht«, sagte Myriam. »Wir müssen es wenigstens versuchen.«

Ich konnte spüren, dass es Kathi nicht passte, aber Myriam hatte recht. Die Logik war auf meiner Seite.

»Vertraust du ihr?«, fragte Kathi Myriam.

»Ich kenne sie noch nicht so lange, aber ja, ich vertraue ihr«, sagte Myriam und schaute mir dabei tief in die Augen.

»Okay, ich vertraue ihr auch, du hilfst uns doch, oder?«, wollte Sandrina wissen.

»Ja, natürlich. Ihr habt mir doch auch geholfen. Das vergeß' ich euch nicht so schnell, versprochen«, sagte ich.

»Das war aber nicht so dramatisch«, meinte Myriam.

»Für dich vielleicht«, antwortete ich.

»Also jetzt erst mal langsam. Was ist denn überhaupt dein Plan?«, wollte Kathi wissen.

»Wir müssen alle auf der Erde liegen und schlafen. Wir nutzen diese Zeit besser. Wenn wir alle unauffällig die Erde zur Seite schieben, können wir ein Loch graben, in dem ich Platz habe. Dann deckt ihr mich wieder mit Erde zu und wenn ihr morgen weiterfahrt, werde ich mich hier wieder ausgraben, um dann Hilfe zu holen.«

»Das ist gar nicht mal übel«, meinte Kathi.

»Und wenn du erstickst?«, fragte Myriam besorgt.

»Myriam, wir haben nur diese eine Chance, oder wie willst du sonst von den Schattenreitern loskommen?«, fragte ich.

»Sie hat recht, das ist wirklich waghalsig, aber es könnte klappen. Du bist richtig gut«, sagte Kathi anerkennend.

»Danke«, antwortete ich.

»Mir gefällt das Ganze nicht«, sagte Sandrina.

»Glaubst du, sie haut ab?«, fragte Kathi.

»Nein, ich hab Angst, dass Nyella was passiert«, sagte Sandrina.

»Wir müssen es versuchen, wir müssen einfach. Wer weiß, was uns *allen* sonst passiert«, sagte ich.

Es gab kein Zurück mehr. Der Plan stand fest.

Wir fingen an, so unauffällig wie möglich Erde zur Seite zu schaufeln. Nach kurzer Zeit meinte Myriam: »So geht das nicht. Nyella, du musst still liegenbleiben. Wir müssen unter dir alles wegschaufeln können, damit du einsinken kannst. Wir werden die Erde so leicht wie möglich über dich schütten, damit du dich danach wieder befreien kannst. Du musst auf dem Rücken liegen bleiben, sonst kannst du die Arme nicht benutzen, wenn wir weg sind.«

Am Boden fanden sie Teile einer Baumrinde, mit denen die Mädchen Erde unter mir wegschaufelten und ich langsam einsinken konnte. Ich bekam auch ein Rindenteil, das so groß war wie meine Hand selbst, um mich später damit von der Erde befreien zu können. Es dauerte Stunden, bis ich immer weiter und tiefer einsank. Myriam fand einen Ast, der nur etwa 20 Zentimeter lang war, den sie mir mit in das Loch gab. Es sollte mir helfen, die Erde wieder besser wegzuschaufeln, wenn sie alle weg waren. So verging die Nacht, und anstatt zu schlafen, gruben die Mädchen fleißig weiter. Bis sich die Sonne am Himmelszelt zeigte, hatten die Mädchen Erde über mich geschaufelt und ich war nicht mehr mit bloßem Auge zu erkennen.

Um mich herum war es dunkel geworden, ich fühlte mich eingeschlossen, hielt das Rindenstück und den Ast fest. Verzweifelt versuchte ich, mich selbst zu beruhigen. Tief durchatmen ging nicht, der Mund musste geschlossen bleiben, vor meiner Nase hatte sich Erde gesammelt. Ich konnte nur kurze Atemzüge tätigen. Schließlich hörte ich, wie Dragomal alle Mädchen anwies, sich zu erheben und sich in die Käfige zu begeben.

»Pass auf dich auf«, hörte ich Myriam in meine Richtung flüstern.

»Wir sehen uns in Brintesia«, sagte Sandrina leise zu mir.

Ich hätte gerne genickt, aber das ging nicht. Ich hatte einfach nur noch Angst. Irgendwie musste ich es schaffen, um Hilfe zu holen. Und ich musste vor allem überleben. Die Mädchen verließen sich auf mich. Es war unsere einzige Chance.

Die Stimmen entfernten sich immer weiter. Das Hufgeklapper wurde leiser und plötzlich wurde es ganz still um mich herum. Ich blieb lange so liegen. Da ich nichts sehen konnte, war ich mir nicht sicher, ob ich es wagen konnte aufzutauchen. Langsam fiel es mir immer schwerer zu atmen und mir wurde schwindlig. Ich hatte Mühe, meine Arme zu bewegen und konnte den Dreck nicht entfernen. Der Ast und das Rindenstück konnte ich überhaupt nicht bewegen und wegschaufeln ging schon gar nicht. Panik überfiel mich und verbrauchte wertvollen Sauerstoff. Kostbare Zeit verging und ich hatte immer weniger Sauerstoff. Mir wurde schlecht, und ich konnte beinahe die Kraft nicht mehr aufbringen, mich zu bewegen.

Mir wurde schwarz vor Augen. Als ich blinzelte, stellte ich fest, dass das keine gute Idee gewesen war. Erde wurde durch die Augenbewegung losgetreten und einzelne Partikel waren mir in die Augen geglitten. Ich musste immer wieder blinzeln und spürte den Schmerz in den Augen. Der Sauerstoff schwand, ich war nicht in der Lage, den Dreck wegzuschaufeln. Schließlich schloss ich die Augen und machte mich bereit zu sterben. Ich spürte, wie ich immer weniger atmen konnte, und sah vor Augen Bilder aus meiner Kindheit, sah meinen Vater, hörte seine Stimme.

Als ich immer mehr abdriftete, sah ich meine Großeltern an mir vorbeigehen und wie sie mit meinem Vater lachten. Ich konnte meine Mutter sehen, wie sie mit meinem Vater herumalberte. Hyperventilierend konnte ich nicht mehr atmen. Ich verschluckte Erde. Und dann mit einem Mal wurde ich ruhig, immer ruhiger. Es wurde friedlich und leicht. Dann wurde es schwarz um mich herum.

# 6. Roberta's Geheimnis

»Wasser, sie braucht Wasser.«

»Besserwisser.«

»Jungs, könnt ihr euren Streit auf später verschieben?«

»Ich sag ja, Wasser braucht sie.«

»Ich geb ihr ja *Wasser*.«

»Herrje, wenn ihr weiter streitet, dann stirbt sie euch unter den Fingern weg.«

Bäng. Jemand verpasste mir eine sanfte Ohrfeige. Ich wurde wach und öffnete die Augen.

»Sorry«, hörte ich jemanden sagen.

Irgendein Gesicht zeichnete sich schemenhaft vor meinen Augen ab. Ich blinzelte, konnte aber nichts Genaues sehen. Meine Augen brannten.

»Ihre Augen sind voller Erde. Wasser, bitte.«

Ich spürte einen stechenden Schmerz, dann Wasser in meinen Augen, ein unangenehmes Gefühl, bis es schließlich leichter wurde. Verschwommen konnte ich aus den Augen etwas erkennen. Jemand tupfte mit einem Tuch über meine Augen. Dann konnte ich wieder normal blinzeln und langsam wurden die Bilder wieder klarer. Badogan hatte sich über mich gebeugt.

»Badogan?«, fragte ich und dann musste ich husten. Etwas kitzelte im Hals und ich hatte das Gefühl, Staub gegessen zu haben.

»Den Göttern sei Dank, sie lebt«, hörte ich jemanden rufen.

»Guten Morgen, Nyella, du hast uns einen ganz schönen Schrecken eingejagt«, sagte Badogan ernst zu mir.

»Aha«, war alles, was ich sagen konnte. Dann erschien ein zweites Gesicht neben Badogan, sein Sohn Russ.

Plötzlich wurden beide weggeschoben und ein drittes Gesicht erschien vor meinen Augen. »Nyella«, hörte ich und schon wurde ich in die Arme genommen.

Jemand hatte mich aufgesetzt und fest an sich gedrückt. Ich musste mit meinen schwachen Armen den Menschen vor mir wegschieben, um erst einmal zu sehen, wer mich hier so heftig umarmte. Es war zu meinem Erstaunen Bernie. Er achtete nicht auf meine Versuche, ihn von mir wegzustoßen, sondern nahm mich wieder in die Arme und drückte mich an sich. Ich verschluckte mich und hustete heftig.

»Oh, entschuldige.« Sofort ließ er mich wieder los und hielt mir einen Lederbeutel mit Wasser hin. Ich nahm den Beutel dankbar entgegen und trank den ganzen Inhalt auf einmal aus.

Als ich fertig getrunken hatte, sah ich die drei Männer an.

»Was tut ihr hier?«, fragte ich sie.

»Dich retten?«, war die Antwort von Russ.

Badogan setzte sich neben mich auf den Boden. »Wir sind euch gefolgt«, war seine Antwort.

»Wir wollten schauen, wo sie euch genau hinbringen«, sagte Bernie.

»Lange haben wir nicht überlegt, wir sind einfach losgeritten«, sagte Russ.

»Das hier wäre beinahe schiefgegangen«, sagte Badogan und zeigte auf das Loch, in dem ich vergraben gewesen war.

»Es war die einzige Möglichkeit, dass eine von uns entkommt, um Hilfe zu holen«, sagte ich.

»Du bist ganz schön mutig«, meinte Bernie anerkennend.

»Vor allem hast du großes Glück gehabt«, sagte Russ.

»Dank euch«, sagte ich.

»Ja, dank uns, Nyella. Aber du bist wirklich ganz schön mutig. Jetzt wird es aber Zeit, dass wir losreiten. Kannst du aufstehen?«, fragte Badogan. »Sie werden bald merken, dass jemand fehlt«, meinte er.

»Meinst du?«, fragte ich.

»Mit Sicherheit, sie haben genau Buch geführt, wen sie mitgenommen haben. Verlass dich drauf«, erklärte mir Badogan.

Er war bereits aufgestanden und hielt mir seine Hand hin, die ich packte, damit er mir auf die Füße half. Bernie und Russ packten ihre Sachen zusammen und gingen zu ihren Pferden. Russ ritt einen wunderschönen Schimmel, von der Gestalt her war er Ronjo sehr ähnlich. Ein sehr kräftiges Tier mit langer Mähne, das stolz um seine Achse tänzelte, als Russ es bestieg. Bernie ritt ein dunkelbraunes Pferd mit heller Mähne.

Ich war damit beschäftigt, den Dreck von meinem Rock zu klopfen. Da trat Badogan an mich heran und drückte mir Zügel in die Hand.

»Das ist Skyler, er ist ab heute dein Pferd«, sagte er zu mir und widmete sich seiner golden schimmernden Stute mit irisierend langer Mähne. Den Steigbügel für sich zurecht drehend stieg er auf, nahm die Zügel in die Hand und nickte mir motivierend zu. Das sah ganz einfach und edel aus bei ihm. Ich nahm den Zügel zögernd in die Hand und sah vom Huf bis zum Kopf des Tieres.

»Ähm … Skyler.« Ich schaute das Pferd nochmals von unten nach oben an und stand etwas unsicher daneben.

Mir fiel erst jetzt auf, wie groß Pferde eigentlich waren. Skyler war wunderschön mit den großen schwarzen und weißen Flecken in seinem Fell und der gleich gefärbten Mähne. Er sah aus wie ein wildes Pferd und hatte lange, dicke Haare rund um die Flanken, die bis zum Boden reichten. Die außergewöhnlich blauen Augen irritierten mich, so etwas hatte ich bei Pferden noch nie gesehen. Auf einem Pferd hatte ich noch nie gesessen, diesem Teil des Lebens war ich bisher immer erfolgreich aus dem Weg gegangen. Es hatte wohl keinen Zweck, hier zu diskutieren. Wir waren in der Einöde, irgendwo im Wald, und mussten uns beeilen hier wegzukommen. Ich musste also reiten. Ich hielt die Zügel in der Hand.

»Du musst die Steigbügel auf deine Länge einstellen«, ermahnte mich Badogan.

»Ja ja«, murmelte ich vor mich hin.

Badogan seufzte und stieg noch einmal von seiner Stute ab. Dann half er mir, den Steigbügel in die richtige Länge zu bringen, und hielt mir anschließend die Hände vor die Knie. Er hatte die beiden Hände ineinander gelegt und mir eine Brücke gemacht, um leichter aufzusteigen. Ich hatte das schon mehrmals bei anderen gesehen, aber ich selbst hatte das noch nie ausprobiert.

»Das ist eine Räuberleiter. Du musst deinen Fuß da hineinstellen und dann steigst du auf«, erklärte er mir.

»Ja ja, ich weiß schon ...«, sagte ich etwas trotzig.

Mit dem rechten Fuß stieg ich auf die Brücke, die er mir mit den Händen hinhielt, und eroberte den Rücken des Pferdes.

»Mit diesem Pferd stimmt was nicht«, sagte ich verzweifelt, als ich plötzlich den Pferdehintern vor mir sah.

»Mit dem Pferd ist alles in Ordnung. Nimm das linke Bein zum Aufsteigen«, grinste Badogan.

Ich versuchte, wieder vom Pferd abzusteigen. Ein Desaster. Badogan konnte mich gerade noch auffangen und setzte mich sicher auf den Boden. Skyler stand felsenfest an Ort und Stelle und wartete geduldig. Badogan konnte sich das Grinsen nicht verkneifen. Ich hörte, wie Bernie und Russ hinter meinem Rücken laut lachten. »Ihr seid ja eine große Hilfe«, motzte ich.

Dann versuchte ich erneut, auf die Räuberleiter zu steigen, die Badogan mir wieder hinhielt. Dieses Mal startete ich mit dem linken Fuß, aber ich hätte Badogan beinahe meinen Schuh in die Nase geschlagen beim Versuch, das rechte Bein auf das Pferd zu schwingen. Er konnte gerade noch den Kopf zur Seite halten. Ich wich unsicher zurück.

»Wohl noch nicht so oft geritten«, zog mich Russ auf.

»Nein, nicht wirklich«, sagte ich, damit beschäftigt zu verstehen, wo hinten und vorne war bei diesem Ding.

Schließlich packte mich Badogan und hievte mich unsanft aufs Pferd. Ich hatte keine Chance, mich zu wehren, und fand mich schließlich im Sattel wieder. Badogan zog am Zügel und begleitete Skyler zu seinem Pferd, wo er federleicht und einfach aufstieg. Als Badogan anritt und Skyler ebenfalls die ersten Schritte machte, musste ich mich festhalten, um nicht herunterzufallen.

»Wohin reiten wir?«, fragte ich.

»Am besten folgen wir den Schattenreitern nach Brintesia«, erklärte mir Badogan.

»Aber nicht so schnell«, murmelte ich leise.

»Was sagst du?«, wollte Badogan wissen.

»Das macht wenig Sinn, wir müssen zuerst einen Plan haben. Gegen diese vielen Schattenreiter haben wir alleine keine Chance«, erklärte ich etwas lauter.

»Und woher nehmen wir den Plan?«, fragte Russ.

»Ich kenn' hier jemanden in der Gegend. Sie kann uns vielleicht helfen«, erklärte ich den Männern.

»Sie?«, fragte Badogan nach.

»Ja, es ist eine alte Frau, aber wir sind dort erst einmal in Sicherheit«, antwortete ich.

»Was wollen wir mit einer alten Frau?«, fragte Russ.

»Vielleicht hat sie recht. Wir müssen uns erst einmal in Sicherheit bringen, um alles in Ruhe zu besprechen«, erklärte Bernie.

Das schien auch Badogan einzuleuchten. »Okay, also Planänderung. Wo geht's lang?«, fragte er.

»Ähm … Das ist nicht ganz so einfach. Wir müssten zum Schierlingshof zurück und von dort aus geht's dann in den Wald … Denke ich«, sagte ich etwas unsicher.

»Was soll das heißen – *denke ich*?«, fragte Russ.

»Ich war erst *einmal* da … In dem Wald … Bei der Frau …«, antwortete ich.

»Was?«, regte sich Russ auf.

»Ja, ich war erst einmal bei Roberta«, sagte ich.

»Wir haben keine große Wahl«, erklärte Badogan. »Einen Versuch ist es wert«, sagte er.

»Weißt du, wo der Schierlingshof liegt?«, fragte ich ihn.

»Ungefähr«, erklärte Badogan.

Wir ritten los. Das heißt, die Männer ritten los und ich war damit beschäftigt, nicht vom Pferd zu fallen. Es schaukelte und ich konnte mich gerade noch am Sattelrücken festhalten, bis Badogan neben mir auftauchte, mir die Zügel richtete, straffte und mir zeigte, wie ich sie richtig in die Hand nehmen musste. Dann stellte er meinen linken Fuß in den Steigbügel und ich tat es ihm nach auf der rechten Seite.

»Du musst auf die Bewegung von Skyler achten, dann fließ mit ihm, schau so«, zeigte er mir und schließlich schaute ich ihm ab, wie er das hohle Kreuz mitbewegte, mitfloß, und irgendwann gelang es mir tatsächlich, mich auf den Rhythmus von Skyler einzulassen. Meine Füße fanden bald Halt in den Steigbügeln, und ich sah ein wenig so aus, als würde ich reiten können. Es fing sogar an, Spaß zu machen. Wir ritten ein Stück zurück, bis Badogan schließlich abbog, und es dauerte nicht lange, bis ich den alten Weg wiedererkannte.

»Ja, hier sind wir richtig«, erklärte ich den Männern.

Nach einer guten halben Stunde waren wir am Schierlingshof angekommen. Der Hof lag noch unverändert vor uns in Schutt und Asche. Aus dem stolzen Gehöft war ein Ort der makabren Stille geworden. Wir ritten den Platz ab.

»Ganz schönes Durcheinander hier«, sagte Bernie laut.

»Das kannst du laut sagen«, entgegnete Russ.

»Aber der Hof ist ganz schön groß. Das gibt ´ne Menge Arbeit, das alles wieder aufzubauen«, murmelte Badogan vor sich hin.

Ich nickte stumm. Es war seltsam, hier zu sein, denn ich fühlte keinerlei Verbindung zu diesem Ort.

»Und wohin jetzt?«, wollte Badogan wissen.

»Da – in diese Richtung.« Ich zeigte zum Wald.

Wir ritten los und erreichten bald die ersten Bäume. Es fühlte sich anders an, auf dem Pferd zu sitzen, wenn Skyler über den weichen Waldbogen schritt. Trotz seiner Größe bewegte er sich federleicht.

Es dauerte eine Weile, bis ich mir ganz sicher war, dass wir uns auf dem richtigen Pfad befanden. Wir ritten weiter in den Wald hinein und schließlich entdeckte ich die Lichtung und das kleine Erdhaus. Schließlich verlangsamten wir unseren Ritt, hielten an und die Pferde fingen sofort an zu grasen. Plötzlich überkamen mich Zweifel. Hoffentlich war Roberta zu Hause. Und hoffentlich konnte sie uns überhaupt Unterschlupf gewähren. Ich näherte mich langsam dem kleinen Haus.

»Roberta?«, rief ich und erhielt prompt eine Antwort.

»Ja?«, hörte ich und schon kam die alte Frau um die Ecke, einen Kessel in der Hand, aus dem Wasser schwappte. Sie wirkte irgendwie jünger als beim letzten Mal.

»Ach, meine liebe Prinzessin Nyella. Und sie bringt Besuch mit«, lachte sie. »Seid willkommen«, sagte sie und winkte uns, ihr ins Haus zu folgen.

Sie wies uns an, die Pferde in einer Ecke zwischen dem Haus und dem Felsen anzubinden. Es war wie eine Felsspalte, in die die Tiere geführt wurden. Diese Spalte hätte ich nicht gesehen, wenn Roberta mich nicht darauf aufmerksam gemacht hätte.

»Sicher ist sicher«, sagte sie und legte große Äste vor den Eingang. Sie murmelte einige seltsame Sätze. Dann wandte sie sich an mich.

»Ihr kommt nicht allein«, erklärte sie bedeutungsschwanger und zeigte mit dem Kinn in Richtung Wald. Die Männer sahen mich verwundert an.

»Was meinst du damit, wir kommen nicht allein?«, fragte ich Roberta, als wir im Haus waren.

»Wir haben keine Zeit zu diskutieren. Die Pferde sind in Sicherheit, aber ihr seid es nicht. Die Schattenreiter sind auf dem Weg hierher«, erklärte sie uns und stellte den Wasserkessel ab.

»Du weißt von den Schattenreitern?«, fragte ich ungläubig, aber Roberta überging meine Frage.

»Folgt mir, wir dürfen keine Zeit verlieren«, sagte sie bestimmt und ging zu der hintersten Ecke ihres kleinen Häuschens. Dort war eine Wand. Roberta stellte sich davor und begann, etwas vor sich hinzufaseln in einer Sprache, die ich nicht verstand. Es klang ähnlich wie das, was sie vorhin gesprochen hatte, als sie die Felsspalte bedeckte. Nach einigen Minuten fing der Lehm an, sich aufzulösen, Robertas Worte wurden lauter, sie schwang ihre

Arme hin und her und es tat sich ein Loch auf, gerade so groß, dass wir hindurch gehen konnten. Ich starrte mit offenem Mund auf das Loch, während Roberta sich zu uns umdrehte.

»Los, schnell – da hinein, es bleibt keine Zeit«, ermahnte sie uns in einem Ton, der keine Fragen zuließ. Badogan war der Erste, der schnellen Schrittes durch das Loch ging, sich umdrehte und mir zuwinkte. Ich war unentschlossen, aber Bernie schubste mich von hinten, als ich draußen von weit her auch schon Männerstimmen hörte und das dumpfe Getrampel von Pferdehufen auf dem Waldboden. Die Lärmkulisse kam näher.

»Los, macht schon«, drängte Russ und schob mich vor sich durch das Loch in der Wand.

Ich fand mich in einer Höhle wieder. Roberta folgte uns als Letzte. Sie begann wieder mit ihrem Gebet. Als ich mich kurz darauf umdrehte, sah ich, wie sich die Wand vollständig geschlossen hatte. Ich musste meine Augen reiben und schaute ein zweites Mal in den Raum. Wir waren in einer riesigen Höhle. Hier war es tropisch warm und da standen ein Schaukelstuhl, eine große Kiste und ein Spinnrad. Die Höhle schien endlos groß zu sein. Wir hörten Wassertropfen von den Wänden fallen und soweit das Auge reichte, war alles mit Stroh zugedeckt. Jedes unserer Geräusche hallte wider. Das Haus war in den Felsen gebaut worden und es schien, als würde hier der Rest des Berges verlaufen.

Roberta stellte sich neben mich und legte ihre Hand auf meine Schulter. Ich fuhr zusammen und sah sie fragend an. Roberta ging an mir vorbei zum Schaukelstuhl und legte ihren rechten Zeigefinger an die Lippe. Draußen waren Männerstimmen zu hören, wie sie miteinander sprachen und in dem Haus auf und ab gingen.

»Die Pferde«, flüsterte ich voller Sorge.

Roberta legte ihren Zeigefinger vor den Mund. »Mach dir keine Sorgen, sie werden sie nicht finden. Sie werden sie nicht einmal riechen«, sagte sie flüsternd zu mir.

»Was ist hier los, Roberta? Und wer bist du?«, fragte ich sie und war mir nicht sicher, ob ich die Antwort wirklich hören wollte.

»Später«, sagte sie und hob wieder den Zeigefinger mahnend an ihren Mund. Wir verweilten eine Zeit lang stumm, hörten auf die Geräusche von der anderen Seite der Wand und bewegten uns nicht. Dann schlich Badogan zu Roberta.

»Dir ist bewusst, dass sie irgendwo da draußen warten?«, fragte er sie in leisem Ton.

»Ich hab´ Zeit«, sagte sie gelassen und bückte sich zu dem Korb, der neben dem Schaukelstuhl stand. Dort nahm sie ihr Strickzeug heraus und fing an, in einer Seelenruhe zu stricken. Wir sahen uns gegenseitig fragend an.

Wir warteten und nach einer Weile setzte ich mich auf den warmen Boden, Bernie und Russ taten es mir gleich. Ich strich mit dem Finger den Boden entlang und malte Zeichen in den Sand. Dann wurde es still auf der anderen Seite des Raumes. Ich hob meinen Kopf und sah Roberta und Badogan an. Sie schüttelten beide gleichzeitig den Kopf. Also warteten wir weiter. Mir war, als würden Stunden vergehen, und langsam tat mir mein Hintern vom Sitzen weh. Die Strapazen der letzten Nacht machten sich bemerkbar. Nach einer gefühlten Ewigkeit stand Roberta plötzlich auf. »So, ich denke, jetzt ist die Luft rein.«

Roberta lachte, ging zu der Wand und wollte die Wand wieder öffnen, als Bernie zu ihr ging und sie aufhielt: »Möchtest du nicht wenigstens Nyella erklären, was das hier soll?«, fragte er.

Roberta räusperte sich und ich sah sie an.

»Nun ja, ich werde euch gerne alles erklären, aber lasst uns zuerst nachsehen, ob die Schattenreiter auch wirklich weg sind. Es erzählt sich ein wenig besser bei einer Tasse Tee«, antwortete sie, als wäre das, was soeben passiert war, das Normalste auf der Welt.

Schließlich öffnete sich die Wand wieder dank Robertas Hilfe und sie ging hinüber in ihre Küche, um Tee zu kochen. Badogan half ihr dabei. Sie kehrten wenig später mit dem Tee, Proviant und den Decken zurück. Zu große Angst hatte mich davon abgehalten nachzuschauen, ob die Schattenreiter weg waren. Als wir alle wieder beisammen in der Höhle saßen und die Wand fest verschlossen für unsere Sicherheit garantierte, fing Roberta an zu reden: »Ich hatte recht, sie sind weg.«

»Roberta, ich möchte endlich wissen, was hier vor sich geht. Wir müssen unsere Freundinnen in Brintesia retten«, erklärte ich ihr flehend.

»Und du willst so mir nichts, dir nichts nach Brintesia spazieren und dann?«, fragte sie mich.

»Ich weiß nicht. Wir haben noch keinen Plan«, sagte ich zu ihr.

»Solche Dinge wollen gut durchdacht sein«, sagte sie zu mir.

»Wir haben aber keine Zeit«, entgegnete ich und Bernie brachte sich ein.

»Wir wissen nicht, was sie mit den Mädchen machen werden«, meinte er traurig.

»Trotzdem. Das hier will gut durchdacht werden. Eines müsst ihr wissen. Es gibt Dinge, auf die wir Einfluss nehmen können, auf andere nicht. Manche Dinge müssen sich zuerst entwickeln, bei anderen wiederum muss die Entwicklung verhindert werden.«

»Wovon sprichst du?«, fragte ich sie ungläubig.

»Es passieren Dinge, auf die wir längst schon warten. Wir wussten, dass diese Ereignisse passieren werden«, sagte Roberta.

»Von welchen Ereignissen sprichst du?«, fragte ich nach.

»Ich möchte zuerst wissen, was mit dieser Wand ist und was das alles hier soll, bevor ich mir neue Geschichten anhöre«, mischte sich Badogan ein. Ich nickte zustimmend.

Bernie sah etwas blass aus: »Ich weiß nicht, ob ich so viele Geschichten auf einmal vertrage.«

Wir setzten uns rund um Roberta auf den Boden, die sich vor den Schaukelstuhl stellte.

»Also, Nyella, meine Prinzessin. Ich habe dir versprochen zu erklären, was hier los ist. Ich weiß nicht, wo ich anfangen soll«, begann Roberta.

Sie schien plötzlich nervös geworden zu sein und ging auf und ab. Dann blieb sie wieder stehen.

»Was ist das alles hier?«, fragte ich sie und zeigte auf das Stroh.

Roberta räusperte sich. »Ich würde gerne das Geheimnis lüften, aber ich muss sichergehen, dass deine Freunde vertrauenswürdig sind«, sagte sie geheimnisvoll.

»Was meinst du mit *vertrauenswürdig* und was für ein Geheimnis?«, fragte ich sie.

»Ihr müsst auf Vodanos Raben, ja, auf euer Leben schwören, dass ihr das, was ich euch jetzt zeige, für euch behaltet und es nicht nach außen getragen wird«, sagte Roberta bedeutungsschwanger.

Badogan hob die Augenbrauen. »Bei unserem Leben?«, wiederholte er mit einem sarkastischen Unterton.

»Ja, bei eurem Leben, Badogan. Es ist mein voller Ernst«, wiederholte Roberta ernst.

»Nun gut, wenn es dir so wichtig ist, dann schwöre ich«, meinte Badogan leicht süffisant.

»Du sagst das zu leichtfertig. Das hier ist sehr, sehr ernst«, sagte Roberta. »Und wenn ich euch das hier enthülle, muss ich mich auf euch verlassen können, dass das nicht in falsche Hände gerät. Und ihr müsst mir versprechen, Nyella um jeden Preis zu schützen.«

Ich horchte auf. »Mich schützen?«, fragte ich ungläubig.

Roberta überging meine Frage. Sie zeigte auf das Stroh. Meine Neugierde war geweckt. Es war überaus warm in der Höhle. Die Luftfeuchtigkeit war sehr hoch und ich bückte mich zu dem Stroh hinunter. Ein eigenartiger Geruch verstärkte sich.

»Also, schwört alle beim Leben und den Mächten Vodanos und bei eurem eigenen Leben«, gebot uns Roberta und sah uns ernst an.

»Nun gut, Roberta, ich bin ein Ehrenmann. Wenn es dir so wichtig ist. Ich schwöre es beim Leben Vodanos und bei meinem Leben«, sagte Badogan und hob feierlich die Hand.

Es war ihm sichtlich ernst. Bernie sah noch immer sehr blass aus und hob unsicher die Hand. Russ tat es seinem Vater gleich. Er stand breitbeinig da, und das Licht von der Kerze, das den Raum erhellte, flackerte in seinen Augen und warf Schatten an die Wand. Ich hob als Letzte meine Hand.

»Du musst nicht schwören, Prinzessin«, korrigierte mich Roberta.

»Aber ich will, entweder alle oder keiner«, entgegnete ich.

»Etwas anderes hätte ich auch nicht von dir erwartet«, lächelte Roberta.

Dann schworen wir feierlich, dass wir das Geheimnis der Höhle niemandem verraten würden und dass mich die Männer beschützen würden, egal, was da kommen möge, obwohl ich keinerlei Ahnung hatte, was das zu bedeuten hatte.

Schließlich schritt Roberta zum Stroh und nahm ein wenig davon in die Hand, um es zur Seite zu schieben. Hervor zog sie ein großes, hellbraunes Ei.

»Ein Ei?«, fragte ich ungläubig. »Die ganze Aufregung wegen einem Ei?«, wiederholte ich.

»Bei allen Göttern, ich werd' verrückt«, sagte Badogan und kam näher. Er machte große Augen. »Darf ich es einmal halten?«, fragte er ehrfürchtig, aber Roberta zuckte zurück.

»Was ist das?«, wollte ich wissen und sah genauer hin. Ich kniff meine Augen zusammen.

»Das ist doch nicht das, wofür ich es halte?«, mischte sich Bernie ein und kam ebenfalls neugierig näher.

»Doch, genau das ist es.« Russ' Augen leuchteten, als er näher herantrat.

»Es gibt sie also doch. Ich fass es nicht«, sagte Badogan und bestaunte das Ei.

»Wen oder was gibt es?«, frage ich, immer noch neugierig, und schaute von einem zum anderen. Ich verstand die Aufregung nicht.

Badogan hielt mir das Ei direkt vor die Nase. »Weißt du, was das ist?«, fragte er mich und tupfte mit dem Zeigefinger mehrfach darauf. Roberta umschloss mit ihrer Hand seinen Zeigefinger und nahm ihn sanft von dem Ei weg.

»'Tschuldigung«, sagte Badogan und Roberta nickte verständnisvoll.

»Nein, sollte ich?«, antwortete ich und kam mir dumm vor.

»Nyella, erinnerst du dich an Gimle und die Geschichte von Ira?«, fragte Bernie plötzlich.

Ich überlegte einen Moment, bis ich plötzlich verstand. Meine Miene hellte sich auf, und ich hob die Augenbrauen.

»*Das* ist ein Drachenei?«, fragte ich ungläubig und hob den Finger, um das Ei ganz vorsichtig zu berühren, als könnte es jederzeit explodieren, wenn ich ihm zu nahe käme.

»Exakt«, sagte Badogan und sah das Ei weiterhin bewundernd an wie ein Heiligtum.

Mir blieb der Mund offen stehen. Ich starrte das Ei an. Roberta hob das Stroh noch weiter hoch und zum Vorschein kamen weitere Eier.

»Es gibt noch mehr?«, fragte Russ staunend und bückte sich leicht.

Ganz vorsichtig übergab Roberta Badogan das Ei, das sie in Händen gehalten hatte. »Ja, um ehrlich zu sein, es sind insgesamt genau neun Eier«, erklärte uns Roberta.

Ich strich anerkennend über die Oberfläche des Eies, das Badogan mittlerweile in Händen hielt. Roberta rückte das Stroh ein wenig auf die Seite, sodass die restlichen Eier gut sichtbar wurden.

»Wie kommen die Eier hierher?«, fragte Badogan. »Was hast du mit Drachen zu schaffen?«, gab er die nächste Frage an Roberta ab. Er schaute sie fragend an.

»Also, es ist so …«, seufzte sie. Dann holte sie tief Luft und just in dem Moment, als sie erzählen wollte, stolperte Bernie auf Badogan zu, dem das Ei aus der Hand fiel. Badogan strauchelte nach hinten und musste sich an Roberta festhalten.

In Robertas Gesicht zeichnete sich das Entsetzen ab. Und das Ei fiel im freien Flug in Richtung Boden.

Ein lautes Geräusch erklang und Russ schnaubte laut auf. »Ich hab's«, rief er aufgeregt und hielt das Ei in die Höhe, während er sich mit der anderen Hand den Hintern rieb. »Aua.« Er verzog das Gesicht.

»Oh, bei Vodano, oh, bei Vodano, den Göttern sei Dank. Um der Disen willen, seid vorsichtig«, rief Roberta.

Bernie sah beklommen zu Boden. »Es tut mir sehr leid.«

»Das ist kein Spaß hier. Es geht um ein heiliges Geheimnis«, mahnte Roberta, während Badogan sich wieder hinstellte.

»Du wolltest uns was erzählen«, unterbrach ich Roberta.

»Ja, genau, also ...«, wich sie mir aus. »Es ist wirklich wichtig, dass wir für die Eier Sorge tragen«, nahm sie einen neuen Anlauf.

»Die Geschichte, Roberta. Die Geschichte.« Ich tippelte mit einem Fuß ungeduldig auf den Boden.

»Ja, gleich.«

»Nein, jetzt, ich will endlich wissen, was hier los ist«, forderte ich sie auf.

Roberta seufzte tief. »Nun gut, also. Ich ...«, fing sie an.

Dann schaute sie mich an. Ich verschränkte die Arme und zog die Augenbrauen hoch. »Die Geschichte«, mahnte ich sie erneut.

»Ja, ist ja gut. Also, ich bin eine der Hüterinnen der Erde«, erklärte sie.

Kaum hatte sie das ausgesprochen, weiteten sich die Augen von Badogan und er fiel vor Roberta auf die Knie.

»Ich konnte nicht wissen, bitte verzeih«, sagte er, während er den Blick auf den Boden gesenkt hielt.

»Steh auf, Badogan, ich bitte dich«, bat ihn Roberta.

»Nur, wenn es dein ausdrücklicher Wunsch ist«, meinte er, während er noch immer demütig zu Boden starrte.

»Nun sei nicht albern und steh auf«, forderte Roberta. Sie lachte und strich ihm liebevoll über den Kopf.

»Was ist eine Hüterin der Erde?«, wollte ich wissen und wunderte mich über die Reaktion von Badogan. So reagierten Leute meist nur, wenn sie einem Adligen begegneten.

»Hat deine Mutter dir noch nie etwas über die Götterwelten unserer Erde erzählt?«, fragte mich Roberta.

Ich zuckte mit den Achseln. »Na ja, nicht so richtig. Mein Vater hatte mir ein paar alte Sagen erzählt, als ich klein war. Aber dann hatte meine Mutter ihm das verboten«, erklärte ich.

»Nun, Nyella, das sind nicht alles nur Sagen. Das meiste davon sind wahre Begebenheiten und sie erzählen heilige Geschichten.«

Roberta sah mich ernst an. Ich blinzelte. Langsam erinnerte ich mich bruchstückchenhaft an einige Geschichten, die mir mein Vater früher erzählt hatte. Ich hatte mir damals keinen Reim darauf machen können, warum mir mein Vater so viele Sagen erzählen wollte. Bei jeder Gelegenheit hatte er versucht, mir davon zu erzählen, bis meine Mutter das unterbunden hatte.

Roberta lächelte mich an. »Nyella, deine Mutter ist ein Kind Gebohans, wusstest du das?«

»Gebohan, die magische Insel?«, fragte ich ungläubig, und meine Stimme wurde unnatürlich hoch.

»Ganz genau«, lächelte sie mich an.

Badogan sah uns mit aufgerissenen Augen an, Bernie hörte ehrfürchtig zu. Ich schüttelte den Kopf. Das war nicht möglich. Kinder Gebohans hatten spezielle Begabungen. Sie hatten magische Fähigkeiten oder konnten weissagen oder mit Tieren sprechen oder, oder, oder …

Kinder Gebohans lebten auf der heiligen Insel. Mir schwirrte der Kopf. Meine Mutter – ein Kind Gebohans? Das stellte meine gesamte Welt auf den Kopf.

Das war nicht möglich.

Nicht meine Mutter.

Ausgeschlossen.

»Meine Mutter? Das ist ganz und gar unmöglich, Roberta.« Ich schüttelte noch immer den Kopf. Es war völlig unmöglich, dass ausgerechnet meine Mutter von Gebohan abstammen sollte.

Roberta seufzte tief. »Dann hat deine Mutter keine außergewöhnliche Hautfarbe, von ihren Augen ganz zu schweigen?«

Mir fror das Gesicht für einen Moment ein. Dann runzelte ich die Stirn. »Doch schon, aber …«, begann ich und brach ab. Dann legte ich den Kopf zur Seite und sah Roberta an. »Aber …«, stammelte ich. »Woher weißt *du* das?«, fragte ich die Alte.

»Setz dich lieber hin, Prinzessin«, sagte Roberta und schob mir den mitgebrachten Stuhl aus der Küche unter. Ich setzte mich also langsam hin.

»Ich weiß das darum so gut, Nyella, weil …«, begann sie. Dann fing sie von Neuem an und es fiel ihr sichtlich schwer, das Kommende auszusprechen: »Ich weiß das deswegen so genau, weil deine Mutter meine Tochter ist.«

Ich blinzelte, immer wieder. Ich sah sie einfach nur an. Ich hatte aufgehört zu atmen – für einen Moment. Langsam wurde das alles ein wenig viel für mich. Ich fühlte, wie ich anfing zu hyperventilieren. Dabei wusste ich nicht, ob ich lachen oder weinen sollte. Ich konnte keinen klaren Gedanken mehr fassen.

»Wenn Gerda deine Tochter ist, dann ist Nyella ja deine Enkelin«, kombinierte Russ, der sich neben mich hingekniet hatte und meine Hand hielt.

Ich gluckste. Daran hatte ich noch gar nicht gedacht. Ich hatte plötzlich Familie, von der ich bisher nichts gewusst hatte.

»Enkelin?«, brachte ich hervor und hob die Augenbrauen.

Bernie sah uns kreidebleich an. »Krass«, war das Einzige, was er herausbrachte.

Roberta war inzwischen zu mir gekommen, hockte sich vor mich hin, hielt ihre Hände auf meinen Knien und blickte zu mir auf. »Ja, Liebes, ich bin deine Großmutter«, sagte sie liebevoll.

»Aber wenn Momma ein Kind Gebohans ist, dann bin ich …« Ich konnte nicht weitersprechen.

»Ganz genau, dann bist auch du ein Kind Gebohans«, erklärte mir Roberta.

Badogan nickte anerkennend. »Und deine Großmutter ist obendrein noch eine Hüterin der Erde«, erinnerte er mich.

»Und du, meine Prinzessin, bist ein ganz spezielles Kind Gebohans …«, flüsterte Roberta verheißungsvoll.

»Speziell?«, wiederholte ich fragend.

»Ja«, seufzte Roberta. »Dein Freund Bernie hat die Geschichte von Ira erwähnt. Du kennst die Geschichte also von Ira und den Drachen?«, wollte sie wissen.

»Du kennst die Geschichte auch?« Meine Miene erhellte sich aufs Neue.

»Natürlich«, Roberta lächelte.

»Und was habe ich *damit* zu tun?«, fragte ich wieder und zeigte auf die Dracheneier, die im Stroh lagen.

»Wenn du die Geschichte kennst, dann weißt du auch, dass Kindeskinder von Vodano noch unter uns weilen?«, fragte Roberta vorsichtig.

Neben mir krachte es. Bernie war bewusstlos geworden und der Länge nach hingefallen. Er war mit dem Kopf auf dem Boden aufgeschlagen und dies hatte ein heftiges, dumpfes Geräusch verursacht. Ich schaute kurz zu ihm hinüber. Badogan und Russ rannten zu Bernie. Badogan stützte seinen Oberkörper und Russ tätschelte beide Wangen, einmal links, einmal rechts.

»Bernie«, rief er und tätschelte weiter.

Roberta war aufgestanden und goss ein wenig Tee ein. »Gebt ihm das, das wird ihm guttun«, sagte sie liebevoll und reichte Russ den Becher.

Russ hielt ihm den Becher an die Lippen und versuchte, sie zu benetzen. In diesem Moment kam Bernie wieder zu sich und versuchte, aus dem Becher zu trinken. »Das gibt es doch nicht«, sprudelte es prustend aus Bernie heraus. Er verhaspelte sich, weil er gleichzeitig sprechen wollte. Der Tee spritzte beim Sprechen Russ direkt ins Gesicht. Russ wischte sich die Flüssigkeit mit dem Hemd aus dem Gesicht. Dann blickte Bernie mit den Augen gen Himmel, schloss sie erneut und fiel wieder nach hinten. Badogan konnte ihn gerade noch auffangen, sodass er nicht erneut mit dem Kopf auf den Boden aufschlug.

»Was meint er?«, fragte ich und sah mich fragend um.

Russ wischte sich erneut mit dem Ärmel über sein Gesicht und verzog die Lippen. »Igitt.« Er schüttelte sich.

Badogan hatte sich ebenfalls hingesetzt. »Du meinst ...«, begann er. Roberta nickte langsam.

Ich spürte plötzlich alle Augen auf mir ruhen. »Was?«, fragte ich laut.

Bernie erwachte langsam wieder und setzte sich auf. Er hustete und Russ gab ihm noch einen Becher mit Tee.

Noch bevor Roberta weiter berichten konnte, wurden wir durch jähe Schritte unterbrochen. Sie kamen von weit her, wo die Höhle niemals zu enden schien. Die Schritte kamen immer näher und ich sah Roberta erschrocken an.

»Sei unbesorgt, nur Eingeweihte finden den Weg hierher«, sagte sie und strich mir übers Haar. Sie ließ ihre Hand über meinem Kopf ruhen und murmelte: »Du erinnerst mich übrigens an deinen Großvater. Du lachst genauso wie er.«

Sie musste ihn geliebt haben, so wie sie mich ansah.

»Und wer war er?«, fragte ich nach. Zu gern hätte ich das jetzt gewusst.

Die Schritte kamen näher. »Roberta? Ist sie in Sicherheit?«, hörte ich eine Männerstimme fragen.

»Ja, alles in Ordnung, Shem, sie ist hier. Es geht ihr gut«, antwortete Roberta.

»Dein Großvater? Kannst du dir das nicht denken?«, war Robertas Antwort, als sie sich mir wieder zugewandt hatte.

»Den Göttern sei Dank, Nyella ist in Sicherheit«, hörte ich eine Stimme.

Die Schritte kamen immer näher, und ich war gespannt, wer zu uns stoßen würde, der meinen Namen zu kennen schien. Die Schatten flackerten im Licht der Laterne, die wir mitgebracht hatten. Und ich war seltsam unruhig. Wenig später hörten wir die Schritte in unmittelbarer Nähe und vor uns tauchte ein junger Mann auf. Ich schätzte ihn auf etwa achtzehn Jahre.

»Den Göttern sei Dank, ihr seid alle wohlauf«, sagte er abermals zu uns, als würde er alte Freunde begrüßen.

Es entstand ein Moment der Stille. Wir alle starrten den jungen Mann ungläubig an. Er trug ein schwarzes Beinkleid, eine dunkelgrüne Kutte mit Umhang und Kapuze sowie Pfeil und Bogen auf dem Rücken. Er hatte schwarze Haare und auffallend blaue Augen. Ich musste zweimal hinsehen, als der junge Mann näherkam, denn er sah ein wenig so aus, als wäre er eine Raubkatze in Menschengestalt.

Dieser junge Mann war wesentlich größer als ich. Eine muskulöse, anmutige und doch äußerst ansehnliche Erscheinung mit einer beinahe magischen Anziehungskraft.

»Wissen sie schon Bescheid?«, fragte er an Roberta gerichtet.

»Noch nicht ganz«, antwortete sie.

»Was – da kommt noch mehr?«, fragte Bernie, der sofort wieder seine Gesichtsfarbe wechselte.

»Beruhige dich, Bernie, am besten setzt du dich wieder hin und atmest einfach tief ein und aus«, sagte Roberta zu ihm und tätschelte seine rechte Hand.

Er war aufgestanden und hatte neugierig auf den jungen Mann geblickt. Danach setzte er sich wieder hin, wie Roberta ihn geheißen hatte.

»Darf ich euch Shem vorstellen«, erklärte Roberta und zeigte einladend auf den jungen Mann.

»Hallo, Shem, ich bin Badogan.« Er ging auf ihn zu und reichte ihm die Hand.

»Hey, Badogan, es freut mich, dich endlich kennenzulernen, von dir hört man nur Gutes. Es ist mir eine Ehre«, sagte Shem, griff sich ans Herz und verneigte seinen Kopf.

»Ich danke dir, Shem«, antwortete Badogan.

»Und ich bin sein Sohn Russ«, sagte dieser, ging auf Shem zu und reichte ihm seine Hand zum Gruß.

Dieser nahm die Hand und erwiderte den Gruß. »Hey, Russ, auch dir eilt dein guter Ruf voraus«, lachte er und ballte seine Faust, die er leicht und spielerisch an die rechte Schulter von Russ ausfuhr. Beide lachten.

»Und das hier ist Nyella«, stellte mich Russ vor.

Ich machte einen Schritt nach vorne und bekam meine Lippen nicht auseinander, als er mir die Hand reichte. Ich gab ihm etwas unsicher meine Hand. Sein Händedruck war angenehm, aber fest. Wir blickten uns an, er lächelte.

»Das ist also Nyella. Endlich lerne ich dich persönlich kennen«, sagte er und sah mir lange und tief in die Augen.

»Kennt ihr euch?«, wollte Bernie wissen und stellte sich zwischen Shem und mich.

»Und du musst Bernie sein.« Shem streckte ihm lachend seine Hand entgegen. Bernie sah die Hand an und sagte, ohne den Händedruck zu erwidern: »Hey.«

Shem lächelte ihn selbstsicher an und trat neben ihn, um wieder Augenkontakt mit mir aufzunehmen.

»Geht es dir gut?«, fragte Shem mich.

»Ja, irgendwie schon«, antwortete ich knapp.

»So, und jetzt setzen wir uns alle einmal hin, damit wir die Lage besprechen können«, funkte Roberta dazwischen.

Die Männer setzten sich dazu und ich blieb etwas unsicher daneben stehen. »Moment mal, langsam«, sagte ich laut und sah Roberta und die Männer an.

»Was ist los?«, fragte Bernie.

»Ich … Moment, ich muss das erst mal verdauen. Zuerst werde ich entführt, dann ersticke ich beinahe bei dem Fluchtversuch, dann liegen hier Dracheneier, als wäre es das Normalste auf der Welt.« Ich betonte dieses Wort und machte dazu große Augen und schwenkte meinen Kopf hin und her.

»Eine Großmutter habe ich nun auch plötzlich und jetzt kommt auch noch ein wildfremder Typ, der mich offenbar in- und auswendig kennt und mir erklärt, es wäre schön, mich endlich persönlich kennenzulernen«, sagte ich leicht angesäuert.

Roberta erhob sich und nahm mich an der Hand, die ich ihr wieder entzog und ihr einen bösen Blick zuwarf.

»Warum hast du mir beim ersten Besuch nichts gesagt?«, motzte ich sie an.

»Prinzessin, ich …«, stammelte sie.

»Nein, nicht Prinzessin. Ich will wissen, was hier los ist und wer ist dieser Shem? Und warum weiß er, wer ich bin? Wer ist mein Großvater und wo ist er? Was soll das alles hier mit den Dracheneiern?« Ich echauffierte mich, nein, ich schaukelte mich regelrecht hoch und überschüttete sie mit einem Wortschwall an Fragen, ohne dazwischen Luft zu holen.

»Beruhig′ dich erst mal, Nyella«, sagte Bernie beschwichtigend. Auch er war aufgestanden und wollte mich in den Arm nehmen. Ich stieß ihn von mir und sah ihn wütend an.

»Scheint euch ja gerade recht zu kommen, was?«, schrie ich. »Ich will mich jetzt aber nicht beruhigen«, schrie ich weiter.

»Jetzt wird sie hysterisch«, seufzte Russ und verdrehte die Augen.

»Frauen halt«, sagte Shem altklug und hob die Augenbrauen.

In diesem Moment wurde ich so wütend wie noch nie in meinem Leben zuvor. Etwas in mir machte einen Ruck und ich schien wieder über mir zu schweben, die Flügel auszubreiten und über die Auen zu fliegen. Aber es war eine donnernde Kraft in mir, die sich entladen wollte, und so schmetterte ich die Worte in den Raum:

»**Ich bin nicht hysterisch!**«

Es war, als wäre es nicht meine eigene Stimme. Sie war unterlegt mit einem dunklen Ton und lauter, als ich es je hätte aussprechen können, selbst wenn ich es gewollt hätte. Ich erschrak mit den anderen zusammen über mich selbst, als die ganze Höhle erzitterte in der gleichen Schwingung wie die gesagten Worte. *Ich* hatte die Höhle erzittern lassen, und jetzt – jetzt zitterte ich.

Badogan, Russ und Bernie waren einen Schritt zurückgewichen. Ich sah ihnen an, dass sie sich vor mir fürchteten. Roberta war stehen geblieben, sie nickte und Shem lachte.

»Gute Vorstellung, Nyella, wird auch langsam Zeit«, sagte er in anerkennendem Ton.

Ich zitterte noch immer wie Espenlaub.

»Vergiss nicht zu atmen«, erinnerte mich Shem und lächelte. Und sein Lächeln brachte mich noch mehr durcheinander.

»Nyella, setz dich erst mal hin. Ich glaube, ich muss dich aufklären«, sagte Roberta.

»Ich bitte darum«, brachte ich gerade noch heraus.

»Ich glaube, die Männer haben schon längst kapiert, was bei dir noch nicht angekommen ist«, sagte Roberta.

Ich hob fragend die Augenbrauen.

»Du hast mich vorhin gefragt, wer dein Großvater ist«, sagte sie lächelnd. Ich nickte. Ich war gespannt. Endlich würde ich das Geheimnis erfahren.

»Nun, du hast uns auf eindrückliche Weise demonstriert, dass du ihm voll und ganz nachschlägst«, erklärte sie weiter.

»Dein Großvater, Liebes, ist niemand Geringeres als Vodano selbst.«

Ich brauchte einen Moment, um zu verstehen, was Roberta da zu mir gesagt hatte. Ich öffnete meinen Mund, brachte keinen Laut heraus und schloss ihn wieder.

»Haha«, lachte ich schließlich unsicher: »Guter Witz.«

Roberta sah mich ernst an, Shem sah mich ernst an. Badogan, Russ und Bernie sahen mich genauso ernst an.

»Mein Großvater … Vodano?«, fragte ich schließlich und betonte jede Silbe.

Roberta nickte langsam.

»Dann habe ich magische Kräfte oder so was?«, fragte ich.

Abermals nickten alle Beteiligten. Ich schüttelte nur den Kopf.

»Nein, das ist nicht möglich«, sagte ich zweifelnd. Ich lachte hysterisch laut auf: »Ich und magische Kräfte?«

»Was war das denn gerade eben?«, fragte Shem.

»Das ... Ich … Ähm …« Keine Ahnung, was ich sagen sollte.

»Und was war mit dem Brand auf dem Schierlingshof?«, hakte Roberta nach.

»Das war doch nicht ich. Was soll der Quatsch mit magischen Kräften, so was gibt es nur in den Legenden«, intervenierte ich und tippte mir mit dem Zeigefinger an die Stirn.

Ich und magische Kräfte. So ein Blödsinn.

»Du warst also nicht außer dir vor Wut, als du zu Bett gingst. Du warst nicht außer dir vor Zorn und wünschtest Hangar alles

Böse? Hast du Hangar von Hacken nicht eigenhändig verflucht?«, fragte Roberta in einem düsteren Ton.

Ich erschrak und hielt meine Hände vor den Mund.

Woher wusste sie das?

Konnte das wirklich sein?

»Der Fluch«, wisperte ich. Dabei erinnerte ich mich an diesen einen Abend.

Roberta nickte abermals.

»*Ich* habe den Hof niedergebrannt?«, fragte ich.

»Ja, dein Fluch hat das Feuer entfacht. So machtvoll waren er und dein Hass«, erklärte mir Roberta.

»Aber warum kann ich dann nicht einfach Hangar aus meinem Leben wegzaubern und die Mädchen mit einem Donnerschlag befreien?«, fragte ich belustigt.

»Also, rein theoretisch …«, fing Shem an.

»Sei still«, unterbrach ihn Roberta streng.

»Aber es wäre doch …«, fing Shem wieder an.

»Nein, wäre es nicht«, unterbrach ihn Roberta wieder.

»Was denn jetzt?«, fragte ich dazwischen.

»Nicht heute, du bist noch nicht soweit«, erklärte Roberta ernst. »Nyella, wir haben dich bis hier und heute beschützen können.«

»Beschützen? Wer? Wer beschützt mich? Was soll das heißen: bis hier und heute? Nennt ihr das, was auf dem Hof passiert ist, beschützen? Und was heißt, ich bin noch nicht soweit?«, schrie ich sie an.

»Nyella, lass mich doch zuerst ausreden«, versuchte Roberta zu beschwichtigen, aber ich ließ mich nicht beruhigen.

»Nein, ich will nicht. Du hast keine Ahnung ...«, meine Stimme erstickte.

»Bitte, bitte, reg dich nicht wieder so auf«, sagte Bernie und sah angsterfüllt die Wände der Höhle an. »Du haust hier sonst alles kurz und klein.« Dann meinte er weiter: »Und ich kann nicht so gut in engen Räumen.«

»Ach, sei ruhig«, sagte ich wütend zu Bernie und ließ ihn einfach stehen.

»Du wirst lernen müssen, deine Kräfte zu kontrollieren. Und du wirst lernen müssen, sie richtig einzusetzen. Es bringt nichts, dich jetzt aufzuregen. Du kennst aus deinem Lebensbuch erst ein paar Kapitel. Für viele Kapitel ist noch nicht die Zeit, und ein paar Blätter deines Lebensbuches wirst du selbst schreiben müssen. Die Schicksalsteppiche … Sie sind noch nicht alle gewoben«, erklärte mir Roberta in weisem Ton.

Ich schmollte, aber ich ließ mich soweit beruhigen.

»Zuerst einmal: Setz dich bitte hin, Nyella. Ich kann so nicht mit dir reden«, sagte Roberta zu mir und winkte mich zu sich.

Wir setzten uns alle auf den Boden, während Roberta sich in den Schaukelstuhl hockte. Ich spürte die Blicke von Shem auf mir. Es machte mich nervös.

»Du bist ein Kind Gebohans *und* du bist ein Kind Vodanos. Diese Kombination ist sehr, sehr selten. Es gibt auf der Erde nur noch drei Kindeskinder aus dieser Paarung. Und das bist du, dein Bruder Shastro und deine Schwester Zelda«, erklärte mir Roberta.

Ich vergaß zu atmen. »Ich hab' Geschwister?«, rief ich erstaunt.

»Wart's ab«, bat mich Roberta.

»Es wird ja immer besser«, schnaubte ich wütend aus. Ich schloss meinen Mund, drückte meine Lippen aufeinander und hörte zu.

»Du bist die Jüngste von drei Kindern dieser Abstammung. Doch mit deiner Geburt änderte sich alles für deine Eltern, darum wurdet ihr getrennt«, erklärte mir Roberta.

»Warum, was ist passiert?«, fragte Badogan gespannt. Er war neugierig geworden.

Ich auch.

»Lasst mich erst weiterreden. Ich komme noch darauf. Gebohan ist eine heilige Insel, die nur über einen Wasserweg erreicht werden kann. Und diesen Wasserweg können nur jene passieren, die die Formel kennen, um nach Gebohan zu gelangen. Boote, die in See stechen, um die Insel zu finden, werden von den Wassergeistern an Felsen zerschellt. Sie werden die Insel niemals erreichen, so viele haben es schon vergeblich versucht. Die magische Abwehr ist stark.

Gebohans Frauen und die Götterwelt haben seit Jahrhunderten dafür gesorgt, dass ihre Insel geschützt bleibt. Nur Kinder Gebohans können diesen Wasserweg gehen, denn er erfordert ein höchstes Maß an Magie.

Hinter Gebohan befinden sich noch zwei Inseln, die kaum bekannt sind. Die Insel der magischen Pflanzen und die Dracheninsel. Auch diese beiden Inseln können nur über diesen Wasserweg erreicht werden.«

»Eine Dracheninsel?«, quatschte Bernie dazwischen.

Roberta schaute ihn mahnend an, dann sprach sie weiter: »Als ich Gerda in der Nacht der gehörnten Hirsche empfing, war ich nicht die Einzige, die ein Kind empfangen durfte. Wie es üblich ist bei den Jahreskreisritualen Ende April auf Gebohan, stellen sich die Sonnenkönige für den Liebestanz auf für diese eine Nacht, sodass die heiligen Rituale zelebriert und neue magische Wesen auf Gebohan geboren werden. Und die Frauen Gebohans, die der Empfängnis geweiht sind, tanzen den Tanz mit den Sonnenkönigen. Vodano hatte sich als Sonnenkönig verkleidet und mir seinen Tanz offeriert, den ich gerne annahm. Es ist eine große Ehre, wem dies zuteilwird.

Eine der Zauberinnen hatte sich geweigert, mit einem der Sonnenkönige dieses Jahres zu tanzen, denn sie hatte sich bei einem Besuch in Breithorien in einen Edelmann verliebt. Sie hatte vor den gehörnten Hirschnächten eine Liebesnacht mit ihm verbracht. Sie tat dies, obwohl sie dem heiligen Sonnentanz geweiht war, und das war verboten.

Ohne zu wissen, wer der Edelmann gewesen war, trug sie schließlich ein Kind eines Eiskönigs unter dem Herzen und brachte großes Unheil nach Gebohan. Der Eiskönig hatte sie überlistet und getäuscht. Dafür benötigt man ein sehr altes und mächtiges Wissen. Und einige Eiskönige aus dem Norden besitzen diese machtvollen Werkzeuge der Magie.

Mit der Geburt dieses Jungen geriet die Welt Gebohans ins Ungleichgewicht, denn das Kind war nicht reinen Herzens. Und so gelangten Dinge nach Gebohan, die niemals hätten dorthin gelangen dürfen. Mit dem Tag der Geburt dieses Jungen geschahen seltsame Dinge und fast alle Kinder aus den gehörnten Hirschnächten kamen tot zur Welt. Pflanzen der heiligen Insel mutierten, verloren ihre magischen Kräfte und vergifteten das Wild. Frauen wurden krank oder verloren ihre magischen Kräfte, den Fluss des Lebens weiterzutragen und im Sinne der Göttinnen zu wirken. Die Priesterinnen der Insel wussten sich keinen Rat mehr, denn viele kraftvolle, alte Werkzeuge der Magie verfehlten ihre Wirkung und verloren ihre Kraft.

Ich war die letzte Priesterin, die gebären sollte, und niemand wusste, dass mein Sonnenkönig Vodano selbst gewesen war. Ich sah das Leid der anderen Frauen, die ihre Kinder tot gebären mussten, und nur zwei Kinder überlebten. Es waren dies das Kind des Eiskönigs und meines, die überlebten. So verbannten sie die beiden Mütter der lebenden Kinder von der Insel, denn die Priesterinnen waren davon überzeugt, dass auch mein Kind ein Nachkomme Lodurs sei, von den Eiskönigen abstammend. Nur so konnten sie sich erklären, dass mein Kind lebte, während alle anderen sterben mussten.

Mein Bitten und Flehen wurde nicht erhört. Selbst meine engsten Freundinnen misstrauten mir in ihrer eigenen Angst vor dem Bösen. Und so funktioniert das Böse. Es treibt einen Keil zwischen die Menschen, die sich lieben und vertrauen, bis es erreicht, was es will. Nämlich, die Liebe zu entzweien und die Seele zu vergiften.

Trotz allem, im Herzen hielten einige Frauen zu mir und tun es noch, aber damals war es für sie zu gefährlich, das offen zu zeigen. Ich konnte sie verstehen, denn es waren schwere Zeiten für uns alle. Ich hatte Vodano mein Wort gegeben, niemandem von unserer Zusammenkunft zu erzählen. Er verriet mir nur so viel:

Die Kinder meiner Tochter würden einen wichtigen Weg gehen müssen für uns alle.

Es bleibt uns nichts anderes übrig, als Vodano zu vertrauen. Ich habe ihm stets vertraut, auch wenn es oft sehr schwer war. Aber er hat mich immer gelenkt und für mich gesorgt. Aber zurück zur Geschichte. Ich hielt also meinen Mund und verließ die Insel mit dem kleinen Bündel Gerda im Arm.«

Roberta machte eine Pause, nahm sich einen Becher Tee, setzte ihn an ihren Mund und trank gierig.

»Mein Mund trocknet aus, wenn ich so viel rede. Ich bin es nicht gewohnt«, lachte sie leise.

»Erzähl weiter«, drängte ich sie.

»Nun, es war eine schwere Zeit, ein Kind großzuziehen ohne Mann. Ich musste viele dunkle Stunden erdulden und mein Brot verdiente ich mir hart. Zu dieser Zeit sah man die Zeichen Gebohans noch auf dem Körper einer Priesterin, und so war ich Faszination und Abscheu zugleich für die Leute.«

Damit machte sie erneut eine Pause und hob ihren Kittel etwas an. Darunter konnte ich kleine Narben entdecken, die einen bläulichen Stich zeigten, den man nur bei genauem Hinsehen erkannte. Ich strich mit meiner Hand sanft darüber.

»Sie leuchten schon lange nicht mehr, Prinzessin. Vielleicht werden sie eines Tages wieder leuchten, wer weiß«, lächelte meine Großmutter.

Dann fuhr sie fort: »Gerda war kein einfaches Kind. Sie litt unter ihrer magischen Herkunft und bekam es täglich von den Leuten zu spüren. Sie wurde geplagt und ausgeschlossen aus dem Leben der jeweiligen Dörfer, in denen wir lebten. Mir machte das nichts aus. Ich hatte auf Gebohan gelernt, in Stille und Einkehr zu leben. Also entschloss ich mich, mit denen durchs Land zu ziehen, die selbst ausgestoßen worden waren und oft als Attraktion von Stadt zu Stadt ziehen. Ich schloss mich mit Gerda den Gauklern an«, erzählte Roberta.

»Hatte Gerda denn keine Zeichen Gebohans auf der Haut?«, wollte Badogan wissen.

»Doch, eigentlich schon, aber ich hatte Erde im Wald gefunden. Wenn man diese trocknet, deckt sie die Zeichen sehr gut ab. Gerda hat eine dunklere Haut, die zu der Erde passte, und so ließen sich die Zeichen gut verstecken. Ich vermute, sie macht es heute noch so«, erklärte Roberta.

»Die Gaukler in Breithorien«, flüsterte ich mehr zu mir selbst und Roberta nickte.

»Du verstehst schnell, Nyella«, sagte Shem zu mir.

Und Roberta fuhr fort: »Nun, wir waren in der Truppe von Kianno herzlich willkommen und nach langer Zeit kehrte Vertrauen und Lachen in mein Leben zurück. Ich unterrichtete Gerda so gut es ging in den Ritualen Gebohans, lehrte sie alles über die Götter und Gottheiten und zeigte ihr, wie man mit der Natur lebte, um sich von ihr zu ernähren und mit ihr zu wachsen.

Für die Gaukler machte ich das Essen, arbeitete als Heilerin und manchmal deutete ich den Leuten in der Stadt die Zukunft. Gerda verzieh mir nie, dass ich ihr keine Antwort geben konnte, wer ihr Vater war und wo er geblieben sei. Schließlich wurde Gerda erwachsen und sie blieb hart und unnachgiebig mir gegenüber. Sie suchte nach Zerstreuung und lernte deinen Vater kennen.

Sie erzählte ihm, dass sie durch eine schwere Krankheit keine Erinnerung mehr hätte und nicht wissen würde, woher sie käme. Sie verleugnete mich. Dein Vater verliebte sich Hals über Kopf in sie. Er war jedoch einer anderen Frau versprochen worden. Die Liebe traf die beiden mitten ins Herz und in solchen Fällen ist der Verstand machtlos. Deine Mutter trug bald ein Kind unter ihrem Herzen, Shastro, deinen Bruder. Also heiratete dein Vater meine Tochter und nahm sie mit in ihr Dorf Insalem am Fuße des Silberrückens. Deine Mutter blieb bei ihrer Version der Geschichte über ihre Herkunft. Vermutlich glaubt sie sie heute sogar selbst.

Obwohl deine Mutter nicht willkommen war in Insalem aufgrund ihrer außergewöhnlichen Erscheinung, setzte sich dein Vater für sie ein. Die Geburt von Shastro brachte großes Leid für die Familie, denn seine Herkunft ließ sich nicht verbergen. Ein zweites Kind wurde geboren, deine Schwester Zelda. Doch die gesamte Familie spann weiter Intrigen gegen deinen Vater Niall, deine Mutter und ihre Kinder. Shastro und Zelda waren offensichtlich Kinder Gebohans, denn sie trugen die Zeichen auf der Stirn so offen, wie du deine Nase mitten im Gesicht hast. Schließlich wurdest du geboren und du sahst von Geburt an anders aus als deine Geschwister.

Die Dorfbewohner von Insalem waren überzeugt, dass Lodur die Hände im Spiel gehabt haben musste bei den ersten beiden Kindern. Man munkelte, dass deine Mutter mit ihm im Bund stünde. Erklärungen deiner Eltern wollten nicht gehört werden. Es gab nur eine einzige Lösung, damit das Dorf die kleine Familie wieder integrieren und akzeptieren würde: Sie stellten deinen Vater vor die Wahl: Entweder würden die beiden ersten Kinder im Gebirge des Silberrückens ausgesetzt und Vodano selbst würde entscheiden, ob sie überleben sollten oder nicht, oder dein Vater müsste das Dorf mit deiner Mutter und allen drei Kindern für immer verlassen.

Deine Mutter hatte viel Ausgrenzung erlebt und hatte Angst, dass das alles nie enden würde. Schweren Herzen stimmten sie also zu, die beiden ersten Kinder auszusetzen, in großer Not, endlich selbst Frieden zu finden und wenigstens dich retten zu können. Sie wussten, dass ihre Geschichte in jedem Dorf bekannt war. Sie war davon überzeugt, dass es sonst nie Frieden geben würde in ihrer kleinen Familie.

Vodano aber meinte es gut mit den beiden ersten Kindern, denn es sind ja schließlich seine Kindeskinder. Ich hatte die Gauklertruppe aufgegeben und war Gerda heimlich hinterhergereist, um die Kinder wenigstens aus der Ferne aufwachsen zu sehen. Im Wald hatte ich mir damals ein kleines Lehmhäuschen gebaut. Noch immer lebte ich die heiligen Rituale, wie ich sie gelernt hatte. So waren die Waldmenschen mir wohlgesonnen und halfen mir, wo immer es ging. Ich hatte die Geschichte deiner Mutter mitverfolgt und erfuhr von dem teuflischen Plan der

Dorfbewohner. Und als Shastro und Zelda nun auf dem Silberrücken ausgesetzt worden waren, warteten die Waldmenschen, bis die Dorfbewohner außer Sichtweite waren, und brachten die Kinder schließlich zu mir.«

Roberta machte eine Pause hier, und es schien, dass sie hier enden wollte.

»Und dann?«, fragte ich sie.

»Reicht das nicht für den Moment?«, zog mich Shem auf. Ich sah ihn herausfordernd an.

»Was hast *du* eigentlich mit dem Ganzen zu tun?«, fragte ich ihn.

»Nun, Shem hat eine sehr ähnliche Geschichte erlebt wie Shastro. Er ist der beste Freund deines Bruders und sie sind zusammen aufgewachsen. Ein paar Frauen Gebohans sind später ebenfalls geflüchtet. So trugen sie das alte Wissen Gebohans in die Welt hinaus und die Frauen Gebohans vermählten sich mit den Männern verschiedener Stämme, verteilt im ganzen Land.

Die Mutter von Shem hatte leider nicht so viel Glück. Weil Shem auch die heiligen Zeichen der Insel auf seiner Haut trägt, diese bei ihm aber nur bei Nacht sichtbar sind, wurden er und seine Mutter ausgesetzt, um die Götter milde zu stimmen. Die Mutter war durch die Geburt geschwächt und konnte sich kaum auf den Füßen halten. Als die Berglöwen sie und ihr Kind fanden, konnten die Waldmenschen in letzter Minute nur noch den kleinen Jungen retten. So standen die Waldmenschen eines Tages wieder vor meiner Tür mit einem weiteren Bündel in den Armen. Und ich zog ein weiteres Kind auf«, lachte sie.

Damit sah mich Roberta an: »Wie geht es dir?«

»Ich weiß nicht genau, ich fühle mich seltsam. Warum hast du dich nicht schon längst zu erkennen gegeben? Ich meine, als ich hier war oder sogar schon früher. Als Vater gestorben ist, und …« Ich hatte mich schon wieder verhaspelt und spürte große Wut in mir.

»Nicht alles ist immer so, wie es scheint«, unterbrach mich Roberta. »Das alles ist nicht ganz so einfach, Nyella. Viele Einflüsse spielen eine Rolle. Manche Dinge spinnt Vodano mit den Disen da oben. Manche Dinge müssen sich zuerst entwickeln. Ich kann dir nicht alles auf einmal erzählen. Ich weiß selbst nicht alles. Nur so viel: Gewisse Dinge müssen sich zuerst entwickeln. Wir müssen die Kindeskinder Vodanos beschützen und verborgen halten, solange es geht. Und wir müssen euch nun vorbereiten«, erklärte sie mir.

»Vorbereiten? Wofür? Das klingt alles so fantastisch. Wie soll ich das alles glauben? Es klingt wie ein großes Märchen. Fehlt nur noch, dass wir in absehbarer Zeit von den Eiskönigen überfallen werden und das Land ins Unglück gestürzt wird«, heizte ich ein.

Roberta senkte den Blick und antwortete nicht. Auch Shem war still geworden. Badogan und Russ sahen betreten in die Richtung von Roberta.

»Was ist denn jetzt schon wieder?«, sprach ich in lauterem Ton, als ich es vorgehabt hatte.

»Du bringst die Dinge manchmal sehr kurz und knapp auf den Punkt«, ergänzte Shem.

»Jetzt nicht im Ernst, oder?«, war meine ungläubige Frage.

»Na ja, nicht ganz so schwarz-weiß, aber es trifft den Kern der Sache. Wir befürchten seit Langem, dass die Nachkommen Variettas planen, sich an Vodano zu rächen«, sagte Roberta nachdenklich.

Ich ließ mich nach hinten sacken. Mir wurde schlecht. Ich hatte zwar wenig gegessen, aber mir wurde richtig übel.

»Nyella, bitte trink das«, sagte Roberta zu mir und hielt mir einen Becher Tee hin.

»Hast du deinen Stein noch?«, fragte sie.

»Woher weißt du …?«, fing ich an und begriff.

»Natürlich, der Stein! Der Kater, das war Vodano, er hat…«, sagte ich verblüfft.

»Beschütze den Stein und behalte ihn bei dir. Er wird dich beschützen. Die Geschichte des Steines wird dir noch offenbart werden. Ich weiß nur, dass du den Stein bei dir tragen musst.

Stell keine Fragen. Es ist nicht die Zeit dazu. Vieles ist im Verborgenen am Tun«, erklärte mir Roberta.

»Was bedeutet das alles?«, fragte ich nach.

»Das heißt so viel wie: Roberta weiß nicht alles«, erklärte mir Shem.

»Klingt alles sehr kompliziert«, brachte sich Russ ein und Shem nickte.

»Aber was soll das mit dem Vorbereiten? Und Weben? Und mich beschützen und so?«, fragte ich wieder.

»Wir haben heute nicht so viel Zeit. Du musst vertrauen«, meinte Roberta und erhob sich. »Die Schattenreiter werden bald zurückkommen, um sich davon zu überzeugen, dass du nicht doch hier bist. Glaub mir, Walrivia hat nichts Gutes im Sinne. Walrivia ist eine kluge Frau. Sie hat bestimmt Pläne, die uns noch verborgen sind.

Sie werden nach dir suchen, denn du bist ihnen entkommen. Ich weiß nicht, ob Walrivia die Legenden der drei Kindeskinder Vodanos kennt. Wir wissen nicht, ob diese Aktion von ihr damit zusammenhängt. Im Moment wird sie nur feststellen, dass ein Mädchen fehlt, das in den Büchern der Schattenreiter erscheint. Walrivia wird das Land ins Unglück stürzen. Und du musst auf dich aufpassen. Es darf niemand davon erfahren, wer du wirklich bist. Jetzt müsst ihr los. Shem wird euch führen.«

Als Badogan sich erhob, griff er mit seiner Hand auf die Armlehne des Schaukelstuhls. Roberta kam verwundert näher und griff sich seine Hand, als er wieder vor ihr stand. Sie schaute sich seine linke Hand an und berührte seinen Siegelring, der einen Drachen darstellte, wie er sich um ein Schwert schlängelte.

»Woher hast du diesen Ring?«, wollte sie wissen.

Badogan ließ zu, dass sie den Siegelring berührte und abtastete. Es war ein sehr großer, goldener Ring, der Drachen war aus Rubinen gefertigt worden und das Schwert zeigte deutlich das Wappen aus dem Hause Wernots. »Wernot hat damit unsere Freundschaft und Verbindung besiegelt. Es ist das Siegel der alten Bruderschaft Grovensan«, erklärte er.

»Ich denke, ich beginne zu verstehen, warum du den Weg von Nyella gekreuzt hast«, murmelte Roberta geheimnisvoll.

Badogan sagte dazu nichts, sondern nickte nur vielsagend.

»Was ist das für eine Bruderschaft?«, wollte Bernie wissen.

»Die Könige von Brintesia werden seit Generationen von der alten Bruderschaft Governsan begleitet und beschützt. Es sind dies zwölf Brüder. Damals waren alle zwölf Brüder stets an der Seite des Königs. Bevor Wernot den Thron bestieg, herrschte Krieg in diesem Land und die Bruderschaft wurde auseinandergerissen. Als er schließlich König wurde, kannte er selbst nicht alle Brüder in seinem Gefolge. Die ganze Bruderschaft hat sich seit dem Krieg nie mehr vollständig wiedergefunden«, erzählte Badogan.

»Und wie kommt es, dass es noch weitere Brüder geben soll? Ich meine, leben sie noch?«, fragte Shem nach.

»Nun, meistens erhebt der König dich in die Bruderschaft und wenn dies nicht möglich ist, dann übergibst du diesen Siegelring an deinen Sohn, der dein Erbe in der Bruderschaft antritt«, erklärte Badogan. »Ein Bruder dieser Bruderschaft zu sein bedeutet, Ehr und Leben zu geben für deinen König, ihm treu zu sein und loyal. Ein Leben lang«, ergänzte er stolz. »Mein Leben war bisher im Dienste des Königs gewesen. Mein Herz blutet seit seinem Tod. Er war mehr als ein König für mich gewesen. Ich habe auch einen treuen Freund verloren.« Badogan wirkte traurig und Russ legte seinen Arm um seinen Vater.

# 7. Asinja – ein neues Zuhause

»Können wir nicht hierbleiben? Ich meine, wir sind hier doch in Sicherheit«, maulte Bernie.

»Shem wird euch alles erklären. Er wird euch führen. Los, ihr habt keine Zeit«, drängte Roberta mit einem Mal und sah hinüber zur Wand. Shem stand bereits da und wartete auf uns. Ich hatte mich aufgerichtet und mein Kleid geordnet. Ross und Badogan schienen ebenfalls bereit zu sein, nur Bernie hatte Mühe aufzubrechen.

»Bernie, beeil dich«, forderte auch Badogan.

»Wohin gehen wir?«, wollte dieser wissen.

»Wir machen uns auf den Weg nach Asinja, dort ist unser Lager«, erklärte Shem.

»Asi… was?«, fragte Bernie.

»Asinja, unser Versteck«, informierte Shem uns ruhig.

»Ich hab noch nie gehört von einem Ort namens Asinja«, erklärte Bernie misstrauisch.

»Kinder, beeilt euch«, forderte Roberta.

»Ich gehe nirgendwo hin«, widersprach Bernie, aber Roberta sah ihn gebieterisch an.

»Du wirst mitgehen oder ich werfe dich vor die Türe. Da draußen schleichen die Schattenreiter herum. Du kannst nicht hierbleiben. Wir bringen die Dracheneier in Gefahr«, erklärte sie daraufhin aufgebracht. »Die Tiere brauchen Ruhe – dringend.«

Shem hatte die Arme verschränkte und atmete tief durch. »Eure Freundinnen warten immer noch auf eure Hilfe, wenn ich euch daran erinnern darf«, sprach er in ruhigem Ton.

»Myriam, die Mädchen«, hauchte ich erschrocken. Ich hatte sie beinahe vergessen.

»Okay, lasst uns aufbrechen«, forderte ich alle auf. »Machst du uns die Wand auf?«, bat ich Roberta.

»Nein, Liebes, die Schattenreiter warten da draußen irgendwo im Wald auf euch. Ihr werdet einen anderen Weg nehmen müssen. Und mögen euch die Götter beschützen«, sagte sie dramatisch und nahm mich in den Arm.

»Aber was ist mit den Pferden?«, fragte ich ängstlich.

»Die Pferde sind längst in Sicherheit gebracht worden«, lächelte Roberta.

»Skyler wird friedlich Hafer fressen bei Asram«, lachte Shem dazwischen.

»Mit Sicherheit«, bestätigte Roberta.

»Wer ist Asram?«, wollte ich wissen.

»Du wirst ihn bald kennenlernen, unseren Freund Asram«, entgegnete Shem.

»Aber wie konnten die Pferde so schnell, ich meine … Es geht ihnen doch gut, oder?«, fragte ich.

»Ja, mit den Pferden ist alles in Ordnung, keine Sorge. Die Waldmenschen …«, war Shems Antwort. »Aber jetzt müssen wir wirklich los«, setzte er hinzu.

Schließlich verabschiedeten wir uns von Roberta. Sie drückte mich an sich und mir war seltsam zumute.

»Großes geht vor sich in diesem Land, Kleines. Versprich mir, dass du auf dich aufpasst«, flüsterte sie mir ins Ohr.

»Ja«, antwortete ich ihr.

Meine Großmutter. Ich erlaubte mir erstmals, diesen Gedanken zuzulassen. Ich hatte meine Großmutter gefunden. Und schon musste ich sie wieder verlassen.

Wir gingen in einer Reihe einen schmalen Pfad entlang hinter Shem her. Das Stroh mit den Dracheneiern ließen wir hinter uns und als ich wenige Meter später zurückblickte, war auch Roberta aus unserem Blickfeld verschwunden. Dunkel war es in der Höhle und als wir um die Ecke kamen, eröffnete sich uns eine andere, riesige Höhle. Es war warm und feucht, lange Zapfen hatten sich von der Decke herunter gebildet. Das tropfende Wasser, das von den Zapfen herunterkullerte, war zu hören und unsere Schritte, die in den Irrwegen der Höhle widerhallten. Hier war es gerade hell genug, um die Hand vor Augen zu sehen, und Shem hatte eine Fackel mitgenommen, deren schwacher Schein den Weg vor ihm besser beleuchtete. Der Weg war lang und ich wurde zusehends müder, meine Beine wurden immer schwerer. Es machte sich bemerkbar, dass ich die ganze Nacht nicht geschlafen hatte, und wie ich es wohl immer tat, gingen mir viele Gedanken durch den Kopf.

Keiner sprach ein Wort. Wir waren damit beschäftigt, einen Fuß vor den anderen zu stellen, um nicht hinzufallen auf dem schmalen Weg. Shem führte uns sicher durch die triste Höhle. Schließlich blieb er stehen und drehte sich zu uns um.

»Hier ist die Höhle zu Ende. Jetzt geht es unter der Erde weiter«, erklärte er uns und bückte sich.

Vor ihm lag ein flacher Stein von runder Statur, den er zur Seite schob. Unter ihm tat sich ein schwarzes Loch auf.

»Ich geh da nicht rein«, jammerte Bernie.

»Bernie, wir haben keine Wahl, beruhige dich«, erklärte ihm Badogan und legte seine Hände auf die Schultern von Bernie.

Russ ging in die Knie und fragte: »Geht es da tief runter?« Er zeigte in das Loch, das sich schwarz und unbarmherzig vor ihm auftat.

»Nein, es sind nur etwa zwei Meter, die du runter springst. Ich wäre aber trotzdem vorsichtig«, gab Shem zu bedenken.

»Okay«, sagte Russ und sprang hinein, ohne lange nachzudenken.

»Der ist ganz schön mutig«, staunte ich.

»Hier unten ist alles okay, kein Problem. Ich kann aufrecht stehen. Es ist genügend Platz hier«, hörten wir die Stimme von Russ von tief unten in dem Loch, dessen Stimme durch ein leichtes Echo wiedergegeben wurde.

Mir war mulmig zumute, aber ich ging auch in die Knie: »Kannst du mich auffangen?«, fragte ich Russ.

»Klar, Kleines, lass dich fallen, ich hab dich«, hörte ich Russ' Antwort.

Also nahm ich all meinen Mut zusammen und ließ mich fallen. Und wie Russ gesagt hatte, fing er mich auf und stellte mich im Dunkeln auf die Beine. Als Nächstes hielt Badogan seine Beine zu uns herunter und sprang ebenfalls. Russ hatte ihn mit den Händen etwas gestützt, als er unten ankam. Badogan stellte sich sofort wieder auf die Beine und ich hörte, wie er seinen Mantel abklopfte. »Hey, hier ist es ganz schön düster«, meinte er.

»Nach wenigen Augenblicken haben sich deine Augen an die Dunkelheit gewöhnt«, informierte Russ.

Und tatsächlich, wir konnten nach wenigen Augenblicken die Umrisse voneinander erkennen.

»Na los, Bernie, komm schon«, rief Badogan nach oben.

»Ich kann nicht«, hörten wir Bernies Stimme flehend antworten.

»Dann müssen wir dich hierlassen«, gab Shem von sich. Damit kniete er sich hin und machte Anstalten, ins Loch zu springen.

»Das würde dir so passen«, ärgerte sich Bernie, drängte sich an Shem vorbei und sprang, ohne in die Knie zu gehen, in die Tiefe und landete prompt auf seinem Hintern.

Ich hörte, wie er stürzte und sich offenbar wehtat. Er war noch immer bei seinen Flüchen, als Shem neben ihm landete. Dieser kletterte allerdings danach an einer Wand auf einen Vorsprung nach oben und zog an dem Stein, den er zur Seite schob, um das Loch wieder zu verschließen. Nun wurde es schwarz wie die Nacht um uns herum. Shem tastete sich zu uns vor.

»So, jetzt geht es durch einen Tunnel, hier lang«, sagte Shem und zog Badogan und mich an der Hand.

»Nein, ich geh da …«, fing Bernie an.

»Ja ja, ich weiß, du gehst da nicht durch, Bernie«, fuhr Shem ihm über den Mund und unterbrach ihn. Dann packte er ihn und sagte ihm Nase an Nase: »Jetzt hör mal zu, Bürschchen, wir haben keine Zeit für solche Späße. Du gehst da jetzt durch, hast du mich verstanden!«

Dann wurde es für einen Moment still. Ich hörte, wie Bernies Atem schneller ging. Schließlich räusperte Bernie sich. »Okay«, sagte er mit einer seltsam hohen Stimme. »Okay«, wiederholte er.

»Es geht immer geradeaus. Nur einmal gibt es eine Verzweigung nach rechts, aber du bleibst geradeaus. Dann öffnet sich der Tunnel und endet hinter einem großen Wasserfall. Dort wartest du auf uns. Noch nicht springen, verstehst du?«, erklärte ihm Shem im Dunkeln.

»Springen?«, wiederholte Bernie erschrocken.

»Beruhige dich, du schaffst das«, sagte Shem zu ihm und schlug ihm brüderlich auf den Rücken.

»Okay«, wiederholte Bernie noch einmal und robbte los.

»Am besten gehst du jetzt hinter Bernie als Nächste los, Nyella«, bat Shem mich.

Ich nickte, ging in die Knie und robbte hinter Bernie her. Der Gang war eng und dunkel. Wie gut konnte ich Bernie verstehen mit seiner Angst in engen Räumen. Ich robbte weiter, ohne zu wissen, wo ich landen würde. Die Wände waren feucht und ich fürchtete mich vor Insekten oder noch Schlimmerem. Mein Herz pochte wie wild und meine Angst wuchs mit jedem Meter. Es strengte mich an, auf dem Boden zu robben. Meine Ellbogen schmerzten und das Kleid war ein großes Hindernis. Immer wieder musste ich den Rock weiter hochziehen, weil er nach hinten gezogen wurde. Hinter mir hörte ich jemanden keuchen. Der Weg schien endlos lang zu sein. Und als ich beinahe die Hoffnung verloren hatte, je wieder aus diesem Gang herauszukommen, sah ich vor mir ein kleines Lichtlein.

Ich hob leicht den Kopf an, dann robbte ich schneller. Das Licht wurde größer, ich atmete auf. Wieder musste ich an dem Rock rupfen, der nach hinten gerutscht war und mir so die Naht am Hals die Luft beinahe abschnürte. Dann plötzlich hörte ich das Geräusch von plätscherndem Wasser. Ich lächelte.

»Wow, sieh dir das an«, hörte ich Bernie laut rufen. Ich beeilte mich und zog mich noch schneller durch die letzten Meter des engen Tunnels. Endlich hatte ich es geschafft, ich konnte mich hinsetzen und musste mit den Augen blinzeln, so hell war es.

Und da war er, der Wasserfall, den ich gehört hatte. Ich konnte endlich wieder aufstehen, mein Rock war völlig verdreckt und nass. Ich stellte mich neben Bernie. Wir standen in einem Felsvorsprung hinter einem Wasserfall, der sich über den Berg ergoss. Der Lärm war ohrenbetäubend, aber das Geräusch tat gut. Der Anblick überwältigte mich. Hinter dem Wasser, das krachend an uns vorbeirauschte auf dem Weg nach unten, breitete sich eine wundervolle Landschaft aus, ummantelt von einem grünen Wald, üppigen Sträuchern und direkt vor uns einem wunderschönen, blau-grünen See, der umgeben war von tausenden bunter Blumen, die um die Wette blühten. Der Fels, auf dem wir standen, war überwachsen mit Moos und mich begann es zu frösteln.

Unsere Füße wurden nass von dem Wasser, das sich auf den Steinen teilte und nach hinten spritzte. Ich hatte das Gefühl, im Paradies gelandet zu sein. Die Sonne schien von der hinteren Seite der Felsen auf den See und brach sich über dem Wasserfall, sodass ein wunderschöner Regenbogen über dem See tanzte.

»Das ist unglaublich«, vernahm ich die Stimme von Badogan hinter mir, der inzwischen aus dem Tunnel herausgekrochen war.

Es vergingen ein paar Minuten, bis wir alle wieder komplett waren.

»Das ist wirklich unglaublich«, wiederholte sich Badogan.

»Jaaaaa, es ist wunderschön«, staunte ich mit offenem Mund.

Wir standen einen Moment lang so da und genossen den Anblick. Ich füllte meine Lungen mit der Luft, die sich noch frischer anfühlte mit der Brise von Wasser, die in der Luft lag. Mittlerweile sah ich aus, als hätte man mich durch den Wald geschleift. Mein wunderschönes Kleid war über und über mit Schmutz bedeckt. Die anderen sahen nicht viel besser aus, aber mich hatte es besonders hart getroffen. Dennoch, ich fühlte mich frei. Der Platz hier hatte seine ganz eigene Magie.

»Mach dir nichts draus wegen dem Schmutz, den wirst du gleich wieder los«, schmunzelte Shem und schubste mich mit seiner Schulter an. Ich hob den Kopf und sah ihn an.

»Wir springen jetzt da runter«, sagte er und zeigte mit dem Kinn in Richtung See.

»Ich hatte mir schon so was gedacht«, sagte ich und nickte.

»Angst?«, fragte er mich.

»Nein«, antwortete ich.

»Ich will zuerst prüfen, ob die Luft rein ist«, meinte Shem und stellte sich mitten unter den Wasserstrahl des Wasserfalls. Er öffnete seinen Mund und gab einen lauten krächzenden Ruf von sich. »Rrrrrua, rrrrrua, rrrrrua.« Dann verharrte er unter dem Wasserstrahl.

Wenig später wurde sein Rufen beantwortet mit einem fast identischen »Rrrrrua, rrrrrua, rrrrrua.«

»Okay, die Luft ist rein, wir können springen«, erklärte Shem und nickte mir zu.

»Was war das denn, bitte?«, fragte Bernie ungläubig.

»Rabea ist da draußen und passt auf. Sie hält Wache und beobachtet die Gegend von oben«, sprach er in unsere Richtung.

»Aha«, war Bernies Kommentar und er verzog den Mund zu einer Schnute.

»Du wirst Rabea gleich kennenlernen«, entgegnete Shem und winkte uns zu sich.

Ich folgte seiner Aufforderung und stellte mich direkt unter den Wasserstrahl neben Shem. Das Wasser stürzte sich nun unbarmherzig auf mich und durchnässte mich von Kopf bis Fuß.

Shem nahm ungefragt meine Hand und schaute mich an. Mit der anderen Hand hielt ich den Stein fest in der Hand. Ich nickte ihm zu.

»Okay, dann los«, schrie er und zog mich sanft mit sich.

Ich ging mit Shem an den Abgrund direkt unter dem Wasserfall. Unter uns breitete sich der Teppich des blau-grünen Sees aus. Dann machten wir beide einen Schritt nach vorne und ich verlor den Boden unter den Füßen. Eingehüllt ins kühle Nass des Wasserfalls machte sich ein Gefühl der Grenzenlosigkeit in mir breit. Es war das beste Gefühl, das ich je erlebt hatte. Mir ging das Herz auf, mein Blut geriet in Wallung und ich schrie laut. Shem ließ meine Hand nicht los. Ich konnte ihn lachen hören, als wir schließlich mit einem Ruck in den See fielen.

Die Wasseroberfläche teilte sich, ich bekam Wasser in die Nase und tauchte unter für einen Moment. Jetzt hatte Shem meine Hand losgelassen und schwamm sofort an die Oberfläche. Ich hielt den Stein fest in meiner Hand. Neben mir hörte ich, wie die anderen ins Wasser fielen, und ich tauchte ebenfalls auf. Das Wasser schäumte um mich herum.

»Ganz schön kalt, brrrrr«, gestand ich.

»Ja, komm raus aus dem Wasser.« Er erwiderte mein Lachen und schwenkte den Kopf in Richtung Ufer.

»Okay, ich komme«, antwortete ich.

»Wow«, hörte ich Russ neben mir rufen. »Das ist der Wahnsinn.«

Der Blick war auch aus dieser Perspektive überwältigend. Wir schwammen in einem eiskalten, blau-grünen See und waren umringt von majestätischen Felsen. Ein kleiner, idyllischer Ort.

Shem war bereits am Ufer angelangt und hockte auf einem kleinen Stein. Über uns strahlte die Sonne und der vollgesogene Rock zog mich zurück ins Wasser.

»Du hattest recht. Ich bin den Schmutz auf einen Sprung losgeworden«, lachte ich. Dann nahm ich seine Hand, die er mir angeboten hatte, und er zog mich aus dem Wasser. Dabei fiel er nach hinten und ich landete direkt auf ihm. Er war genauso nass wie ich, und glitschig, wie er war, konnte ich mich nicht abstützen, sondern fiel der Länge nach hin auf ihn drauf. Wir schauten uns für einen kurzen Moment in die Augen, während ich mit der einen Hand noch immer den Stein umklammert hielt. Ich riss mich los von seinem Blick, stützte mich mit den Händen auf der Erde ab und krabbelte von Shem runter.

»Ähm, ja, ähm, ich helf′ dann mal den anderen.« Er räusperte sich und setzte sich auf. Ich benetzte meine Lippen und schaute zum Wasserfall hinauf.

»Okay«, gab ich nur zur Antwort. Mir war plötzlich sehr warm geworden. Mein Herz klopfte heftig. Ich starrte auf den Wasserfall, als Shem den anderen aus dem Wasser half, denn ich wusste nicht, wo ich sonst hätte hinblicken sollen.

Von Weitem hörte ich einen Raben schreien.

»Rabea, Liebes, danke dir«, sagte Shem und begrüßte einen Raben, der mit ausgebreiteten Flügeln herangeflogen kam und sich auf einem Stein neben uns niederließ.

Das schwarze Tier beobachtete uns und flog aufgeregt zu mir. Rabea setzte sich schließlich neben mich und ließ die Augen auf mir ruhen.

»Das ist Rabea?«, fragte ich vorsichtig.

»Richtig. Darf ich vorstellen, Rabea, das ist Nyella. Nyella, das ist Rabea«, stellte uns Shem vor.

Der Rabe krächzte.

»Hallo, Rabea«, sagte ich. Es war ein wunderschönes Tier, rabenschwarz, mit großen, schwarzen Knopfaugen und einem langen, schwarzen Schnabel. Das schwarze Gefieder glänzte violettblau in der Sonne. Rabea schaute mir direkt in die Augen.

»Du wirst doch jetzt nicht anfangen, mit Tieren zu sprechen?«, machte sich Bernie über mich lustig.

»Halt deinen Mund«, herrschte ich ihn unfreundlich an.

»Sind wir etwas empfindlich?«, fragte er sarkastisch.

»Nur, weil du Metzger bist, heißt das nicht, dass man Tiere schlecht behandeln muss«, sagte ich zu ihm.

»Ich behandel′ doch keine Tiere schlecht«, meinte er gekränkt. »Aber gleich mit ihnen reden?«, stellte er in den Raum.

»Hast du nicht gehört, wie sich Shem vorher mit Rabea unterhalten hat?«, fragte ihn Badogan und stellte sich Rabea vor. Russ tat es ihm gleich.

»Seid ihr jetzt alle völlig übergeschnappt?«, fragte Bernie und tippte sich an die Stirn.

»Ein bisschen mehr Achtung, bitte«, entgegnete Shem ernst und kniete vor Rabea nieder, hielt ihr einen Arm hin und Rabea tippelte ihm auf den Arm.

»Lasst uns nach Hause gehen«, forderte er uns auf und marschierte davon.

»Warte doch«, rief ich, erhob mich und rannte ihm hinterher.

Der nasse Rock hinterließ eine triefende Spur am Boden. Badogan und Russ folgten uns. Bernie blieb einen Moment stehen, fluchte vor sich hin und rannte uns dann hinterher. Ich konnte die Sonne auf der ausgekühlten, nassen Haut spüren.

Der Weg führte uns weiter hinein in den Wald, bis wir schließlich vor drei großen Weiden standen. Sie erinnerten mich an große Krieger, die einem den Zutritt mit ihren Waffen verweigerten. Shem baute sich vor den Weiden auf, aber ich konnte nirgends einen Schlupfwinkel erkennen, um an den Bäumen vorbeizukommen. Shem kniete sich hin und griff sich von jeder Weide einen langen Ast, der beinahe bis zum Boden führte. Dann zog er daran und führte die drei Äste zusammen, legte sie übereinander auf einen Stein, der unter den Gräsern versteckt war.

Mit einem Mal bewegen sich die Weiden und gaben laut ächzend einen Weg frei. Der Boden erzitterte und Shem breitete die Arme aus. »Bitteschön, seid herzlich willkommen in Asinja.«

Rabea nutzte die Gelegenheit und flog empor in die Höhe. Mit staunenden Augen traten wir durch die Öffnung zwischen den Bäumen, hinein in eine neue Welt. Ich sah mich erschrocken um, als sich hinter uns die Weiden wieder langsam zu schließen begannen. Kurz darauf standen die Bäume da, als wären sie seit Jahrhunderten festgewachsen.

Wir fanden uns in einem kleinen Dorf wieder. Auf einem kleinen Dorfplatz kamen wir an, der umgeben war von hohen, uralten Bäumen mit dicken Stämmen. Der Platz war leer. Ich hörte Menschen sprechen und hob meinen Blick. Dann blieb mir der Mund offen stehen.

In die Bäume hinein waren kleine Häuser gebaut worden, sie ähnelten Behausungen, die miteinander verbunden waren durch

Strickleitern und Holztafeln. Jedes Haus schmiegte sich mit der Holzmaserung genau nach Maß in die Natur der Bäume.

»Das ist der Wahnsinn«, staunte Russ.

»Hey, Großer, ist sie das?«, rief ein kleines Mädchen und rannte ungestüm auf Shem zu. Sie verlangsamte ihren Schritt keineswegs und sprang ihm direkt in die Arme. Er machte einen Schritt zurück und umarmte sie.

»Ja, das ist sie«, erklärte er und drehte sich in meine Richtung.

»Hey, ich bin Loreena«, sagte das quirlige, kleine Mädchen und streckte mir sofort beide Arme entgegen.

Sie war gut zehn Jahre alt und eigentlich viel zu groß, um in den Armen von Shem zu liegen. Sie fiel auch mir um den Hals. Ich verlor das Gleichgewicht und Shem fing sie wieder auf.

»Nicht so stürmisch, Loreena«, lachte er.

»Ich freu mich so, dass sie endlich hier ist«, plapperte Loreena. Shem stellte sie mit beiden Füßen wieder auf den Boden. Sie strahlte mich an.

»Hey, Loreena«, sagte ich.

»Du bist nass«, stellte sie fest und schüttelte sich. Sie hatte ähnlich dunkle Haut wie meine Mutter. Mit ihren auffälligen, blauen Augen zog sie mich in den Bann und als sie ihre glänzenden, schwarzen Haare schüttelte, offenbarte ihre Stirn blaue Zeichen oberhalb ihrer Augenbrauen und diese Zeichen zierten die ganze Stirn in feinen Linien.

»Ja, sie ist nass, das stimmt. Wir sollten schauen, dass ihr alle aus den nassen Kleidern rauskommt«, sagte Shem.

»Woher kennt sie mich?«, fragte ich Shem.

Dieser lachte: »Du bist hier bekannt wie der König selbst.«

Ich runzelte die Stirn.

»Und wie kommt das?«, wollte Bernie wissen, der sich plötzlich wieder einmischte.

»Ja, wie kommt das?« Das interessierte mich auch.

»Nun, Shastro und Zelda haben viel von ihrer kleinen Schwester erzählt«, erklärte Shem charmant lächelnd.

»Sie waren … hier?«, fragte ich neugierig.

»Ja«, antwortete Shem. »Schließlich ist Shastro mein bester Freund«, erklärte er.

»Und wo sind sie jetzt?«, fragte ich und war plötzlich sehr aufgeregt. Ich hatte um Haaresbreite meine Geschwister verpasst.

»Was überlegst du?«, fragte mich Shem, der mich beobachtete.

»Hm … Ich denke gerade darüber nach, dass ich noch vor 24 Stunden weder eine Großmutter noch Geschwister hatte. Und kaum erfahre ich davon, muss ich meine Großmutter wieder verlassen und meine Geschwister sind auch schon wieder weg«, erklärte ich ihm frustriert.

»Keine Sorge, die sind nicht weg. Sie sind nur unterwegs. In ein paar Wochen sind sie wohl wieder da«, holte er aus.

Meine Stimmung hellte sich auf. »Das heißt, sie kommen wieder hierher?«, fragte ich.

»Na ja, das hoff ich doch. Schließlich wohnen sie hier«, gab er mir mit einem verschmitzten Lächeln zu verstehen.

Ich blieb stehen. Dann rannte ich Shem hinterher und boxte ihn in die Schulter. Er verlor das Gleichgewicht und musste einen Schritt zurückmachen. Lachend rannte er zu den Bäumen weiter.

»Kommt, ich zeig euch, wo ihr euch umziehen könnt«, sagte Shem. Er löste einen Strick von einem Baumstamm, und herunter fiel eine Strickleiter, die den Weg nach oben ermöglichte. »Los, folgt mir«, wies er uns an und kletterte die Strickleiter geschickt hoch.

Sie schien kein Ende zu nehmen und mit meinem nassen Kleid hatte ich ernsthaft Mühe, auf der Strickleiter vorwärtszukommen, denn ich war es nicht gewohnt, so zu klettern. Ich verlor immer wieder den Halt und musste nach dem nächsten Holztritt tasten, bis schließlich Badogan die Leiter unten festhielt.

»Schau mir bloß nicht unter den Rock«, warnte ich ihn lachend.

»Da hätte ich bei Bernie mehr Bedenken, Nyella«, lachte er zurück.

So kletterte einer nach dem anderen die Strickleiter hoch. Mit jedem Schritt offenbarte sich mehr von einer neuen Welt. Ein großes Dorf, in den Bäumen erbaut, verbunden mit Strickleitern und Holzstegen. Jedes Haus schien eine eigene Geschichte zu erzählen und sich in den Baum zu schmiegen, in den es gebaut worden war, als wären es Liebespaare, die die Natur vereinte.

Das dichte Blattwerk an den oberen Spitzen der Bäume schützte das Dorf nach außen. Wie ein Schirm hatte es sich über das Dorf gelegt, sodass es von außen nicht zu erkennen war. Nach innen lichteten sich die Äste, um ein Dorfleben im Tageslicht zu ermöglichen.

Das Dorf erstreckte sich weiter, als unsere Augen reichten. Die zahlreichen Dekorationen rund um die Häuser erzählten die Geschichten ihrer Bewohner. Blumen und Laternen ließen liebevoll erkennen, wie gern hier gehaust wurde. Die Kristalle, die vor die Türe gelegt worden waren, spielten mit den Lichtstrahlen, die durch die Äste züngelten.

Die Häuser faszinierten mich, am liebsten hätte ich alles stehen- und liegengelassen und wäre von Haus zu Haus gezogen, um jedes einzelne in Augenschein zu nehmen. Beim näheren Hinsehen erkannte ich, dass nicht alle Häuser nur aus Holz erbaut worden waren. *Wie haben sie nur die Steine und den Lehm in diese Höhen transportiert?*, fragte ich mich.

Ich musste mich an den Stricken seitlich festhalten, um Shem und Loreena folgen zu können. Die beiden setzten selbstsicher einen Fuß vor den anderen und waren gewohnt, sich in diesen luftigen Höhen auf diesen wackligen Holzstegen zu bewegen. Shem bog rechts ab. Er ging auf eine heimelige Hütte zu und überquerte eine kleine Holzbrücke mit Geländer.

Ich war froh, etwas festeren Boden unter die Füße zu bekommen. Vor dem Haus standen Laternen und Blumentöpfe. Es sah gemütlich aus. Die Fenster waren nicht eckig und nicht rund, sie schmiegten sich mit dem Holz in die Richtung, in die es sie führte, weil es seit Jahren so gewachsen war. Die Türe war ebenfalls aus Ästen gebaut, die wild in alle Richtungen zeigten und doch ein harmonisches Willkommensbild abgaben. Ich fühlte mich auf Anhieb wohl in Asinja. Es war ein Gefühl des nach Hausekommens, mehr noch, als ich es aus Insalem kannte, wo ich den ersten Teil meines Lebens verbrachte hatte.

Shem trat ins Haus und fing an, die nassen Kleider auszuziehen. Er warf Stück um Stück auf den Boden. Als ich gerade eintreten wollte, stand er halb nackt im Raum. Ich schaute verstohlen auf seinen muskulösen Oberkörper und lenkte meinen Blick sofort wieder zur Türe. Ich musste nochmals hinsehen. Als er schließlich Anstalten machte, die Hosen auszuziehen, wurde ich doch unsicher und schlenderte aus der Hütte raus und lehnte mich über das Geländer, um die gegenüberliegenden Häuser zu betrachten. Ich konnte Shem gut bis nach draußen hören, als er davon erzählte, wie viel Arbeit sie in die Häuser gesteckt hätten. Er erzählte von den Anfängen des Dorfes, dass es früher ein Zufluchtsort gewesen war für die geflüchteten Frauen von Gebohan, während die anderen Männer sich ebenfalls ihrer nassen Kleidung entledigten.

Ich hörte die Männer im Haus herumalbern. Dann rief mich Loreena, die inmitten der nassen Kleider und halb nackten Männern herumstand.

»Willst du keine trockenen Kleider?«, wollte sie von mir wissen, als sie vor das kleine Häuschen trat.

»Doch, gerne, aber die Männer …«

»Komm, ich lass dir ein Bad ein«, forderte mich Loreena auf.

»Ein Bad?«, fragte ich ungläubig.

»Klar, wir haben hier fast alles. Es wird dir gefallen«, strahlte sie. Dann schleifte sie mich durch den Raum an den Männern vorbei und weiter in den nächsten Raum, wo eine große Wanne aus Holz stand. Ich sah sie fragend an.

»Du musst dich schon ausziehen«, sagte sie zu mir.

Ich legte zögernd Kleidungsstück um Kleidungsstück ab. Loreena kletterte auf die Wanne und machte sich an dem Kessel zu schaffen, der über der Wanne an einem Seil hing. Dann zog sie daran und Wasser plätscherte in die Wanne. Dabei stieg Dampf auf und dann ließ sie das Seil wieder los. Ich hörte, wie es gurgelte, und ein plätscherndes Geräusch ließ mich ahnen, dass der

Kessel sich auf unerklärliche Weise wieder füllte. Kaum war der Kessel tatsächlich wieder voll, zog Loreena wieder an dem Strick, und ein weiterer Strahl Wasser ergoss sich in die Wanne, bis sie voll war.

»Shem ist handwerklich begabt. Er hat eine Holzfeuerung eingebaut, damit er immer warmes Wasser hat«, scherzte sie. Lachend fuhr sie fort: »Ich komm oft her und bade. Er ist der Einzige mit einer solchen Wanne.«

Dann tunkte sie ihren Finger ins Wasser. »Warte«, bat sie mich und ließ mich halb nackt in dem Raum stehen.

Ich hatte nur noch die Unterwäsche an. Loreena griff sich das lange Kleid und wollte mit ihm an mir vorbeischlüpfen.

»Moment«, rief ich und griff in den Rock, um den Stein herauszunehmen.

Dann huschte sie ab und kehrte mit einer kleinen Glaskanne zurück. Darin befand sich eine violette Flüssigkeit, die sie vollständig in die Wanne entleerte. Ein süßlich-herber Duft verteilte sich in dem Raum.

»Lavendel?«, wollte ich wissen und sog den Duft in mich auf.

»Ja, gut erkannt«, sagte sie lachend. Dann stellte sie sich vor mir auf und sagte: »Du wirst schon alles ausziehen müssen.«

»Sei vorsichtig, es ist heiß«, mahnte sie mich. Dann schnappte sie sich den Rest meiner Kleider und verschwand.

»Du musst schon reinsteigen«, hörte ich Loreena plötzlich wieder hinter mir.

»Reinsteigen?« Ich hob die Augenbrauen.

»Ja, du hast wohl noch nie gebadet?«, fragte mich Loreena.

»Nein, wir hatten nur Wasserkrüge auf dem Zimmer«, antwortete ich beschämt.

»Dann wird's Zeit, dass du das kennenlernst. Es ist nämlich toll«, lachte sie.

Ich hob unsicher mein rechtes Bein und stieg in die Wanne. Das Wasser war angenehm warm, also setzte ich mich hin. Ich lehnte mich zurück, dann tauchte ich ganz ins Wasser ein und kam erst kurz darauf wieder an die Oberfläche.

»Genießt du es?«, hörte ich plötzlich eine männliche Stimme, die mich fast panikartig weckte. Shem stand in der Tür und blickte auf die Wanne. Ich kam mir entblößt vor.

»Keine Angst, ich kann nichts sehen«, lachte er. »Genieß es einfach und bleib einen Moment liegen. Es wird dir guttun«, sagte er.

Er stand mit nacktem Oberkörper vor mir, nur mit einer frischen Unterhose bekleidet. Jetzt offenbarten sich mir die Rillen der Zeichen Gebohans auf seinem Körper. Sie waren etwas heller als die Haut und sahen aus wie eine angefertigte Zeichnung. Ich spürte ein süffisantes Lächeln auf dem Gesicht von Shem, ich hatte ihn offensichtlich angeglotzt. Ich räusperte mich.

»Ja, vielen Dank«, brachte ich heraus.

»Wir haben frische Kleider für die Männer gesammelt. Für dich ist auch was dabei. Loreena bringt dir alles«, sagte er, drehte sich um und ging hinaus.

»Keine Manieren, aufgeblasener …«, murmelte ich vor mich hin, als Loreena hereingerannt kam.

»Sagtest du was?«, wollte sie von mir wissen.

»Nichts, Loreena, ich hab′ nur laut gedacht«, rief ich ihr zu.

»Ach so«, hörte ich sie. »Hier, ich hab Kleider für dich.« Sie zeigte mir, was sie mitgebracht hatte. In ihrer Hand lagen ein Hemd, eine Hose, Unterwäsche und Stiefel.

»Kein Kleid?«, fragte ich ungläubig.

»Nein, kein Kleid. Kleider sind hier sehr unpraktisch in Asinja«, meinte Loreena mit ernstem Blick. In den Bäumen konnten Hosen tatsächlich praktischer sein. Loreena selbst trug kein Mädchenkleid, sondern Hosen, wie mir erst jetzt auffiel.

Das Bad war so angenehm, dass ich noch nicht bereit war, aus dem warmen Wasser auszusteigen. Loreena setzte sich an den Rand und sah mir dabei zu.

»Shem ist ganz schön cool, nicht?«, meinte sie.

»Ja«, gab ich unsicher zu.

»Eigentlich wollte *ich* ihn heiraten, wenn ich groß bin«, erzählte sie mir.

»Ah ja …«, gab ich möglichst belanglos klingend von mir und spürte einen Stich im Herzen.

»Aber er sagt, ich bin zu klein für ihn, und mein Prinz würde auch noch kommen«, lachte sie und bespritzte mich ein wenig mit Wasser. Ich tat so, als wollte ich mich vor dem Wasser schützen und ließ meine Hand ins Wasser sausen und spritzte sie im Gegenzug nass.

Dann fielen mir Myriam und Sandrina wieder ein.

»Die Mädchen«, flüsterte ich und stand auf.

Das Wasser schwappte hin und her. Loreena reichte mir ein weiches Tuch, mit dem ich mich abtrocknen konnte. Loreena setzte sich wieder hin.

»Was für Mädchen?«, wollte sie wissen, und so erzählte ich ihr die Geschichte, wie ich den Schattenreitern entkommen war und versprochen hatte, den Mädchen zu helfen. Wie wir dann bei Roberta gelandet und schließlich mit Shem geflohen waren in Richtung Asinja. Währenddessen kletterte ich in die neuen Hosen und fand mich schnell damit zurecht. Loreena hatte recht, das hier war viel praktischer. Und es zwickte nicht an jeder Ecke wie die engen Mieder unter den Kleidern. Vor allem konnte ich endlich vernünftig atmen in den Hosen und mich viel freier bewegen.

»Das klingt gefährlich«, stellte Loreena fest.

»Ja, ich weiß, aber wir müssen den Mädchen helfen«, war meine Antwort.

»Ich glaube, du solltest dich mit Shem darüber unterhalten. Er weiß immer, was zu tun ist«, brachte sich Loreena ein.

»Das ist eine gute Idee«, sagte ich.

Loreena streckte mir Kleidungsstück um Kleidungsstück hin, damit ich mich weiter anziehen konnte. Den Stein steckte ich in die Hosentasche. Nur die Haare blieben nass.

»Klopf klopf«, hörte ich eine Stimme vor der Türe.

»Ja, bitte«, sagte ich laut.

»Nyella, wir gehen mit Shem rüber und essen was, kommst du mit?«, fragte mich Badogan, der in frischen Kleidern vor mir stand.

»Ich komme gerne mit. Du siehst schick aus«, sagte ich.

»Danke, das Kompliment kann ich zurückgeben. Die Hosen stehen dir gut«, grinste Badogan.

Also begleitete ich ihn und die anderen in eines der Nebengebäude. Dort saßen mehrere Menschen um einen großen Tisch. In der Mitte des Raumes brannte ein Feuer, ein Kessel hing darüber.

»Das ist sie?«, hörte ich den dicken, älteren Mann fragen, der Shem herzlich umarmte.

»Ja, das ist sie«, sagte er.

Der rundliche Mann mit schwarzen, längeren Haaren stand in dreckiger Schürze vor mir. Er war in einfache Leinen gekleidet und trug darüber eine schmutzige Schürze, an der er seine Hände abwischte. Er hatte ein sympathisches Gesicht und mir fielen sofort die Zeichen auf der Stirn auf, die auch er trug. Sie verzierten in einem wunderschönen Königsblau seine Stirn. Er hatte leuchtend blaue Augen und nahm mich ungefragt in den Arm. Er roch nach Lauch, Gemüse und Kräutern.

Dann reichte er mir die Hand: »Hallo, Nyella, ich bin Asram. Ich freue mich sehr, dich endlich kennenzulernen. Schön, dass du hier bist. Herzlich willkommen in Asinja«, meinte er zu mir. »Roberta sagte mir, du würdest dich gut um unsere Pferde kümmern«, sagte ich.

»Den Pferden geht es gut, keine Sorge. Sie haben genügend zu fressen und zu trinken und ausreichend Zeit zum Faulenzen. Die Waldmenschen haben sie hier hergebracht«, erklärte er mir.

»Und ich schaue nicht nur, dass die Tiere genügend zu essen haben, sondern auch wir Menschen«, schallte er.

»Asram macht das beste Essen weit und breit«, lachte ein Mann, der am Tisch saß.

»Los, setzt euch hin. Wir haben euch erwartet. Es gibt Eintopf à la Asram«, forderte uns ein anderer Mann freundlich auf.

Asram gluckste und sang vor sich hin, während er zurück zum Tisch tänzelte und wir Platz nahmen. Er stellte uns Löffel und Schale vor die Nase und füllte sie üppig mit einem wohlriechenden, dickflüssigen Eintopf. Nach dem Bad konnte ich die Augen kaum mehr offenhalten. Während des Essens bemerkte ich, wie müde ich geworden war.

Ich versank in meine Gedanken: Großmutter … Die Zeichen auf Loreenas Stirn … Asram … Ronjo … Momma … Gebohan …

Mir schwirrte der Kopf. 1001 Geschichte liefen vor meinem inneren Auge ab, ich sah Ronjo, wie er sich vor mir verneigte, fand den Stein wieder, dann wieder Shem, wie er sein Hemd auszog.

Schließlich hielt mich Roberta in den Armen und wieder sah ich Myriam, Sandrina und mich auf dem Dorfplatz. Gimle drängte sich ins Bild und ich sah die blonde Wanderhure mit ihren blauen Augen. Mir fielen am Tisch beinahe die Augen zu und ich war unendlich müde.

Aus der Ferne beobachtete uns ein Rabe und wie es Abend wurde, bis die kleinen Häuser in den Bäumen nur noch an ihren hellen Laternen erkennbar waren für ihn. Er hörte, wie Menschen in den Häusern gemeinsam lachten und über Dinge sprachen, die sie bewegten und die im Lande vor sich gingen. Für ihn machten die einzelnen Gespräche keinen großen Unterschied. Für den Raben war es wichtig, dass Nyella in Sicherheit war, zusammen mit ihren Begleitern. Schließlich erhob sich der Rabe in die Lüfte und flog davon, in Richtung Westen.

# 8. Neue Freunde

Als ich am nächsten Morgen erwachte, lag ich in einem großen Bett. Über mir hingen leicht wehende Leinentücher und durch die offenen Fenster lugte die Sonne herein. In einem Fenster war ein Windspiel aufgehängt, das leise klingelte, wenn der Wind es leicht kitzelte. In der Ferne sangen die Vögel um die Wette und ich konnte die vielen grünen Blätter draußen sehen, die sich leicht im Wind schaukelten. Ich blinzelte und schob die Decke von mir. Als ich an mir hinunterblickte, sah ich, dass ich nur Unterwäsche und ein Hemdchen trug.

»Guten Morgen«, hörte ich Loreena sagen, die am Fußende des Bettes saß. »Du schläfst ganz schön lange«, sagte sie zu mir.

»Warum, was …«, stammelte ich. Loreena lachte und schon kam Badogan herein. Er trug ein Tablett an mein Bett.

»Nyella, hast du gut geschlafen? Entschuldige. Guten Morgen erst mal«, lächelte er mich an und ließ sich neben mir auf dem Bett nieder. Ich setzte mich auf. Dann schob er mir das Tablett auf den Schoß. Aus einem Becher stieg ein süßlicher Duft auf. In einer Schale fand ich Früchte und bunte Blumen.

»Die kann man essen, sind lecker«, erklärte mir Badogan und hielt mir einen Holzlöffel hin.

»Wo bin ich?«, wollte ich wissen, nahm den Löffel und schaute mich um.

»In Asinja«, gab Loreena als Erklärung ab.

»Das weiß ich schon, aber ich meine, wo bin ich genau? Was ist das für ein Haus?«, fragte ich und blinzelte. Lachend erklärte Loreena mir: »Das ist dein Haus. Shem hat dich gestern ins Bett getragen. Du bist bei Asram am Tisch eingeschlafen.«

Ich blinzelte sie an. »Mein Haus?«, wiederholte ich. Geflissentlich überhörte ich, dass Shem mich getragen haben musste.

»Ja, dein Haus. Die Häuser von Shastro und Zelda sind gleich nebenan«, erklärte sie mir.

Ich starrte sie an. »Ich hab ein Haus?«, fragte ich wieder.

»Ja doch, das hab ich dir doch soeben erzählt«, sagte sie und verdrehte die Augen.

»Aber woher …«, wollte ich fragen, aber Loreena zeigte auf den Tee.

»Du isst und trinkst und ich rede, okay?«, meinte sie selbstsicher, setzte sich gerade hin und gestikulierte wild mit ihren Händen. Während ich nickte, legte ich den Löffel auf das Tablett und nahm die Schale mit dem Tee in beide Hände. Badogan und ich sahen Loreena gespannt an.

»Wir alle hier wissen seit langer Zeit, wer du bist, Nyella. Und wir haben dich schon lange erwartet. Shastro und Zelda haben hier ein Haus für dich erbaut, damit du hier immer willkommen bist und damit du immer einen Ort hast, an den du zurückkehren kannst. Sie selbst wissen, wie es ist, nirgendwo hinzugehören. *Sie* sollten dir das eigentlich selbst erklären. Aber sie sind unterwegs. Na ja, jedenfalls … Es war ihnen wichtig, dass du weißt, dass du zu ihnen gehörst und in Asinja immer ein Zuhause hast. Wir alle sind deine Familie hier.«

Sie machte eine Pause und sah mich an. Beinahe hätte ich mich an dem heißen Tee verschluckt.

»Sie wollten das Haus nicht zu sehr einrichten, damit du es jederzeit selbst gestalten kannst, wie du es möchtest. Aber sie wollten, dass es sich so anfühlt, als ob darin jemand wohnen würde. Zelda hat mir einmal erzählt, dass sie öfters in deinem Haus ist, sich irgendwo hinsetzt, und dass sie dann das Gefühl hätte, dass du mit einem kleinen Teil doch hier wohnen würdest. Sie sagt, so hätte sie wenigstens ein winziges Bisschen von ihrer kleinen Schwester«, erzählte sie leise.

Tränen füllten sich in meinen Augen. So etwas Schönes hatte ich noch nie gehört.

»Nicht weinen, Nyella. Was ist denn, hab´ ich was Falsches gesagt?«, fragte Loreena mich.

»Nein, hast du nicht, ganz im Gegenteil«, schniefte ich.

»Warum weinst du dann?« Sie war unsicher geworden.

»Weil ich so was Schönes noch nie gehört habe«, sagte ich und blickte sie an, die Augen voller Tränen.

»Ach so, ja, ich kann dich gut verstehen«, erklärte sie mir und wurde still. Dabei fiel mir auf, dass es seit gestern nur um mich gegangen war. Ich hatte nicht ein einziges Mal nach Loreena gefragt und ihrer Geschichte.

»Hast du auch Geschwister?«, flüsterte ich fragend.

»Bestimmt …«, entgegnete sie, »irgendwo.« Sie blickte traurig aus dem Fenster.

»Was heißt das?«, wollte ich wissen.

»Ich lebte mit meiner Familie ganz in der Nähe von Breithorien. Meine Großmutter war ebenfalls von Gebohan geflohen und hatte ein schweres Los nach ihrer Flucht. Sie und ihre Tochter, also meine Mutter, trugen die Zeichen Gebohans genauso offensichtlich auf dem Körper wie ich auch. Wir mussten viel Leid ertragen, wurden oft verstoßen, aber in Tavernur hatten wir eine kleine Dorfgemeinschaft gefunden, die uns geduldet hatte. Es war ein kleines Dorf. Ein paar Nachkommen Gebohans waren dort zu Hause. Zur gleichen Zeit, als die Drachengeschichte mit Ira passierte…«, erzählte sie und ich unterbrach sie:

»Du kennst die Geschichte auch?«

»Natürlich kenne ich die Geschichte. Ira lebt in einem der Häuser hier«, sagte Loreena und zeigte aus dem Fenster.

»Ira wohnt hier?«, fragte ich ungläubig. Loreena nickte.

»Entschuldige, bitte erzähl weiter«, wandte ich mich an sie.

Loreena nickte und erzählte weiter. »Ira reist oft, sie hält es seit dem Unglück von damals nicht aus, immer an einem Ort zu sein. Jedenfalls, als die Schattenreiter das Dorf der Smurils verwüsteten, lag Tavernur auf ihrem Weg, und so verwüsteten sie auch unser Zuhause. Nur ein paar Wenige konnten fliegen, alle anderen wurden getötet.

Meine Mutter muss mich offenbar im Dickicht versteckt haben, damit die Schattenreiter mich nicht fanden. Aber Shastro und Shem sind richtige Spürnasen. Sie haben mich gefunden und gerettet. Und so kam ich hierher.« Und damit endete sie.

»Alle glauben, meine Mutter sei tot«, meinte sie traurig. »Weißt du, manchmal stell ich mir einfach vor, dass sie noch lebt und dass sie noch weitere Kinder bekommen hat. Dann träume ich davon, wie ich sie wiederfinde und eine große Familie habe. Und alles wird gut«, erzählte mir Loreena. Sie hatte ihren Blick gesenkt, und durch den nasalen Ton in ihrer Stimme war mir klar, dass sie kurz davor war, in Tränen auszubrechen.

»Es muss schwer für dich sein, dass ausgerechnet ich hier auftauche und Shastro und Zelda ihre kleine Schwester wiederfinden«, stellte ich fest.

Loreena nickte, aber dann winkte sie ab und erklärte sofort: »Ich gönne den beiden das so sehr.«

»Loreena, das weiß ich, aber es tut trotzdem weh, dass deine Leute nicht wiedergekommen sind«, sagte ich zu ihr und war mit ihr traurig.

»Ich glaube nicht, dass meine Mutter tot ist.« Sie wirkte trotzig. Ich nickte verständnisvoll. Badogan sah mich ernst an, zwinkerte mir zu und entfernte sich leise.

Es schien hell durch die großen Fenster, über denen dicke, helle Leinentücher aufgerollt waren. Der Boden war aus hellem Holz und neben diversen Laternen stand eine alte Holztruhe am Ende des Zimmers. Da das Haus in den Baum hineingebaut worden war, suchte sich der Stamm mit großen Ästen einen Weg mitten durch das Schlafzimmer. An der Wand erkannte ich ein ähnliches Bild, wie ich es bei Roberta gesehen hatte. Aus schwarzen Federn war ein Rabe geformt worden, welcher majestätisch über den Raum blickte.

Es klopfte und Shem stand in der Tür. »Sorry, guten Morgen, stör ich?«, begrüßte er uns.

Loreena schniefte und wischte sich die Nase mit dem Handrücken ab. »Hey, Shem«, hauchte sie.

»Nein, du störst nicht. Guten Morgen, Shem«, sagte ich.

»Darf ich reinkommen?«, fragte er schließlich.

Dabei wurde mir bewusst, dass ich nur ein Hemdchen und Unterwäsche trug. »Ähm, ja, klar«, stammelte ich und zog möglichst unauffällig die Decke weiter hoch.

Shem räusperte sich. »Hast du gut geschlafen?«, fragte er.

»Ja, ähm, ja … Ich hab gut geschlafen, danke.«

»Die Jungs meinten, wir sollten uns heute zusammensetzen, um über das weitere Vorgehen zu sprechen. Dann finden wir vielleicht heraus, wie wir Myriam und die Mädchen befreien können«, informierte er uns.

»Das ist eine gute Idee«, entgegnete ich.

»Na dann …, ähm, werd ich mal ′rübergehen zu Asram«, fing er an, schwenkte mit beiden Armen und lächelte.

»Ja, dann ... ähm, wirst du mal ′rübergehen zu Asram«, wiederholte ich und nickte immer wieder mit dem Kopf.

»Und du kommst dann auch?«, fragte er.

»Wohin?«, fragte ich.

»Na ja, zu Asram«, antwortete er.

»Ach so, ähm, ja, natürlich«, sagte ich.

»Ah ja, okay, ich werd′ dann mal …«, erklärte er, blickte zu Boden, drehte sich um und ging.

»Chchchchch«, hörte ich es neben mir lachen.

Ich blickte zu Loreena, die sich den Mund zuhielt und sich kaum mehr halten konnte vor Lachen.

»Was ist?«, fuhr ich sie ein wenig ruppig an.

»Nichts, hehehehe.« Sie musste sich zusammenreißen.

Ich wurde puterrot im Gesicht. »Ach, lass mich doch in Ruhe«, sagte ich und ging stampfend aus dem Zimmer.

Sie rief mir prustend hinterher: »Wohin wollen sie denn, junge Kriegerin, so in Unterwäsche?«

Mist. Ich drehte in der Diele wieder wortlos um und stampfte ins Zimmer zurück, wo Loreena sich den Bauch hielt vor Lachen.

»Das ist *nicht* witzig«, betonte ich.

»Doch, ist es«, giggelte sie weiter.

»Aaaaaarg«, schimpfte ich.

»Ich würde mich anziehen, wenn ich du wäre«, meinte sie.

»Klugscheißer«, sagte ich zu ihr. Daraufhin sahen wir uns an und wie auf Kommando fingen wir beide an, laut schallend zu lachen. Ich ließ mich aufs Bett zu ihr sinken.

»Was ist denn hier los?«, hörte ich plötzlich eine Männerstimme und Bernie stand in der Tür.

»Hey, kannst du nicht anklopfen?«, schimpfte ihn Loreena aus.

»Sorry, ich hab euch so lachen gehört, da dachte ich ...«, sagte er ungläubig.

»Du hast falsch gedacht, egal, was es war«, erklärte Loreena schmunzelnd.

»Ist ja schon gut«, sagte er leicht gekränkt.

»Wir sehen uns bei Asram, husch, husch. Nyella muss sich erst anziehen«, scheuchte sie ihn aus dem Zimmer.

»Okay, okay«, sagte er und machte sich aus dem Staub.

Als Loreena wieder zurück ins Zimmer kam, lachten wir weiter, und ich zog mich derweil an.

»Was ist das für ein Bild?«, fragte ich Loreena plötzlich und zeigte auf den Raben an der Wand.

»Das?«, fragte sie. »Ich weiß nicht genau, aber ich glaube, das ist der Rabe Gebohans«, erklärte sie mir.

»Der Rabe Gebohans«, wiederholte ich leise.

»Schau an, die hübsche Maid beehrt uns heute wieder, hoffentlich nicht mehr so müde wie gestern«, lachte Asram, als wir in sein Haus eintraten.

»Nein, entschuldige«, erklärte ich ihm.

»Du brauchst dich nicht zu entschuldigen. Nach allem, was du erlebt hast. Hast du schon gegessen?«, wollte er wissen.

»Ja, vielen Dank«, war meine Antwort.

Er zog eine aufgesetzte, beleidigte Schnute. »Aber einen guten Met wirst du doch mittrinken, oder?«

»So früh schon?«, fragte ich unsicher.

»Einen guten Met kann man gar nicht früh genug trinken. Der hält Leib und Seele zusammen. Und er hält Krankheiten fern«, erklärte er lachend, nahm mich kräftig in den Arm und bugsierte mich an den Tisch.

Asram hielt mir gleich darauf ein Trinkhorn hin mit Met. Ich lehnte dankend ab: »Sei mir nicht böse, ich trink doch lieber Wasser.«

Asram lächelte. Shem, Badogan, Russ und Bernie saßen bereits mit zwei anderen Männern da. Einer der beiden Männer hatte schokoladenbraune Haut. So etwas hatte ich noch nie gesehen. Er lächelte mich mit strahlend weißen Zähnen an: »Hallo, Nyella, ich bin Kenoa«, stellte er sich vor.

»Hallo.« Dann setzte ich mich zu ihnen, und der andere Mann hielt mir seine Hand hin:

»Hallo, Nyella, und ich bin Idisio, sei willkommen in Asinja.«

»Wir haben bereits ein wenig darüber gesprochen, wie wir die Mädchen finden wollen«, erklärte Badogan und rieb sich das Kinn.

»Haben die Schattenreiter gesagt, wo sie euch hinbringen wollten?«, wollte Russ von mir wissen.

»Sie haben nur gesagt, dass die Königin uns einlädt und wir haben sie reden gehört, dass sie uns nach Brintesia bringen wollten«, erinnerte ich mich.

»Also direkt in die Hauptstadt«, mutmaßte Badogan.

»Meinst du, sie wollen die Mädchen in die Mauern des Königshauses bringen?« Bernie sah mich fragend an und biss sich auf seine Unterlippe.

»Schon möglich, nur, was wollen sie von ihnen?«, wunderte sich Badogan und rieb sich weiter sein Kinn.

»Wir müssen herausfinden, mit wem wir es genau zu tun haben. Womöglich ist es nicht nur Walrivia. Erst, wenn wir den Feind genau kennen, können wir die genauen Beweggründe herausfinden«, meinte Idisio.

»Dann lasst uns herausfinden, was die Königin vorhat«, ereiferte sich Kenoa und sah uns auffordernd an.

»Genau«, bestätigte Bernie.

»Das sind kluge Worte, Kenoa. Nyella, erzähl uns doch bitte, was genau passiert ist. Noch einmal von Anfang an«, forderte mich Russ auf.

Ich strengte mich an und versuchte, mich an alle Details zu erinnern, so gut ich konnte. »Also, ich weiß noch, dass es ihnen wichtig war, dass alle Mädchen auf dem Platz in Breithorien versammelt sein sollten. Sie sollten gebärfähig und unverheiratet sein. Genauer gesagt, alle Mädchen ab zwölf Jahren. Als wir uns dann dort eingefunden hatten, haben sie nicht alle Mädchen ausgewählt«, erklärte ich in der Runde.

»Warum nicht?«, wollte Bernie wissen.

»Lass sie doch weitererzählen!« Russ sah ihn mahnend an.

»Ja, mach ich doch. Ich wollte doch nur …«, er sah Russ patzig an.

»Jungs, Ruhe«, bat Shem die beiden.

»Ist ja schon gut.« Bernie zog beleidigt eine Schnute.

»Also, mir ist aufgefallen, dass sie vorwiegend schöne und schlanke Mädchen ausgesucht haben. Wer zu dick war, den nahmen sie nicht mit. Jemand, der blind war wie Ira, kam für sie nicht in Frage. Die Wanderhuren waren für sie ebenfalls nicht interessant. Die meisten Mädchen waren blond und hatten blaue Augen oder eine auffallend helle Augenfarbe. Oder so kastanienrote Haare wie ich. Mädchen mit ganz dunklen Haaren oder dunklen Augen nahmen sie nicht mit.« Ich versuchte mich, so gut es ging, zu erinnern, und strengte mich an.

»Du hast eine gute Beobachtungsgabe, Nyella«, sagte Asram zu mir.

»Dankeschön.« Es war mir wichtig, dass ich auch etwas beitragen konnte.

»Das klingt nicht gut.« Badogan schien sich viele Gedanken zu machen.

»Ja, da bin ich ganz deiner Meinung«, bestätigte ihm Shem.

»Sie planen Schlimmes für die Mädchen, hab ich recht?«, fragte ich unsicher.

»Ich fürchte, ja, Nyella«, erklärte Badogan mir.

»Mir gefällt das Wort ›gebärfähig‹ nicht«, meinte Shem, was Badogan mit einem »Hm« bestätigte.

»Ja, so tut doch einer endlich was.« Bernie klang verzweifelt.

»Ganz ruhig. Es nützt keinem was, wenn wir in Panik verfallen«, versuchte Shem ihn zu beruhigen.

»Du hast gut reden. Myriam und Sandrina sind ganz allein da draußen«, ereiferte sich Bernie.

»Nicht ganz allein«, redete ich dazwischen.

»Du weißt schon, was ich meine«, sagte Bernie.

»Freunde, ihr müsst die Ruhe bewahren«, mahnte Kenoa und hob seine Hände in einer beschwichtigenden.

»Was schlägst du vor, Kenoa?«, wollte Badogan wissen.

»Nyella, was weißt du über die Königin Walrivia?«, fragte mich Kenoa.

»Ich? Nicht viel, warum?« Mit den Angelegenheiten des Königshauses hatte ich mich noch nie auseinandergesetzt.

»Wir müssen über sie zusammentragen, was wir wissen«, erklärte Kenoa.

»Ich weiß ein paar Dinge über die Königin. Russ und ich haben vorher am Hofe gelebt«, sagte Badogan.

Alle Blicke richteten sich auf ihn. »Du hast am Königshof gelebt?«, wollte Bernie verblüfft wissen.

»Ich war enger Vertrauter von König Wernot«, schwärmte Badogan. Dabei verneigte er seinen Kopf.

»Mir ist der Ring aufgefallen, den du trägst, mein Herr. Ein einzigartiges Stück, es ist der Ring der Bruderschaft.« Idisio bewunderte den Ring, den Badogan am Finger trug.

»Du kennst diesen Ring?«, fragte Badogan erstaunt.

»Ja, das tue ich, mein Bruder«, entgegnete Idisio. Dann legte er seine rechte Hand auf den Tisch. Er trug am Finger denselben Ring wie Badogan.

Badogan erhob sich und fragte erstaunt: »Woher hast du diesen Ring?«

»Der Vater Wernots gab den Ring meinem Vater, lange bevor die Bruderschaft auseinanderfiel. Und König Wernot und ich besiegelten unsere Freundschaft neu«, erklärte Idisio.

Die beiden sahen sich lange schweigend an, nur sie schienen zu wissen, was der andere dachte.

»Es gibt zwölf Brüder dieser Gemeinschaft. Wie gibst du dich zu erkennen, damit ich dir glauben kann?«, bat ihn Badogan.

»Hier vor den anderen? Die Geheimnisse der Bruderschaft sind üblicherweise nur der Bruderschaft selbst vorbehalten.« Idisio schien unsicher zu sein. Er blickte sich um.

»Ja, hier vor den anderen. Dies sind schwierige Zeiten. Ich vertraue dieser Runde«, und dabei schaute Badogan uns alle an.

»Nun gut. Dein Ring trägt ebenso ein Gift in sich, um dir aus der Not zu helfen, wie der meine. Das Gift in meinem Ring ist das Gift der Lobelie. Die Lobelie ist bekannt für die Treue zu ihrem Herrn. Und da ich König Wernot treu und ergeben war, gab er mir das Gift der Lobelie mit«, erzählte uns Idisio.

Badogan war sichtlich berührt und meinte: »Mein Bruder, das ist wahrlich die Antwort eines Mannes, der zur Bruderschaft Grovensans gehört.« Er stand auf und umarmte Idisio innig.

»Die Disen sind mit Wernot und mit uns. Auch wenn Walrivia ihn über die Regenbogenbrücke geschickt hat, spinnt er weiter seine Teppiche zusammen mit Vodano und hat uns hier zusammengeführt. Mögen die Götter mit uns sein«, sagte Idisio feierlich.

»Lasst uns das besiegeln mit einem Schluck Met«, forderte uns Badogan auf.

»Du trägst Gift in deinem Ring?«, brachte sich Shem erstaunt ein. »Das wusste ich ja gar nicht.«

»Dies dürfen nur die Brüder der Bruderschaft wissen, aber mein Herz sagt mir, dass ihr Brüder im Geiste seid. Das Geheimnis dieser Ringe ist, dass eine Giftkammer darin gefertigt wurde. Das Siegel des Drachens kann geöffnet werden. Jeder der Brüder trägt ein anderes Gift in seinem Ring. Das Gift ist für den Notfall gedacht. Entweder für den Feind oder einen selbst, wenn es keinen anderen Ausweg mehr gibt. Mein Ring trägt das Gift des Adlerfarns in sich«, erklärte uns Badogan.

»Ich danke dir für dein Vertrauen. Ich werde es nicht missbrauchen. Nun lasst uns anstoßen«, sagte Idisio und hob sein Trinkhorn in die Luft. Wir stimmten mit ein und erhoben die Becher und Trinkhörner, um das Zusammentreffen gemeinsam zu feiern.

»Dies mögen keine Zufälle sein, die hier vor sich gehen. Aber bitte, Badogan, erzähl uns vom Königshaus und von der Königin«, forderte ihn Shem auf.

»Nun, die Königin hat verzweifelt versucht, schwanger zu werden vom König. Und ich weiß, dass sie nicht nur bei Wernot im Bett gelegen hat. Trotz allem nahm sie kein Kind in ihrem Unterleib auf und konnte dem Volk Mercuriens und dem König keinen Thronfolger schenken. Wernot hat dieses Weib in seiner unsäglichen Naivität immer geliebt und beschützt. Nach seinem Tod hat sie sich selbst gekrönt, nachdem der Bruder des Königs, Gerham, schwer erkrankt und nicht in der Lage war, den Thron selbst zu besteigen«, erzählte Badogan.

»Verzeih, Badogan, aber bis jetzt erzählst du noch nichts Neues«, sagte Shem.

»Wart's ab. Ich weiß, dass Walrivia regelmäßig Besuch von einer eigenartigen Frau bekommen hat. Niemand sollte von ihren Besuchen erfahren. Ich befürchte, es war eine Hexe, und sie kennt die Rituale der Nordlichter. Was mich nicht verwundert, denn Walrivia selbst kommt aus dieser Gegend. Für mich war klar, dass sie mit Hilfe dieser Hexe schwanger werden wollte und den Thron auf rechtmäßigem Weg als Königinmutter an sich reißen würde. Doch die Schwangerschaft blieb aus, was mich wiederum zu dem Schluss brachte, dass auch Gebohan die Finger im Spiel haben musste, den Thron zu schützen.

Wer hier welches Spiel spielt, weiß ich leider nicht. Es sind viele zwielichtige Gestalten bei Hofe gewesen. Es muss ein mächtiger Zauber gewesen sein, um Walrivia nicht schwanger werden zu lassen, dem die alte Kräuterhexe aus dem Norden nicht das

Wasser reichen konnte. Es gibt noch andere Vertraute der Königin, die mit Vorsicht zu genießen sind. Unter anderem die Gouvernante der Königin, Lizzy. Wie weit sie ihre schmutzigen Finger im Spiel hat, kann ich nicht abschätzen.

Warum ist König Wernot so plötzlich gestorben und Gerham so krank, dass er sich kaum regen kann? Diese Lizzy ist mehrfach bei Gerham am Krankenbett gesehen worden. Das sind doch keine Zufälle. Ich sage, Walrivia hat ihre schwarzmagischen Finger mit im Spiel.« Damit polterte Badogan die rechte Faust auf den Tisch. Die Männer nickten anerkennend.

Dann fuhr Badogan fort: »Warum, in Lodurs Namen, sucht sie Mädchen im gebärfähigen Alter? Niemand kann für sie ein Kind gebären, ohne dass sie den Thron dabei nicht verlieren würde. Sie hat den Thron auf unrechtmäßige Weise bestiegen, aber es lehnt sich niemand auf gegen sie mit einer Armee von Schattenreitern im Rücken. Da Gerham auch keine Nachkommen hat und Walrivia offiziell als des Königs Frau gilt …« Badogan beendete den letzten Satz nicht.

»Ich war nicht lange am Hofe und das vor langer Zeit. Ich weiß nur, dass Walrivia sich darüber erzürnt hatte, dass in der königlichen Armee keine Krieger des Nordens verpflichtet worden waren. Sie diskutierte mit dem König mehrmals darüber, wie diskriminierend es sei, dass die Nordlichter immer noch unter den alten Vorurteilen zu leiden hätten. Es wäre Zeit, den Norden zu rehabilitieren«, führte Idisio aus.

»Das stimmt, davon hab ich auch gehört. Walrivia hat sogar dafür gesorgt, dass die ersten Schattenreiter an den Hof kamen, als Wernot noch gelebt hat. Es kommen immer mehr von ihnen nach Brintesia«, wusste Russ. Die Männer nickten zustimmend.

»Das alles ergibt einfach keinen Sinn. Ich meine, was will sie mit den Mädchen? Wozu sollen sie gebärfähig sein? Will sie sie verheiraten?« Shem konnte sich keinen Reim auf die ganze Sache machen.

»Du hast recht. Das alles ergibt keinen Sinn«, bestätigte ihm Badogan.

»Meint ihr, es geht ihnen gut?«, fragte ich in die Runde und lenkte vom Thema ab.

»Ich glaube, dass es ihnen nicht schlecht geht im Moment. Walrivia hat etwas vor mit ihnen, aber das wird nicht sofort passieren, sie müssen ja erst einmal in Brintesia ankommen. Sie sind immer noch mit den Wagen unterwegs dorthin und somit nicht so schnell wie zu Pferde«, erklärte Russ.

Ich seufzte laut. Russ klopfte mir aufmunternd auf die Schulter.

»Ich mach mir Sorgen«, sagte Bernie.

»Ich mir auch«, bestätigte ich.

»Von hier aus nach Brintesia sind es mehr als zweieinhalb Tagesritte. Mit dem Wagen dauert es rund sechs Tage, bis sie dort ankommen«, sprach Badogan. »Wir müssen uns irgendwo in Brintesia verstecken können. Wir können nicht jedes Mal nach Asinja zurückreiten oder uns in den Wäldern verstecken. Wir müssen Brintesia auskundschaften können«, gab er zu bedenken.

»Du hast recht. Aber ihr könnt nicht einfach so nach Brintesia spazieren. Euch kennen sie dort«, entgegnete Shem.

»Wie stellen wir das nur an?«, fragte sich Badogan.

»Ich frage Rabea. Vielleicht wissen die Raben einen Rat«, meinte Shem.

»Das ist eine gute Idee«, bestätigte Badogan. Bernie hob eine Augenbraue und sah die beiden misstrauisch an.

Shem rief nach Rabea, die wenig später durch das Fenster hereingeflogen kam und sich mitten auf den Tisch setzte. »Hör zu, meine Liebe. Wir müssen Brintesia auskundschaften. Sie werden alle Mädchen dorthin bringen und wir brauchen eure Hilfe. Wie können wir nach Brintesia, ohne dass sie uns erkennen? Wir müssen ein paar Tage dortbleiben können, aber wo verstecken wir uns?«

Shem sah den Vogel lange an, und Rabea blickte Shem lange an. Dann drehte sich der Vogel um, hüpfte über den Tisch, breitete seine Flügel aus und flog so schnell davon, wie sie gekommen war.

»Und sie geht jetzt und hält Raben-Rat?«, machte sich Bernie lustig.

»So in der Art, ja«, antwortete Shem ruhig und ging nicht auf den Tonfall von Bernie ein.

»Ihr seid echt plemplem«, witzelte Bernie.

»Jetzt reiß dich ein wenig zusammen, Bernie. Das ist ernst hier«, ermahnte ihn Badogan.

»Ja, wie soll ich das ernst nehmen, wenn ich *so was* sehe.«

Bernie zeigte auf das offene Fenster, durch welches die Krähe gerade weggeflogen war.

Russ seufzte und verdrehte die Augen.

»Ist doch wahr. Und als Nächstes machen wir alle einen Kreis und verbrennen Weihrauch, oder was?«, witzelte Bernie weiter.

»Du hast keinerlei Manieren, weder den Menschen gegenüber, noch den Tieren. Weißt du das?«, sagte Shem böse zu ihm.

»Beruhige dich, Shem. Bernie ist voller Sorge und weiß nicht, was er redet«, wollte Badogan schlichten.

»Ich weiß nicht, was ich rede? Ich weiß ganz genau, was ich rede. Der da ist doch nicht ganz bei Trost. Der mit den Raben tanzt oder was?« Bernie machte die Bewegung eines Tanzes nach.

»Jetzt reicht's aber. Wir haben schon genug Sorgen. Wir müssen nicht auch noch streiten. Wir sind aufeinander angewiesen«, ermahnte ihn auch Russ.

»Mein Sohn hat recht. Bernie, reiß dich zusammen«, schimpfte Badogan mit Bernie.

»Wieso denn *ich* jetzt wieder?«, fragte Bernie uneinsichtig.

»Sei einfach ruhig«, entgegnete Shem und Bernie sagte darauf: »Du hast mir gar nichts zu sagen.«

»Siehst du? Ich sag's ja. Keine Kinderstube«, sagte Shem und zeigte auf Bernie.

»Aber *du* schon, ja? Bei halb nackten Mädchen ins Zimmer spazieren. Das nennst du Manieren?«, fragte Bernie aufgebracht.

»Ach, darum geht es? Der Herr ist eifersüchtig?«, wollte Shem wissen und stand auf.

»Ich? Eifersüchtig? Worauf denn?«, schrie Bernie und postierte sich vor dem Tisch. Beide beugten sich über den Tisch und gifteten sich an. Jetzt stand ich auch auf.

»Ruhe jetzt!«, brüllte ich. Beide blickten mich erschrocken an. »Setzen! Alle beide!« Beide setzten sich wortlos hin.

»Das ist ja nicht zum Aushalten. Was ist denn nur los mit euch beiden?«, raunzte ich die beiden an.

»Ich … Ähm«, stammelte Bernie, um Worte ringend.

Ich sah ihn böse an. Er verstummte.

»Können wir jetzt weitermachen?«, fragte Badogan genervt.

Bernie und Shem nickten.

»Meinst du, Rabea wird uns heute noch eine Lösung offenbaren?«, wollte Badogan wissen und wandte sich an Shem.

»Schwer zu sagen. Die Natur hat ihre eigenen Gesetze. Sie wird uns dann eine Lösung präsentieren, wenn es Zeit dafür ist«, erklärte ihm Shem.

»Na, bravo«, mischte sich Bernie wieder ungefragt ein, klatschte in eine Hand und lehnte sich ruckartig zurück. Russ sah ihn mahnend an.

»Dann bleibt uns nichts anderes übrig, als zu trinken und zu warten«, versuchte Asram die Situation zu entschärfen. Damit hob er die Met-Flasche und reichte sie wieder herum.

»Ich sitze nicht gerne tatenlos herum«, murmelte Badogan.

»Mir geht es genauso«, bestätigte Shem.

»Dann lasst uns die Straßen Brintesias aufzeichnen. Dann können wir unseren Freunden wenigstens die Stadt schon einmal in der Theorie erklären«, brachte Russ als Idee ein. Asram holte ein Stück Pergament, auf dem Badogan die Stadt Brintesia aufzeichnete. Und in wenigen Minuten waren sie vertieft in die Zeichnungen. Die Flasche voller Met drehte ihre Runden.

In einem Ast der drei Weiden am Eingang Asinjas versammelten sich vier Raben im Geäst, die dem Geschrei von Rabea gefolgt waren. Mit lautem Krächzen verständigten sie sich und stoben in die vier verschiedenen Himmelsrichtungen, wo sie die Kunde weitertrugen, die Rabea ihnen aufgetragen hatte.

# 9. Sagen & Legenden

Badogan kannte Brintesia in- und auswendig. Neben den detaillierten Niederschriften auf dem Pergament erzählte er in bunten Worten von den Straßen, Verzweigungen, Gassen und Häusern. In seinen Worten klangen die Geräusche der Hauptstadt und ein wenig von der Hauptstadt machte sich in Asrams Haus breit. Der Morgen schlich trotzdem langsam dahin, träge und nie enden wollend. Ich kam mir nutzlos vor. Am liebsten wäre ich sofort losgeritten. Die Mädchen drängten sich in meine Erinnerung. Was sie wohl dachten? Hatten sie die Hoffnung verloren? Bestimmt dachten sie, ich würde sie im Stich lassen. Wehmut drängte sich in mein Herz und ich wurde traurig.

»Machst du dir Sorgen?«, fragte mich Loreena.

Ich nickte. »Die anderen werden sicher denken, ich lasse sie im Stich«, erklärte ich ihr.

»Meinst du wirklich?«, wollte sie wissen.

»Ja, es sind ja schon zwei Tage vergangen und nichts ist passiert zu ihrer Rettung.« Ich seufzte.

»Aber du kannst doch nichts dafür«, erklärte sie mir.

»Das schon, aber wenn ich bei den Mädchen wäre, käme ich beinahe um vor Angst«, sprach ich mehr zu mir als zu Loreena.

Sie presste die Lippen aufeinander und sah mich an. Ich sah aus dem Fenster und hoffte auf ein Wunder. Ich merkte plötzlich, wie Shem mich beobachtete, und meine Wangen färbten sich rot.

»Soll ich dir Asinja zeigen?«, forderte er mich auf.

»Müssen wir nicht hierbleiben, um gemeinsam zu beratschlagen?«, fragte ich unsicher.

»Nein, geht ihr nur. Wir haben das Wichtigste besprochen. Sobald wir Neuigkeiten haben, lassen wir euch rufen«, sagte Badogan.

»Kommst du mit, Loreena?«, bat ich sie. Sie nickte und kletterte von ihrem Stuhl. Shem ging uns voraus durch die Tür.

»Können wir uns erst einmal die Häuser von Shastro und Zelda ansehen? Und vielleicht das, in dem ich geschlafen habe?«, redete ich mich heraus.

»Du meinst *dein* Haus?« Shem lachte.

Ich nickte. »Ich kann noch nicht wirklich glauben, dass ich ein eigenes Haus haben soll.«

»Das kann ich mir vorstellen«, bestätigte Shem. »Aber Shastro und Zelda war es wichtig, dass es hier steht und gepflegt wird.«

»Und wie sind sie so?«, fragte ich und hoffte, dass es möglichst beiläufig klang.

»Hm … Wo soll ich anfangen? Shastro ist ein Freund, auf den man sich verlassen kann. Was er sagt, das meint er auch. Er geht für einen durchs Feuer«, verriet mir Shem.

»Klingt nach einem tollen Bruder«, sagte ich beeindruckt.

»Ja, das kannst du wohl sagen. Ich hätte mir einen solchen Bruder gewünscht. Und wenn du so willst, ist er auch auf eine Art Bruder für mich.« Shem lächelte.

Wir waren bei meinem Haus angekommen. Von außen hatte ich es noch gar nicht sehen können. In aufwendiger Arbeit war aus dem einfachen Holzhaus ein beeindruckendes, kleines Schmuckstück geworden. Die Fassade war in liebevoller Handarbeit mit Steinen verziert worden, die sich im Strudel auf jede Seite der Himmelsrichtungen ausstreckten. Die bunten Blumentöpfe vor dem Hauseingang hießen Besucher willkommen und die Laternen daneben sorgten für eine gemütliche Stimmung. Als ich das Haus betrat, erkannte ich den Schlafraum wieder, in dem ich am Morgen aufgewacht war und daneben eine kleine Küche. Die Einrichtung war schlicht und praktisch gehalten. Auch in der Küche waren Blumentöpfe, in denen sich Kräuter nach dem

Licht reckten, das durchs Küchenfenster hineinschien. Ich fühlte mich hier auf Anhieb wohl.

Shem ging in die Küche und setzte sich auf einen Holzschemel. Er sah mich an. »Shastro ist groß gewachsen und hat dieselben Augen wie du. Er ist ein sehr muskulöser Typ und streift gerne durch die Wälder. Er trägt die Zeichen Gebohans offensichtlich auf der Stirn. Zelda ebenso. Shastro ist ein guter Reiter und er liebt Tiere über alles. Er rettet jedes Tier, das ihm über den Weg läuft. Er isst auch kein Fleisch. Shastro ist sehr witzig und macht gerne Unfug. Ich könnte dir viele Geschichten erzählen«, schwärmte er lachend. »Er hat mir den Nahkampf mit dem Holzstab und dem Messer beigebracht«, erklärte er ernst.

»Er hat dir das Kämpfen beigebracht?«, fragte ich beeindruckt und setzte mich ihm gegenüber auf einen Stuhl. Loreena lehnte sich an meinen Oberschenkel.

»Shastro ist ein Kind Gebohans wie du auch. Wie ich auch. Er besitzt eine gute Intuition. Die Priesterinnen Gebohans sind alle gut ausgebildete Kämpferinnen. Sich im Kampf zu üben, ist ein heiliger Akt, den wir als Tradition weiterführen, auch wenn wir selbst nicht in Gebohan leben. Das hat deinen Bruder inspiriert, die Lehren Gebohans weiterzuführen. Und die Kampfkunst. Shastro ist überzeugt, dass die alten Geschichten stimmen.«

»Was für Geschichten?«, wollte ich wissen.

»Nun, da gibt es einige. Ich kann sie dir nicht alle auf einmal erzählen«, sagte er.

»Aber so im Wesentlichen«, hakte ich nach.

»Im Wesentlichen? Nun gut, den Geschichten zufolge wird uns ein … sagen wir es mal … Umsturz bevorstehen«, erklärte er mir.

»Was für ein Umsturz?«, fragte ich und kam mir dumm vor, so wenig zu wissen.

»Ach, Nyella, ich bin im Moment so durcheinander. Es tut mir leid. Aber mit der Geschichte von dir und den Mädchen, dann der Tod von König Wernot und die seltsamen Geschichten, die wir aus Brintesia hören. Ich fürchte langsam auch, dass Shastro recht hat. Der Umsturz … Die Weissagerinnen in diesem Land sind sich einig. Der Tod Wernots war kein Zufall. Badogan und Idisio könnten recht haben. Die Weissagerinnen behaupten, dass ein dunkler König kommen wird. Vielleicht ist es kein König.« Er hielt kurz inne. »Was ist, wenn es eine dunkle *Königin* ist?«, fragte er mit düsterem Blick und ich erschrak.

»Und was würde das für uns bedeuten?«, wollte ich wissen.

»Nyella, wenn das stimmt mit dem dunklen König, meinetwegen auch mit der dunklen Königin, dann …« Shem brach ab.

»Ich verstehe nicht«, erklärte ich ihm und schüttelte den Kopf.

»Nyella, kennst du die Geschichte von Varietta und ihrem Sohn Haryt?«, fragte er mich.

»Das ist die, die erzählt hat, ihr Sohn sei ein Nachkomme Vodanos, obwohl es gar nicht stimmte?« Ich blickte ihn neugierig an.

»Genau die«, bestätigte er mir. »Variettas Sohn hatte wieder Kinder gezeugt. Der Fluch geht bis in die dritte Blutlinie.«

»Genau«, bestätigte ich.

»Nun, vielleicht hatte der Sohn des Sohnes von Varietta nicht nur *ein* Kind gezeugt, sondern mehrere, vielleicht sogar Bastarde, von denen er nichts weiß«, erklärte er mir.

»Und?«, fragte ich. Ich verstand nicht, was er meinte.

»Nun, der Fluch hat nicht nur seine Schattenseiten, wenn du so willst«, sagte er vorsichtig.

»Wie meinst du das?«, fragte ich nach.

»Flüche haben, wie alle magischen Rituale, eine eigene Energie. Energien können in alle Richtungen genutzt werden. Du kannst diese Energien auf verschiedene Weise gebrauchen oder auch missbrauchen. Was ist, wenn diese Kindeskinder das wussten? Es gibt genügend Leute, die der dunklen Magie mächtig sind. Was wäre, wenn Walrivia mit so was zu tun hat?«, stellte er in den Raum.

»Ach, du meinst …«, langsam verstand ich ihn. Er nickte.

»Ja, das ist ja alles schön und gut, aber was haben *wir* damit zu tun?« Ich sah ihn fragend an.

»Shastro glaubt, dass wir uns alle bereit machen müssen für die dunkle Macht. Vor allem wir Kinder Gebohans. Shastro meint, dass sich die Kinder Gebohans irgendwann wiederfinden werden aus einem ganz bestimmten Grund. Roberta hat dir doch auch gesagt, dass du vorbereitet werden musst. Zelda ist hervorragend im Schwertkampf. Sie übt das schon seit Jahren. Jeder von euch hat eine besondere Begabung. Hast du schon herausgefunden, was deine Begabung ist?«, fragte er mich.

»Kämpfen? Ich? Ich kann doch keiner Fliege was zuleide tun. In dieser Hinsicht bin ich wohl wie Shastro. Ich rette lieber alle Tiere. Ich hab noch nie gekämpft«, erklärte ich ihm.

Shem lächelte so charmant, dass ich weiche Knie bekam. »Das hätt' ich mir denken können«, murmelte er.

»Shem, es ist so viel passiert. Das, was ich da alles höre seit gestern. Das klingt so fantastisch. Ich hatte noch gar keine Zeit, das alles zu begreifen. Magische Tiere, ich soll irgendwelche Begabungen haben, zuvor der Brand, dann die Entführung, ich, ich, ich … Und jetzt soll ich auch noch kämpfen?« Ich gestikulierte wild mit den Händen.

»Nyella, du wirst keine Zeit bekommen, um das alles zu begreifen. Die Dinge entwickeln sich plötzlich sehr schnell. Es ist, als laufe uns mit einem Mal die Zeit davon. Versuch dich zu erinnern. Gibt es etwas, was du besonders gut kannst?«, fragte er mich nochmals.

»Wütend werden?«, witzelte ich. Wie ich den Donner an die Wand geschleudert hatte in der Höhle, war auch Shem noch in guter Erinnerung geblieben. Ich dachte an den Fluch Hangars und den Brand auf dem Schierlingshof.

»Vielleicht ist das wirklich deine Gabe, wer weiß. Wie Roberta schon sagte, wirst du lernen müssen, deine Kräfte zu kontrollieren und richtig einzusetzen«, sinnierte er.

»Wie?«, fragte ich mit einem verzweifelten Unterton.

»Nyella, du wirst noch viele Geschichten zu hören bekommen«, unterbrach mich Loreena.

»Wie meinst du das?« Ich sah sie neugierig an.

»Nun, Nyella, Asinja ist ein Dorf, in dem all jene Zuflucht gefunden haben, die nicht gerne gesehen sind«, erklärte mir Shem.

»Verbrecher?«, fragte ich erschrocken.

»Nein, so meinte ich das nicht.« Shem suchte nach den richtigen Worten.

»Nyella, setz dich bitte wieder hin«, sagte Loreena zu mir und drückte mich sanft zurück in den Stuhl, weil ich zuvor aufgestanden war. »Wenn die Barden Geschichten singen, dir von alten Legenden erzählen. Dann sind das für dich Märchen, oder?« Sie sah mich schräg an. Ich nickte.

»Und dann hast du mit eigenen Augen in der Höhle gesehen, dass es beispielsweise echte Dracheneier gibt?«, sagte Shem zu mir und ich blickte zu ihm. Wieder nickte ich.

»Also, es gibt ja noch weitere Legenden«, erklärte mir Loreena. »Und …«, begann sie.

Ich blinzelte sie an. »Du willst mir gerade erklären, dass diese Märchen in Wahrheit alle echt sind?«

»Na ja, nicht alle, aber einige«, waren die Worte von Shem.

Ich schaute ihn an. »Welche? Wie kann das sein?«, fragte ich verblüfft.

»Nyella. Hat dir deine Mutter oder dein Vater nie die alten Geschichten erzählt? Ich meine, deine Mutter ist doch auch ein Kind Gebohans. Hat sie dir nicht die alten Legenden von Gebohan erzählt?«, wollte er von mir wissen.

»Hm ... Vater hat mir ein paar Sagen erzählt, als ich klein war. Aber Mutter … nein«, sagte ich irritiert.

Shem rutschte mit dem Schemel näher zu mir. »Also, Roberta hat dich auch darauf aufmerksam gemacht, dass keiner da draußen wissen darf, dass du Vodanos Nachkomme bist *und* ein Kind Gebohans.«

Ich fragte nach: »Warum ist es so wichtig, dass das niemand wissen darf?«

»Keiner weiß genau, was auf uns zukommt, Nyella. Die Weissagerinnen sind sich nicht einig. Es hat schon einmal Krieg gegeben. Damals sind viele ermordet worden, die aus Gebohan stammten. Nur wenige der magischen Menschen Gebohans haben überlebt und damit das heilige Erbe der Insel. Deswegen müssen wir vorsichtig sein und magische Nachkommen schützen, um jeden Preis. Wir tragen das heilige Erbe in uns und damit auch die Kräfte Vodanos. Die Kraft der Existenz dieser Welt. Es gibt Prophezeiungen über die dunklen Mächte aus dem Norden und die Kinder Gebohans. Ich glaube an die Voraussage über einen dunklen König«, erklärte mir Shem.

»Oder eine dunkle Königin«, sagte Loreena.

»Wenn es denn stimmt, dass es diese Königin ist, die die Weissagerinnen meinen. Vielleicht sind wir auch auf einer falschen Spur«, versuchte ich mich zu erinnern.

»Du hast recht, vielleicht schieben wir nur unnötig Panik«, seufzte Shem.

»Das glaube ich nicht. Denk an die Mädchen«, gab Loreena zu bedenken.

Shem nickte. »Schon, aber vielleicht hat sie einfach seltsame Ideen, um zu einem Kind zu kommen.«

»Das Kind einer Fremden würde auf dem Thron niemals akzeptiert werden. Das ergibt keinen Sinn«, murmelte ich vor mich hin.

»Da hast du auch wieder recht«, bestätigte mir Shem.

»Was ist das jetzt mit diesen wahren Märchen? Ihr wolltet mir doch davon erzählen, nicht wahr?«, fragte ich die beiden.

Shem sah mich an, dann klopfte er mit den Händen auf seine Oberschenkel und stand auf: »Du hast recht. Am besten zeigen wir dir hier das Dorf mit den Bewohnern, vielleicht begegnen wir ein paar Märchengestalten.«

Ich sah ihn verständnislos an. Damit ging er aus der Küche und raus an die frische Luft. Die Sonne stand hoch oben am Himmel.

»Los, kommt, ihr zwei«, rief er Loreena und mir zu. Shem rannte spielerisch zum Haus von Shastro. »Komm, das ist das Haus deines Bruders.« Ich verfiel in einen wackligen Laufschritt. Ich war gespannt auf die Behausung meines Bruders, das unweit von meinem Haus stand. Die Fenster waren verhüllt mit großen Leinentüchern.

»Wenn er nicht da ist, dann macht er alles dicht«, schmunzelte Shem.

»Du vermisst ihn, was?«, mutmaßte ich.

Shem lächelte und nickte. »Ja, das kann man sagen. Wir stellen fast alles zusammen an. Es ist langweilig ohne ihn.«

»Du hast ja jetzt seine kleine Schwester dafür«, meinte Loreena.

Meine Wangen färbten sich Rosa.

»Ja, das ist auch wieder wahr«, lachte Shem und hob Loreena hoch, dann rauften sie spielerisch miteinander.

»Darf ich reingehen?«, fragte ich unsicher, als ich vor dem Haus stand.

»Klar, mach nur. Oh, was für ein Moment«, sagte er feierlich.

»Was ist, hab ich was falsch gemacht?« Ich schrak zurück und hielt inne für einen Moment.

»Nein, nein, es ist nur … Ich weiß, wie Shastro sich freuen würde, wenn er hier wäre. Das sollte sein größter Moment werden, den er sich oft ausgemalt hat. Er hat mir immer beschrieben, wie es sein würde, wenn er dich wiederfinden würde. Wie es sein würde, wenn du in sein Haus kommst«, sagte er wehmütig.

Ich biss mir auf die Lippe. Shem schien zu verstehen. Dann trat ich in das Haus meines Bruders. Es war dunkel drinnen. Nur ein paar Sonnenstrahlen drängten sich an den Leinentüchern vor den Fenstern vorbei und gaben dem Raum ein wenig Licht. Das Haus war nicht sehr groß. Es war ähnlich wie meines eingerichtet, sehr einfach und praktisch. Ich hatte das Gefühl, als könnte ich die Atmosphäre von Shastro wahrnehmen, seinen Geruch. Ich konnte fühlen, dass er da gewesen war. Der Raum war erfüllt von seiner Energie und ich konnte sie spüren. Ich konnte mir schon beinahe sein Gesicht vorstellen. Es war so, als gäbe es einen Anfang und ein Ende.

Tausend Gedanken schwirrten mir durch den Kopf und der Raum fing an sich zu drehen. Ich musste tief Luft holen. Ich spürte ein tiefes Band zu Shastro und Zelda, wie ein unsichtbares

Seil, das uns alle drei verband: Shastro, Zelda und mich. Ich konnte ein neues Gefühl in mir entdecken, das mich stark machte. Ich hörte draußen mehrere Raben rufen. Ich musste lächeln. Es kam mir vor, als würden sie mir vor Freude zurufen.

»Komm, Nyella, es warten noch viele Häuser auf dich.«

Das Leinentuch, das den Eingang verdeckte, wurde hochgehoben und Shem lugte herein. »Okay, ich komme«, rief ich zurück und trat aus dem Haus heraus.

Zeldas Haus lag gleich nebenan. Sie hatte die Fenster und Türen nicht verhüllt. Es war sehr offen und hell. In ihrem Haus lagen Mitbringsel aus dem Wald. Viele Federn hatte sie gesammelt, die meisten davon waren schwarz. Und sie sammelte Muscheln sowie leere Schneckenhäuser. Die Einrichtung wirkte verspielt. Merkwürdigerweise lagen überall schwarze, kurze Haare herum. Zelda musste eine Katze haben. Das machte sie mir noch sympathischer. Es brachte mich zum Lächeln. In der Küche zierten Kräuterschalen den Fenstersims.

»Zelda liebt Kräuter. Sie ist eine kleine Kräuterhexe«, erklärte mir Shem.

»Dann hat sie die Kräuter in meiner Küche gepflanzt?«, kombinierte ich.

Shem nickte zustimmend. »Und sie pflegt die deinen besser als die ihren«, murmelte er und sah sich eine Pflanze an, die zu vertrocknen drohte.

»Los, kommt schon, so werden wir nie alles sehen«, drängte uns Loreena.

»Alles? Das schaffen wir sowieso nicht«, foppte sie Shem.

»Ist Asinja so groß?«, wollte ich wissen.

»Asinja ist viel größer, als es den Anschein hat«, erklärte mir Shem.

Als wir von Zeldas Haus über einen Holzsteg mit Strickgeländer wegspazierten, gingen wir auf ein seltsames Haus zu, dessen kräftiger Ur-Baum selbst die Behausung darstellte. Die Fenster waren übereinander angebracht worden.

»Herr Eusebius ist der Spezialist für außergewöhnliche Holzbauten. Keiner hat sein Haus so perfekt in die Natur hineingebaut wie er«, informierte mich Shem.

»Herr Eusebius? Das ist ein sehr interessanter Name«, gab ich zu.

»So wie Herr Eusebius selbst auch«, grinste Loreena.

»Das stimmt, in der Tat«, stimmte Shem in ihr Grinsen ein.

»Willst du Herrn Eusebius kennenlernen?« Loreena sah mich schelmisch an.

»Loreena, wenn wir an jedes Haus klopfen wollen, kommen wir nicht weit«, wandte Shem ein.

Loreena zog eine Schnute. »Okay.« Aber in diesem Augenblick ging die Türe auf und vor mir stand ein Biber oder ein Mann oder beides.

»Guten Tag, Kinder«, sagte er und schaute zu mir herauf. Er war fast um die Hälfte kleiner als ich. Ich war mir nicht sicher, ob er ein Tier war oder ein Mensch. So sicher, wie er ein Biber war, war er auch ein Mann.

»Waf ift, gutef Kind?«, fragte er, schaute zu mir hoch und blinzelte mehrmals. Sein Haar war dicht wie das eines Bibers, dicke Augenbrauen zierten sein Gesicht, die wild von seinen Augen abstanden. Er hatte auffällig dicke Wangen, darunter äußerst harte Muskeln. Den Mund konnte er nicht ganz schließen, weil seine beiden vordersten Schneidezähne übergroß zwischen den Lippen herausleuchteten. Eine viel zu enge Hose spannte über das üppig ausladende Hinterteil. Unter den viel zu engen Kleidern bahnte sich dichte Körperbehaarung an die Oberfläche.

»Herr Eusebius, das ist Nyella. Sie wissen schon ...«, erklärte Loreena und berührte meine Schulter. Sie musste sich auf die Zehenspitzen stellen. Ich war noch nicht sicher, ob ich fasziniert oder abgeschreckt sein sollte.

»Na denn, herpflich willkommen, Nyella. Daf freut mich aber, dich endlich kennenpfulernen. Du wirft dich fon noch an unferen Anblick gewöhnen«, lachte er.

»Nehmen Sie es ihr nicht übel«, bat Shem.

»Ich bin ef gewohnt, daff man mich fo anftarrt«, erklärte Herr Eusebius.

»Es tut mir leid, Herr Eusebius, ich wollte Sie nicht so anstarren«, entschuldigte ich mich.

»Ift fon okay«, lächelte er. »Mögt ihr auf einen Eicheltee reinkommen?«, fragte uns Herr Eusebius.

»Ein ander' Mal gern, Herr Eusebius, wir möchten Nyella noch herumführen«, bedankte sich Shem. Loreena und ich nickten.

»Na dann, ihr wifft ja, wo ihr mich findet«, sagte er, drehte sich um und watschelte in sein Häuschen zurück

»Herr Eusebius hat den gesamten Baumstamm innen ausgehöhlt und mehrere Stockwerke darin ausgebaut. Purer Luxus. Ich glaube, manchmal ist ihm langweilig, weil er keine Frau gefunden hat. Darum baut er die ganze Zeit an dem Haus herum. Du musst es dir unbedingt einmal ansehen. Dutzende Reliefs sind in die Wände geschnitzt, sie erzählen wunderbare Geschichten. Er ist sehr kreativ mit seinen Zähnen«, erzählte mir Shem.

»Er arbeitet mit den Zähnen?«, fragte ich ungläubig.

»Ja natürlich, Herr Eusebius stammt von Menschen und Bibern ab, eine äußerst seltene Mischung. Er hat lange bei den Bibern gewohnt. Er fühlte sich dort nicht richtig akzeptiert. Sie meinten, er wäre ihnen zu menschlich. Dann hat er versucht, mit den Menschen zu leben. Die haben ihn als Missgeburt verstoßen. Das hat ihn noch mehr verunsichert. Er war eine Weile mit den Gauklern unterwegs, aber er meinte, er eigne sich nicht zur Attraktion. Seine beiden Cousins arbeiten noch immer bei den Gauklern.«

Ich erinnerte mich an die beiden Biber im Käfig. »Aber dort sind sie doch in Käfigen eingesperrt?«, bedauerte ich.

»Nicht wirklich, alles nur Fassade. Ansonsten bewegen sich die beiden frei unter den Artisten.«

Ich machte große Augen.

»Ich hoffe, er findet bald eine tolle Biberfrau«, schwärmte Loreena. »Er ist so ein Lieber«, ergänzte sie und zog mich weiter.

»Aber wie kann das sein?«, fragte ich Shem.

»Was meinst du genau?«, wollte er wissen.

»Ich meine, das ist doch nicht normal, halb Mensch, halb Biber«, murmelte ich.

»Du wirst noch staunen, was es alles gibt«, informierte mich Shem.

»Aber warum hab´ ich sie noch nie gesehen?«, fragte ich ungläubig.

»Es ist so, Nyella: Wir sehen oft nur, was wir sehen wollen. Man fürchtet sich vor ungewöhnlichen Kreaturen. Also hat man sie bekämpft. Um zu überleben, sind viele geflohen. Es ist einfacher, jemanden zu verstoßen. Die Kreaturen sind aus dem Blickfeld der Welt verschwunden. Damit begannen die Märchen und Legenden. Keiner glaubt mehr daran, dass sie wahr sind. Und das rettet ihnen das Leben. Jede der Kreaturen beinhaltet eine Qualität, die sie mit in diese Welt bringt.

So versteht es die Welt, sich in Balance zu halten. Die Welt braucht die List des Fuchses ebenso wie die Freiheit des Adlers. Du trägst immer einen Teil davon in dir, um die List zu leben, um die Freiheit zu spüren. Die Bimotten verkörpern die Stärke, die Drachen die unendliche Kraft Vodanos, und damit ermöglichen sie auch dir, Stärke zu fühlen, verbunden zu sein mit Vodano. Und immer, wenn eine dieser Kreaturen stirbt, stirbt auch ein Teil von ihr in dir.

Die Welt verliert immer mehr an magischen Werkzeugen, die unser Sein vervollkommnen. Wir Kinder Gebohans wissen das und wir versuchen, diese Kreaturen zu schützen wie uns selbst. Wir müssen die Magie der Erde retten, ihren Ausgleich wiederherstellen.«

Ich sah ihn an und dachte nach. Seine Worte klangen lange nach in mir.

Von weit her war das Rufen eines Raben unüberhörbar. Geschickt ließ er sich auf dem Strickgeländer nieder und flatterte aufgeregt mit seinen Flügeln.

»Jetzt beruhige dich, Rabea. Noch mal, aber langsam, bitte«, versuchte Shem den Vogel zu beruhigen.

Der Rabe schrie weiter und das Gesicht von Shem legte sich in Falten. Der Rabe hüpfte auf dem Strick auf und ab.

»Ist ja gut, Rabea, ist ja gut. Komm, lass uns zu Asram gehen.«

Er stieß mich an und rannte los. Rabea erhob sich in die Lüfte und flog voraus. Loreena rannte Shem hinterher. Ich war viel langsamer als die anderen beiden.

»Was ist los?«, rief ich Shem atemlos hinterher.

»Die Drachen, Nyella, die Drachen«, hörte ich ihn rufen.

»Drachen?« Ich blieb stehen und sah Shem nach. Was war mit den Drachen? Ich rannte weiter. Schließlich erreichte ich Asrams Haus nach Shem und Loreena. Rabea turnte auf dem Tisch herum.

»Rabea, bitte beruhige dich«, sagte Asram, als ich gerade zur Tür hereinkam.

»Zwei Drachen sind geschlüpft. Roberta hat unterschätzt, wie lebendig die Kleinen sind. Die Gaukler sind hierher unterwegs mit den Eiern und den beiden Jungdrachen«, übersetzte uns Shem.

»Im Ernst?«, wollte Bernie wissen. »Das ist ja Wahnsinn«, ergänzte er.

»Bernie, ich weiß nicht genau. Ich habe keine Erfahrung im Umgang mit Drachen. Aber ob in einer Stadt voller Baumhäuser inmitten von so viel Holz der richtige Zufluchtsort ist für feuerspeiende Drachen, wage ich ernsthaft zu bezweifeln«, gab Shem zu bedenken.

Badogan erhob sich. »Sie sind *hierher* unterwegs?«, wollte er wissen und stand ratlos im Raum.

»Ja, laut Rabea brauchen sie nur noch ein paar wenige Stunden, dann treffen sie in Asinja ein«, erläuterte Shem.

»Hoffentlich sind sie sicher unterwegs, ich meine wegen der Schattenreiter«, zweifelte Badogan.

»Rabea, kannst du auf Unterstützung zählen von den deinen?«, bat Shem den Raben. Rabea wurde still, positionierte sich vor Shem und sah ihn an. Ohne einen Laut der Verständigung sahen sich die zwei nur lange an. »Okay, verstehe«, murmelte Shem.

»Was ist?«, fragte Russ.

»Rabea erklärt mir, dass sie keine Unterstützung erwarten kann von den anderen Raben. Sie kennt zwar schon einige Rabenclans, aber noch nicht so gut, und Raben sind sehr misstrauisch. Die ersten Kontakte verliefen ganz gut, aber das Ganze muss sich erst noch entwickeln«, erklärte Shem.

»Und das kann sie dir einfach so mitteilen?«, staunte Bernie, doch Shem war viel zu aufgeregt, um auf ihn einzugehen.

»Warum, was ist los mit Rabea?«, wollte ich wissen.

»Rabea ist kein gewöhnlicher Rabe. Sie wurde nicht als Rabe geboren, musst du wissen. Sie ist ebenso ein Kind Gebohans wie du und ich auch«, klärte mich Shem auf.

»Aber?«, wollte ich wissen.

»Du fragst, ob sie wirklich ein Rabe ist?« Er lächelte mich an. »Nein, sie ist ein Menschenkind. Sie ist eine Gagasane«, informierte Shem uns alle.

»Eine Gagasane?«, fragte Russ neugierig.

»Gagasane sind Gestaltenwandler«, erklärte uns Idisio. »Sie haben die Fähigkeit, ihre Gestalt zu verändern. Meist ist es nur die Gestalt *eines* Tieres oder *einer* Kreatur, die sie annehmen können. Nur ganz wenige können verschiedene Gestalten annehmen. Du bist als Gagasane verbunden mit dem Tier, in das du dich verwandeln kannst. Hat aber nur bedingt mit deinem Krafttier zu tun. Komplizierte Sache, und es braucht viel Übung«, führte er weiter aus.

Erstaunt sah ich Rabea an, deren Gefieder violett-blau schimmerte und mich in den Bann zog.

»Was ist ein Krafttier?«, fragte ich beinahe hilflos.

»Krafttiere sind Tiere, die dich mit ihrer Energie unterstützen«, erklärte Loreena. Ich kam mir dumm vor. Selbst ein so kleines Mädchen wie Loreena wusste mehr als ich. Gagasane, Krafttiere – mir wurde schwindlig.

»Rabea lebt deswegen seither meist in der Gestalt des Raben, um zu lernen. Sie kehrt nur manchmal nachts in ihr Zuhause zurück, um die Menschengestalt anzunehmen. Sie ist ein wertvoller

Kundschafter, der die Gegend genau untersucht und uns berichtet, was vor sich geht«, erklärte uns Shem.

»Wie Raven und Crow«, ergänzte Bernie mit geheimnisvollem Unterton.

»So ähnlich kann man sich das vorstellen«, sagte Shem. »Wobei es viele Raben hier gibt. Unterschätze sie nicht«, ergänzte er.

»Rabea, also, ähm, es tut mir leid, dass ...«, stammelte Bernie und sah den Vogel demütig an.

Die Männer saßen alle noch um den Tisch herum, wie wir ihn vorher verlassen hatten. Kenoa trank seinen Met aus und fragte Rabea: »Okay, gut, Rabea, vielen Dank, kannst du Shastro und Zelda orten? Wie weit sind sie weg?«

Er verstummte.

»Nein, kann sie nicht. Sie sind zu weit weg. Sie würden auch nicht schnell genug herkommen können. Und Rabea traut sich noch nicht, so weit zu fliegen«, übersetzte Shem.

»Kannst du ihre Gedanken lesen?«, mutmaßte Badogan fragend.

»Nicht ganz, es ist eher eine Art Informationsübertragung in Wellen, wenn du so willst«, erklärte Shem.

»Kannst nur du das?«, fragte Badogan.

»Eigentlich könnte das jeder. Aber es braucht sehr viel Übung. Man ist sich gegenseitig sehr vertraut. Rabea und ich haben ein sehr tiefes Band zueinander, deswegen funktioniert es so gut«, erklärte Shem.

Es gab mir einen Stich ins Herz. Ich schluckte leer und senkte meinen Blick. Keiner bemerkte es und so räusperte ich mich nur leise.

»Was machen wir denn jetzt? Wir wollten Pläne schmieden, um die Mädchen zu retten, und jetzt kommen Drachen hierher?«, meinte Kenoa.

»Viel können wir nicht machen. Wir werden warten müssen, bis die Gaukler hier eintreffen«, meinte Shem.

»Sind es die Gaukler aus Breithorien?«, fragte Bernie.

»Ja, Kianno und seine Leute«, antwortete Shem.

»Wer ist Kianno?«, wollte ich wissen.

»Das ist der Kopf der Gauklergruppe. Wir haben nur Gimle kennengelernt, aber es ist dieselbe Truppe«, erklärte mir Bernie.

»Ist das der, der die Attraktionen angekündigt hat mit dem violetten Mantel?«, fragte ich nach und erinnerte mich an die bunte Robe des Mannes.

»Genau der«, klärte mich Bernie auf.

»Wie kommen sie nach Asinja?«, erkundigte sich Russ.

»Sie wissen, wo Asinja liegt, aber die Weiden öffnen nur den Bewohnern von Asinja die Tore. Jemand von uns wird sie abholen müssen«, meinte Shem.

»Ist Ira nicht mit ihnen unterwegs? Sie könnte doch das Tor öffnen«, räumte Asram ein.

»Nein, offenbar ist sie nicht mit der Truppe unterwegs. Niemand weiß, wohin sie gegangen ist«, entgegnete Shem.

»Wir müssen vorher sicher sein, dass sie alleine vor den Weiden stehen«, gab Idisio zu bedenken.

»Klaro, Rabea wird Ausschau halten müssen«, informierte Shem und wandte sich an Rabea. »Machst du das für uns?«, fragte er sie.

Rabea krächzte laut. Dann erhob sie sich und flog durch das Fenster hinaus. Wir schauten ihr nach.

»Irgendwie habe ich ein ganz ungutes Gefühl«, meinte Badogan in die Runde.

»Geht mir genauso«, erklärte Idisio.

»Wie lange brauchen Drachen, bis sie schlüpfen?«, wollte Kenoa wissen.

»Ich habe keine Ahnung«, gab Badogan zu verstehen.

»Drachen? Hier in Asinja?«, seufzte Asram laut, starrte vor sich hin, hockte sich auf die Bank und legte seinen Kopf in die aufgestützte Hand.

»Wenn das nur gut geht«, warf Shem in den Raum.

»Mögen die Götter dich erhören«, seufzte auch Badogan.

Dann warteten wir.

Und warteten. Und warteten.

Die Minuten zogen sich hin, als wären sie Tage.

»Können wir denn gar nichts tun?«, fragte Bernie plötzlich und weckte uns damit wieder aus unseren Tagträumen.

»Was habt ihr eigentlich noch herausgefunden mit der Karte von Brintesia«, fragte Shem, anstatt Bernie eine Antwort zu geben.

Er sah ihn säuerlich an und zog ein langes Gesicht.

»Nicht viel, wir haben uns ein theoretisches Bild von der Stadt machen können, nicht viel mehr«, erklärte Badogan.

»Okay. Und *nein,* wir können nicht viel machen. Wir wissen nicht genau, was uns erwartet. Also müssen wir warten, bis Kianno mit seinen Leuten hier eintrifft. Dann schauen wir weiter«, erklärte Shem in Richtung Bernie.

Als wir plötzlich einen Raben von weit her schreien hörten, erhob sich Shem. »Die Luft ist rein. Ich werde den Gauklern die Tore zu Asinja öffnen. Wer begleitet mich zum Eingang?«, fragte er in die Runde.

Wir alle erhoben uns fast gleichzeitig.

»Danke, Freunde, heißen wir Kianno und seine Leute willkommen in Asinja«, meinte Shem ernst. Badogan und Idisio nickten.

Und so machten wir uns auf den Weg zum Eingangsplatz bei den Weiden. Myriam und die anderen Mädchen warteten noch immer auf Rettung und ich stellte mich dem nächsten Abenteuer, das Feuer speien konnte.

Shem ging zu der alten Eiche, während Rabea auf seinen Schultern saß. Shem griff wieder zu drei langen Ästen, wie er das einen Tag zuvor getan hatte, und öffnete die Pforten zu der Stadt in den Bäumen. Vor uns erschien eine Schar von Pferden und Wagen. Einzelne Gaukler waren zu Ross und ritten neben der Karawane her. Andere saßen vorne auf dem Bock ihres Wagens.

Langsam setzte sich die Karawane schwerfällig in Gang zum Eingangsplatz mitten in Asinja. Über den Besuchern traten Bewohner Asinjas vor ihre Häuser und sahen neugierig zu, wer Asinja besuchte. Sie standen an den Strickgeländern und beäugten den Besuch, der mit vielen Tieren und Menschen Einzug hielt. Vor allem das große Tier mit dem langen Hals, dessen Größe beinahe bis in die Spitzen der Bäume reichte, zog die Aufmerksamkeit der Dorfbewohner auf sich. Die Räder knarrten unter den Wagen, jemand rief seinem Gaul ein Kommando zu. Wagen um Wagen rollte auf Asinjas Platz.

Schließlich war auch der letzte Wagen und der letzte Gaul eingetroffen, und Shem schloss die Tore wieder. Die Wagen standen dicht gedrängt nebeneinander. Der Platz war nicht vorgesehen für so viele Besucher. Immer mehr Bewohner Asinjas versammelten sich oben an den Geländern. Pferdehintern reihte sich an Pferdehintern, Wagen an Wagen. Zwischen den Geräuschen der Räder waren die Hufschläge der Rosse zu hören. Bernie sah blass aus. Ein Durchkommen war nur noch schwer möglich.

Es kämpfte sich ein grauhaariger Mann zwischen den Wagen entlang und schließlich schaffte er es, zu uns vorzudringen. Wir standen am Rand des Geschehens, und Shem hatte sich wieder zu uns gesellt.

»Shem, alter Freund. Ich danke dir, dass du uns aufnimmst«, sagte der Mann. Er kam auf Shem zu, der wiederum seine Arme ausbreitete und den Mann umarmte.

»Kianno, seid herzlich willkommen in Asinja«, sagte Shem laut. Dann hielten sich die beiden Männer fest umarmt und ließen sich erst nach einem Moment wieder los.

»Schön habt ihr's hier«, sagte Kianno und sah sich um.

»Du bist wohl nicht gekommen, um Asinja zu sehen, oder?«, lachte Shem.

»Nein, wahrlich nicht. Wir haben von Roberta den Auftrag erhalten, die Drachen zu euch zu bringen«, erklärte Kianno.

»Ja, Rabea hat uns die Botschaft verkündet«, meinte Shem.

»Wo sind sie?«, fragte Badogan und sah sich suchend um.

»Wer ist er?«, wollte Kianno wissen und zeigte auf Badogan.

»Er gehört zur Bruderschaft des Königs«, mischte sich Idisio ein.

»Zur Bruderschaft? Welch' große Freude. Wernots Freunde sind auch meine Freunde«, erklärte Kianno gleich feierlich und reichte Badogan seine Hand, der den Gruß herzlich erwiderte.

»Kommt, ich führe euch zu den Drachen.« Kianno winkte uns zu und wir folgten ihm. Wir kamen kaum vorwärts, als ich plötzlich Gimle in der dicht gedrängten Menge erkannte. Diesmal war er vollständig in helles Leinen gekleidet.

»Gimle, was bin ich froh, dich zu sehen«, sagte Bernie zu ihm.

»Ist mit euch alles in Ordnung?«, erkundigte sich Gimle und sah sich fragend um.

»Was ist mit meiner Großmutter?«, wollte ich von ihm wissen.

»Ich weiß es nicht genau. Wir wollten den Mädchen nach Brintesia folgen und der Rabenclan der Grauberge hat uns zu Roberta gerufen. Sie hat uns die Dracheneier ohne Erklärungen anvertraut und uns nur angewiesen, sie nach Asinja zu bringen. Dann hat sie Silverwings gesattelt und ist auch schon losgeritten«, führte Gimle aus.

»Meine Großmutter reitet?« Ich sah ihn ungläubig an.

»Roberta gehört zu den besten Reiterinnen dieses Landes. Silverwings ist ihr treu ergeben seit vielen Jahren«, lächelte Gimle. »Silverwings ist ihr Pferd, ein außergewöhnliches Tier«, ergänzte er und beantwortete damit meine unausgesprochene Frage.

»Und was glaubst du, wohin sie geritten ist?«, wollte Kenoa wissen.

»Keine Ahnung. Es gehen seltsame Dinge vor im Land. Und viele Zeichen deuten auf nichts Gutes hin. Vielleicht haben sich die Hüterinnen der Erde versammelt. Ich vermute es zumindest«, murmelte Gimle.

Er wirkte erschöpft, hatte tiefe, eingefallene Augen mit dunklen Ringen darunter und machte eine ernste Miene.

»Wir haben kaum Rast gemacht. Meine Leute sind völlig erschöpft«, mischte sich Kianno ein.

»Wir kümmern uns darum, dass alle einen Platz zum Ausruhen finden und etwas Verköstigung erhalten«, meinte Idisio. »Bernie, findest du den Weg allein zurück zu Asram?«, wollte er von Bernie wissen.

Dieser nickte heftig. Dann wies er ihn an, Asram mit der Verpflegung zu beauftragen und im Dorf um Hilfe zu bitten, damit genügend Essen und Decken herangeschafft werden konnten für alle. Bernie rannte los und verschwand sogleich aus unserem Blickfeld. Wir zwängten uns weiter durch die Menge, als Kianno bei einem Wagen anhielt und die Plane zur Seite schob. Eine Leiter wurde vom Wagen auf den Boden geschoben und Kianno kletterte sie hinauf. Dann stieß er die Plane zuerst nach links auf, dann nach rechts, und das Wageninnere machte sich für uns sichtbar. Eine junge Frau saß hinten im Wagen, mehrere alte Kisten standen neben ihr. Daraus vernahmen wir ein lautes Kratzen und Rascheln.

»Es ist ein Weiterer geschlüpft. Sie sind völlig unberechenbar«, erklärte die Frau. Dabei legte sie eine Bandage auf ihre andere Hand und verzog schmerzvoll das Gesicht.

»Was ist mit dir?«, fragte Shem besorgt und stieg auf den Wagen.

»Vorsicht, sie sind wirklich nicht zu unterschätzen. Ich habe mich schon dreimal verbrannt«, entgegnete die Frau. Dabei hob sie die verletzte Hand in die Höhe. Shem blieb stehen.

»Der Drache, der zuerst geschlüpft ist. Er speit immer wieder Feuer. Ich weiß nicht, ob das normal ist. Dem zweiten scheint es gut zu gehen. Mit dem jüngsten stimmt etwas nicht. Er ist während der Reise geschlüpft«, gestand sie voller Sorge und blickte uns an, die Stirn in Falten gelegt.

»Darf ich näher kommen?«, bat Shem.

»Geh links herum«, forderte die Frau ihn auf.

Ich stellte mich auf die Zehenspitzen und machte einen langen Hals. Die Kisten waren zu weit weg, um etwas zu sehen, und ich platzte vor Neugierde.

# 10. Drachenkinder

Loreena zupfte an meinem Ärmel. »Ich seh´ nix«, quengelte sie.

»Ich auch nicht«, beruhigte ich sie.

Als Shem bei der einen Kiste war, in dem der erstgeborene Drache lag, spürte ich, wie der Stein in meiner Tasche glühend heiß wurde, und ich stieß einen lauten, gellenden Schrei aus. Auf der Stelle blickten mich alle an. Ich warf den Stein zu Boden, denn ich hatte Angst, mich sonst zu verbrühen. Am Boden glühte er weiter und fing an zu rauchen.

»Was ist das?«, fragte mich Badogan verwundert, stellte sich neben mich und blickte zu Boden. Die anderen drängten sich dicht um mich, aber keiner traute sich in die Nähe des Steins.

»Das … ist ein Stein«, erklärte ich.

»Was ist das für ein Stein, der plötzlich zu glühen anfängt?«, interessierte sich Badogan weiter.

»Ich glaube, der Stein hat mich gefunden.« Ich biss mir auf die Lippe.

Kianno machte einen Schritt nach hinten. »Und warum glüht er?«, wollte er wissen.

»Ich weiß es nicht. Ich habe noch keine Theorie dazu, warum«, sagte ich resignierend.

»Hat er schon einmal geglüht?«, wollte Kianno wissen.

»Hm … Das erste Mal konnte ich einen wildgewordenen Hengst beruhigen. Und dann …«, aber ich kam nicht dazu, weiter zu sprechen. Ich war darauf konzentriert, die Geschichte mit Ronjo nicht zu fantastisch auszuschmücken, als Kianno mich schon schubste.

»Einen Hengst? Ein Tier also? Komm, wir probieren etwas aus. Los, helft ihr auf den Wagen«, forderte Kianno die anderen auf.

Der Stein hatte aufgehört zu glühen. Ich kniete mich nieder und touchierte ihn mit meinem Finger. Er hatte sich wieder abgekühlt. Die anderen beobachteten mich, dann machten sie mir Platz und ich wurde auf die Leiter geschoben.

Als ich auf dem Wagen stand, ging ich unsicher an Kianno und Shem vorbei zu den Drachen. Die Kisten waren offen und bei den hinteren konnte ich nur Decken erkennen, die in die Kisten gelegt worden waren. Unter der rundlichen Wölbung vermutete ich die restlichen Eier. Als ich im hinteren Teil des Wagens ankam, offenbarten mir die letzten Kisten die drei Jungdrachen und ich kam aus dem Staunen nicht mehr heraus. Ich wusste aus den Erzählungen ungefähr, wie man sich Drachen vorstellen musste, aber das hier überstieg meine kühnsten Fantasien. Ich trat näher an die Kisten heran.

Die Tiere waren etwas größer als Katzen. Sie schienen putzmunter und bewegten sich unruhig hin und her in den Kisten. Das Drachenbaby, das am größten schien, fiel durch seine schwarz-matte Farbe auf und einen Hinterkopf, von dem mehrere Zacken abstanden. Sein Maul war rundlich und über den Nüstern thronten ebenso Zacken wie am Hinterkopf. Sie verliefen den ganzen Rücken hinunter bis zum Schwanz.

Für seine Größe hatte er verhältnismäßig große Füße, die in langen Krallen endeten. Mit denen hatte er den ganzen Kistenboden zerkratzt. Er bewegte sich trotz der eckigen Wesenszüge sehr geschmeidig und sah mit schwarzen Augen neugierig in die Welt. Obwohl er eigentlich gefährlich aussehen sollte, vermittelten seine Augen ein warmes, vertrauensvolles Bild. Sein langer Schwanz endete in einer Art Triangel und er schwenkte ihn aufgeregt hin und her. Er musste immense Kraft haben, denn die Abdrücke des Triangels waren an den Wänden der dicken Holzkiste deutlich sichtbar. Er war offensichtlich nervös.

Als ich nähertrat, verfiel er in eine Art Schluckauf und spie kleine Feuerwolken aus der Nase. Davon wurde er offenbar genauso überrascht wie wir. Nach jeder ausgespieenen Feuerwolke kippte er vornüber und sah mich verwundert an, versuchte sich wieder aufzurappeln und fiel wieder der Länge nach hin. Ich konnte nicht wegsehen, dieser kleine Drache hier war das Schönste, was ich je gesehen hatte. Ich kniete mich zu ihm hin.

»Sei vorsichtig«, mahnte mich die junge Frau, aber ich hörte nicht hin. Ich hielt meine Hand langsam in die Kiste. Die Frau hielt den Atem an, Kianno hielt sich die Hände vors Gesicht und Shem kaute an seinen Fingernägeln herum. Ich führte meine Hand ganz behutsam zu dem kleinen Tierkind, das zuerst unsicher zurückwich und sie dann neugierig betrachtete. Dann richtete er seinen Blick auf mich und starrte mich an.

»Shyea, Shyea, maha ahima Shyea«, sagte ich sanft zu ihm. Es sprach durch mich hindurch und ich wiederholte das Wort »Shyea.«

Ich hörte den kleinen Drachen glucksen, dann stolperte er näher und ich konnte seinen Kopf an meiner Hand spüren. Seine Drachenhaut war ganz zart. Ich wunderte mich über die sanfte Beschaffenheit seiner Haut. Er schmiegte sich wie eine Katze an meine Handinnenfläche und verfiel in ein glucksendes Schnurren, das tiefer klang als das einer Katze. Ich ließ den Drachen gewähren, wie er sich weiter in meine Hand schmuste, bis ich schließlich den Mut aufbrachte, den Drachen zu streicheln.

»Nun sieh sich das einer an«, staunte Kianno.

»Was hast du zu ihm gesagt«, fragte mich Shem neugierig.

Ich schaute ihn an und musste einen Moment überlegen. »Hast du denn nicht zugehört?«, fragte ich.

»Doch, natürlich, aber wir haben kein Wort verstanden«, entgegnete er.

»Wie, kein Wort verstanden? Ich habe doch laut und deutlich gesprochen«, erklärte ich.

»Nyella, wir haben kein Wort verstanden. Was hast du zu dem Drachen gesagt und woher sprichst du seine Sprache?«, wollte Kianno wissen.

»Seine Sprache?« Ich sah ihn mit großen, fragenden Augen an.

»Nyella, du hast soeben einer völlig anderen Sprache gesprochen«, rief Loreena zu mir. Ich drehte mich zu ihr.

»Hab ich?« Ich konnte es kaum glauben.

»Ja, hast du«, war die prompte Antwort von ihr.

»Woher kannst du das?«, wollte Shem wissen.

»Ich weiß nicht, ich ...«, versuchte ich zu erklären und brach ab. »Ich hab keine Ahnung«, ergänzte ich. Dann verharrte ich einen Moment und hatte plötzlich eine Eingebung, während ich den Drachen immer weiter streichelte.

»Er sagt, er heißt Tapio«, erklärte ich den Anwesenden.

»Er?«, fragte Shem. »Woher ...?«, wollte er zusätzlich wissen.

»Ich weiß es einfach«, erklärte ich ihm, bevor er weitere Fragen stellen konnte. Es war, als würde mir eine Schwingung diesen Namen zutragen. Shem nickte. Badogan, Idisio und er tauschten vielsagende Blicke aus. Der Drache beruhigte sich unter meiner Hand, drehte sich ein paarmal, dann legte er sich hin und rollte sich friedlich ein. Er rollte auch seinen langen Schwanz ein, nestelte den Kopf in seinen Oberkörper und schloss die Augen. Kurz darauf war ein feines Schnarchen zu vernehmen.

Die junge Frau sah mich an. »Das ist das erste Mal seit dem Aufbruch aus der Höhle, dass er überhaupt still sitzt«, sagte sie anerkennend zu mir.

Dann schaute ich die anderen beiden Drachen an.

»Sieh dir bitte die beiden anderen auch an, vielleicht kannst du mir hier auch helfen«, bat sie mich. Gleich darauf stellte sie sich mir vor. »Hey, ich bin Elena.«

»Freut mich, ich bin Nyella.« Ich nahm ihre Hand, die sie mir entgegenstreckte. Dann setzte ich mich hin, während sie sich neben mich hockte. Ich hatte nun die Kiste der zwei anderen Drachen vor mir. Der mittlere der Drachen schien ein wenig unruhig, war aber so weit eher unbeteiligt und kümmerte sich nicht um uns. Er hatte einen braun-grauen Körper mit kurzen, feinen Härchen, ähnlich einem Flaum. Das Gesicht war sehr viel runder als das von Tapio. Ein rundliches Maul, weiche, kleine Nüstern, flache, flauschige Ohren, die sich aufgeregt hin und her bewegten, und helle, grünliche Augen. Der Schwanz mündete in einer kleinen Spitze und er war nicht so groß wie Tapio.

Ich setzte mich nahe an die Kiste und griff auch hier sachte hinein. Der Drache tapste zu meiner Hand und roch daran. Er kitzelte mich mit seiner Nase und der kleine Drache schnüffelte meine gesamte Hand ab. Dann fing er an, meine Haut laut schmatzend abzulecken.

»Mahona, eya eya, oaho mea mo«, sagte ich zu ihm. Ein seltsames Gefühl, es war, als würde ich in die Welt des Drachen eintauchen. »Er heißt Jasgur«, verkündete ich.

Jasgur legte sich hin, schloss die Augen und begann zu schlafen. Elena starrte mich fasziniert an.

»Hab ich schon wieder in einer anderen Sprache gesprochen?«

»Ja, Nyella. Wie machst du das nur?«, begeisterte sich Loreena. »Kannst du mir zeigen, wie das geht?«, ergänzte sie.

»Ich wüsste zuerst gern selbst, wie das funktioniert«, seufzte ich.

»Noch ein *Er*?«, fragte Kianno und ich bestätigte ihm das. Dann schaute ich in die dritte Kiste. Hier lag ein kleiner, filigraner Drache in einer rötlich-schwarzen Farbe. Mir schien, als würde ich die Adern mit pulsierendem Drachenblut durch die Haut erkennen können, und ich hatte das Gefühl, dass das Tier viel zu ruhig war. Die Haut wirkte fast durchsichtig, und der Drache schien erschöpft zu sein. Seine rötliche Haut war stumpf und die Augen des Drachen zeigten ein mattes Rot. Der Drache sah mich traurig an und beim Versuch, zu mir tapsen zu wollen, sah ich, dass ein Flügel schief stand. Der kleine Drache fiel mehrmals hin und dabei immer wieder auf seinen verletzten Flügel.

»Ihaoho tea, itoa esta avita jova. Ea te asota«, sprach ich zu dem kleinen Drachen. Er hob erschöpft seinen Kopf und ich streichelte ihn.

»Kergissa, sie heißt Kergissa. Es ist ein kleines Mädchen«, sprach ich laut aus, nachdem ich den Namen des Drachenmädchens empfangen hatte.

»Sie ist verletzt und sie ist schwach. Sie ist viel zu früh geschlüpft, aber sie lebt«, erklärte ich den umstehenden Leuten.

Mittlerweile hatten sich immer mehr Menschen um den Wagen versammelt. Jeder versuchte, einen Blick auf die Drachenkinder zu erhaschen und drückte sein Gesicht in den Wagen.

»Es herrscht hier viel zu viel Aufregung«, sagte ich besorgt zu Kianno. »Außerdem ist es hier viel zu kalt für sie«, intervenierte ich. »Wir müssen sie warmhalten. Die Eier und die Drachenkinder.« Ich schaute mich besorgt um.

»Jetzt weiß ich auch, warum wir die Drachen hierher bringen mussten«, meinte Gimle schmunzelnd, der vor dem Wagen auf der Leiter stand, damit er wenigstens etwas zu sehen bekam.

Der Stein war in meiner Hosentasche wieder ruhig.

»Meinst du, der Stein hat etwas mit den Drachen zu tun?«, fragte ich Shem schließlich, der sich neben mich gesetzt hatte. Ich sah, wie Rabea oben auf der Plane hockte und uns beobachtete.

»Schon möglich«, dachte er laut nach.

»Wie bringen wir die Drachen nach oben in die Häuser, wenn so viele Menschen hier sind?«, fragte ich Shem besorgt.

»Vor allem, wo bringen wir sie hin? Wo ist es schön warm?«, fragte Badogan, der entfernt vor uns stand.

»Wir könnten noch mehr Decken sammeln, um die Tiere zuzudecken«, überlegte Shem.

»Oder wir machen ein Feuer und legen sie in einen Kessel«, ergänzte Kianno.

»Dann kochen wir sie«, widersprach Russ.

»Stimmt, wir wollen sie nicht rösten. Wir wollen nur, dass sie in Ruhe schlüpfen und groß werden können«, teilte Gimle mit.

»Groß?« Idisio schlug die Hände über den Kopf. »Wie lange bleiben sie denn hier? Ich meine, wie lange dauert so was, bis sie groß sind? Hier in Asinja ist kein Platz für so riesige Tiere. Habt ihr überhaupt eine Ahnung, wie groß die werden?«, informierte er uns bestürzt.

»Und hier ist alles aus Holz«, ergänzte Badogan.

»Ihr werdet euch doch um die Drachen kümmern, oder?«, fragte Loreena besorgt.

»Natürlich werden wir das, wir wissen nur noch nicht, wie«, gab Kenoa zu bedenken.

»Und sie müssen endlich raus aus diesem Tumult«, erklärte ich ernst.

»Die Badewanne«, schrie Loreena plötzlich und hatte ihre Stimme erhoben.

»Sch…«, mahnte Elena sie und zeigte mit dem Zeigefinger vor ihrem Mund auf die Drachen.

Loreena fasste sich an den Mund, als wollte sie ihn sich zuhalten. »Die Badewanne«, wiederholte sie flüsternd.

»Was ist mit der Badewanne?«, fragte Shem. Sein Blick wanderte von Loreena zu mir und wieder zurück.

»Natürlich, du bist genial«, erklärte ich.

»Was ist los?«, wollte Kianno wissen.

»Shem hat als einziger eine Badewanne und sogar eine Holzfeuerung, das heißt, er hat immer warmes Wasser«, erklärte ich der Runde.

»Hm …«, überlegte Shem. »Das könnte klappen«, ergänzte er und sah uns zustimmend an.

»Du möchtest die Drachen in eine Badewanne stecken?«, fragte Gimle ungläubig.

»Es ist einen Versuch wert. Dort können wir mit wenig Aufwand Wärme erzeugen, um die Eier warm zu halten«, versuchte ich, die anderen aufzuklären.

»Wir müssen es versuchen«, stimmte Shem zu.

Die Strickleiter sollte zu unserem größten Feind werden, als wir die wertvolle Fuhre in die Baumhäuser schaffen wollten. Die Seile wackelten wild hin und her, selbst wenn auf dem Boden jemand die Enden festhielt. Mehrere Anläufe waren notwendig, um die beste Strategie zu finden, die Eier in die Höhe zu transportieren. Die Kiste war groß, schwer und konnte kaum mit einer Hand gehalten werden. Sich auf den Aufstieg zu konzentrieren und dabei sicheren Trittes nach oben zu gelangen, ließ Shem beinahe Blut schwitzen. Er atmete schwer, während sich zwei Artisten mit einem großen Tuch bereitmachten, die Eier im Notfall unten aufzufangen, sollte Shem die Kiste fallenlassen.

Ich wanderte dabei nervös am Boden herum und kaute an meinen Fingernägeln. Loreena hatte den Atem angehalten und starrte hinauf zu Shem. Ihm gelang es schließlich nach einer gefühlten Ewigkeit, die Kiste mit den Drachen Badogan zu übergeben, der auf dem Holzsteg auf ihn gewartet hatte.

Shem kletterte wieder hinunter. Die bereits geschlüpften Drachen in die Höhe umzulagern, gestaltete sich weitaus schwieriger. Tapio war unruhig geworden, als Shem die Kiste hochgehoben hatte. Er hatte sie mehrfach abstellen müssen, weil Tapio wieder Schluckauf bekam und Feuer spie. Mitten auf der Strickleiter war Shem beinahe auf einem Tritt ausgerutscht und Tapio in der Kiste war der Nase nach hingefallen. Vor lauter Aufregung hatte er daraufhin so stark niesen müssen, dass die Kiste in Flammen aufgegangen war. Shem hatte den kleinen Drachen in letzter Minute in die Hand nehmen müssen, um die brennende Kiste loszulassen, die zu Boden gesaust war. Die beiden Artisten konnten gerade noch das Tuch und sich in Sicherheit bringen, als die flammenzüngelnde Kiste am Boden zerschellte.

Tapio hatte wütend angefangen, Shem in die Hand zu beißen, mit der er wiederum versuchte, den Jungdrachen festzuhalten. Shem hatte dabei fast das Gleichgewicht verloren. Nur mithilfe von Badogan, der beherzt in letzter Sekunde von oben eingegriffen hatte, konnten die beiden sicher den Steg erreichen. Auch auf dem Weg zum Haus hatte Tapio mehr als einmal zugebissen und dazu einen Abschnitt des Strickgeländers in Brand gesetzt.

Asram hatte indessen alle Hände voll zu tun. Er kochte für die Bewohner und die angekommenen Besucher. Er rannte verschwitzt von einem Topf zum anderen. Leckere Gerüche entströmten seinem Haus, während der Kamin sich beinahe zu überhitzen drohte. Verpflegung und Getränke wurden bis auf die Brücken hinausgereicht.

Im Eingangsraum in Shems Haus standen nun die Kisten mit den Drachen, bis auf Tapio, der auf dem Boden herumturnte und sich wankend auf den Weg machte, den Raum zu erkunden.

»Nyella, bitte, stopp ihn, hier ist alles aus Holz, außer der Boden. Er fackelt das ganze Haus ab, wenn er so weitermacht«, drängte mich Shem.

Ich versuchte Tapio festzuhalten, aber er biss auch mich und wand sich aus meinem Griff. Dann stützte er sich mit den Flügeln auf dem Boden ab und watschelte weiter umher.

»Was tun wir mit den Eiern?«, wollte Badogan wissen.

Ich kniete am Boden und rutschte hinter Tapio her, um alles aus dem Weg zu räumen, was vor ihm lag. Tapio drehte sich um und biss mir ins Knie, worauf ich leise fluchte und das Knie schmerzerfüllt festhielt.

»Bringt sie ins Badezimmer«, ordnete ich an und verzog das Gesicht vor Schmerzen.

Tapio blickte mich neugierig an, gurrte laut und bekam wieder Schluckauf, worauf er kleine Feuerkugeln aus den Nüstern stieß. Meine Hose fing Feuer und Russ eilte zu mir, klopfte auf den Stoff der Hose, um so das Ausbreiten des Feuers zu verhindern. Ich seufzte. »Danke, Russ, der Kleine hier ist echt anstrengend«, erklärte ich ihm.

»Nimm ihn mit in die Badewanne«, forderte er mich auf.

»Wie denn, er lässt sich ja nicht anfassen«, erwiderte ich.

Loreena kam um die Ecke mit einem Kessel Wasser und stellte ihn neben mich.

»Was soll ich damit?«, fragte ich sie.

»Sicher ist sicher, dann kannst du das Feuer löschen«, erklärte sie mir.

Ich spürte wieder die Krallen von Tapio an meinem Knie. Er hatte sich zu dem Eimer gedreht und versuchte, sich mit den Flügeln auf dem Rand des Eimers abzustützen, um hineinzusehen. Dabei war er auf mein Knie gestiegen und stieß mir seine Krallen mit voller Wucht ins Fleisch. Ich musste mir in die Faust beißen, um nicht laut aufzuschreien. Aber Tapio interessierte sich für den Eimer und schaffte es in kurzer Zeit, sich auf den Rand zu hieven. Dort oben taumelte er, verlor das Gleichgewicht und plumpste mitten hinein. Das Wasser spritzte heraus und ich wurde pitschnass. Mit einem Flügel ruderte Tapio außerhalb des Eimers, während er mit dem anderen Flügel im Wasser herumschlug. Dabei kreischte er und versuchte im Wasser aufzustehen, was ihm nicht gelingen wollte. Die Krallen wetzten an dem Metall des Kessels. Das Geräusch tat mir weh in den Ohren.

»Na, wenigstens kann er so nichts mehr in Brand setzen«, sagte Shem.

»Er mag Wasser«, sagte Loreena und zeigte auf Tapio. In der Zwischenzeit hatte der kleine Drache einen Weg gefunden, im Wasser zu stehen und sich so weit zu beruhigen, dass ein Flügel ruhig über den Kesselrand hinaus zeigte und der andere Flügel im Wasser lag. Tapio gurrte und schaute mich blinzelnd an.

»Hm, ich glaube, du hast recht«, bestätigte ich.

Jasgur und Kergissa verhielten sich ruhig in ihren Kisten. Jasgur saß auf dem Hintern, die Flügel neben ihm leicht ausgebreitet. Er hob seine Nase in die Höhe und roch, was um ihn herum passierte. Kergissa lag am Boden und blinzelte ab und zu. Sie schien sehr erschöpft zu sein.

»Wir müssen die Eier endlich an die Wärme bringen«, erklärte Gimle und schaute besorgt in die Kisten, in denen die Eier unter den Decken lagen.

»Na los, dann lasst uns die Dinger in die Wanne legen«, forderte Badogan uns auf.

Also trugen er und Russ Ei um Ei in die Badewanne, legten sie dort sanft ab und setzten sich daneben. Shem zog an dem Seil mit dem Wasserkessel und warmes Wasser befüllte die Wanne.

»Wir müssen uns aufteilen, das Wasser muss in regelmäßigen Abständen ausgetauscht werden. Wer übernimmt die erste Schicht?«, fragte Shem.

Loreena meldete sich sofort und sie war überglücklich, als Shem sie auswählte.

»Endlich kann ich mich auch nützlich machen«, erklärte sie stolz.

»Du schaust regelmäßig nach, ob das Wasser noch warm genug ist und wenn es abkühlt, lässt du warmes Wasser nachlaufen«, erklärte Shem ihr im Detail.

»Ist schon gut, ich kann das«, erklärte sie ihm wichtig.

Ich hatte das Ganze kurz beäugt, aber war mit einem Fuß immer im großen Zimmer geblieben, um Tapio nicht aus den Augen zu lassen. Er gurgelte mit dem Wasser und steckte seine Nase immer wieder ins Nass. Loreena schien recht zu haben, Tapio war vernarrt in das Nass.

»Du kannst ihn nicht ewig da drinlassen, der Kessel ist viel zu klein«, gesellte sich Badogan schließlich zu mir.

»Wir müssten einen großen Metallbottich haben, da kann er nicht viel kaputtmachen«, dachte ich laut nach.

»Wir fragen Asram«, mischte sich Idisio ein, drehte sich um und lief aus dem Haus.

»Und die anderen beiden?«, fragte Elena nach, die mit uns hochgekommen war in Shems Haus.

»Ich mach mir Sorgen um Kergissa«, sagte sie, und ich nickte bestätigend.

»Wann genau ist sie geschlüpft?«, wollte ich von Elena wissen.

»Während Tapio und Jasgur in der Höhle geschlüpft sind, kam Kergissa während der Fahrt hierher zur Welt. Das Ei ist unterwegs zerbrochen. Wahrscheinlich wegen der Erschütterungen. Vielleicht hat sie sich den Flügel nach der Geburt verletzt oder möglicherweise schon im Ei«, führte Elena aus.

»Wir müssen ihren Flügel behandeln«, sagte Elena.

»Ja, aber wie, ich habe keine Ahnung von Drachen. Außerdem lässt sie dich kaum gewähren, sie wird dich beißen«, erklärte ich ihr. Gimle hob die Achseln und schüttelte den Kopf.

»Probieren wir es vorerst mit Wärme?«, fragte ich und sah Gimle und Elena abwechselnd fragend an.

Elena und ich hoben die Kiste mit Kergissa gemeinsam hoch und brachten sie ins Badezimmer. Gimle folgte uns und las die

Decken zusammen aus den Kisten, in denen vorher die Dracheneier gelegen hatten. Er legte sie zusammen und packte sie um Kergissa herum in die Kiste. Er achtete darauf, ihren Flügel möglichst nicht zu berühren. Sie schaute neugierig zu und folgte aufmerksam seinen Bewegungen mit den Augen. Sie ließ es mit sich geschehen, dann legte sie sich wieder ganz hin. Sie ließ es sogar zu, dass er sie zudeckte. Am Ende schaute nur noch der Kopf von ihr unter den Decken hervor und sie fing an zu gurren. Gimle kniete vor der Kiste und schaute sie liebevoll an.

»Sie ist wunderschön.« Er hob seinen Blick und lächelte mich an.

»Ja, das ist sie in der Tat. Hoffen wir, dass sie sich erholt«, erwiderte ich.

»Das hoffe ich auch«, seufzte Gimle.

Tapio war noch immer mit dem Herumplanschen beschäftigt in seinem Kessel. Leider gab es nicht mehr viel Wasser darin, sodass er wieder unruhig wurde und versuchte, aus dem Kessel herauszuklettern. Da kam endlich Idisio daher mit einem großen Metallbottich. Hinter ihm erschien Bernie.

»Ist ja Wahnsinn«, sagte Bernie laut und schaute sich die beiden Drachen an.

»Los, bring den Bottich her«, beauftragte ich Idisio.

Wir hoben den Kessel hoch, in dem Tapio saß und legten ihn in den Bottich, dann senkten wir den Eimer zur Seite und Tapio nahm die unausgesprochene Aufforderung sofort an, aus dem Kessel herauszukrabbeln in den großen Metallbottich. Idisio leerte den Rest des Wassers in den Bottich. Tapio hob seine Flügel hoch, flatterte mit ihnen und verspritzte Wasser. Der Bottich wurde von Tapio sofort eingehend beschnuppert.

Bernie hatte Idisio den Kessel abgenommen und im Badezimmer Wasser geholt. Ein Eimer reichte nicht, um ihn zu füllen. Bernie holte mehrere Male Wasser und befüllte damit den Bottich. Tapio flatterte weiter mit seinen Flügeln, der Boden wurde klitschnass, aber Tapio schien glücklich zu sein, dass er herumplanschen konnte. Jasgur saß ruhig in seiner Kiste und war noch immer damit beschäftigt, seine Nüstern in die Höhe zu halten und alles über seinen Geruchssinn zu erkunden.

»Einer von uns wird nicht reichen, um auf sie aufzupassen«, meinte Shem.

»Wir werden uns abwechseln müssen«, bestätigte Gimle.

»Ich übernehme die erste Schicht bei Tapio und Loreena ist auch noch im Badezimmer«, sagte Elena.

Wir schoben den Bottich in Richtung Badezimmer, sodass Elena sich in den Türrahmen setzen konnte, wo sie Loreena im Blickfeld hatte und sich mit ihr unterhalten konnte. Diese hatte sich auf zwei leer stehende Kisten gesetzt. Vor der Wanne lag Kergissa in ihrer Kiste, dick eingepackt.

»Das hat schon fast den Anblick einer friedlichen Familie«, lachte Idisio.

»Puh.« Ich wischte mir die Stirn ab mit dem Handrücken. »Das war vielleicht was«, redete ich weiter. Ich setzte mich neben Elena. Gimle tat es mir nach und platschte unsanft neben mir auf den Boden, streckte seine Beine und lehnte sich an die Wand.

»Müssen wir deine Wunde noch versorgen?«, fragte mich Shem.

»Nein, das geht schon, kein Problem«, entgegnete ich und betrachtete meine Wunde.

»Drachenflüsterin«, zog mich Shem auf.

»Wir haben gute Arbeit geleistet«, erklärte Gimle.

»Das ist wahr, danke, dass ihr sie wohlbehalten hier hergebracht habt«, bedankte ich mich bei ihm.

Kianno erschien in der Eingangstüre mit einem Korb voller Esswaren, Wasser und frischem Met.

»Asram meinte, ihr könntet eine Stärkung gebrauchen«, sagte er. Er brachte jedem von uns etwas zu essen und reichte Wasser und Met herum.

»Danke dir, Kianno«, meinte Badogan, der sich auch hingesetzt hatte.

Wir alle saßen auf dem kühlen Boden aus Lehm, bis auf Loreena, die im Badezimmer saß.

»Was für ein Tag«, sagte Kianno.

»Was für ein Tag«, bestätigte Shem.

Als wir aßen, wurde es still im Haus von Shem. Asram hatte es gut gemeint mit uns. Nur Tapio war zu hören, wie er immer noch freudig im Wasser herumplanschte und hin und wieder sichtlich zufrieden gurrte.

Die Nacht legte sich langsam über Asinja. Im Dorf wurden die Laternen angezündet, die Motten tanzten ums Licht und die Gespräche wurden leiser. Die Gauklertruppe auf dem Boden hatte ein kleines Feuer entfacht. Versammelt saßen ein paar Gestalten im Licht des Feuers und unterhielt sich. Ein leises Rauschen durchspülte die Blätter in den Wipfeln. In Asrams Haus war immer noch geschäftiges Treiben, weil lange nicht alle verköstigt worden waren. Jeder im Dorf hatte mitgeholfen, gastfreundlich zu sein. Nahrungsmittel waren zu Asram geschafft worden, Decken, Getränke und vieles mehr. Fast jeder der Bewohner hatte einem Gast einen Schlafplatz offeriert. Einige lagen auf den Stegen draußen vor Asrams Haus und hatten ihr Nachtlager dort aufgeschlagen. Eine friedliche Stimmung herrschte in Asinja. In den ersten Laternen wurden die Kerzen gelöscht und die Häuser verschwanden in den Bäumen im Dunkeln, so als gäbe es sie gar nicht.

# 11. Nachtgeflüster

»Was hat es auf sich mit diesen Gagasanen?«, fragte ich Shem, der neben mir an die Wand gelehnt saß.

Wir hatten im großen Eingangsraum seines Hauses auf dem Boden Platz genommen. Elena hatte ihre Schicht schon längst zu Ende gebracht und war in mein Haus gegangen, um dort zu schlafen. Idisio hatte ihr den Weg gezeigt und sie begleitet. Ich war viel zu aufgekratzt, um zu schlafen, also hatte ich freiwillig die nächste Schicht übernommen. Ich hätte zu gerne noch mehr von Asinja erfahren. Aber jetzt gingen erst einmal die Drachen vor.

Ich saß am Boden im Türrahmen, wo zuvor Elena gehockt hatte. Loreena war nicht bereit gewesen, das Haus zu verlassen. Sie wollte unbedingt bei den Drachen bleiben. Sie war längst eingeschlafen, auf den beiden Kisten hockend, beide Arme über den Wannenrand gelegt. Ihr Schlaf war tief und fest. Shem und ich hockten im Dunkeln. Ich spielte mit dem Stein in meiner Hosentasche. Shem hatte seine Jacke ausgezogen. Ich war fasziniert von der blauleuchtenden, feinen Linie, die sich am Ende des kurzen Ärmels auf dem Arm von Shem abzeichnete. Es waren nur wenige Zentimeter davon sichtbar.

Als Shem bemerkte, dass ich ihn anstarrte, fragte er: »Hast du keines?«

»Ich glaub nicht, an mir leuchtet nichts, wenn es dunkel ist«, erklärte ich lächelnd.

Er lächelte im Halbdunkel zurück und erklärte mir: »Bei mir haben sie sich auch erst vor etwa zwei Jahren das erste Mal gezeigt. Zuvor waren es kleine, feine, helle Rillen gewesen auf der

Haut. Es kann also noch kommen. Aber manchmal wäre ich froh, es gäbe sie nicht. Ich bin deswegen auch ganz dankbar, in Asinja zu leben. Hier werde ich deswegen nicht anders behandelt. Wenn ich in der Stadt bin, muss ich mich immer bedeckt halten. Aber ich will mich nicht beklagen. Andere trifft es viel härter. Ich hab sie nur am Körper. Andere tragen sie offen im Gesicht. In diesen Zeiten ist es nicht einfach, ein Kind Gebohans zu sein.«

Ich musterte die Linien und Shem hob den Stoff ein wenig hoch, damit ich den Rest der leuchtenden Zeichen auf seiner Haut sehen konnte. Es sah aus wie eine schön angeordnete Zeichnung auf dem Körper, die am Arm begann und über die Schultern bis zum Körper ihre Linien zog.

»Hast du irgendwas Bestimmtes gespürt oder so?«, wollte ich wissen.

»Nein, es zeichneten sich irgendwann die helleren Linien noch stärker tagsüber ab und dann stellte ich fest, dass sie leuchteten in der Dunkelheit. Roberta hatte mich vorbereitet, dass so was passieren könnte.«

Ich lehnte mich wieder zurück an die Wand und dachte nach. Die Drachen waren ruhig, sogar Tapio war mittlerweile eingeschlafen.

Shem sprach leise, als er fragte: »Was möchtest du denn wissen?«

»Wird es durch ein bestimmtes Ereignis ausgelöst?«

»Hm, da scheiden sich die Geister. Es gibt verschiedene Meinungen dazu«, erklärte er unsicher.

»Und was denkst du?«, fragte ich ihn.

»Meine Meinung?« Er hob die Augenbrauen.

Obwohl wir kein Licht angezündet hatten, konnte ich sein Gesicht im Halbdunkeln gut erkennen. Die feinen Linien Gebohans gaben in der Dunkelheit Licht ab.

»Hm ….«, summte ich zustimmend.

»Ich glaube, es ist schon lange in einem drin. Ob es dazu ein Ereignis braucht, damit es ausbricht, weiß ich nicht. Nimm Tapio als Beispiel. So klein, wie er ist, er ist ein Drache. Auch wenn er noch nichts davon weiß, er ist ein Drache und kann fliegen. Keiner von uns weiß, an welchem Tag er zum ersten Mal fliegen wird. Er weiß es ebenso wenig. Aber wenn es Zeit ist, dann wird er es wissen. Und er wird dann fliegen können, obwohl ihm niemand gezeigt hat, wie es geht«, sagte er in einem liebevollen Ton.

Dann spürte ich seinen Blick auf mir ruhen, und ich sah ihn an. Wir saßen einen Moment lang so da und sahen uns einfach nur in die Augen. Ich spürte mein Herz bis zum Hals klopfen.

Es rappelte im Bottich von Tapio und Shem stand leise auf. Er schlich sich zu ihm hin. Shem drehte sich wieder um und kam auf Zehenspitzen zurück zu mir. Dann setzte er sich wieder neben mich.

»Böse Träume«, erklärte er mir flüsternd.

Ich musste lächeln. »Es geht den Drachenkindern wie allen Kindern«, scherzte ich leise.

»Ja, und sie haben schon einiges erlebt«, wusste Shem.

»Wie sind die Eier eigentlich zu meiner Großmutter gekommen?«, fragte ich neugierig.

»Die Waldmenschen haben sie ihr gebracht, nachdem es Probleme gegeben hatte in den Goldhöhlen«, gab er zur Antwort.

»Die Waldmenschen?« Ich sah ihn überrascht an.

»Sag nur, du kennst auch die Waldmenschen nicht«, entgegnete er. Ich schüttelte den Kopf.

»Jedes Kind hier kennt die Legenden der Waldmenschen«, erklärte er mir überrascht.

»Nein, tut mir leid. Als ich klein war, hat mir Vater manchmal Geschichten erzählt, aber an eine über Waldmenschen kann ich mich nicht mehr erinnern. Später waren es Berichte über seine Reisen gewesen«, erklärte ich Shem.

Er nickte und wippte mit dem ganzen Körper vor und zurück.

»Deine Großmutter ist eine der sechs Hüterinnen der Erde. Die anderen Hüterinnen stehen für die vier Elemente Luft, Wasser, Erde und Feuer. Und dann gibt es die Hüterin der Pflanzen und deine Großmutter ist die Hüterin der Tiere. Sie alle arbeiten eng mit den Waldmenschen zusammen, denn diese sind untrennbar mit der Erde und allen Tieren verbunden. Sie kennen die Gezeiten, spüren jeden Wind, nehmen die Fährten der Tiere auf und erkennen jeden Grashalm. Ich weiß, dass es Probleme gab bei den Goldhöhlen, aber nicht, welcher Art sie waren«, erzählte er mir ausführlich.

Gebannt hörte ich zu, einmal mehr staunte ich über eine fantastische Welt, die es offenbar nicht nur im Märchen zu geben schien. »Und weil es sich bei Drachen um Tiere handelt, wurden die Eier zu meiner Großmutter gebracht?«

Shem nickte zustimmend.

»Wie wird man eine Hüterin der Erde?«, wollte ich wissen.

»Du wirst auserwählt«, entgegnete er mir.

»Auserwählt?«, war meine Gegenfrage.

»Ja, auserwählt. Aber das ist immer so im Leben, wenn du so willst«, flüsterte Shem.

»Wie meinst du das?« Ich seufzte tief.

»Jeder von uns hat eine besondere Gabe, die er mitbringt, wenn er geboren wird. Der eine kann gut kochen wie Asram, der andere ist ein wunderbarer Gaukler wie Gimle. Vodano gibt jedem von uns seinen Platz, den er ausfüllen soll. So ist es auch mit den Hohepriesterinnen, der Bruderschaft, einem König oder auch nur einer Mutter, die ihr Kind großzieht. Es sind alles gleichsam bedeutende Lebensaufgaben. Jeder hat eine individuelle Begabung, die er dieser Welt zu geben hat«, berichtete mir Shem. Dann führte er weiter aus: »Bei der Mutter ist es vielleicht nicht so spektakulär wie bei einer Hüterin der Erde, aber ihre Aufgabe ist genauso wichtig. Und für dieses eine Kind ist es die spektakulärste, die es gibt. Du brauchst dir nur das große Ganze vorzustellen. Jedes Glied in der Kette ist von unschätzbarem Wert, weil sie zusammenhalten. Wenn eins fehlen würde, wäre sie nicht vollständig. Verstehst du? Die Frauen Gebohans leben ihre heiligen Rituale und zelebrieren sie zu jedem heiligen Anlass. Sie lernen von Kindesbeinen an den Jahreskreis und das Leben mit den Gezeiten.«

Der Jahreskreis war mir ein Begriff, aber meine Großeltern in Insalem waren dagegen gewesen, nach ihm zu leben. Sie hielten es für alten Aberglauben und wollten nichts mehr damit zu tun haben. Viele Familien hatten dem alten Glauben den Rücken zugekehrt. Mich hatte das immer fasziniert, aber ich hatte mich nicht damit befassen dürfen. Langsam kehrte ein Teil meiner Erinnerung zurück. Meine Großeltern in Insalem hätten das nicht gutgeheißen. Mein Vater hatte viel von den Jahreskreisritualen gehalten. Er hatte mir beibringen wollen, nach ihnen zu leben.

»Habe ich auch so eine Aufgabe?«, wollte ich wissen.

»Bestimmt, wir alle. Es gibt keinen, der keine hat. Aber ob man sie findet oder auch, ob man sie zulässt, das ist eine andere Geschichte. Es gibt Leute, die behaupten, es sei fraglich, ob sie einem offenbart würde. Und dann auch, ob man sie annimmt. Vielleicht sind manche auch einfach blind und wollen sie nicht sehen«, führte er weiter aus.

»Dann kann man wählen?«, bohrte ich nach.

»Hm … Ich weiß es nicht. Ich hab mir noch nie so viele Gedanken darüber gemacht. Ich glaube nicht, dass es Sinn macht zu wählen, wofür man geboren wurde. Es ist, als ob ein Drache fragen würde, ob es gut ist, ein Drache zu sein. Es ist eine Ehre, seine Aufgabe zu finden. Du kommst mit diesem Ziel in dieses Leben. Was würde es für einen Sinn ergeben, die Aufgabe abzulehnen? Würdest du deine Aufgabe nicht annehmen wollen? Ich meine, wenn du das im Leben findest, wofür du gemacht wurdest, wofür du hierhergekommen bist? Würdest du *das* ablehnen?« Shem schaute mich im Dunkeln an.

Er hatte sich mir zugewendet. Ich kaute auf meiner Lippe herum. »Wird mir denn gefallen, wofür ich auserwählt worden bin?«, war meine nächste Frage.

»Keine Ahnung. Es kann schon sein, dass es nicht allen gefällt. Ich habe bisher noch nicht so viele getroffen, die sicher wissen, dass sie ihre Aufgabe gefunden haben, bis auf die offensichtlichen Rollen wie die deiner Großmutter zum Beispiel«, meinte er.

»Klingt kompliziert«, murmelte ich.

»Vielleicht ist es das, vielleicht erklär' ich es auch einfach nur kompliziert«, entschuldigte er sich. »Ich glaube, ich muss nachsehen, ob das Wasser für die Dracheneier noch warm genug ist«, seufzte er und erhob sich.

Wenig später hörte ich das glucksende Geräusch von einem Stöpsel und den Wassersog, mit dem sich das lauwarme Wasser aus der Wanne verabschiedete. Dann zog Shem erneut am Seil und warmes Wasser ergoss sich in die Wanne.

Shem hatte sich über Loreena gebeugt. Sie schlief noch immer tief und fest. Tapio nestelte erneut in seinem Bottich, beruhigte sich aber gleich wieder, und Shem saß wenig später wieder neben mir auf dem kalten Boden.

»Den Drachen scheint es hier zu gefallen«, sagte Shem, als wir einen Moment still gewesen waren, um das Eis wieder zu brechen.

»Kann ich gut verstehen. Mir gefällt es hier auch sehr gut. Ich mach mir nur Sorgen wegen Myriam und den Mädchen«, sagte ich.

»Ich denke auch die ganze Zeit daran, was wir tun könnten«, meinte er.

»Ich fühle mich so nutzlos«, erklärte ich ihm.

»Versteh' ich, aber sieh mal: Roberta hat uns gesagt, dass sich Dinge manchmal zuerst entwickeln müssen. Alles soll für etwas gut sein. Stell dir vor, du wärst nicht hier hergekommen. Du hättest dein Haus nie gesehen und das von Shastro und Zelda nicht. Und du hättest den Drachen nicht geholfen. Ohne dich wäre Kergissa vielleicht in der Zwischenzeit tot oder Tapio hätte Elena eine Hand abgebissen«, erklärte er mir.

Wir mussten beide lachen.

»Hm …, so hab ich das noch gar nicht betrachtet«, entgegnete ich schließlich etwas ernster. Ich blickte zu den Drachen hinüber. »Meinst du, sie schaffen es?«, fragte ich ihn besorgt.

»Ich hoffe es«, antwortete er.

»Sind in all diesen Eiern Drachen drin?«, wollte ich wissen.

»Du meinst wegen der Sache mit den Wünschen und der Kraft Vodanos? Ich weiß es nicht. Roberta konnte es auch nicht mit Sicherheit sagen«, war seine Antwort. »Wir werden es wohl erst sehen, wenn sie schlüpfen«, erklärte er mir weiter.

»Und woran erkennen wir, wenn kein Drache drin ist, sondern die Kraft Vodanos?«, interessierte ich mich.

»Puh, eine gute Frage. Keine Ahnung«, sagte Shem.

Wir schwiegen beide wieder.

»Wie wurde Rabea eine Gagasane?«, brach ich schließlich das Schweigen.

»Das lässt dich nicht los, was?«, lächelte Shem.

»Ich kann mir das irgendwie gut vorstellen. Weißt du, als der Stein das erste Mal zu glühen anfing, da fühlte ich mich, als könnte ich fliegen. Es war …« Ich verstummte und spielte weiter mit den Fingern an dem Stein herum.

»Erzähl ruhig weiter«, forderte Shem mich auf.

»Ich hab´ wirklich gefühlt, wie ich fliegen konnte. Ich meine, ich konnte die Flügel fühlen und den Wind darunter. Ich war hoch oben und sah die ganze Landschaft. Es war herrlich.« Ich brach ab.

Wir schwiegen einen Moment, dann sagte Shem: »Das war bestimmt ein sehr erhabenes Gefühl.«

»Du denkst nicht, ich wäre plemplem?«, fragte ich ihn.

»Nein, bestimmt nicht. Das ist ein großes Geschenk, wenn du so was erleben darfst«, erklärte er mir.

»Ich dachte, ich könnte das niemandem erzählen«, murmelte ich.

»Na ja, jedem würde ich das auch nicht auf die Nase binden«, lächelte er.

Nach einer gefühlten Ewigkeit fing er an zu erzählen: »Rabea hat ihre Eltern auch verloren. Hier sind viele Waisen oder Halbwaisen zu Hause. Oder wir haben die Eltern verloren, weil man uns ausgesetzt hat. Viele von uns tragen die Zeichen Gebohans auf unserer Haut oder sind sonst irgendwie anders, als die Gesellschaft uns da draußen haben will. Rabea kam vor zwei Jahren zu uns. Sie hat lange alleine im Wald gelebt. Es ist ein Wunder, das sie überlebt hat, so ganz allein. Sie ist heute noch lieber alleine als unter Menschen. Sie kennt den Wald wie ihre Westentasche und sie hat eine gute Beziehung zu den Waldmenschen. Ich glaube, sie war sogar eine kurze Zeit bei den Elbwesen zu Hause.«

»Elbwesen?«, hakte ich neugierig nach.

»Ja, die leben auch im Wald.« Er ging nur kurz darauf ein.

Es gab Elbwesen? All die Geschichten sollten wahr sein über diese fantastischen Wesen? Ich konnte es kaum glauben.

Ich ließ Shem weitererzählen: »Wir fanden Rabea im Wald. Sie war schwer verletzt. Sie sträubte sich wie eine kleine Katze, als wir sie nach Asinja bringen wollten.« Dabei lächelte er.

»Du hast sie gern«, mutmaßte ich.

»Ja, Rabea ist eine wundervolle Freundin«, entgegnete er, und ich spürte wieder einen Stich in meinem Herzen.

»Wir haben sie durchgebracht und sie fand hier ein Zuhause. Sie braucht immer ein wenig Zeit, bis sie jemand Neuem vertraut. Über die Erlebnisse, warum sie im Wald gelandet ist, spricht sie nicht«, führte er aus.

Nach einer kurzen Pause holte er tief Luft: »Dann, vor ein paar Monaten oder Wochen ... Ich glaube, es ist rund zehn Wochen her, da passierte es. Sie hat mir nie erzählt, wie es genau geschehen ist. Sie muss mich nach ihrer ersten Verwandlung erst einmal aus sicherer Entfernung beobachtet haben, bis ich ein seltsames Gefühl bekam. Ich fühlte mich plötzlich beobachtet. Und mir fiel auf, dass immer ein und derselbe Rabe in meiner Nähe war. Wenn du genau aufpasst, wirst du sehen, dass Rabea am rechten Fuß eine weiße Stelle hat. Mir war das sofort aufgefallen und ich wunderte mich, was das für ein seltsamer Rabe sein könnte. Dann zog mich Rabea immer mehr mit Dingen auf, die eigentlich niemand wissen konnte. Einmal war ich im Wald allein unterwegs und vom Baum gefallen. Damals dachte ich noch bei mir, dass es gut war, dass mich niemand aus dem Dorf gesehen hatte. Es war so peinlich«, dabei lachte er etwas lauter und dämpfte gleich darauf wieder die Stimme: »Sorry, ich sollte nicht so laut sein.«

»Ist ja nichts passiert«, entgegnete ich und sah mit gestrecktem Hals zu den Kisten hinüber. Die Drachen waren ruhig.

»Rabea zog mich mit diesem Vorfall auf und so fand ich schließlich heraus, dass der Rabe, der mich immer beobachtet hatte, niemand Geringeres war als Rabea«, erzählte er weiter.

»Dann ist das mit den Gagasanen aber für dich nicht neu gewesen, oder?«, wollte ich wissen.

»Nein, ich kenne ein paar Gagasanen. Es leben auch ein paar davon hier in Asinja. Ich hatte so was vermutet, als sie immer für längere Abstände wieder im Wald verschwand«, führte er weiter aus. »Ja, und offenbar muss es sich gut anfühlen. Sie ist oft als Rabe unterwegs. Soll ich dir was sagen?«, begann er.

»Klar, erzähl«, forderte ich ihn auf.

»Aber nicht lachen, ja?«, holte er aus.

»Ich versprech's«, sagte ich zu ihm. Ich wartete, während Shem Luft holte.

»Ich beneide sie darum.« Shem wurde ernst.

»Dass sie ein Rabe ist?«, wollte ich wissen.

»Na ja, dass sie eine Gagasane ist«, erklärte er mir.

»Warum?«, fragte ich ihn.

»Ich stell mir das spannend vor«, sagte er leise.

»Das ist doch okay, ich versteh das.« Ich legte meine Hand auf seinen Oberschenkel. Er legte seine Hand auf meine.

»Echt?«, fragte er mich.

»Ich kann mir gut vorstellen, dass man darauf neidisch sein kann. Ich denke, ich wäre auch gerne eine Gagasane«, erklärte ich ihm.

»Danke.«

Ich konnte sehen, wie sein Gesicht sich zu einem Lächeln verzog.

»Was für ein Tier wärst du gerne?«, fragte er mich. Dabei sprach er mit den Händen und entzog so seine Hand der meinen.

»Hm … ich weiß nicht, der Adler wäre ganz cool«, sinnierte ich.

»Oder ein Berglöwe«, sprach Shem.

»Oder ein Drache«, redete ich drauflos.

»Genau.« Dann verstummte Shem.

Ich hätte Shem zu gerne gefragt, ob Rabea nicht nur eine, sondern *seine* Freundin sei, aber ich traute mich nicht.

»Woran denkst du?«, wollte er plötzlich wissen. Ich schluckte und suchte verzweifelt nach einem unverfänglichen Thema, denn ich wollte um keinen Preis der Welt mit ihm teilen, dass ich ausgerechnet daran herumstudierte, ob er eine Freundin hatte.

»Ähm, daran, was wir jetzt tun mit den Drachen und wie es weitergehen soll mit den Mädchen«, konnte ich mich gerade noch retten.

»Wir müssen rasch eine Lösung finden«, antwortete er. »Hast du mit Badogan schon darüber gesprochen?«, fügte er hinzu.

»Nein, du?«, fragte ich ihn.

»Nö«, sagte er.

Das Gespräch geriet etwas ins Stocken. Nach jedem kurzen Dialog entstand eine Stille, die unerträglich war und doch irgendwie schön. Ich genoss es sehr, hier mit Shem zu sitzen. Ich hatte ihn für mich alleine. Und ich genoss die Stille und den Frieden rund um uns herum.

Es klopfte jemand an den Türrahmen, die Türe hatte offengestanden und ich konnte die Umrisse von Badogan erkennen.

»So, meine Lieben«, flüsterte er. »Wie geht es den Drachen?«

»Keine besonderen Vorkommnisse«, erklärte Shem.

Badogan kam auf Zehenspitzen zu uns geschlichen, setzte sich vor uns auf den Boden und zog die Beine an. »Alles klar bei euch?«, interessierte er sich.

Wir nickten beide.

»Tapio ist ab und an ein wenig unruhig. Offenbar hat der Kleine Albträume«, erzählte Shem ihm.

»So, wie alle Kinder eben sind«, lächelte Badogan.

»Hast du schon geschlafen?«, wollte ich von ihm wissen.

Badogan schüttelte den Kopf. »Ich bin viel zu aufgekratzt. Bist du müde, Nyella?«

»Nein, mir geht es genauso, ich kann nicht schlafen. Was tun wir wegen der Mädchen?«, fragte ich ihn flüsternd.

Badogan schnaubte kurz. »Wir haben mit Kianno gesprochen. Von der Gauklertruppe sind ein paar Wagen langsam weitergezogen, damit es nicht auffällt, weil eine ganze Karawane plötzlich verschwindet. Wir vermuten, dass Walrivia das Land beobachten lässt. Unter den Leuten, die weitergezogen sind, sind auch die Weissagerinnen. Wir haben überlegt, ob wir uns als Gaukler verkleiden sollen und uns der Truppe anschließen, um nach Brintesia zu reisen. Die anderen sind viel langsamer unterwegs, damit wir sie wieder einholen können. Mithilfe der Orakel können wir uns vielleicht einen Überblick verschaffen, was Walrivia vorhat. Und wir könnten als Artisten in der Truppe arbeiten, dann fallen wir nicht weiter auf. So können wir die Lage vor Ort beobachten und gleichzeitig einen Plan ausarbeiten«, erzählte er uns ausführlich.

»Das ist eine hervorragende Idee«, räumte Shem ein.

»Das machen wir so«, sagte ich zu den beiden.

Badogan räusperte sich. »Nyella, wir können dich nicht mitnehmen. Das ist viel zu gefährlich.«

Ich verschluckte mich beinahe. »Ihr wollt mich hierlassen?«, sagte ich viel zu laut.

»Nicht, du weckst Tapio auf«, räumte Shem ein.

Tapio wurde tatsächlich kurz darauf wach und machte sich laut bemerkbar. Wir konnten das kratzende Geräusch seiner Krallen hören. Mit den Flügeln klopfte er an die Metallwand des Bottich. Ein zischendes Geräusch verriet uns, dass er wieder Schluckauf bekommen hatte und Feuerbälle ausspuckte.

»Im Bottich kann er wenigstens nichts anzünden«, erklärte Badogan.

»Seid leise, vielleicht schläft er gleich wieder ein«, räumte Shem ein.

»Sorry, tut mir leid«, entschuldigte ich mich. Ich holte tief Luft und fing wieder an. »Ich werde nicht hierbleiben, Badogan, auf keinen Fall.«

»Nyella, es ist zu gefährlich für dich. Die Schattenreiter suchen nach dir. Sie drehen jeden Stein um im Land.«

»Woher weißt du das?«, wollte ich wissen.

»Kianno hat mir erzählt, dass sie den ganzen Weg und alle Dörfer unterwegs abgesucht haben nach dem Mädchen mit kastanienroten Haaren, das ihnen entkommen ist. Sie wissen ganz genau, dass du es bist, die fehlt«, führte Badogan aus.

»Aber sie wissen nicht, wer Nyella wirklich ist, oder?«, mutmaßte Shem.

»Nein, das nicht, aber sie führen genau Buch, welche Mädchen sie aus welchen Dörfern und Städten mitgenommen haben. Und sie mögen es nicht, wenn man nicht tut, was sie sagen. Walrivia will alle Mädchen persönlich sehen. Es betrifft nicht nur die Mädchen aus Breithorien. Die Schattenreiter waren in allen Dörfern und Städten des Landes, um ihre *Einladungen* auszusprechen. Sie sind mit Dutzenden von Eskorten unterwegs nach Brintesia und bringen die Mädchen aus dem ganzen Land dorthin. Allerdings kann sich auch Kianno keinen Reim darauf machen, was Walrivia mit dieser Aktion bezwecken will. Deine FreundInnen sind unseren Leuten etwa zwei Tagesreisen voraus. In rund fünf Tagen werden sie Brintesia erreichen«, erklärte Badogan.

»Ich habe den Mädchen versprochen, dass ich ihnen helfe«, fing ich wieder an.

»Du nützt aber niemandem, wenn du in Brintesia aufgegriffen wirst und im Königshaus landest oder vielleicht noch schlimmer«, sagte Badogan ernst.

»Ich kann mich genausogut verkleiden wie ihr auch«, echauffierte ich mich.

Badogan wollte gerade wieder Anlauf nehmen, mit mir zu diskutieren, als Shem sich einmischte: »Vielleicht hat Nyella recht. Vielleicht sollte sie wirklich mitkommen. Ich könnte hier auch nicht tatenlos herumsitzen.«

Ich sah ihn dankbar an und nickte. »Schließlich bin ich ein Nachkomme Vodanos«, brüstete ich mich.

»Glaubst du nicht, dass du dein Selbstbewusstsein etwas überstrapazierst?«, foppte mich Badogan.

»Wieso meinst du?«, hakte ich nach.

»Na ja, ich kann mich erinnern, dass eine gewisse Enkelin Vodanos unlängst verkehrt herum aufs Pferd gestiegen ist. Ich will mir gar nicht ausmalen, wie du kämpfst«, scherzte er.

Shem stimmte in sein leises Lachen ein. »Das eine oder andere müsste sie noch lernen, da geb´ ich dir recht.« Shem hielt das Lachen wieder zurück. »Du bist echt verkehrt herum aufs Pferd aufgestiegen?«, fragte er nach.

»Sei still«, mahnte ich ihn.

»Nein, jetzt sag mal, echt?«, stieß er mich an.

»Sei still«, wiederholte ich verärgert.

Shem kicherte. Badogan schniefte auch und versuchte, leise zu lachen. In der Kiste, in der sich Tapio vorher bemerkbar gemacht hatte, war es wieder still geworden.

»Anderes Thema, was tun wir mit den Drachen, wenn wir nach Brintesia aufbrechen?«, fragte ich die beiden.

»Du brauchst gar nicht vom Thema ablenken«, meinte Shem. Dabei lachte er wieder so leise wie möglich, musste sich aber beherrschen, nicht laut herauszuprusten. »Verkehrt herum? Ehrlich?« Ich fand es überhaupt nicht komisch.

Die grünen Blätter in den Ästen rauschten im seichten Wind, der durch die Bäume strich. Die Vögel hatten am Morgen ihr fleißiges Gezwitscher aufgenommen und die Sonne kroch langsam den Himmel hinauf. Ich saß vor dem Haus von Shem und genoss den Ausblick auf das Dorf in den Bäumen. Es lag eine Stille über dem Dorf. Unter uns befanden sich die Wagen der Gaukler, das Feuer war ausgegangen und nur ein paar wenige

Leute waren schon wach. Sie irrten im Halbschlaf auf den Wegen am Boden herum. Die Pferde grasten neben den Wagen.

In den Baumhäusern war es ruhig geworden. Nichts war mehr zu hören von dem Lärm von gestern. Das würde nicht lange so bleiben. Nur solange, bis wieder alle wach waren. Mir war kalt, ich hatte die ganze Nacht nicht geschlafen. Draußen ging eine kühle Brise, die mich frösteln ließ.

Die Eier wurden jede halbe Stunde mit warmem Wasser versorgt und Loreena war von der Kiste gerutscht und schlief auf dem Boden tief und fest weiter. Shem war ebenfalls eingeschlafen so wie Badogan auch. Beide lagen auf dem Boden im großen Raum in Shems Haus. Ich musste schmunzeln, als ich die beiden beobachtete.

Shem war an der Wand entlang zu Boden gerutscht und schnarchte leise, während er sich mit der rechten Hand beinahe in der Nase bohrte. Badogans Kopf war nach hinten gekippt, er hatte den Mund offen und stimmte in einer komplett anderen Stimmlage in das Schnarchen ein. Ich war die Einzige, die noch immer wach war. Es musste früh am Morgen sein. Die Luft war klar und die Gesänge der Vögel erhellten die Bäume.

Ich dachte an meine Mutter und fragte mich, wie es ihr wohl ging. Sie musste außer sich vor Angst sein. Ich bekam ein schlechtes Gewissen. Es war so viel passiert und ich hatte nicht ein einziges Mal an sie gedacht. Hoffentlich war sie in Sicherheit. Hangar kam mir in den Sinn. Ekel schauderte mich. Ich war dankbar, weit weg von ihm zu sein. So sehr es auch schmerzte, von meiner Mutter getrennt zu sein. Hier war es schön und ich fühlte mich frei, konnte ich selbst sein. Niemand, der mich herumkommandierte oder mir wehtat. Bis auf den kleinen Drachen, aber das war zu verkraften. Und ich hatte hier ehrliche Freunde gefunden, die für einen durchs Feuer gingen. Von den spannenden Dingen ganz zu schweigen, die ich seit dem Weggang von Breithorien erlebt hatte.

In Gedanken erlebte ich den Abschied von Ronjo noch einmal. Der Brand lief wie ein Film vor mir ab. Ich sah den Markt Breithoriens vor mir und konnte Mandinas Stimme hören. Ich musste in mich hineinlächeln. In der kurzen Zeit hatte ich sie lieb gewonnen. Dann kam mir die Geschichte von Ira in den Sinn und wie ich die Wanderhure damals zum ersten Mal gesehen hatte. Ihre auffällig blauen Augen kamen mir wieder in den Sinn, ich konnte mich an ihr Lächeln erinnern. Die Wanderhuren waren nicht nach Asinja gekommen.

»Nyella, hier bist du«, hörte ich Bernies Stimme plötzlich hinter mir.

Ich saß auf dem Steg und ließ die Beine in der Luft baumeln, hielt mich am Strickgeländer fest. Die Holzbalken wackelten und kündigten Bernie an. Der setzte sich neben mich auf den Boden. Er hielt sich ebenfalls an den Stricken fest und ließ die Füße in der Luft baumeln, im gleichen Takt zu den meinen.

»Wo warst du?«, fragte ich ihn.

»Ich hab die ganze Nacht bei Asram ausgeholfen und jetzt hab ich gute zwei Stunden geschlafen«, erklärte er mir. »Hast du mich vermisst?« Sein Gesicht hellte sich auf.

Ich überging die Frage. »Ist echt verrückt, was wir hier erleben«, sagte ich zu ihm.

Er sah mich an und lehnte seinen Kopf über das Geländer. »Dir gefällt es hier, nicht wahr?«, fragte er mich.

Ich stimmte ihm zu. Ich mochte Bernie zwar, aber ich wollte keine persönlichen Fragen beantworten. Er wartete.

»Ist mit den Drachen alles in Ordnung?«, fragte er. Noch bevor ich antworten konnte, stellte er gleich die nächste Frage: »Was meinst du, wie es Myriam und Sandrina geht?«

»Den Drachen geht es gut. Ich weiß nicht, wie es den Mädchen geht. Ich hoffe, gut«, antwortete ich.

»Hat dir Badogan erzählt, wie lange sie noch …«, sagte er, aber ich nickte schon heftig, und er wusste, dass Badogan uns davon erzählt hatte.

Während ich einatmete, japste ich ein: »Ja.«

»Was tun wir jetzt?«, wollte Bernie wissen.

»Wir werden uns den Gauklern anschließen und nach Brintesia reisen«, erklärte ich ihm.

»Kann ich mitkommen?«, fragte er mich.

»Ich glaub schon«, entgegnete ich. »Es ist aber nicht ganz ungefährlich«, räumte ich ein.

»Ich komme auf jeden Fall mit. Ich bin es den Mädchen schuldig«, erklärte Bernie.

Ich konnte ihn gut verstehen. Dann spielte er mit seinen Beinen, zappelte hin und her und fing erneut ein Gespräch an: »Hast du Angst?«

»Ja, schon ein wenig«, gestand ich.

»Nyella, ich will nur, dass du eines weißt. Ich meine, versteh mich nicht falsch, aber ...«, fing er an herumzustammeln.

Nein, auf so ein Gespräch hatte ich jetzt gar keine Lust: »Ist schon okay, Bernie«, versuchte ich ihn abzuwimmeln.

»Nein, bitte, lass mich«, bat er. »Ich weiß, wir kennen uns nicht gut und auch noch nicht sehr lange. Aber ich möchte, dass du weißt, dass ich da bin, wenn du mich brauchst. Also, rein freundschaftlich gesehen, meine ich. Wenn du meine Hilfe brauchst, dann kannst du immer auf mich zählen. Ich meine, wegen der möglichen Dinge, die da auf uns zukommen könnten«, stammelte er etwas unbeholfen. Er trat mit den Beinen weiter in die Luft.

»Das ist sehr nett von dir«, antwortete ich ihm knapp. Ich hörte aus seiner Stimme heraus, dass es ihm sehr ernst war.

»Schon gut«, schloss er ab. Ich vermutete, dass er gerne noch weitergesprochen hätte, aber er blieb still.

»Na, ihr zwei, kommt ihr mit zu Asram?«, fragte eine Stimme und hinter uns tauchte Shem auf.

»Guten Morgen, Schlafmütze«, zog ich ihn auf.

»Sorry, ich bin wohl eingenickt. Oh herrje, mir tut der Nacken weh.« Er streckte sich und ich konnte die Gelenke knacken hören. Dann zog ich mich am Strickgeländer hoch und erhob mich. Shem bot Bernie die Hand an, die er dankbar annahm.

»Wo warst du die Nacht über?«, wollte er von Bernie wissen.

»Drüben bei Asram, ich hab ihm bis heute morgen geholfen«, erklärte er ihm.

»Und jetzt gehen wir schon wieder zu ihm rüber«, lachte Shem. »Ich muss dringend was essen«, erklärte er weiter.

Wir folgten Shem zu Asram.

»Hast du überhaupt geschlafen?«, rief Shem, als er zur Tür hereinkam.

Die Decke des Hauses war außergewöhnlich schön gebaut worden. Mir fiel erst jetzt auf, dass die Decke aus dutzenden von Holzbalken bestand, die unbehandelt in einer spiralförmigen Anordnung zusammengezimmert worden waren.

Asram gähnte herzhaft. »Shem, guten Morgen, nein, ich hatte noch keine Gelegenheit dazu.« Er gähnte wieder und riss seinen Mund weit auf.

»Sollen wir dich mal ablösen?«, fragte Shem nach.

»Nein, es ist schon gut. Ich glaube, wir sollten alle an einen Tisch holen. Es gibt Neuigkeiten«, erklärte Asram.

»Neuigkeiten?«, wollte ich wissen.

»Setzt euch erst einmal, ich mache euch Frühstück.« Asram zeigte auf den Tisch, um den eine Bank und Stühle standen.

Ein paar Gäste der letzten Nacht saßen noch immer dort und diskutierten. Wir setzten uns zu ihnen, als Russ, Kenoa und Idisio hereinkamen. Russ' Gesicht zeigte nur wenig Farbe und er machte einen müden Eindruck. Kenoa gähnte herzhaft, während er sich setzte, und Idisio rieb sich den Rücken. Nach ihnen erschien Elena im Türrahmen und schließlich Badogan, der mit Kianno und Gimle in ein lebhaftes Gespräch verwickelt war.

Als wir alle am Tisch saßen, reichte uns Asram Fleisch, Früchte und große Laibe Brot. Mehrere Flaschen Met und Wasser standen auf dem Tisch und nachdem er die letzten Schüsseln vom Herd geholt hatte, setzte er sich schließlich auch zu uns.

»Guten Morgen zusammen, danke, dass ihr alle gekommen seid«, sprach Idisio beinahe feierlich zu uns. »Wir müssen das weitere Vorgehen besprechen«, erklärte er. Kianno nickte stumm und versuchte, seine noch bleischweren Augen offen zu halten.

»Was schlägst du vor?«, fragte Badogan.

Idisio stand auf und verschränkte die Arme hinter seinem Rücken. Dann fing er an, auf und ab zu gehen. Er blickte konzentriert auf den Boden und immer wieder wandte er den Blick zu uns. »Wir müssen uns aufteilen«, schlug er vor. »Die Drachen können nicht hierbleiben. Es ist für Asinja zu gefährlich und letztlich auch für die Drachen.«

Dann machte er eine Pause und nahm sich vom Tisch die Flasche Met, setzte sie an, trank einen Schluck und fuhr dann fort: »Und wir müssen auf dem schnellsten Weg nach Brintesia gelangen. Es ist wichtig, dass wir herausfinden, was Walrivia vorhat. Wir haben noch immer keinen Plan, wie wir die Mädchen retten können. Wir haben die halbe Nacht darüber nachgedacht. Ich bin der Meinung, dass wir die Orakel zurate ziehen müssen. Ich kann nur für mich sprechen, aber ich weiß mir nicht anders zu helfen«, führte er aus.

»Du kannst doch nicht ohne Plan losreiten«, wandte Asram ein.

»Badogan hatte einen guten Vorschlag«, brachte ich mich ein, und alle wandten sich mir zu. »Ich meine, Badogan hat vorgeschlagen, dass wir uns den Gauklern anschließen könnten. Wenn wir uns geschickt tarnen, werden wir nicht auffallen. Und so könnten wir den Königshof beobachten inmitten der Stadt. So müssten wir herausfinden, was vor sich geht«, erklärte ich weiter.

»Das stimmt, wir hatten gestern schon einmal über diese Möglichkeit gesprochen«, bestätigte Kenoa. »Du willst doch nicht etwa mitreiten?«, fragte er mich.

»Doch, natürlich. Ich habe Myriam versprochen, ihnen zu helfen«, sagte ich, und als Kenoa etwas entgegnen wollte, hob ich die Hand. »Und ich diskutiere nicht darüber. Ich gehe mit nach Brintesia. Basta.«

»Wenn Nyella geht, gehe ich auch mit«, sagte Shem und sah Bernie an.

»Ich bin sowieso mit dabei, das bin ich Myriam schuldig«, stellte sich auch Bernie zur Verfügung.

»Stellt euch das mal nicht so einfach vor«, meinte Idisio. »Kenoa kann nicht mitreiten. Seine dunkle Haut würde ihn verraten. Er wird hierbleiben müssen«, erklärte er.

»Wir brauchen auch in Asinja gute Krieger«, sagte Badogan ernst.

»Ich will nicht hierbleiben. Es mag sein, dass es Probleme gibt, aber ich scheue nicht, mich für die Mädchen einzusetzen«, erklärte Kenoa aufgebracht.

»Beruhige dich, mein Freund, lass uns erst die Ideen weiterspinnen. Aber Badogan hat recht. Wir brauchen auch gute Krieger hier im Dorf. Sicher ist sicher.«

»Was willst du mit den Drachen machen?«, fragte Russ.

»Die Eier müssen warmgehalten werden. Die jungen Drachen sind kaum zu bändigen«, erklärte er.

Idisio hatte angehalten und sah ernst in die Runde. »Das ist wirklich ein Problem«, murmelte er und dachte nach.

»Können sie nicht hierbleiben, bis wir wiederkommen?«, fragte Bernie.

»Bis dahin haben sie das ganze Dorf abgefackelt, und was ist, wenn die Schattenreiter dann Asinja entdecken«, erklärte Shem.

Badogan nickte.

»Tapio ist erst ein paar Tage alt. Und er ist jetzt schon kaum zu bändigen. Er ist eine Gefahr für sich und sein Umfeld. Sieh dir nur mal Nyellas Knie an. Ich weiß nicht, wie schnell Drachenkinder wachsen. Und ich weiß nicht, was passiert, wenn die restlichen schlüpfen. Außerdem: Wenn Tapio weiter so mit dem Feuer um sich speit, wird Asinja möglicherweise wirklich entdeckt, und das Risiko dürfen wir auf keinen Fall eingehen«, entgegnete Idisio.

»Stellt euch nur vor, was das für all die Bewohner hier bedeuten würde. Wir haben jahrelang darum gekämpft, dass das Dorf unerkannt bleibt und alle hier ihren Frieden finden. Wenn wir mit den Drachen das Dorf gefährden, hängen viele Leben an einem seidenen Faden«, erklärte Asram beinahe traurig.

»Auf der Dracheninsel wären die Tiere am sichersten«, brachte sich Gimle ein.

»Darum heißt sie ja auch Dracheninsel«, fügte Idisio hinzu.

»Sie sind nun mal aber hier, wie sollten wir dorthin gelangen?«, fragte Kenoa.

»War überhaupt schon je einer auf der Dracheninsel?«, wollte Shem wissen.

Idisio schüttelte den Kopf: »Nein. Jedenfalls keiner von uns«, ergänzte er. »Du weißt, du musst die Insignien der Dracheninsel kennen, um überhaupt zur Insel vorzudringen. Keiner von uns kann das.«

»Ich habe gehört, dass es seit vielen Jahren keinem mehr gelungen ist, bis zur Dracheninsel zu gelangen«, erklärte Badogan.

»Ich glaube, die letzten Hohepriesterinnen von Gebohan waren vor dem Krieg noch auf der Dracheninsel. Damals soll sie schon ausgestorben gewesen sein«, erzählte Gimle.

»Es gibt viele mystische Geschichten rund um diesen Flecken Erde«, stimmte Idisio zu.

»Drachen sind heilige Tiere«, meinte Kenoa und sah in die Runde. »Wir müssen die Drachen mit unserem Leben beschützen, selbst wenn Asinja dadurch entdeckt werden würde. Ihr wisst, die Macht Vodanos ruht in diesen Tieren.«

Ein Moment der Stille entstand.

»Kenoa hat recht«, sagte Badogan.

»Keiner hat gesagt, dass es einfach werden wird«, seufzte Shem und lehnte sich zurück.

Russ hatte die Arme verschränkt, seine Stirn in Falten gelegt und meinte: »Was tun wir also?«

»Warum nur ist Roberta nicht hier«, fluchte Russ. »Warum mussten die Eier hier hergebracht werden? Die waren doch sicher in der Höhle«, schimpfte er weiter.

»Nein, das glaube ich nicht. Wenn sie in Sicherheit gewesen wären, hätte Roberta die Drachen nicht hier herbringen lassen«, erklärte Badogan.

»Was hat Roberta genau zu euch gesagt?«, wollte Shem wissen.

»Wegen der Drachen?«, fragte Gimle.

»Ja, wegen der Drachen. Was genau hat sie zu euch gesagt?«, wollte Shem wissen. »Vielleicht haben wir etwas übersehen.«

»Roberta hatte uns nur angewiesen, die Drachen nach Asinja zu bringen. Mehr weiß ich auch nicht«, erklärte Gimle.

Shem atmete tief ein und verzog das Gesicht. Er stützte seine Ellbogen auf dem Tisch ab. »Darf ich euch etwas fragen?« Er schaute in den Raum und blickte jeden Einzelnen am Tisch an.

»Natürlich«, meinte Idisio.

»Roberta als Hüterin der Erde, als Hüterin der Tiere, ordnet an, dass die wertvollen Dracheneier und die Jungdrachen nach Asinja gebracht werden müssen. Es sind die wertvollsten Kreaturen dieser Welt. Sie wird sich doch dabei etwas gedacht haben.«

Badogan nickte. Ein Raunen ging durch den Raum. Auch Russ nickte zustimmend und Idisio sah Shem fragend an.

»Vertraut ihr Roberta?«, wollte er wissen.

»Doch schon, aber …«, räumte Gimle ein.

»Nichts aber ... Wenn Asinja so wichtig war, dann wird es im Moment der sicherste Ort sein für die Drachen. So unglaublich es klingen mag, aber ich denke, Roberta weiß sehr wohl, warum die Drachen hier hergebracht werden mussten.« Shem sah finster in die Runde.

Asram klopfte ihm auf die Schulter und ergänzte: »Das ist eine Überlegung wert. Viele der Bewohner Asinjas stammen aus Asinja oder sind selbst bedrohte Kreaturen. Nyella ist hier. Denkt nur, was mit den Tieren hätte passieren können, wenn sie nicht auf Nyella getroffen wären. Gebohan ist verlassen, die magischen Hüterinnen dieser Insel sind von dort geflohen und in alle Winde verteilt. Aber viele haben sich hier wiedergefunden. Die geballte Kraft dieser Urinsel ist möglicherweise hier gebündelt zu Hause. Roberta tut nichts ohne Grund, vor allem nicht, wenn Drachen dabei im Spiel sind. Es muss so sein, dass die Drachen hier sein müssen, bis wir wissen, wie es weitergeht.«

»Ja, genau«, bestätigte ihm Shem.

»Shem, das ist ein Ding der Unmöglichkeit.«

Ein Mann aus Asinja hob die Augenbrauen und nahm einen großen Schluck Met. Er hieß Lenotti, wie ich mich erinnern konnte. Die Zeichen Gebohans zeichneten üppig blaue Linien über sein Gesicht bis hinunter zu der Brust.

»Jetzt überleg′ mal. Unser Dorf ist nicht aufzufinden, die Drachen darf niemand finden und Roberta ist einfach so losgeritten. Wir wissen nicht, wohin. Wann ist Roberta das letzte Mal, ohne etwas zu sagen, losgeritten und hat Drachen jemand anderem anvertraut?« Shem sah Gimle herausfordernd an.

»Das stimmt, das hat sie noch nie getan«, stimmte Gimle ihm zu und kaute auf seinem Daumennagel herum.

»Siehst du, vielleicht haben wir die Lösung vor der Nase, aber wir sehen sie nicht. Die Drachen *müssen* hierbleiben«, holte Shem aus. »Wer, wenn nicht wir, wären dieser Aufgabe gewachsen? Wo, wenn nicht hier, wären die Drachen sicherer als bei uns?«, sprach er schon beinahe feierlich.

Lenotti schüttelte den Kopf.

»Du weißt schon, dass unser Dorf praktisch nur aus Holz besteht? Und dieses Holz brennt verdammt schnell. Wenn der Kleine in deinem Haus weiter Schluckauf hat, dann Prost Mahlzeit«, gab Idisio zu bedenken.

»Zugegeben, es ist eine Herausforderung«, entgegnete Shem. »Aber es ist nicht unmöglich. Roberta vertraut uns. Sie vertraut uns das Wertvollste an. Warum vertrauen wir nicht Roberta?«, berichtete er weiter.

Die Männer blickten betreten zu Boden.

Nach einer Weile des Schweigens nahm Kianno das Gespräch auf. »Vielleicht hat Shem recht. Vielleicht müssen wir uns nur mehr anstrengen. Vielleicht liegt die Lösung wirklich in Asinja«, erklärte er.

»Zumindest vorübergehend«, mahnte Asram.

»Ich glaube, wir denken zu kompliziert«, räumte Badogan ein.

»Oder übersehen ein wichtiges Detail«, bestätigte Russ.

»Schlag was Besseres vor«, forderte Asram ihn auf und zeigte mit dem Kinn in seine Richtung.

»Ich kann auch nichts aus dem Ärmel zaubern«, entschuldigte sich Russ.

»Hey, Männer, beruhigt euch.« Shem versuchte zu vermitteln.

»Lasst uns logisch vorgehen«, versuchte ich anzuregen.

»Das wäre?«, wollte Badogan wissen.

»Holz ist also nicht gut für die Drachen. Eisen dagegen schon«, mutmaßte ich.

»Das ist ein guter Ansatz«, nickte Asram.

»Woher bekommen wir so viel Eisen?«, wollte Russ wissen.

»Wie viel brauchen wir denn?«, fragte ich nach.

»Kommt drauf an, wie schnell die Jungdrachen wachsen, aber du müsstest ein ganzes Haus auskleiden mit Eisen«, klärte mich Russ auf.

»Eisen schmilzt«, wandte Idisio ein.

»Was?«, fragte Kenoa nach.

»Na ja, Eisen schmilzt irgendwann. Wenn Tapio lange genug Feuer speit, schmilzt das Eisen«, ergänzte er.

»Also kommen wir mit Eisen auch nicht weiter.« Russ schüttelte den Kopf und seufzte tief.

»Wie wäre es mit Gold?« Bernies Stimmung hellte sich auf.

»Woher willst du so viel Gold nehmen?«, gab Shem zu Bedenken.

»Gold schmilzt auch«, sagte Idisio.

Eine weitere Stimme drängte sich in die Diskussion, und Herr Eusebius stand in der Türe. »Wer fagt denn, daff Holpf nicht gut ift für Drachen?«, fragte er.

»Herr Eusebius, bitte, das liegt doch auf der Hand. Tapio fackelt alles ab, was aus Holz ist. Das Holz hat keine Chance bei Drachenfeuer«, erklärte ihm Shem.

»Papperlapapp«, lachte der Bibermann.

»Aber …«, wollte Shem gerade sagen, als er unterbrochen wurde.

»Ihr denkt wirklich pfu komplipfizert. Holpf ift nicht gleich Holpf. Holpf kann man auch behandeln, fodaff ef eine andere Befaffenheit bekommt«, erklärte Herr Eusebius.

»Wie muss ich mir das vorstellen?«, fragte Badogan und hob eine Augenbraue hoch.

»Glaubft du wirklich, ich würde unbehandeltef Holpf verwenden in meinem Hauf, damit ef von den Käfern pferfreffen wird?«, erklärte Herr Eusebius.

Er verdrehte altklug die Augen, als wäre das Thema der Holzbehandlung das natürlichste der Welt. Der Bibermann hatte sich stolz vor den Tisch gestellt, über den er knapp blicken konnte, die Hände in die Hüfte gestemmt und sah uns alle mit großen Auge an. Seine vorderen Schneidezähne bewegten sich wild hin und her. Das Thema ereiferte ihn auf genüssliche Art und Weise.

»Der Biber ift bekannt dafür, daff er feine Behaufungen mit feinem ganpf perfönlichen Biberfpeichel pfufammenpfimmert, um es lange haltbar zu machen.« Dann machte er eine Pause. »Geftatten, Herr Eufebiuf ist mein Name. Ftetf pfu Dienften«, stellte er sich vor.

Asram reichte ihm die Flasche Met. Er setzte sie unter seinen hervorstehenden Schneidezähnen an und trank daraus. Schmatzend stellte er die Flasche wieder auf den Tisch.

»Nun, daf Holpf wird nicht ewig halten. Aber für ein paar Wochen kann ef unf helfen, die kleinen Racker in Fach zuhalten. Und wenn nicht, dann mach ich einfach Neuef«, lachte Herr Eusebius schnarchend.

»Und wie muss ich mir das vorstellen?« Shem war neugierig geworden.

»Alfo: Die Drachen follten in deinem Hauf bleiben. Fon allein wegen der Wanne mit dem warmen Waffer. Aber ich könnte den Boden und die Wände mit meiner Wunderwaffe präparieren. Wenn wir dann noch ein paar alte Keffel auf Metall auftreiben und pfusammenhalten, dann könnten wir die kleinen Kerle für die nächpften Wochen hier einquartieren und niemand merkt auch nur irgendetwaf. Der Fpeichel wird daf Holpf quafi imprägnieren, fodaff ef nicht fo leicht brennt. Normalerweife hält daf wie Ftein. Wenn aber jemand immer mit Feuer dagegenhält, wird ef irgendwann doch brennen. Aber zur Not … Für die erfte Zeit …«, meinte Herr Eusebius.

»Du meinst, das geht?« Asram sah Herrn Eusebius mit großen Augen an.

»Ef wird ein ganpf fönes Ftück Arbeit. Aber natürlich geht daf«, bestätigte Herr Eusebius.

»Was brauchst du dazu alles?«, fragte Asram und signalisierte die Bereitschaft, sofort zu helfen.

»Ich brauche ein paar kräftige Kerle, die mir helfen. Wir müffen noch pfufätzlichef Holpf rauffaffen. Ich habe in meinem Lager noch daf Holpf einer Properifta. Daf find fpezielle Baumarten, die ich verwende. Die find robufter und langlebiger. Und ef ift fmackhafter. Daf Holpf geht nicht fo auf die Hüften, müfft ihr wiffen«, erklärte Herr Eusebius.

Wir sahen ihn verständnislos an.

»Nun, ich muff ja jepft mehr alf fonst Holpf kauen, um den Fpeichel produpfieren pfu können. Verfteht ihr? Sofiel pfu effen, macht dick. Und da wähle ich natürlich daf Holpf, waf fmackhaft ift und nicht fo viele Kalorien hat.« Herr Eusebius lächelte zaghaft und verfiel er in ein schnarchendes Geräusch.

Shem flüsterte mir zu, dass er Herrn Eusebius noch nie so fröhlich erlebt hatte. Und dass Herr Eusebius noch nie so viel gesprochen hätte.

Der Bibermann wirkte etwas unsicher, blinzelte uns an. »Waf meint ihr?«, fragte er nach.

»Das klingt nach einer sehr guten Lösung«, meinte Shem.

»Wir nehmen die Hilfe gerne an«, sagte ich.

»Ich bin fo froh, daff ich auch endlich mal helfen kann. Fo kann ich pfurückgeben, waf ihr alle für mich getan habt«, schwärmte Herr Eusebius.

»Das ist eine sehr ehrenvolle Hilfe, Herr Eusebius. Wann wollt ihr beginnen?«, wollte Badogan wissen.

»Lafft unf keine Pfeit verlieren. Ef gibt viel Arbeit, vor allem für mich. Ich brauche einf, pfwei ftarke Kerle, die mir helfen. Und ef wird hart, Jungf. Wir werden Tag und Nacht pfu tun haben, wenn wir daneben noch die Drachen groffpfiehen«, meinte Herr Eusebius wichtig.

»Hast du eine Ahnung von Drachen?«, fragte ihn Shem.

»Ich habe keinen blaffen Fimmer von diefen Tieren, nein«, erklärte Herr Eusebius lachend. »Aber daf wird fon, keine Forge.«

Asram lächelte etwas unsicher. Keiner von uns konnte sich das Schmunzeln verkneifen. Herr Eusebius war Feuer und Flamme für seine Idee. Und wir mussten zugeben, dass es die beste war, die sich uns anbot.

»Und was machen *wir*?« Ich war neugierig und voller Tatendrang.

»Wir reiten los und holen die Gauklertruppe ein«, sagte Shem.

»Das wäre zu auffällig. Wir müssen mit Kianno und Gimle mitfahren«, gab Badogan zu bedenken.

»Das dauert zu lange.« Shem schien nervös zu werden.

»In der Ruhe liegt die Kraft«, wandte sich Gimle an Shem.

»Es ist notwendig, sonst fallen wir zu sehr auf und gefährden unser Vorhaben.« Russ sah ihn ernst an.

Wir diskutierten lange, wie wir das anstellen wollten. Wir wurden uns einig, dass Herr Eusebius von Kenoa und Asram Hilfe bekommen würde. Sie wollten im Dorf noch weitere Helfer auftreiben. Und Elena erklärte sich bereit, ihren Wagen an uns abzutreten, damit wir mit den Gauklern mitfahren konnten, um Brintesia auszuspionieren. Elena hatte erste Erfahrungen mit den Drachen gemach, und sie wollte unbedingt bei ihnen in Asinja bleiben.

Loreena war kaum davon zu überzeugen, dass sie in Asinja bleiben musste. Erst, als wir ihr die Notwendigkeit ihrer Hilfe bei der Drachenerziehung erklärten, schlug sie ein. Badogan, Russ, Shem, Idisio, Bernie und ich stellten uns darauf ein, Kianno und seine Truppe nach Brintesia zu begleiten. Shem und ich gingen wenig später in sein Haus, um uns von den Drachen zu verabschieden. Ich machte mir Sorgen, sie hier zurückzulassen. Aber die Lösung mit Herrn Eusebius und den anderen Helfern schien mir die beste für den Moment zu sein. Und wir konnten uns unmöglich um beides kümmern. Die Tiere mussten hier erst einmal in aller Ruhe schlüpfen und gedeihen können.

Ich ging in mein Haus, um etwas Ruhe zu finden, während Shem seine Sachen zusammensuchte. Loreena suchte mir ein paar Kleidungsstücke heraus von Zelda, die sie noch vor zwei Jahren getragen hatte, und brachte sie mir. Asram gab uns üppig gefüllte Brote und Wasser auf die Reise mit.

Indessen hatte Kianno seine Truppe informiert. Wir verstauten unsere Sachen auf den Wagen. Die Pferde wurden angeschirrt und die Gaukler erhielten ebenfalls Verpflegung von Asram. Dutzende Flaschen Met fanden ihren Weg auf die Wagen und frische Decken sollten die Nächte wärmer machen unterwegs. Es blieb keine Zeit für weitere Ausführungen. Wir mussten uns unterwegs besprechen. Und so kam es, dass ich nach so kurzer Zeit mein neues Zuhause Asinja schon wieder verlassen musste. Mir wurde schwer ums Herz.

# 12. Meeresbrise

Ich saß vorne auf dem Wagen neben Shem, der Skyler und Molla, seine Stute, davor gespannt hatte. Es war schön, Skyler wiederzusehen, wenngleich er sich offenbar nicht mehr so sehr an mich erinnerte, wie ich mich an ihn. Skyler wirkte groß neben Molla. Sie waren zwar in etwa gleich groß, aber die vielen Haare an Skylers Flanken, die lange Mähne und ein viel üppigeres Fell als das der Stute ließen ihn bullig aussehen. Während Skyler mit seiner schwarz-weißen Fellfärbung links vor dem Wagen trabte, schienen die Bewegungen von der braunen, filigranen Stute Molla viel geschmeidiger. Sie hatten gut in einen gemeinsamen Rhythmus gefunden, um den Wagen zu ziehen.

Pferdewagen zu lenken war offenbar schwieriger, als ich mir das vorgestellt hatte. Ich war froh, dass Shem das übernommen hatte. Badogan hatte schweren Herzens seine Stute Estel zurücklassen müssen. Die Szene war mir noch in guter Erinnerung, wie er sich beinahe unter Tränen von ihr verabschiedet hatte. Aber ihr auffälliges, golden schimmerndes Fell hätte uns auf der Stelle in Brintesia verraten. Das Pferd war am Hof viel zu bekannt, jeder in der Stadt wusste, wie Estel aussah, ebenso wie der Wallach von Russ. Sein treuer, vierbeiniger Freund Isil, ein brauner Wallach mit weißer Blesse und schwarzer Mähne, blieb sicherheitshalber auch zurück in Asinja. Isil war zwar nicht ganz so auffällig gewesen wie Molla, dennoch gab es genügend Pferdekenner in Brintesia, die Isil auf Anhieb wiedererkannt hätten.

Wir waren inmitten der Karawane der Gaukler unterwegs. Die Wagen fuhren über Stock und Stein, einige Artisten ritten neben uns her. Asinja lag bereits ein Stück hinter uns und mir war flau im Magen. Es war eine Sache, darüber zu reden, wie wir Myriam und den anderen Mädchen helfen wollten. Aber es war eine andere Sache, sich tatsächlich nach Brintesia zu wagen, wo Walrivia am Hofe wohnte und die Schattenreiter um sich geschart hatte. Ich würde die angsteinflößenden Reiter wiedersehen, vielleicht sogar Dragomal. Es schnürte mir die Kehle zu, wenn ich daran dachte.

Hinter mir im Wagen saßen Badogan und Russ. Idisio und Bernie ritten neben uns her und unterhielten sich. Sie wollten sich mit Fahren und Reiten abwechseln. Ihre Sachen hatten sie alle im Wagen verstaut. Wir hatten noch nicht darüber gesprochen, als was wir in der Truppe auftreten wollten.

Wir hatten einen Plan und hatten doch keinen. Ausgereift war das Ganze noch nicht.

Rabea hatte sich geweigert, uns nach Brintesia zu begleiten. Sie glaubte, es wäre für sie zu früh, um schon so weit zu fliegen. Sie versprach, einen Rabenclan zu finden, der die zweite Karawane benachrichtigen würde, sodass die anderen wissen würden, dass wir unterwegs zu ihnen waren.

Der Abschied von den Drachen war schwer gewesen. Kergissa hatte vor der Abfahrt nicht gut ausgesehen und Kenoa war immer noch leicht beleidigt gewesen, dass er hatte zurückbleiben müssen. Tapio war immer noch viel zu aufgedreht gewesen und Herr Eusebius hatte plötzlich Bedenken, dass er seine Idee nicht umsetzen könnte, bevor Tapio das Haus von Shem niedergebrannt hatte. Und so stand unsere Reise nach Brintesia unter keinem guten Stern. Die Stimmung war dementsprechend gedrückt. Die Gespräche waren selten, viele schwiegen und waren in sich gekehrt, möglicherweise versunken in den Zweifeln, die viele hatten.

Unterwegs trafen wir nur auf wenige Reisende. Die Handelsstraßen waren meist leer. Einige Reisende berichteten uns, dass die Angst vor den Schattenreitern viele zu Hause bleiben ließ. Frauen hatten Angst, dass Walrivia es sich anders überlegen und noch weitere Frauen und Kinder entführen lassen könnte. Die Schattenreiter patrouillierten indessen auf den Handelsachsen. Männer zogen es vor, ihren Familien beizustehen und zu Hause zu bleiben, anstatt in den nächstgelegenen Ortschaften Handel zu betreiben. An den Häusern, an denen wir vorbeikamen, waren Türen und Fenster fest verriegelt.

Die großflügeligen Weißberottener, eine ungemütliche Sorte von Raubvögeln, überflogen in Scharen die Lüfte, um das Land auszukundschaften. Sie alle flogen abends in Richtung Brintesia. Wir wussten, dass sie Kunde in die Hauptstadt trugen. Zwischen den Gauklern wurde viel spekuliert. Ich erfuhr, dass es sonst auf diesen Wegen immer Reisende gab, die man kreuzte. An den Hauptachsen hatten früher die angrenzenden Bewohner ihre Ware feilgeboten, damit man frisches Gemüse und klares Wasser kaufen konnte. Wir sahen keinen einzigen Markt, wir trafen keine Menschenseele am Wegesrand, nicht einmal die Wegelagerer, die sonst um eine milde Gabe bettelten.

Mir blieb viel Zeit, die Landschaft zu bewundern. Links neben uns legte sich das Gebirge der sagenumwobenen Goldhöhlen langsam flach ins Tal. *Von dort oben müssten die Drachen herkommen,* dachte ich.

Im Laufe des Tages kamen wir aus den typischen Wäldern Arcadiens heraus. Auf der rechten Seite eröffnete mir das Meer seine ganze Weite und die Delfinbucht lag vor uns zu unserer Rechten. Wir fuhren zwischen den auslaufenden Goldhöhlen und der Meeresbucht in Richtung Mercurien. Die Luft war bedeutend feuchter hier und ich konnte das Salz des Meeres regelrecht riechen. Es ging eine leichte Brise und ich kuschelte mich enger in die Decke, in die ich mich eingemummelt hatte. Der Tag war sonnig, nicht besonders warm, aber tagsüber angenehm. Vor allem für die Pferde war es so leichter, die Strapazen zu überstehen, die wir ihnen zumuteten.

Die andere Karawane war uns mehr als einen Tag voraus. Wir forderten den Pferden viel Kraft ab und ließen sie oft traben, machten weniger Pausen. Zu offensichtlich durften wir uns nicht beeilen, damit es mehr wie ein Zufall aussah, wenn wir wieder auf die zweite Karawane trafen. Wir wussten von Kianno, dass die anderen wiederum sehr viel langsamer unterwegs waren, um so möglichst unauffällig auf uns zu warten.

Der erste Abend unserer abenteuerlichen Reise wurde nicht so gemütlich, als wir rasten mussten. In Gedanken waren wir längst wieder unterwegs und wollten die Truppe vor uns einholen. Die Pferde, aber auch wir, benötigten eine Rast, etwas zu essen und ein wenig Schlaf. Wir einigten uns darauf, für eine Nacht ein erstes Lager aufzuschlagen. Es blieb wenig Zeit, uns gegenseitig kennenzulernen. Wichtiger war, dass wir früh schlafen gingen, um frühmorgens wieder weiterreisen zu können. Wir lernten an diesem Abend nur Brunion und Kerv kurz kennen, zwei Artisten aus der Truppe. Sie waren hinter uns hergefahren und stellten ihren Wagen abends neben den unseren. Wir machten kein Feuer. Alle waren hundemüde und wir aßen hastig die Brote, die uns Asram mitgegeben hatte. Es wurde kaum gesprochen, gleich danach legten wir uns schlafen.

Im Nachtlager wurde es eng, als sich Idisio und Bernie zu uns gesellten. Ich war es nicht gewohnt, auf so hartem Holz zu schlafen, und die dünne Decke reichte kaum aus, um mich zu wärmen. Ich war froh, dass die anderen Männer hier waren, wenngleich ich ob ihrem Schnarchen kaum Schlaf finden konnte. Ihre Körper gaben Wärme ab, für die ich dankbar war. Ich lag direkt zwischen Shem und Russ und hatte lange Zeit nachzudenken, weil ich nicht schlafen konnte. Es war allen außer mir gelungen, schnell einzuschlafen. Ich war wach und hörte dem Atmen der Männer zu, dem leisen Schnarchen. Draußen konnte ich einen Kauz hören, der die Nacht lautstark begrüßte. Der Wind spielte in den Bäumen und ließ das Rauschen zu einem einschläfernden Hintergrundton werden. Beinahe hypnotisch konzentrierte ich mich darauf und schließlich fielen mir irgendwann die Augen zu.

Der nächste Morgen brach an. Ein kalter Nebel zog vom Boden herauf, der den Pferden beinahe an den Flanken zu hängen schien. Die Bäume waren feucht von der nebligen Nacht. Die Pferde zogen die Wagen an, während das Geschirr klirrte. Wenige Worte fielen, die Gesichter von uns zeigten Müdigkeit und Anspannung. Gimles Haare standen in alle Richtungen, während er kaum zwei Meter weit sehen konnte. Das Wackeln auf dem Wagen schläferte mich ein. Ich hatte nicht gut geschlafen und die Müdigkeit steckte noch in allen Gliedern. Während der Fahrt waren mir die Lider dann irgendwann wieder zugefallen und ich war eingeschlafen, während mein Oberkörper mit dem Rhythmus des Wagens hin und her wackelte. Vermutlich verpasste ich eine wunderschöne Landschaft, aber ich zog den traumlosen Schlaf vor.

»Brrrrr«, hörte ich eine Stimme und mit einem Ruck kam der Wagen zum Stillstand. Ich rieb mir die Augen und öffnete sie.

»Aufwachen, Prinzessin.«

Schließlich schaffte ich es, die Augen ganz aufzumachen. Kianno stand vor dem Wagen und blickte zu mir hoch. Ich saß alleine auf dem Wagenbock, die Pferde abgeschirrt, jemand hatte mich zugedeckt und der Länge nach auf den Wagenbock gelegt.

»Komm schon, du hast lange genug geschlafen. Wir haben da hinten ein Feuer gemacht und feiern unsere Wiedervereinigung«, erklärte mir Kianno und hielt mir die Hand hin als Einladung, vom Wagen zu stiegen.

»Wir haben sie eingeholt? Wo sind sie?«, wollte ich wissen.

»Sie baden gerade im Meer«, erklärte er mir lachend.

»Im Meer? Wir sind am Meer?« Ich war plötzlich hellwach. Wir waren so nahe am Ozean? Das musste ich sehen, das musste ich fühlen. Ich hatte schon so viel vom Salzwasser gehört. Ich sprang vom Wagen und Kianno konnte mich gerade noch auffangen, sonst wäre ich gestürzt. Ich rappelte mich wieder auf, rannte an Kianno vorbei, rief ihm noch eine Entschuldigung zu, sauste um die Wagen herum und folgte dem Salzwassergeruch. Die Wagen hatten die Artisten in einem Kreis aufgestellt. Tische und Stühle standen ungeordnet da und luden zum Ausruhen ein. Aber es war verlassen im Innern des Kreises. Selbst das Feuer brutzelte mutterseelenallein vor sich hin. Von weit her vernahm ich Stimmen. Ich rannte über den kleinen Platz zwischen den Wagen hindurch und als ich auf der kleinen Anhöhe stand, führte ein Weg nach unten zum Meer. Dort sah ich eine Menschenmenge, in der einige sich miteinander unterhielten. Ein paar Leute standen im Wasser, ein paar davon sogar unbekleidet. Die anderen standen im Sand und beobachteten die Badenden.

Hinter mir erschien ein keuchender Kianno, der sich die rechte Hand an den Bauch hielt. »Ich bin nicht ganz so fit wie du«, lachte er.

»Verzeih, aber ich musste das Meer sehen, wenn es so nahe ist«, erklärte ich ihm. Da stand ich nun an der Küste der Delfinbucht und sah hinaus aufs Meer. Die Brise wehte durch meine Haare, die wild dem Wind zu trotzen versuchten. Sie standen in alle Richtungen ab und meine Augen fingen an zu leuchten. Der pure Anblick ließ mein Herz hüpfen.

»Wenn es ganz klares Wetter ist, siehst du sogar beinahe bis nach Gebohan«, erklärte mir Kianno und zeigte mit dem Finger in den Nebel, der sich weit hinten über dem Meer zeigte.

»Gebohan? Wirklich?«, fragte ich neugierig.

»Ja, da hinten liegt Gebohan. Es liegt hinter den ewigen Nebeln. Die Insel wird beinahe immer bedeckt von ihnen. Ganz selten sind klare Tage, die die Umrisse der Insel besser freigeben«, meinte Kianno.

»Aber wenn es so nahe ist, könnte man doch mit dem Boot hinfahren«, mutmaßte ich.

»Das haben schon viele versucht. Sie sind alle gescheitert. Fast alle haben mit ihrem Leben bezahlt«, sagte Kianno.

Ich blieb stehen und strengte meine Augen an. Ich erinnerte mich an ein paar Legenden um die mystische Insel Gebohan. So nahe war sie? Ich hob mein Kinn an, als ob ich so besser etwas von der weit entfernten Insel hätte sehen können. Meine Großmutter war von der Insel geflohen. Ich versuchte mir vorzustellen, wie es dort aussehen musste. Es machte mich neugierig, ich wollte mehr darüber wissen. Es gab ein Rätsel, das es zu lösen galt, um auf dem Unterwasserweg nach Gebohan zu gelangen. So viel wusste ich. Nur die Zauberinnen von Gebohan konnten dorthin gelangen. Was war mit den Kindern Gebohans? Würden die es schaffen, sich Zugang zur Insel zu verschaffen? Aber was war mit dem Rätsel? Ich fragte mich, ob ich Gebohan je selbst betreten würde. Ich wurde in meinen Gedanken unterbrochen.

»Hey, Nyella, komm runter, es ist herrlich«, schrie mir Bernie vom Strand entgegen. Er winkte mir und rief wieder meinen Namen. Ich erwiderte sein Winken und sah, wie er in Unterwäsche im Wasser herumplanschte. Dann richtete ich meine Aufmerksamkeit auf die umliegenden Personen. Ein paar Frauen trugen nur ein Mieder und ihre Unterwäsche. Mein Blick blieb bei einer Frau haften, deren blonde Haare im Wind wehten. Die Wanderhure! Es war *die* Wanderhure, die ich in Breithorien gesehen hatte. Sie war wirklich hier. Sie stand an der Küste, bekleidet, und war in ein mit Gimle Gespräch verwickelt. Sie trug kein Band mehr am rechten Arm, aber es war eindeutig die Frau, die mich in Breithorien angestarrt hatte. Ich war mit einem Mal sehr nervös. Ich griff in die Hosentasche und bemerkte, dass mein Stein leicht glühte. Ich biss mir auf die Unterlippen, nahm allen meinen Mut zusammen und lief den Weg hinunter zur Küste, gefolgt von Kianno.

»Bist du endlich aufgewacht?«, begrüßte mich Gimle.

Ich spürte, wie ich vor Aufregung ein wenig zitterte, als ich bei ihm ankam und die Wanderhure sah, wie sie nun leibhaftig vor mir stand. Ich musste erst einmal tief durchatmen und alle Angst hinunterschlucken. »Hallo, Gimle, hier bin ich, bin wach und fit«, sagte ich zu ihm. Dann schaute ich die Frau unverwandt an.

»Darf ich vorstellen, Nyella, das ist Catherine«, stellte er mich ihr vor. Der Stein glühte in meiner Hose.

»Guten Tag, Nyella, endlich lernen wir uns kennen«, hieß mich Catherine willkommen.

Ich schätzte sie auf etwas über zwanzig Jahre, etwas älter als Shem und Bernie. Sie lächelte mich an und ihre auffälligen, blauen Augen zogen mich sofort in ihren Bann. Sie erinnerten mich sehr an die Augen meiner Mutter.

»Wir haben uns in Breithorien kurz gesehen«, fing ich an.

»Das stimmt. Ich hab schon viel gehört von dir. Roberta ist sehr stolz auf dich«, lachte sie.

Also doch, Roberta hatte ihr von mir erzählt. Ich hatte so was geahnt. »Bist du auch ein Kind Gebohans?«, fragte ich sie offen.

»Du hast ein gutes Auge, Nyella, das bin ich in der Tat«, antwortete sie mir.

»Mich braucht's hier glaube ich nicht mehr«, mischte sich Gimle ein, drehte sich um und zog sich das Hemd aus. Mit nacktem Oberkörper lief er los. Während er zum Meer rannte, zog er sich auch die Hosen aus, stolperte beinahe darüber und rannte schnurstracks ins Wasser.

»Mit einer so außergewöhnlichen Augenfarbe ist das nicht schwer zu erraten«, sagte ich zu ihr.

»Das stimmt, ich muss mich meistens im Halbdunkeln aufhalten, damit das nicht jeder merkt. Aber ich habe noch ein paar andere Tricks«, lachte sie.

»Du siehst das ganz schön locker«, meinte ich.

»Es nützt nicht viel, Trübsal zu blasen, Nyella. Und ich bin nicht der Typ, der in Asinja hocken kann. Ich muss herumreisen. Meine Mutter ist eine Hohepriesterin Gebohans und mein Vater ein Zigeuner. Ich muss herumreisen, es ist wie ein Zwang. Ich spüre das Zigeunerblut meines Vaters kochen in mir«, erklärte sie mir lachend.

»Und deswegen arbeitest du als Wanderhure?«, fragte ich sie einmal mehr sehr offen.

»Der Schein trügt«, seufzte sie.

»Wie meinst du das?«, wollte ich wissen.

»Ich trage das Band der Wanderhuren, damit mich die Leute in Ruhe lassen«, meinte sie.

»Wie darf ich das verstehen?«, war meine nächste Frage.

»Ach, Nyella, bei Tageslicht sieht jeder an meinen Augen, woher ich komme. Im Dunkeln leuchten die Zeichen Gebohans wie eine Laterne, also bleibt mir eigentlich nur, mich im Halbschatten oder in der Dämmerung zu bewegen. Das schränkt mich enorm ein.

Ich bin ein sehr lebendiger, fröhlicher Mensch. Und wenn ich mich tagsüber doch unter die Leute mischen will, trage ich das Band der Wanderhuren. Dann wenden sich die Leute meist sofort von mir ab und sehen mich nicht genauer an. Das Band ist Abschreckung genug, um nicht zu merken, woher ich stamme. Du wirst auf das Band reduziert und an deine Augenfarbe erinnert sich hinterher niemand mehr.« Sie machte eine Pause und blickte aufs Meer hinaus. »Und die Männer, die sich für eine Wanderhure interessieren könnten, weichen mir aus wegen meiner Augenfarbe, weil sie Angst haben, ich wäre eine Hexe.« Sie lächelte mich an.

»Und wenn sie dich dann verraten?«, fragte ich unsicher.

»Damit ihre Frauen wissen, dass sie bei einer Wanderhure und noch dazu bei einer Hexe waren? Nein, kein Thema«, erklärte sie mir.

Ich überlegte. »Du bist ganz schön clever«, sagte ich anerkennend.

»Dankeschön«, antwortete sie. Dann ergänzte sie: »Ich bin schließlich eine interessante Mischung, halb Magie, halb Zigeuner.«

»Zigeuner«, wiederholte ich beeindruckt.

»Ja, mein Vater war ein Zigeuner«, lachte sie.

»Und als was arbeitest du dann wirklich?«, fragte ich neugierig.

»Ich bin eine der Weissagerinnen. Ich halte mich im Hintergrund, aber ich lege die Karten und arbeite mit den Runen. Manchmal werfe ich auch die Knochen. Viele nennen uns auch *das Orakel*«, erklärte sie mir.

Ich war baff. Ich hatte mir eine Weissagerin anders vorgestellt, alt, mit vielen tiefen Falten und grauen Haaren.

»Bist du dafür nicht zu jung?«, wollte ich wissen.

»Dankeschön, das ehrt mich. Aber manchmal geht das Leben eigene Wege. Ich habe mir das nicht ausgesucht«, schmunzelte Catherine.

»Warum?«, wollte ich wissen.

»Nun, ein Orakel zu sein, kann man lernen, aber es kann auch vorherbestimmt sein. Die Runen und die Karten haben sich mir offenbart. Wenn es deine Bestimmung ist, nützt es nichts, sich dagegen zu wehren«, lächelte sie charmant.

»Kannst du jedem die Karten legen?«, wollte ich wissen.

»Das ist der Grund, warum ich im Hintergrund arbeite. Weil ich die Zunft der Weissagung nicht erlernt habe wie die anderen, sondern sie mir offenbart wurde, arbeite ich nur mit ausgewählten Menschen. Meine Werkzeuge geben in meinem Fall nicht jedem eine Antwort. Normalerweise müsste ich deine Frage mit einem *Ja* beantworten, aber in meinem Fall eben nicht so ganz«, erklärte sie mir.

»Könntest du *mir* die Karten legen oder die Knochen werfen?«, bohrte ich weiter.

»Das müssen wir sie selber fragen. Die Orakel sagen mir, mit wem sie arbeiten wollen.« Sie hob die Augenbrauen. Das erstaunte mich sehr. Dann lachte sie laut auf. »Hast du Lust, mit mir hinauszuschwimmen?«, fragte sie mich und deutete auf das Meer.

»Ich wollte immer schon einmal das Meer berühren«, erzählte ich ihr.

»Berühren? Du musst darin eintauchen. Das hier ist schließlich die Delfinbucht und es ist das Wasser Gebohans. Komm, wir gehen schwimmen«, forderte sie mich auf.

»Aber die Kleider«, entgegnete ich.

»Ach, das ist doch kein Thema. Es schaut dir niemand was weg«, zog sie mich auf.

»Ich kann nicht schwimmen«, erklärte ich ihr.

Doch sie rannte schon zum Strand, wo das Wasser sich mit dem Sand paarte und zog sich aus. Ich rannte ihr hinterher. Sie kannte keine Hemmungen, stand in Unterwäsche vor mir und stemmte ihre Hände in die Hüften.

»Na los, mach schon«, forderte sie mich auf.

Etwas unsicher entledigte ich mich meiner Kleider, bis ich schließlich auch nur noch in Unterwäsche vor ihr stand. Dann zog sie mich mit ins Meer. Ich verlor meine Hemmungen, als ich das Meer an den Füßen spürte. Die Wellen spülten das Wasser über den Sand und zogen es wieder weg. Ich stand fasziniert im nassen Sand und krallte meine Zehen hinein. Da lagen kleine Muscheln und ich sog den Duft des Meeres ein. Die Delfinbucht. Es hieß, dass hier vor der Bucht tausende von Delfinen zu Hause wären. Ich hätte sie zu gerne gesehen.

Catherine war schon knietief im Wasser und winkte mich zu sich. Es wurde mir leicht ums Herz. Dann musste ich plötzlich laut lachen und rannte auf sie zu. Ich rannte an ihr vorbei und ließ mich in die Wellen fallen. Shem drehte sich um und schüttelte ungläubig den Kopf. Als ich ins Wasser eintauchte, hatte ich den Mund offen, und mein Mund füllte sich mit Salzwasser. Es floss in meine Nase und ich musste husten.

»Geht's?«, kam Catherine zu mir und klopfte mir auf den Rücken. Ich hustete weiter und nickte, während ich Catherine anstrahlte.

Shem kam auf mich zu gewatet. Er war völlig nass und sah unverschämt gut aus. Ich bemerkte die Blicke der anderen Frauen, die sie ihm zuwarfen.

»Kannst du schwimmen?«, fragte er mich.

»Nein, kann ich nicht, aber es ist wunderschön hier. Ich liebe das Meer!« Und diese Worte schrie ich hinaus, sodass sich einige verdutzt zu mir umdrehten.

»Du solltest schwimmen lernen«, beauftragte mich Shem.

»Aber nicht heute«, lachte ich ihn an.

Er schmunzelte. »Okay, noch nicht heute, aber bald.«

Er ließ nicht locker. Ich nickte und ließ mich wieder ins Wasser fallen. Der salzige Geschmack auf der Haut war neu. Er war nicht angenehm, aber das machte mir nichts aus. Ich genoss es, mich immer wieder in die Wellen fallenzulassen. Ich war im Meer, ich war endlich im Meer. Genauso hatte ich es mir vorgestellt. Dann stellte ich mich gerade hin und reckte meinen Hals in Richtung Gebohan.

»Was schaust du?«, wollte Shem wissen, der sich neben mich gestellt hatte.

»Gebohan«, sagte ich nur.

»Ja, da hinten ist Gebohan«, bestätigte er mir.

»Meinst du, wir schaffen es jemals da hinzukommen?«, fragte ich ihn.

Shem legte den Kopf schief. »Schon möglich, das ist mir nicht so wichtig«, erklärte er mir.

»Nicht?«, fragte ich nach.

»Nein, Asinja ist mein Zuhause. Gebohan hat mir bis heute mehr Ärger bereitet als irgendetwas anderes«, meinte er.

Ich sah zu ihm hinauf. Auf seiner nackten Brust waren die feinen Linien der Zeichen Gebohans jetzt sehr gut zu erkennen. Sie waren wesentlich heller und zeichneten sich über den gesamten Rücken und den Bauch ab. In geschwungenen Linien verzierten sie seinen Körper, als würde sich eine Zeichnung auf seiner Haut um ihn schmiegen und eine eigene Geschichte erzählen. Bei den Oberarmen liefen sie aus, wo normalerweise der Stoff der kurzen Ärmel endete, die er meist darüber trug. Ich hatte die Zeichen in der Nacht, als wir auf die Drachen aufgepasst hatten, bewundert.

Er blickte zu mir hinunter. »Gebohan fasziniert dich, hab ich recht?«, fragte er mich.

»Ja, irgendwie schon. Die letzten Monate waren nicht so toll gewesen auf dem Schierlingshof«, sagte ich verlegen.

»Du hast bei Roberta was gesagt von …«, wollte er sagen, aber ich unterbrach ihn.

»Lass es. Ich will nicht darüber reden.« Ich ging zurück ins Wasser und drehte ihm den Rücken zu.

Er kam mir nach und griff mich mit beiden Händen an die Schultern, drehte mich um und ich wollte mich aus seinem Griff befreien.

»Es tut mir leid, ich wollte dich nicht verletzen. Vergiss es, ich werde nicht mehr fragen, okay?«, sagt er und schaute mir tief in die Augen.

Meine Gesichtszüge waren hart geworden mit einem mal, als ich ihm in die Augen schaute. Ich hatte es so gut verdrängt. Jetzt kam alles auf einmal wieder hoch. Ich konnte hingehen, wo ich wollte. Hangar holte mich ein. Er hatte immer noch Macht über mich und die Erlebnisse, die sich in mein Herz eingebrannt hatten. Meine Augen füllten sich mit Tränen und ich musste damit kämpfen, all den Schmerz, all die Wut und Ohnmacht einmal mehr hinunterzuschlucken. Oh, wie ich Hangar hasste! Oh, ich hasste ihn so sehr. Ich sah mit leerem Blick an Shem vorbei. Er sah mich noch immer an und ließ mir Zeit. Schließlich sah ich zu Boden, biss mir auf die Lippe und sah ihn an.

»Okay«, war das Einzige, was ich herausbrachte.

»Es ist alles gut«, sagte er noch einmal und nahm mich ungefragt in den Arm.

Ich lag in seinen warmen Armen und fühlte mich geborgen. Während er mich fest umschlungen hielt, ließ ich die Arme baumeln, bewegte mich nicht und war erstarrt. Ich konnte den warmen Atem von Shem auf meiner Schulter spüren. Langsam entspannte ich mich wieder und atmete normal. Ich vergrub mein Gesicht an seiner Brust und versuchte, nicht zu weinen.

Stunden später saßen wir um das Lagerfeuer herum. Wir hatten uns zuvor zurückgezogen zu den Wagen, uns abgetrocknet und umgezogen. Viele hatten ihre täglichen Arbeiten verrichtet, die zum Gauklerleben gehörten. Die Artisten studierten neue Nummern ein, um in Form zu bleiben. Die Tiere mussten versorgt werden und ein paar Reparaturen waren an den Wagen fällig. Bekannte Gesichter erkannte ich wieder, wie ich sie in Breithorien gesehen hatte. Die bärtige Frau etwa oder die monströsen Viecher, die in den Käfigen schliefen. Badogan hatte sich bereit erklärt, heute mit Idisio zusammen die Pferde zu versorgen. Sie grasten friedlich und schwenkten ihre langen Schweife im Takt hin und her.

Um uns herum waren die Wagen in die Dämmerung eingetaucht und bei manchen der Leute waren nun die Zeichen Gebohans offensichtlich zu erkennen. Die Linien glitzerten wie Leuchtkäferchen in der Dunkelheit.

Shem hatte sein T-Shirt nicht wieder angezogen und seine Haut leuchtete offenkundig, während die Nacht sich dunkel über das Land legte. Keiner machte sich hier die Mühe, die Zeichen zu verbergen. Es war eine gelöste Atmosphäre, so friedlich und still. Ein Rest von dem Fleisch, das wir verzehrt hatten, hing noch über dem Feuer. Die ersten Frauen hatten angefangen, ausgelassen zu tanzen. In Gruppen vertieften sich die Menschen in Gespräche, Gelächter, Gesänge. Der Met floss in Strömen.

Gimle hatte sich mit anderen Kleinwüchsigen zusammengesetzt und ich konnte seinen Gesten entnehmen, dass er sich gut unterhielt. Catherine saß in meiner Nähe und unterhielt sich wild gestikulierend mit Russ und Bernie, während die beiden ihr an den Lippen zu hängen schienen. Shem saß still daneben, er wirkte in sich gekehrt und starrte ins Feuer, während er die Füße ausgestreckt hatte, die Hände nach hinten gestreckt. Der Geiger, den ich schon in Breithoren bewundert hatte, fiedelte auf seinem Instrument in temperamentvoller Manier, während die Klänge, die er der Geige entlockte, die Nachtluft erfüllten. Die Türen von dem einen Käfig standen offen und er war leer. Ich vermutete, dass es die Biber waren, die genauso eine Komödie spielten für die Welt da draußen wie Catherine.

In den herrlichen Geruch von verbranntem Holz und verbranntem Fleisch vermischte sich auch die Meeresbrise, die vom Ozean her zu uns herüberwehte. Und mit ihr zogen Wolken über uns am Himmelszelt vorüber. Sie waren in der Dämmerung dunkelblau gefärbt und mir kam es vor, als würden sie die Form von Frauengesichtern annehmen, die liebevoll auf uns herunter lächelten. Ich hörte die Menschen am Lagerfeuer schwatzen.

Gimle trommelte uns zusammen, als es dunkel geworden war, und bat uns, uns näher ans Lagerfeuer zu setzen. Mittlerweile hatten Badogan und Idisio die Tiere versorgt und hatten sich zu uns gesetzt. Ich beobachtete die Leute. Viele davon hatte ich in Breithorien schon einmal gesehen. Die beiden Biber sahen Herrn Eusebius sehr ähnlich. Erst, nachdem ich ihn kennengelernt hatte, war mir aufgefallen, dass die Biber hier auch sehr viel Menschliches an sich hatten.

Die Artisten waren ein interessantes Volk. Jeder Einzelne hatte eine exotische Ausstrahlung, eine ganz eigene Geschichte, eine außergewöhnliche Herkunft. Man konnte das nicht vergleichen mit Bewohnern einer üblichen Stadt. Allein das Aussehen unterschied sie von den Stadtbewohnern, wie ich sie kannte. Bei vielen war die direkte oder auch die indirekte Abstammung Gebohans sichtbar. Ich vermutete, dass jedoch noch andere Völker magischer Abstammung mit im Spiel waren.

Diese Menschen waren so außergewöhnlich, dass ich sie wieder und wieder ansah, beobachtete und staunte. Ihre Körper, ihre Gesichter, alles an ihnen war so anders, anziehend und doch abstoßend zugleich. Bizarre Gestalten, außergewöhnliche Schönheiten, seltsame Körperformen, ausgefallene Gesichtszüge: Ich hatte genügend Zeit, sie zu lesen, sie zu studieren. Aber es war nicht nur ihr Äußeres, was mich faszinierte. Die Art, wie sie sich bewegten, wie sie miteinander umgingen, war so lebendig. Ich suchte nach dem richtigen Wort. Es war ihre *Hingabe* an Dinge und andere Menschen, die mich verliebt werden ließ in diese Menschen. Eine Hingabe, die ich nie gesehen hatte, die ich nicht kannte. Eine Hingabe, die in allem zu spüren war. Sie paarten sie mit Begeisterung und füllten jede Stunde mit so viel mehr Leben, als ich es je erfahren hatte. In jedem Augenblick war diese Hingabe zu spüren, in jedem Gespräch, in jeder einfachen Tagesarbeit. Es faszinierte mich, wie sie mit den Händen sprachen, wie offen sie tanzten und andere selbstverständlich in ihrem Kreis akzeptierten.

Auch ich war aufgenommen worden, als wäre ich ein Teil ihrer Familie. Das Leben, unterwegs zu sein und sich an keinen Ort zu binden, gab mir das Gefühl der Freiheit. Und die Gaukler gaben mir das Gefühl, zu einer großen Familie dazuzugehören. Zu einer Familie, die, obwohl sie mich kaum kannte, mir viel Warmherzigkeit entgegenbrachte. Ich war nachdenklich. Ich hatte von Shem erfahren, dass viele von ihnen eine schreckliche Vergangenheit hatten. Trotz allem waren ihre Herzen offen. Wie konnte so was sein?

Gimle unterbrach die Stille. »Wir müssen uns beratschlagen, wie wir euch in die Truppe einschleusen.«

»Gimle und ich haben uns heute während der Fahrt einige Gedanken gemacht«, sagte Kianno.

»Genau, wir dachten, dass Bernie mit Donitius, unserem Geschichtenerzähler, lernt, Sagen und Legenden zu erzählen. Er hat schon so oft zugehört in Breithorien. Er kennt viele der Geschichten in- und auswendig. Donitius könnte ihm beibringen, wie sie spannend und melodisch erzählt werden, damit er klingt wie ein Barde. Und mit einem Gewand von Donitius und einer Kappe, die er sich ein wenig ins Gesicht zieht, fällt er nicht weiter auf«, erklärte Gimle.

Wir diskutierten kurz darüber und Bernie hieß die Idee gut, wie wir auch. Bernie konnte sich gut unter die Leute mischen in der Königsstadt. Er hatte bisher nichts mit Brintesia oder dem Königshof zu tun gehabt. Es war unwahrscheinlich, dass er den Schattenreitern ein Dorn im Auge sein würde.

»Dann wird sich Bernie am besten auch bei Donitius in seinem Wagen einquartieren. Es soll so authentisch sein wie möglich. So kann er am besten von ihm lernen. Und wir sind es gewohnt zusammenzurücken«, sagte Kianno und Donitius, der daneben saß, nickte zustimmend.

»Gut, dann werde ich nachher zu dir übersiedeln, Donitius«, sagte Bernie.

Donitius hob die Hände und verzog schmunzelnd das Gesicht. »Dann muss ich nicht mehr alleine reisen. Das ist schön. Wir müssen alle zusammenhalten. Wir werden keine einfache Mission haben in Brintesia«, gab Donitius zu bedenken.

»Es darf uns kein Fehler unterlaufen«, räumte Gimle ein.

»Du sprichst wahre Worte, Gimle. Das ist wirklich sehr, sehr wichtig«, bestätigte Kianno.

»Wo könnt ihr uns einsetzen? Uns kennt man in Brintesia«, gab Badogan zu bedenken.

»Wir wären keine Gaukler, wenn wir dafür nicht auch eine gute Lösung hätten.« Gimle lachte.

»Wir werden dich, Russ, und deinen Vater für die Pflege der Tiere einsetzen«, erklärte Catherine.

»Aber wenn uns jemand sieht?«, fragte Russ.

»Das Geheimnis der Bruderschaft muss um jeden Preis gewahrt werden. Vor allem du und Idisio dürft nicht erkannt werden in der Stadt«, erklärte Gimle.

»Seid unbesorgt. Wir haben da etwas, das sonst niemand hat. Eine Geheimwaffe sozusagen«, sagte Catherine mit vielsagendem Blick.

»Was soll das sein?« Badogan war gespannt und rückte näher. Im Feuer knackten große Balken und unterbrachen das Gespräch für kurze Zeit.

Catherine lächelte süffisant: »Kennst du dich mit den Runen aus?«

»Nicht wirklich. Ich habe von ihnen gehört. Sie werden als Orakel benutzt«, rätselte Badogan.

»Immer diese Vorurteile«, seufzte Catherine.

Gimle lächelte vielsagend. Er verzog sein Gesicht und schnupperte in die Luft, wo noch immer der Geruch des verbrannten Fleisches hin.

»Die Runen sind meine besten Freunde. Sie können viel mehr als nur orakeln. Die Menschen mit dem alten Glauben bauen die Runen in ihre Häuser. Sie beschützen sie. Die alten Gärten werden mit den Runen angepflanzt, das hält Überraschungen fern.

Aber Runen können mehr als das. Sie können dir ein anderes Gesicht geben, sie werden einen anderen Menschen aus dir machen. Nur Eingeweihte werden wissen, wer du bist. Die Runen bieten dir eine andere Identität an. Und genau das werden wir für Badogan und Idisio anwenden. Natürlich für Russ auch«, erklärte Catherine und lächelte Russ an, den sie beinahe vergessen hatte.

»Das klingt irgendwie fantastisch«, begeisterte sich Russ.

»Das ist Zauberei«, rief Badogan und fuchtelte ablehnend mit den Händen vor seiner Brust herum.

»Auf höchstem Niveau, jawohl«, sagte Catherine stolz.

Ich hörte gespannt zu. Eine neue Identität? Wie sollte so etwas gehen?

Shem hatte sich Catherine ebenfalls zugewandt.

»Wie soll das vonstattengehen?«, interessierte sich Badogan und schüttelte unsicher den Kopf.

»Die Runen sind mein Hoheitsgebiet. Der Runenzauber ist meine Passion. Ich werde euch zeigen, wie ein Runenschirm funktioniert. Morgen vollendet der Mond seinen monatlichen Lauf und füllt sich im heiligen Tanz mit den Elementen. Wir werden diese Kraft nutzen, um den Runenzauber zu aktivieren«, erzählte Catherine.

»Runenzauber«, flüsterte ich leise und riss die Augen auf.

Gimle tätschelte mir liebevoll die Hand und nickte dabei.

»Was ist der Haken dabei?«, wollte Badogan wissen.

»Haken?«, fragte Russ nach.

»Zauberei hat immer einen Haken«, meinte Badogan.

»Sei nicht so negativ, Badogan.« Catherine lächelte ihn charmant an.

»Langjährige Erfahrung, nichts Persönliches.« Badogan lächelte ebenso charmant zurück.

»Wenn du dich an alle Regeln hältst, dann hat der Runenzauber keinen Haken.« Catherine war sich sicher.

»Und wenn nicht?«, fragte Russ unsicher.

»Dann hat er einen Haken«, entgegnete Catherine.

»Welchen?«, wollte Russ wissen.

»Das kommt drauf an. Es kann sein, dass du nicht mehr zurückkannst in dein Leben und du bleibst, was du unter dem Runenschirm bist«, sagte Catherine und es klang belangloser, als es gemeint war.

»Für immer?« Russ riss die Augen auf. »Dann lassen wir es lieber«, stammelte er.

»Eigentlich sollte eine gute Runenzauberin das auflösen können«, lächelte Catherine.

»Eigentlich?« Russ fragte kritisch nach. »Nein, ich finde, wir lassen das besser«, meinte er grimmig.

»Bisher gab es nur wenige Fälle, die nicht mehr aufgelöst wurden. Ich kenne kaum Fälle, in denen es Probleme gab«, erklärte Catherine.

»Na, du bist lustig, das klingt nicht gerade spaßig.« Russ schüttelte den Kopf und kniff die Augen zusammen.

»Es wird nichts passieren«, beruhigte Catherine und Russ begann, wieder etwas gleichmäßiger zu atmen.

»Gab es bei dir schon einmal Komplikationen?«, wollte Badogan wissen. Catherine schüttelte stolz den Kopf.

»Hm.« Badogan starrte Catherine an.

»Hast du Angst?«, wollte Idisio von Russ wissen.

»Nein, natürlich nicht«, entgegnete dieser sarkastisch.

»Catherine wird ihr Bestes geben«, versuchte Idisio ihn zu trösten.

»Und wenn das nicht reicht?«, gab er giftig zurück.

»Eine andere Wahl haben wir nicht«, gab Gimle zu bedenken.

»So ist das mit den Helden, Russ. Wenn du einer werden willst, musst du Risiken eingehen. Wobei ich lieber mit dem Schwert kämpfe als mit den Werkzeugen der Magie.« Badogan lächelte.

Catherine lächelte zurück: »So ist das mit den magischen Werkzeugen. Ich arbeite lieber mit ihnen als mit Schwertern, sie sind nicht so vorhersehbar.«

Badogan schmunzelte wieder.

Russ starrte ins Feuer und holte tief Luft.

»Wie sagte Shem so schön in Asinja: Vielleicht bleibt uns nichts anderes übrig, als zu vertrauen«, gab Badogan zu bedenken.

»Keiner hat davon geredet, dass es einfach werden würde«, gab Kianno zu bedenken. Gimle nickte verständnisvoll.

»Puh«, schnaufte Badogan laut aus.

Wir schwiegen einen Moment, bis Russ sich wieder gerade hinsetzte. »Dann geht es jetzt also los«, murmelte er vor sich hin.

»So ist es. Es geht los«, bestätigte ihm sein Vater.

Uns allen wurde in diesem Moment bewusst, wie ernst die Situation war. »Okay, ich bin dabei«, sagte Russ ein wenig feierlich. Ein unsicherer Ton begleitete diese Worte.

Catherine nickte.

»Okay, Runenschirm gut und schön, aber als was arbeite ich?«, wollte Idisio wissen.

»Wir haben noch ein Kostüm des Narren zu vergeben, dort trägst du eine Maske«, erklärte ihm Gimle.

»Du wirst den Runenschirm nur in Notfällen benötigen. Du kannst dich unter der Maske des Narren verstecken«, ergänzte Catherine.

»Ich – ein Narr? Wie treffend. Was muss ich tun?«, fragte Idisio und lachte laut auf.

»Du unterhältst die Leute. Primus wird dich einweisen, was du zu tun hast. Er ist üblicherweise unser Narr. Aber da er sonst immer unter der Maske steckt, fällt es nicht auf, wenn er eine andere Aufgabe übernimmt. Also, kannst du den Narren mimen?«, führte Gimle aus.

Idisio nickte milde lächelnd. »Ich ein Narr, hahaha.«

Primus hatte sich zu uns gesellt und lud Idisio ein, in seinen Wagen umzuziehen, damit auch die Beiden möglichst authentisch auftreten konnten.

»Bleiben noch Shem und Nyella. Und, Leute, ihr wisst es. Wir haben von Roberta den Auftrag, Nyella zu beschützen, als würden wir unser eigenes Kind beschützen. Jeder von euch kennt seinen Auftrag«, sagte Kianno. Er war aufgestanden und lief herum. Die Leute, die um uns herumsaßen, nickten zur Bestätigung, und ich hatte ein seltsames Gefühl im Magen. Es war mir unangenehm, im Mittelpunkt zu stehen. Warum man mich beschützen sollte, war mir immer noch ein Rätsel. Aber ich wusste ja, Roberta hatte es mir erklärt, weil ich ein Kind Gebohans und ein

Nachkomme Vodanos war. Bisher hatte das niemanden interessiert.

»Shems Zeichen auf der Haut sind nicht sichtbar, wenn er die richtige Kleidung trägt. Er wird den Weissagerinnen zur Hand gehen. Dort kann er im Halbschatten tagsüber arbeiten und abends muss er nicht bei den Vorstellungen mithelfen. Ich will Shem und Nyella in unserer Nähe haben. Mit dem Orakel können wir im schlimmsten Fall sehen, ob Gefahr im Verzug ist. Und Nyella? Nyellas Haare werden wir mit den Kroysal-Beeren schwarz färben, damit sie für die Schattenreiter nicht interessant ist. Sie halten offenbar nur Ausschau nach blonden und hellbraunen Mädchen. Nyella wird das Band der Wanderhuren tragen, wenn es notwendig sein wird. Die Hüterinnen der Erde und die Hexen im Süden werden morgen bei Vollmond auch ihre Schutzzauber über sie verhängen. Im ganzen Land werden Rituale abgehalten zum Schutze Nyellas. Sie wird von uns die Kunst des Orakelns so gut lernen, wie wir es ihr eben beibringen können in so kurzer Zeit.« Catherine blickte liebevoll in die Runde und bedachte mich mit einem verständnisvollen Lächeln.

»Haben wir an alles gedacht? Haben wir etwas vergessen?«, fragte Kianno.

»Der Plan klingt gut. Ich kann im Moment nichts weiter finden, außer den Haken bei dem Runenzauber.« Dabei sah Badogan Catherine an.

Sie zuckte entschuldigend mit den Schultern. »Ich tue mein Bestes, ich versprech's«, sagte sie.

Badogan seufzte und nickte. »Gewisse Risiken müssen wir wohl eingehen«, meinte er und Catherine boxte ihn leicht in die rechte Schulter.

»Dann soll es so sein«, seufzte Gimle.

»Wer weiß, wie lange wir noch Grund haben, fröhlich zu sein. Lasst uns feiern und unsere Freundschaft besiegeln.« Kianno hob sein Trinkhorn. Die Menschen nahmen den Trinkspruch sofort auf, hielten die Trinkhörner aneinander und reichten den Met herum.

»Ich darf ernsthaft Kartenlegen lernen und all das?« Ich sprudelte über vor Begeisterung. Shem lächelte mich an. Ich bekam sofort Herzklopfen und spürte den Puls bis zum Hals.

»Langsam, langsam, junge Dame«, meinte Catherine.

»Aber du hast es doch gesagt«, stammelte ich.

»Natürlich darfst du das alles lernen, aber zähme dein heißes Blut, Nyella, die Orakel antworten nur in Ruhe«, erklärte sie mir.

Ich zog eine Schnute und atmete tief durch. »Na gut, ich werde ganz ruhig sein.« Dabei sah ich Catherine erwartungsvoll an.

Als ich später auf den Wagen kletterte, um zu Bett zu gehen, war ich aufgeregt, aber gleichzeitig auch sehr müde. Der Tag an der frischen Meeresluft und die lange Fahrt hatten mich ausgelaugt. Ich war glücklich, endlich das Meer gesehen zu haben. Und dass Gebohan so nahe war, erfüllte mich mit einer Art Heimatgefühl, welches ich mir nicht erklären konnte.

Nachdem Bernie und Idisio in die anderen Wagen umgezogen waren, blieben nur noch Russ, Badogan, Shem und ich übrig. Es gab somit mehr Platz zum Schlafen. Wir hatten nicht darüber gesprochen, ob wir auch zu den Weissagerinnen umziehen würden. Ich hoffte, dass ich nicht von Shem getrennt werden würde.

Russ und Badogan wollten noch nach den Pferden sehen, während ich mich unter der Plane des Wagens schon bereitmachte, um mich hinzulegen. Shem saß neben mir und zog die Decke zu sich nach oben. Dann reichte er mir einen Zipfel, damit ich mich auch darunter legen konnte. Ich nahm den Zipfel aus seiner Hand und rückte näher zu ihm. Dann griff er sich meine Decke und legte sie über die andere, sodass wir beide es warm genug hatten. Er legte sich auf den Rücken und platzierte den rechten Arm über meinem Kopfende.

»Magst du dich zu mir legen?«, fragte mich Shem mit warmer Stimme.

Ich bekam Herzflattern. Ja, ich wollte. So rückte ich näher und legte mich in seinen Arm. Er deckte mich zu und blieb liegen. Nach einer Weile brach er das Schweigen.

»Nyella, versprichst du mir etwas?«, wisperte Shem mir ins Ohr.

»Ja«, flüsterte ich zurück.

»Bitte pass´ gut auf dich auf. Versprichst du mir das?« Seine Stimme klang besorgt und doch weich zugleich.

»Ja klar, mach ich.« Ich verstand nicht, warum er sich solche Sorgen machte.

»Shastro würde mich eigenhändig köpfen, wenn dir etwas zustößt«, erklärte er mir.

Ich spürte wieder den Stich in meinem Herzen. Es ging also um meinen Bruder. Er wollte mich beschützten wegen Shastro, damit er keinen Ärger bekam, wenn mir was passieren sollte.

»Mach dir keine Sorgen. Ich versprech's«, gab ich zur Antwort.

»Dann ist's gut«, sagte er daraufhin.

»Shem?«

»Hm?«

»Du aber auch, okay?«, sagte ich zu ihm.

»Was?«, fragte er nach.

»Na, das mit dem Aufpassen auf dich und so.«

»Klar, versprochen.«

Ich konnte an seiner Stimme hören, dass er lächelte.

»Dann ist's gut.« Ich drehte mich zu ihm, legte meinen Kopf auf seine Brust und schlief ein.

# 13. Donnerschlag

Sie streckte mir eine brennende Fackel entgegen. Ohne ein Wort zu sprechen, winkte sie mir zu und forderte mich lautlos auf, ihr zu folgen. Ich hörte das brennende Holz knacken und spürte die Wärme der Flamme. Ich konnte die Steine unter meinen nackten Füßen fühlen und nahm die Fackel entgegen. Die spitzen Ecken der Steine stachen mir ins Fleisch und so konnte ich ihr nicht so schnell folgen, wie ich wollte. Ich war es nicht gewohnt, barfuß zu gehen. Ihr Gang war fest und schnell auf den Steinen. Ihr weißes Kleid wehte im Wind und in der Dunkelheit konnte ich so besser sehen, wohin sie ging. Es war düster, kein Mond war am Himmel zu sehen. Erneut winkte sie mir, ich folgte ihr weiter. So schnell ich konnte, versuchte ich ihr nachzulaufen, aber es wollte mir nicht so recht gelingen. Immer wieder sank ich leicht ein in den Sand und in die Steine, die den Strand säumten. Ich hörte das Meer rauschen, wie es die Wellen sanft zum Strand schob und sich wieder zurückzog. Es ging ein leichter, kühler Wind und das Salz in der Meeresbrise kitzelte meine Nase. Ich war neugierig geworden. Wo war ich?

Sie verschwand hinter den Dünen und für einen Moment konnte ich nur die schwarze Nacht sehen und den Wind in den Haaren fühlen. Kurz darauf entdeckte ich ihr blondes Haar wieder hinter einer der verwehten Dünen. Die Frau hatte angehalten und wartete auf mich.

Als ich die Düne erreicht hatte, bekam ich festen Boden unter die Füße. Kaltes, nasses Gras war griffiger, um schneller voranzukommen. Ich fror leicht, aber sie ließ mir keine Zeit und ging eiligen Schrittes weiter. Weit und breit konnte ich nichts weiter erkennen. Ich wusste nicht, wo ich war, und jede Orientierung fehlte mir. Ich hätte gerne von dem Ort mehr gesehen. Eine Spannung lag in der Luft. Ab und zu drehte sie sich um und winkte mich zu sich. Ich folgte ihr weiter.

Wo waren alle meine Begleiter?

Wo war Shem? Wo die Wagen? Wo die Pferde?

Wieso war ich hier?

Warum alleine?

»Wo sind wir? Wohin gehen wir?«, wollte ich wissen.

Sie gab mir keine Antwort. Sie drehte sich nur einmal um und legte ihren Zeigefinger an den Mund, ohne ein Wort zu sprechen. Dann ging sie weiter.

Sie trug ihr blondes, langes Haar offen und das Kleid erinnerte mich mehr an eine Bekleidung für die Nacht als an ein Kleid, das man tagsüber trug. In den Stoff waren Edelsteine eingearbeitet worden, die in der Dunkelheit kurz aufblitzten. Es dauerte eine Ewigkeit, bis wir auf einer Anhöhe kamen. Ich musste beinahe rennen, um mit ihr mitzuhalten. Ich war völlig außer Atem. Ich vernahm plötzlich Stimmen aus der Ferne, die immer näherkamen, mit jedem Schritt. Sie drehte sich um und vergewisserte sich, dass ich ihr folgte. Dann schaute sie wieder nach vorne und rannte weiter.

Wenig später blieb sie auf der Anhöhe stehen. Dann zeigte sie wortlos nach unten und wartete, bis ich bei ihr ankam. Ich bückte mich und musste erst einmal tief Luft holen. Ich war völlig außer Atem. Sie war so schnell gerannt, zu schnell für mich. Sie schien vom Rennen nicht so erschöpft zu sein wie ich. Ich stellte mich neben sie und folgte mit meinen Augen ihrem Zeigefinger, der nach unten wies. Hell erleuchtet sah ich einen Kreis von Fackeln, umgeben von Steinen in seltsamen Formen, die aussahen wie Buchstaben, alte Buchstaben. Inmitten der Fackeln stand ein großer Tisch aus Stein. Ich erschrak, als ich auf dem Steintisch eine junge, halb nackte Frau entdeckte, die an Händen und Füßen angekettet war und um Hilfe schrie. Um sie herum tanzten Frauen mit schrecklichen Fratzenmasken. Sie waren selbst auch halb nackt. Die leichten Hemden, die die Frauen über ihren nackten Körpern trugen, waren schwarz und wurden von tausenden von Silbersteinen geschmückt, die sich im Feuer der Fackeln widerspiegelte. Voller Panik zog die Frau an den Ketten, die sie gefangen hielten. Sie musste so sehr daran gezogen haben, ihre Gelenke bluteten und verschmierten den Tisch. Der Tisch war blutgetränkt und sie wand sich im eigenen Blut.

Die Tänzerinnen sangen ein seltsames Lied, das schwer und düster wirkte. Es klang wie ein unheilvolles Gebet, das immer lauter wurde.

Irgendein Tier schlich zwischen den Tänzerinnen herum, welches ich nicht richtig erkennen konnte. Es tänzelte um den Tisch herum, und weil es größtenteils durch diesen verdeckt wurde, konnte ich nicht klar erkennen, was es war. Seltsame Geräusche drangen von ihm zu mir herauf. Es drehte sich um den Tisch, als würde es seine Beute im Todeskampf einkreisen. Bei jedem Schritt verursachte es eigenartige Krabbelgeräusche auf dem Steinboden.

So sehr ich auch versuchte zu erkennen, was es war, es wollte mir nicht gelingen und meine Augen spielten mir einen Streich. Das Tier bewegte sich geschmeidig im Halbdunkeln. Es sah ein wenig aus wie ein Insekt, aber so groß waren Insekten nicht? Ging es auf allen vieren oder hatte es sogar noch mehr Beine?

Ich hatte ein pochendes Gefühl in der Magengegend. Wir mussten die angekettete Frau befreien. Ich wollte meine Begleiterin informieren und sie um Hilfe bitten.

Als ich mich umschaute, um meine Bitte an sie zu richten, war sie nicht mehr da. Als ich zurückblickte, war sie weit entfernt, winkte mir von dort aus ein letztes Mal zu und verschwand in der Dunkelheit. Panik erfasste mich. Ich hatte keine Ahnung, wo ich war, und was ich hier sah, machte mir noch viel mehr Angst. Ich überlegte. Mein Herz raste. Was sollte ich nur tun? Ich hatte Angst vor diesen Menschen und diesem seltsamen Tier. Dann wollte ich mich umdrehen, um dem Treiben bei den Steinen zuzusehen.

Wie aus dem Nichts stand da in unmittelbarer Nähe vor mir eine große Frau in einem schwarzen, langen Mantel. Sie trug eine Maske, eine Fratze wie die Tänzerinnen. Eine Fratze, die nichts Menschliches an sich hatte und mir große Angst machte. Ich konnte dahinter nur ihre seltsam graublauen Augen erkennen, die mich mahnend ansahen. Ihr langes, schwarzes Haar wehte im Wind. Sie stand keinen Meter von mir entfernt und starrte mich an.

Ich machte einen Schritt zurück. Das Herz schlug mir bis zum Hals. Ich hörte noch immer das düstere Gebet der Tänzerinnen, als die schwarz gekleidete Frau einen Schritt auf mich zu machte. Sie zeigte mit ihrem Zeigefinger und ihren langen, schwarzen Fingernägeln direkt auf mich. Sie kam immer näher, mit jedem Schritt.

»Neeeeeeeeeiiiiiiiiiiiiiiiiiiiiin«, schrie ich. »Nein, nein, lass mich los.«

Ich spürte, wie mich etwas festhielt. Sie hatte mich gekriegt. Sie hatte mich in ihren Fängen. Ich hatte ihre seltsamen Begleiterinnen und sie bei etwas beobachtet, was ich nicht hätte sehen sollen. Bestimmt würde sie mich bestrafen wollen oder noch viel schlimmeres. Ich dachte an das Tier. Ich musste mich von ihr losreißen. Irgendwie musste ich zum Strand zurück. Vielleicht war die Frau noch da, die mich hergelockt hatte.

Hatte sie mich eine Falle gelockt?

»Lass mich los«, schrie ich panisch und schlug um mich. »Du kriegst mich nicht«, schrie ich weiter und versuchte, mich aus dem Griff zu winden, der mich festhielt.

Ich wandte meine gesamte Kraft auf, aber so sehr ich mich auch anstrengte, es gelang mir nicht, mich aus den Armen zu befreien, die mich festhielten.

»Nyella, Nyella«, hörte ich eine Stimme von weit her rufen.

Ich schlug weiter um mich. »Nein!« Ich trat mit den Füßen und fing an, meinem Gegner in die Hand zu beißen.

»Jetzt ist aber gut«, sagte die Stimme zu mir.

»Nyella, wach auf«, hörte ich es weiter zu mir sprechen.

»Herrje, wach doch auf, Nyella.« Ich wurde geschüttelt. Langsam drangen mehrere Stimmen in mein Bewusstsein.

»Was ist denn los?«

»Keine Ahnung, Nyella hat schlecht geträumt.«

»Wir konnten sie bis zum hintersten Wagen hören.«

»Ist was passiert?«

»Nein, nein, legt euch wieder hin.«

»Was ist los?«

»Es ist nichts passiert, Nyella hat nur schlecht geträumt.«

»Können wir helfen?«

»Oh, bei den Disen, was ist passiert. Hier schreit eine Frau.«

»Nein, nein, Nyella hat nur böse Träume gehabt.«

»Lasst mich vorbei, ich will zu ihr. Was ist los?«

Die Stimmen kamen mir vertraut vor. Die letzte Stimme weckte mich. Ich blinzelte und schlug schließlich die Augen auf. Vor mir kniete Catherine. Es war ihre Stimme gewesen, die mich schließlich ganz aus dem Traum geweckt hatte. Shem saß neben mir und rieb sich den rechten Oberarm.

»Du hast eine ganz schön kräftige Rechte«, erklärte er mir und verzog dabei das Gesicht. Ich brauchte einen Moment, um zu verstehen. »Aber das Mädchen auf dem Tisch …«, fing ich an.

»Was für ein Mädchen?«, wollte Shem wissen.

»Sie war …«, ich brach ab. Dann setzte ich mich auf und sah, dass der Wagen voller Leute war. Fast alle aus der Gauklertruppe hatten sich um mich herum versammelt. Gimle saß neben mir und bei der Plane lugten mehrere Köpfe herein, die ich am Lagerfeuer gesehen hatte. Eine Frau mit eingewickelten Haaren und einem weiß eingecremten Gesicht blinzelte mir entgegen. Ich erkannte einen Artisten, der am Lagerfeuer getanzt hatte. Ich war noch nicht richtig wach. Wir saßen im Halbdunkeln.

»Du hast wie am Spieß geschrien«, erklärte mir Gimle. »Da sind wir sofort losgerannt, um zu sehen, was los ist.«

Ich hatte offenbar nur einen Traum gehabt.

»Was ist denn passiert?«, fragte mich Catherine.

»Ich … das war so real. Ich war auf einer Insel, glaube ich. Und da war eine Frau, eine weiß gekleidete Frau. Die Steine pikten mich in die Füße. Die Frau sagte kein Wort zu mir, sie drückte mir eine Fackel in die Hand und lief vor mir her. Sie sagte kein Wort, die ganze Zeit über. Es war so dunkel.« Ich setzte einen Moment ab.

»Hier, trink«, sagte Shem und bot mir einen Lederbeutel an, in dem Wasser enthalten war.

Ich war viel zu aufgewühlt und schob Shems Hand beiseite.

Dann hockte ich mich vor Catherine hin: »Die Frau, sie war so schön, so …« Ich konnte sie nicht besser beschreiben.

»Dann sind wir auf eine Anhöhe gekommen. Und die Frau zeigte nach unten. Da waren seltsame Frauen und ein Tier, komische Steine, die so ähnlich aussahen wie ein Buchstabe, und Feuer, überall Feuer. Auf dem Tisch, da war, da war …« Ich sprach immer schneller, verhaspelte mich und schließlich versagte mir die Stimme. Die Bilder brachten die Panik zurück.

»Ganz ruhig, Nyella. Beruhige dich erst einmal«, versuchte Catherine mich zu besänftigen.

»Trink bitte etwas«, sagte Shem und hielt mir den Lederbeutel wieder hin. Ich seufzte und nahm den Beutel entgegen, öffnete den Verschluss und setzte ihn an. Ich nahm einen kräftigen Schluck Wasser.

»Da war überall Blut, Catherine, und sie haben sie festgekettet«, erklärte ich ihr.

»Wen haben sie festgekettet und wer ist *sie*?«, fragte Shem.

»Da war ein Tisch in der Mitte. Aus Stein. Und da war eine halb nackte Frau angekettet. Ich habe sie noch nie gesehen. Und da waren Frauen, die haben eine seltsame Melodie gesummt. Und sie waren seltsam gekleidet. Und da war ein Tier«, erklärte ich, noch immer aufgebracht.

»Was für ein Tier?«, wollte Catherine wissen.

»Ich weiß es nicht, es war unter dem Tisch, schlich dort herum, so als wollte es die Frau wie Beute einkreisen. Ich weiß es nicht, ich hab´ es nicht richtig gesehen«, erklärte ich ihr.

»Schon gut, Nyella, es ist alles gut. Es war alles nur ein Traum«, sagte Shem zu mir. Aber mir entging nicht, dass Catherine und Gimle vielsagende Blicke austauschten.

»Was hab´ ich da gesehen?«, sprach ich sie offen an.

Catherine zuckte mit den Schultern.

»Du weißt etwas, ich sehe es dir an«, forderte ich sie heraus.

Sie kratzte sich am Kopf.

»Hattest du schon mehrere solcher Träume?«, fragte mich Gimle, anstatt mir eine Antwort zu geben.

»Nein, warum?«, fragte ich wieder und sah beide herausfordernd an.

»Nyella, ich weiß nicht, was das genau zu bedeuten hat. Aber was du da beschreibst, deutet auf ein Ritual hin«, erklärte mir Catherine.

»Ein Ritual?«, fragte ich nach.

»Kennst du die Jahreskreisrituale?«

»Ein paar davon«, fing ich an.

»So in der Art, nur halt in einem größeren Rahmen. Wir feiern zu allen Möglichkeiten Rituale. Aber es sind die heiligen Zeremonien, die gefeiert werden. Sie folgen einem ganz bestimmten Naturgesetz. Was du da beschreibst, scheint keines unserer Rituale zu sein«, erklärte sie vorsichtig.

»Und von wem denn dann?«, erkundigte ich mich.

»Es klingt nach Schagiesenzauber«, murmelte Gimle.

»Was sind Schagiesen?«, fragte ich mit gerunzelter Stirn.

»So etwas Ähnliches wie die magischen Frauen auf Gebohan, nur eben von der *anderen* Seite«, meinte Gimle.

»Mit anderer Seite meinst du die Schattenseite?« Vorsichtig fragte ich nach.

Catherine nickte mit sorgenvoller Miene. »Das ist dunkelster Zauber«, erklärte sie.

»Was haben sie mit dem Mädchen gemacht?«, fragte ich.

»Nyella, es war ein Traum«, entgegnete sie mir.

»Trotzdem. Wenn es kein Traum gewesen wäre, was hätten sie dann mit ihr gemacht?«, wollte ich wissen.

»Nyella, ich weiß nicht. Es ist besser, wenn du ...«, wollte sie sagen, aber ich schnitt ihr das Wort ab.

»Catherine, ich bin schon sechzehn und ich hab schon so viele schlimme Dinge erlebt. Rede mit mir nicht wie mit einem Kleinkind. Was hätten sie mit dem Mädchen gemacht?«, forderte ich sie auf.

Catherine zögerte, sah Gimle an, aber der nickte ihr ermutigend zu.

»Nyella, ich vermute, dass sie das Mädchen ihren Göttern geopfert hätten. Ich kenne mich zu wenig mit Schagiesenzauber aus. Ich weiß nur, dass sie auch Rituale ausüben und ihre Energien gezielt einsetzen. So, wie die Priesterinnen in Gebohan auch, aber halt auf dunkelste Art und Weise. Deine Beschreibung ist abschließend nicht genau genug, um mehr darüber zu sagen. Das Tier, das du erwähnt hast, irritiert mich«, erklärte sie mir.

Ich schaute zu Boden und schloss die Augen. »Okay, es war nur ein Traum«, sagte ich vor mich hin und versuchte mich zu beruhigen.

»Ja, es war nur ein Traum, also, hoffe ich wenigstens ...«, ergänzte Catherine. Ich sah schockiert zu Catherine auf.

Sie zuckte mit den Schultern: »Es ist die Zeit des Vollmonds. Nicht nur die Frauen Gebohans zelebrieren ihn. Man weiß nie ...«

»Aber ...«, wollte ich einbringen.

»Am besten, wir vergessen das Ganze und du gehst schlafen«, meinte Catherine.

»Aber ich kann doch so nicht schlafen«, erklärte ich voller Ungeduld.

»Wir können nichts tun. Und solange nichts passiert, war es nur ein Traum«, beruhigte mich Shem.

Catherine nickte zustimmend. »Lasst uns alle wieder Schlafengehen. Wir haben einen anstrengenden Tag vor uns«, verkündete Gimle und schickte alle wieder in ihre Schlafstätten zurück.

»Du wirst morgen oder besser gesagt heute auch ein Ritual kennenlernen, Nyella. Wir werden zusammen zaubern«, lächelte sie mich an. »Jetzt versuch wieder zu schlafen. Und du, Shem, pass gut auf sie auf, okay?«, beauftragte sie ihn.

»Alles klar, mach ich«, antwortete er.

Catherine erhob sich und kletterte vom Wagen. Gimle hatte ihr die Plane aufgehalten. Badogan war die ganze Zeit liegen geblieben und als ich mich wieder hinlegen wollte, sprach er zu mir:

»Nyella, schlaf schön, möglichst ohne Träume.«

»Es tut mir leid, dass ich euch geweckt habe«, sagte ich zu ihm.

»Hm …«, murmelte er.

Russ sah mich lächelnd an, er saß mir gegenüber. »Mach dir keinen Kopf. Wichtig ist, dass es vorbei ist und du hoffentlich wieder schlafen kannst«, sagte er.

»Hoffentlich«, seufzte ich.

Als sich der neue Tag mit der aufgehenden Sonne, Vogelgezwitscher und einer frischen Brise vom Ozean her ankündigte, saß ich auf der Leiter des Wagens und beobachtete die anderen aus der Distanz. Ich war neidisch auf die Vertrautheit, wie sie miteinander umgingen. Ich hatte auf dem Schierlingshof nur meine Mutter gehabt. Ich fühlte mich oft mir selbst überlassen. Mit dem Tod meines Vaters war auch meine Familie aus dem alten Dorf gestorben. So fühlte ich mich seit dem Weggang aus Insalem. Und Shastro und Zelda? Natürlich freute ich mich über meine Geschwister, die ich noch nie gesehen hatte. Und auch über meine Großmutter. Aber sie hatten gemeinsam eine Geschichte, ähnliche Vertrautheiten wie die Leute hier. Sie kannten sich seit Jahren, kannten den anderen in- und auswendig, wussten, was sie gerne mochten und was nicht. So schön es sich anfühlte, endlich einen Teil meiner Familie wiederzuhaben, so sehr fühlte ich mich auch ausgegrenzt. Ich fragte mich, ob ich je dazugehören würde, ob ich je eine Familie haben würde, mit der ich so vertraut umgehen konnte wie die Leute hier.

Ich hörte Schritte auf mich zukommen und drehte mich in die Richtung, aus der die Schritte kamen. Catherine winkte mir lächelnd zu. »Lust auf morgendliches Nass?«, fragte sie mich.

»Ins Meer? Jetzt?«, fragte ich ungläubig. Sie nickte.

»Ich frage Shem, ob er ...«, sagte ich, sah aber, dass sie den Kopf schüttelte, und sprach nicht weiter. »Was?«, fragte ich sie.

»Ich möchte gerne mit dir alleine sprechen«, sagte sie zu mir. Ich war neugierig und gleichzeitig spürte ich Angst in mir aufsteigen.

»Du brauchst keine Angst zu haben«, sagte sie zu mir, als könnte sie meine Gedanken lesen.

Ich kletterte von der Leiter, auf der ich gehockt hatte und stellte mich vor sie hin: »Also gut, dann lass uns ins kalte Nass stürzen«, sagte ich stolz.

»Es ist aber kalt«, erklärte sie.

»Das kann ich mir vorstellen«, antwortete ich lachend.

Wie kalt es war, musste ich am eigenen Leib spüren, als ich in Unterwäsche im Meer stand. Der Mut hatte mich verlassen, mich kühn in die Fluten zu stürzen. Nicht nur das Wasser war eisig kalt, sondern auch die Luft. Die Brise kühlte uns zusätzlich aus.

Der Himmel war leicht bedeckt und eine Sicht nach Gebohan nicht möglich. Ich stand bis zur Hüfte im Wasser, während ich Catherine zuschaute, wie sie anmutig hinausschwamm. Ich zitterte, weil mir so kalt war, und wenig später drehte Catherine im Wasser um und schwamm zu mir zurück. Sie spritzte mich nass und ich zuckte zusammen. Dann stellte sie sich neben mich und schaute in Richtung Gebohan.

»Warum wolltest du mit mir alleine reden?«, fragte ich Catherine.

»Roberta hat mich gebeten, auf dich aufzupassen«, erklärte sie mir.

»Meine Großmutter?« Ich sah sie an.

Catherine nickte.

»Warum will jeder auf mich aufpassen? Ich hab das bis jetzt ganz gut alleine hingekriegt«, sagte ich.

Catherine nickte wieder und senkte ihren Blick. Sie sagte: »Dinge verändern sich, Nyella.«

»Alle macht ihr so ein Tamtam. Irgendwas Großes wird passieren, bla bla bla, und ich bin ein Kind Gebohans und mein Großvater soll der da oben sein«, wetterte ich.

»Nyella, nicht. Erzürne nicht deinen Großvater!«, bat mich Catherine eindringlich.

»Warum nicht, was soll er schon machen von da oben?« Und dann schrie ich in den Himmel hinauf: »Bis jetzt hat es dich auch nicht interessiert, wie es mir ging. Du hast mich auch nicht beschützt, wenn der Alte jede Nacht in meine Kammer kam. Was willst du von mir?«

Catherine sah mich mit weit aufgerissen Augen an. Sie schluckte leer und wedelte mit ihren Händen.

»Nyella, nein«, bat sie mich erneut aufgebracht.

Ich war nicht mehr zu bremsen: »Siehst du, passiert nichts. Es wird auch nichts passieren. Wie auch? Er hat sich nie für mich interessiert.«

Dann schaute ich wieder in den Himmel hinauf und schrie noch lauter: »Wo warst du denn, als mein Vater starb, wo? Wo warst du denn, als man mir meine Geschwister weggenommen hat, wo? Und wo warst du, bitteschön, wenn ich immer alleine war und sich niemand um mich gekümmert hat, wo? W O W A R S T D U?«

Ich schrie so laut, dass meine Stimme mich schmerzte und sich überschlug. Und kaum hatte ich das letzte Wort herausgeschrien, krachte laut donnernd ein Blitz über die Wolken, so laut, dass ich dachte, die Welt würde mit einem Schlag untergehen. Es hatte so laut gerumpelt, dass ich das Gefühl hatte, die Erde hätte kurz gezittert. Ich schreckte zusammen und mein Herz blieb stehen.

»Komm sofort raus aus dem Wasser«, hörte ich Shem hinter mir wettern.

Ich drehte mich um und lief auf ihn zu. Ich stand unter Schock. Was war passiert? Ich lief, nass wie ich war, auf ihn zu und warf mich verängstigt in seine Arme. Überrumpelt musste er einen Schritt nach hinten machen, um das Gleichgewicht zu halten, und dann schlang er seine Arme um mich.

»Was hast du dir dabei nur gedacht?«, sagte Catherine, die mir gefolgt war und mittlerweile neben mir stand.

Ich vergrub meinen Kopf in Shems Brust. »Ich weiß nicht«, sagte ich unsicher.

Ich hatte den Blick noch immer gesenkt und schlug dann die Augen in Richtung Catherine auf. Sie schüttelte den Kopf.

»Ich sagte dir, du sollst Vodano nicht erzürnen«, wiederholte sie.

»Vielleicht war es ja nur ein Donnerschlag«, murmelte ich kleinlaut.

»*Ein* Donnerschlag? Das war es mit Sicherheit, aber es war *sein* Donnerschlag«, schimpfte sie wütend mit mir.

Ich bemerkte erst jetzt, dass ich zitterte wie Espenlaub. Ich hörte Schritte auf uns zu rennen und Gimle und ein paar der Gaukler kamen auf uns zugelaufen.

»Ist alles in Ordnung?«, fragte Kianno außer Atem.

»Ja, ja, es ist nichts passiert«, rief Shem ihm zu.

»Bei allen Göttern, wer hat *den* da oben so erzürnt«, mutmaßte eine schwarzhaarige Frau, die zu den Gauklern gehörte.

Catherine sah besorgt aus, blickte mich wiederum strafend an. Ich senkte verlegen den Blick.

»Wie war das mit *es sollte niemand wissen*, wie es dir deine Großmutter aufgetragen hat?«, flüsterte sie scharf zu mir.

»Es tut mir leid«, sagte ich, und es tat mir wirklich leid. Ich hätte nicht gedacht, dass so etwas passieren könnte.

»Nyella, es geht hier nicht nur um dich. Du machst den Leuten Angst mit solchen Aktionen. Es sind ohnehin schon alle nervös«, schimpfte sie weiter mit mir.

»Jetzt ist aber gut, Catherine. Siehst du nicht, wie verängstigt sie ist?«, fuhr Shem sie unfreundlich an.

Sie nahm sich zurück und blickte ihn grimmig an.

»Sie hat noch keine Erfahrung mit all dem, hat ihre Familie verloren und hat eine ziemlich heftige Geschichte hinter sich«, nahm mich Shem weiter in Schutz.

»Das haben wir alle, Shem, das haben wir alle«, sagte sie bitter, fuchtelte mit den Händen und lief gekränkt an mir vorbei.

»Ich hätte eigentlich gerne mit dir unter vier Augen gesprochen, aber offenbar ist das nicht möglich«, sagte sie unfreundlich zu mir, schubste Shem ungewollt, als sie wegging und verließ den Platz.

Ich hätte am liebsten losgeheult. Gimle blieb unsicher stehen, bis er schließlich Catherine folgte und die anderen anwies, ihm zu folgen.

Shem und ich standen lange so da. Dann nahm er meine Schultern fest in die Hände und löste sich von mir: »Nyella, geht es dir gut?«

Ich überlegte. »Ich weiß nicht«, sagte ich zu ihm.

»Ich will dir jetzt nicht auch noch eine Standpauke halten, Nyella, aber ich glaube, du hast wirklich noch nicht erfasst, worum es hier geht«, sagte Shem zu mir.

»Wie denn auch, Shem? Ihr kennt euch alle schon so lange, habt euch gegenseitig und seid nicht alleine. Ihr kennt all die fantastischen Geschichten von früher und von Gebohan. Für euch ist das hier alles normal.« Ich klang verzweifelt.

»Dann sprich mit mir«, bat Shem mich liebevoll.

»Worüber denn?«, fragte ich und stellte mich dumm.

»Darüber, wie es dir wirklich geht. Ich habe dir schon so oft Anstöße gegeben, mit mir offen zu sprechen. Nyella, wir hier kennen uns nicht nur seit langer Zeit. Wir mussten auch lernen, uns aufeinander einzulassen. Glaubst du wirklich, alle hier hatten eine schöne Kindheit und ein einfaches Leben? Nyella, Leben bedeutet, Mut zu haben und immer wieder neu aufzustehen. Das kann bedeuten, dass einen auch jemand mal verletzen kann. Diese Vertrautheit, sie wird einem nicht einfach geschenkt, Nyella. Aber sie ist für jeden möglich, wenn er will.« Er blickte mir tief in die Augen. »So ist das nun mal, wenn man Menschen um sich herum hat.«

»Ja, *wenn* man sie hat. Nicht, wenn sie einem wegsterben oder man sie einem wegnimmt«, gab ich patzig zurück.

»Wir alle haben schwere Verluste erlitten, Nyella. Mach kein Opfer aus dir. Jeder Einzelne hier könnte dir ähnliche Geschichten erzählen, wie du sie erlebt hast. Jeder Einzelne. Und glaub mir, es gibt noch viel schlimmere Geschichten als deine.

Aber es geht nicht darum, wer die schwerere Zeit hinter sich hat. Du bist irgendwie nicht anwesend, wenn du hier bist. Du sprichst zwar mit uns, aber du bist noch immer in deiner eigenen Welt, tauchst jeden Tag in deine Vergangenheit ein. Wir dringen gar nicht zu dir durch.«

Shem machte eine Pause, blickte in den Himmel, holte tief Luft und fuhr dann fort: »Natürlich ging alles sehr schnell. Natürlich haben wir dir nicht alles auf einmal erzählt. Wie auch? Wann denn? Aber du fragst auch nicht nach. Woher sollen wir wissen, was du kennst und weißt und was nicht? Wir haben uns alle so gefreut, dass wir dich endlich gefunden haben.«

»Das ist doch nicht wahr, ich hab dich doch auch gefragt. Damals in deinem Haus, als wir auf die Drachen aufgepasst haben«, gab ich patzig zur Antwort.

Shem setzte sich in den Sand, dann lächelte er mich an: »Komm, setz dich.«

Ich nahm seine Einladung an und setzte mich neben ihn.

»Ich will dir keine Vorwürfe machen, Nyella. Ich weiß nicht, wie es dir geht. Aber ich würde es gerne wissen. Wenn du mir irgendwann vertrauen kannst, dann lass es mich wissen. Dafür muss man aber irgendwann einmal die Dinge hinter sich lassen und dazu bereit sein. Zu reden, weißt du? Ich kann dir keinen Ratschlag geben, aber ich tue es trotzdem. Versuch, dich einzulassen.«

»Aber das tu ich doch.« Ich gestikulierte mit den Händen.

»Ich weiß, dass du es probierst – mir gegenüber. Und was ist mit den anderen?« Shem zeigte auf sie.

»Ich bin einfach nicht so gut darin«, versuchte ich mich herauszureden.

»Such dir jemanden, mit dem du darüber reden kannst, Nyella. Es wird dich sonst eines Tages auffressen. Du hast das Gefühl, du gehörst nicht dazu? Nyella, du grenzt dich selbst aus. Jeder hier hat dich mit offenen Armen empfangen und würde sein Leben für dich aufs Spiel setzen, *sein Leben*«, erklärte Shem.

»Du weißt nicht, wie schlimm es war.« Ich sah Shem verzweifelt an.

»Nyella, das stimmt. Ich weiss nicht, wie schlimm es war. Und ich werde es wohl nie erfahren, wenn du es mir nicht erzählst. Und niemand wird es erfahren und dann wird dir auch niemand helfen können. Denn wenn du es nicht erzählst und niemandem erlaubst, in diese Zone einzudringen, um dir helfen zu helfen, wird es immer Macht über dich haben. Immer. Es wird dich immer verletzen, jeden Tag, auch wenn es längst nicht mehr da ist. Es wird dich verfolgen und du wirst dich selbst immer zu einem Opfer machen. Willst du das?

Nichts und niemand ist das wert. Du entscheidest jeden Tag neu, ob du dich auf die Vergangenheit konzentrierst oder auf die Zukunft. Du kannst in Gedanken immer wieder durchspielen, wie schlimm es war, alles für dich behalten und zulassen, dass es dich wieder und wieder beherrscht. Oder du kannst lernen, darüber zu sprechen. Deine Freunde, deine Familie, sie werden es mit dir tragen. Und sie werden dir helfen, an die Zukunft zu denken. An eine Zukunft, in der diese alten Dinge keine Macht mehr über dich haben. Dafür sind Freunde da.«

Ich spürte Shems Blick auf mir ruhen. Ich sah zu Boden und malte mit den Fingern irgendwelche Zeichen in den Sand.

»Denk bitte darüber nach. Wir alle haben dich gern. Vielleicht fängst du irgendwann auch mal an, dich selbst gern zu haben«, sagte Shem sanft zu mir.

Tränen stiegen in mir hoch. Ich sah ihn durch den Nebel der Tränen an.

»Es lohnt sich übrigens«, sagte er lächelnd.

»Was?«, fragte ich mit erstickter Stimme.

»Dich gern zu haben«, sagte er, legte mir seine Hand auf den Rücken, stand auf und ging zum Wagen zurück.

Ich atmete schwer und sah unter Tränen hinauf aufs Meer. Ich war rot geworden. Was meinte Shem damit, dass ich nicht anwesend war, wenn ich hier war? Shem hatte gesagt, es lohne sich, mich gern zu haben. Ich erinnerte mich daran, wie ich mich fühlte, als ich das Gefühl bei meiner Mutter hatte, dass sie abwesend war. Ich erkannte damals, dass sie sich in ihre Traumwelt zurückgezogen hatte und in dieser Welt immer noch meinem Vater begegnete. Die Zeit mit Hangar war für sie wahrscheinlich nur so zu ertragen gewesen.

Tat ich dasselbe? Aber was hätte ich denn anderes tun sollen? Nach dem Tod meines Vaters hatte ich nicht nur ihn verloren, sondern meine Großeltern väterlicherseits und all meine Freunde, das Dorf, in dem ich aufgewachsen war. Und dann, auf dem Schierlingshof, da war ich mehr oder weniger alleine gewesen. Meine Mutter hatte sich in ihre Traumwelt zurückgezogen, andere Kinder gab es da nicht, nur meinen Stiefvater, der mich zudem quälte.

Ich fing an, kleine Kieselsteine aus dem Sand herauszuklauben. Gedankenverloren warf ich sie in Richtung Meer. Dann stand ich auf und spazierte zum Wasser. Ich sah zuerst auf den Ozean und dann in den Himmel. Ich griff in die Hose und nahm den Stein heraus. Ich drehte ihn in der Hand herum und blickte wieder in den Himmel.

»Wie rede ich denn mit dir?«, fragte ich und wusste nicht, an wen ich genau diese Frage stellte.

Doch eigentlich wusste ich genau, wen ich meinte. Wenn ich ehrlich war, konnte ich es einfach nicht glauben, dass jemand da oben mein Großvater sein sollte. Und dann auch noch der Göttervater. Das war völlig verrückt. Was hatte das zu bedeuten?

»Ich muss doch irgendwie mit dir reden können«, sagte ich leise. Nichts passierte. »Vorher hast du es doch auch donnern lassen. Kannst du mir nicht irgendein Zeichen geben?«

Ich blickte lange hinauf zum Himmel, doch nichts passierte. Es gab kein Zeichen und ich fing an, am Strand entlang zulaufen.

»Weißt du, es tut mir leid. Ich wollte dich nicht so anschreien«, sagte ich weiter und sprach zum Himmel. Ich lief hin und her und fing an, mir alles von der Seele zu sprechen. Erst ganz langsam, dann immer mehr. Ich erzählte meinem Großvater von meiner Kindheit, wie sehr ich vermisst hatte, dass er nicht da gewesen war. Ich erzählte ihm von meinen anderen Großeltern. Ich redete mit den Händen und gestikulierte mit meinem ganzen Körper, als ob ich mit jemandem diskutieren würde, der wahrhaftig vor mir stand. Ich sprach laut, weil ich glaubte, dass er mich dann besser hören würde. Wenn ich es nur denken würde, würde er mir vielleicht nicht zuhören.

Anfangs kam ich mir ein wenig dumm vor, aber dann fiel es mir leichter, mit ihm zu sprechen. Es war mir egal, ob er wirklich zuhörte oder nicht. Ich erzählte ihm von dem Abend, als Vater abgereist und nie wiedergekommen war. Ich erzählte ihm von den Wochen, in denen meine Mutter auf Vater gewartet hatte, und er trotzdem nicht mehr wiedergekommen war. Ich erzählte ihm davon, wie wir erfahren hatten, dass Vater tot war. Und ich erzählte ihm von der Zeit danach, von der Flucht aus dem Dorf und von Breithorien, wie meine Mutter Hangar geheiratet hatte. Ich ließ nichts aus. Ich erzählte ihm alles, bis wir nun von Asinja aufgebrochen waren.

Als ich aufblickte, sah ich, dass Catherine auf dem Bock ihres Wagens saß und mir aus der Ferne zusah. Shem stand neben ihr. Auch er blickte zu mir und lächelte. Er zeigte mir seine linke Hand und hob den Daumen nach oben. Ich lächelte zurück. Ich vermutete, dass die beiden über mich gesprochen hatten. Mir war noch nicht danach zurückzugehen. Mein Großvater antwortete zwar nicht, aber es war ein tröstlicher Gedanke, dass er vielleicht doch irgendwo da oben sein könnte und mir vielleicht zuhörte.

Es tat gut, mir die Dinge von der Seele zu reden, egal, ob mir jemand zuhörte oder nicht. Es war schmerzlich, einiges wirklich aussprechen zu müssen, aber es half tatsächlich. Ich fühlte mich viel befreiter nach diesem »Gespräch«. Shem hatte Recht gehabt. Reden tat wirklich gut.

»Weißt du«, dann zögerte ich. »Wie soll ich dich eigentlich nennen?« Ich war unsicher. Wie sprach man so einen Gott denn an? Schließlich war er auch mein Großvater.

»Weißt du, ich hab hier, glaub ich, ganz schön viel falsch gemacht. Aber ich hab nicht so viel Erfahrung damit. Die da«, und ich zeigte auf die Wagen hinter mir, »haben viel Erfahrung mit anderen Menschen. Ich war eigentlich fast immer allein.« Ich biss mir auf die Lippe. »Weißt du, ich würd' ganz gerne dazugehören, aber ich hab irgendwie das Gefühl, dass was nicht stimmt mit mir. Na gut, das stimmt ja schon auch. Aber es ist nicht so einfach, weißt du.

Wie soll ich das mit Hangar vergessen? Hättest du mir da nicht ein bisschen helfen können? 'Tschuldigung, ich will dir keine Vorwürfe machen. Bitte nicht wieder donnern, ja?«

Ich seufzte. »Und die vielen Geschichten, die ich noch nicht kenne und all das, was da jetzt auf uns zukommen soll. Das macht mir ganz schön Angst. Ich weiß nicht, ob ich das alles kann. Bin ich wirklich deine Enkelin? Ich meine, vielleicht irrst du dich doch auch. Ich bin ein solcher Angsthase. Ich kann unmöglich deine Enkelin sein. Ich bin in nichts wirklich gut, und die anderen sind jetzt auch noch böse auf mich.«

Ich plapperte weiter und plötzlich hörte ich Catherine rufen: »Nyella, schau. Nyella, schau. Leute, Leute, schaut doch her. Bei allen Göttern, bitte kommt und schaut!«

Ich blickte zu ihr hinüber. Ich verstand die Aufregung nicht und folgte ihrem Finger, der in Richtung Meer zeigte. Dann erblickte ich einen makellosen Himmel. Die Wolken waren aufgerissen und wir hatten freie Sicht auf die *eine* Insel. Wir sahen Gebohan. Im Hintergrund standen nur noch einzelne Wolken am Himmel und die Sonnenstrahlen hatten sich durch sie hindurch gezwängt, um Gebohan in einem gleißenden Licht erstrahlen zu lassen.

»Ein Wunder«, hörte ich die schwarzhaarige Frau sagen, die bei Catherine stand. Ich schaute gebannt auf die Insel. Ihr Anblick zog mich magisch an. Ich sah, wie alle Leute von den Wagen hergerannt kamen und auf die Insel starrten. Sie rannten zu mir, wir versammelten uns beim Wasser und starrten in Richtung Gebohan.

»Das hast du gut gemacht«, flüsterte Shem mir zu, als er neben mir ankam und zwinkerte mir zu.

Catherine sah ihn an, dann sah sie mich an. Ich traute mich kaum, ihrem Blick standzuhalten. Aus dem harten Gesichtsausdruck heraus bewegten sich ihre Lippen und formten sich schließlich zu der Andeutung eines Lächelns. Ich blickte zuerst in den Himmel, dann lächelte ich auch. Danach richtete ich meinen Blick wieder nach Gebohan.

Es war ein friedlicher Moment, der gestört wurde durch donnernde Pferdehufe, die auf den Boden aufschlugen und in unsere Richtung geritten kamen. Kianno drehte sich um. Wir verharrten einen Moment und versuchten auszumachen, wer sich uns näherte. Aber ich konnte nichts erkennen.

»Schnell, schafft Nyella hier weg«, rief er hektisch und ging eiligen Schrittes zurück zu den Wagen.

»Was ist los?«, wollte Badogan wissen. Aber bevor Badogan eine Antwort erhielt, sahen wir sie. Es waren die Schattenreiter, und sie ritten auf den Wagenkreis zu.

»Bei allen Göttern, sei uns gnädig«, sagte die schwarzhaarige Frau. »Schnell, nimm das«, erklärte sie mir und knotete mir ein Band um den rechten Arm.

»Wir müssen verschwinden«, flüsterte Badogan.

Die Pferde tänzelten wild, während die Schattenreiter sich vor den Wagen versammelten. Pferdegeschirr klirrte, ein Ross schnaubte.

»Wer hat hier das Sagen?«, hörte ich eine laute Stimme sprechen, und ich erkannte die Stimme sofort.

»Das ist Dragomal«, flüsterte ich zu Catherine.

»Dragomal?«, fragte sie.

»Ja, das ist der Anführer der Schattenreiter, der uns in Breithorien abgeholt hat«, erklärte ich.

»Abgeholt ist nett ausgedrückt«, mischte sich Bernie leise ein.

»Das bin ich«, rief Kianno die Antwoert auf Dragomals Frage.

Dragomal hatte sich einen Weg durch die Menge gebahnt auf seinem schwarzen Ross, legte die Kapuze ab und sah Kianno von hoch oben herablassend an. »Was stehst du mit deinem stinkenden Haufen hier mitten im Weg?«, fragte er ihn mahnend.

»Verzeiht, Herr, ich wusste nicht, dass das eine Durchgangsstraße ist. Wir rasten stets auf diesem Platz, wenn wir auf der Durchreise sind. Wir sind auf dem Weg von Breithorien nach Brintesia, wie wir es jedes Jahr tun, damit wir die Leute in Brintesia unterhalten und sich die Stadtbewohner vergnügen können.« Dabei ging Kianno nicht auf den Ton von Dragomal ein, sondern sprach höflich und beinahe verzückt, verneigte sich und zeigte auf seine Truppe, wohlweislich nicht in meine Richtung.

»Dann wart *ihr* das in Breithorien?«, wollte Dragomal wissen.

»In der Tat, das war unsere Truppe«, erklärte er ihm.

»Hat sich euch seither jemand angeschlossen?«, fragte er ihn und schaute sich neugierig um.

Mein Herz pochte bis zum Hals. Badogan zupfte an meinem Ärmel. Ich sah ihn an und er winkte mich zu sich und nickte mit dem Kopf in die entgegengesetzte Richtung. Ein paar der Gaukler hatten sich vor uns aufgestellt, sodass wir uns duckend hinter ihnen verstecken konnten, während Kianno mit Dragomal diskutierte.

»Nein. Warum sollten wir jemanden aufnehmen? Wir sind ein eingespieltes Team und es sind düstere Zeiten. Da vertraut man Fremden nicht so leicht«, erklärte Kianno ihm.

Dragomal schien weiter kritisch zu sein und ließ seinen Blick über die Menschen kreisen.

»Nyella, wir müssen uns verstecken, bis die Schattenreiter weg sind«, erklärte mir Badogan leise und hielt sich geduckt.

Russ und Idisio standen bei uns, wir hatten uns in einem kleinen Kreis versammelt.

»Wohin willst du? Da vorne sind die Schattenreiter, nach hinten ist die offene See. Wir können nirgends hin, ohne gesehen zu werden«, erklärte Bernie aufgebracht.

»Sie werden Nyella entdecken«, ängstigte sich Badogan.

»Nein, werden sie nicht«, erklärte Idisio.

»Ihr werdet wohl nichts dagegen haben, wenn wir eure Wagen durchsuchen«, fragte Dragomal und hatte sein Schwert gezogen.

»Hat die Königin so wenig Vertrauen in ihre Gaukler?«, fragte Kianno schelmisch und trat näher an Dragomals Pferd heran.

Gimle wäre beinahe das Herz in die Hose gerutscht. Sie wollten die Wagen durchsuchen? Sie waren verloren.

»Vertrauen? Du beliebst zu scherzen«, lachte Dragomal. »Wie sagtest du so schön vorher: *Es sind düstere Zeiten. Da vertraut man Fremden nicht so leicht*. Sieh, uns geht es genauso. Also, was ist jetzt. Gibst du mir jetzt die Erlaubnis, eure Wagen zu durchsuchen, oder sollen wir alles dem Erdboden gleichmachen?«, fragte er, und hatte mit dem Schwert Kiannos Kinn angehoben, der schluckte, als ihm mit der Klinge der Kopf leicht angehoben wurde.

»Natürlich gebe ich Euch die Erlaubnis. Wir haben nichts zu verbergen«, stammelte er.

Gimle fasste sich an die Stirn. Er hatte seine Gesichtsfarbe gewechselt und versuchte sich nichts anmerken zu lassen.

»Männer, durchsucht die Wagen«, gab Dragomal den Auftrag, als sich die Wolken plötzlich grau über uns zusammenzogen. Sie verdunkelten sich schnell und trotz früher Stunde am Morgen verfinsterte sich der Himmel schwarz. Während die Schattenreiter, verhüllt unter ihren Kapuzenmänteln, auf ihren Pferden auf die Wagen zu trabten, fielen plötzlich die ersten Regentropfen vom Himmel. Die Schattenreiter hoben die Planen der Wagen mit ihren Schwertern hoch und vergewisserten sich, ob niemand sonst darin saß. Dicke Tropfen klatschten von oben auf die Erde und die Gaukler liefen eilig zu ihren Wagen zurück.

In der Aufregung gelang es uns, uns unauffällig unter die Menge zu mischen. Immer mehr verdichtete sich der Regen und es goss mit einem Mal in Strömen. Wir hielten den Laufschritt der anderen mit, aber Badogan zog mich zur Seite. Er winkte Idisio und Russ zu und sie folgten ihm.

Bernie wollte sich gerade uns anschließen, als wir Dragomals Stimme hörten: »Du da hinten, komm zu mir!«

Dragomal zeigte mit dem Schwert auf Bernie. Dieser blieb wie angewurzelt stehen. »Ja, dich meine ich«, sagte Dragomal unfreundlich. »Komm her«, befahl er ihm.

Ich zitterte, aber als Bernie nach vorne schritt, zog Badogan wieder an mir. »Komm schon«, forderte er mich auf.

Ich sah Bernie nach und geriet beinahe ins Stolpern. Wir schlichen geduckt weiter, bis wir hinter einigen Wagen waren, während Dragomal von Bernie abgelenkt war.

»Wer bist du? Bist du auch ein Gaukler?«, fragte Dragomal Bernie.

Wie alle anderen war auch er klitschnass vom strömenden Regen, der immer stärker wurde. Tropfnass stellte sich Bernie vor Dragomal hin. »Sir, mein Name ist Wasco. Ich bin auch ein Gaukler und ich bin Barde von Beruf. Fragt mich nach einer Geschichte und ich werde sie Euch so lebendig erzählen, dass Ihr glaubt, sie selbst erlebt zu haben«, erklärte er und gestikulierte wild mit den Händen.

Dragomal verzog sein Gesicht. »So so, als würde ich sie selbst erlebt haben«, wiederholte er laut.

»Seid versichert, wir – Donitius und ich – sind die besten Barden im Lande«, sagte Bernie überschwänglich.

Donitius verdrehte die Augen. »Warum muss er nur gleich so übertreiben«, murmelte dieser vor sich hin und Gimle verdrehte die Augen.

»Wenn er da mal nicht den Mund zu voll nimmt«, flüsterte Russ uns zu, während wir uns weiter von den anderen entfernten.

»Ein großes Mundwerk hast du auf jeden Fall«, rief Dragomal böse lachend. Ein paar Schattenreiter, die in der Nähe von Bernie standen, stimmten in sein Lachen ein.

»Nun, dein Pech ist, dass wir in Eile sind, sonst hättest du meine Männer und mich von deinen Fähigkeiten sofort überzeugen können. Aber die gute Nachricht ist, dass dir das Glück hold sein wird. Du wirst in Brintesia die Gelegenheit bekommen, uns zu unterhalten. Wir werden deine Künste auf Herz und Nieren prüfen, *Wasco*«, sagte Dragomal und betonte den Namen »Wasco« ungewöhnlich hart.

Donitius griff sich entsetzt an den Kopf. »Du liebe Güte.« Gimle sah Donitius mit hochgezogenen Augenbrauen an.

Wir waren mittlerweile bei den hintersten Wagen angelangt, die am weitesten entfernt standen von den anderen. Es goss noch immer wie aus Eimern, als die Schattenreiter die ersten Wagen durchsucht hatten und genau in unsere Richtung galoppierten.

»Hier sind Wagen, die wir noch nicht durchsucht haben«, rief einer der Schattenreiter mit einer hölzernen, tiefen Stimme, die mich ängstigte. Sein Pferd blieb genau vor dem Wagen stehen, hinter dem wir uns versteckt hatten. Ich konnte kaum noch atmen. Badogan sah mich panisch an.

»Was machen wir denn jetzt?«, fragte Russ flüsternd und riss die Augen auf.

Der Regen hatte uns völlig durchnässt. Die Kleider fielen wie Lumpen an uns herunter, und die Haare hingen triefend über meine Schultern. Wir standen im Matsch hinter einem Wagen und hörten mehrere Pferde hin- und hertänzeln.

»Da sind Leute hinter dem Wagen«, rief einer der Schattenreiter und riss sein Ross herum.

»Ich sehe nach«, gab der eine Schattenreiter dem anderen bekannt. Mein Herz blieb stehen. Badogan sah mich panisch an. Russ hielt seine Arme schützend um mich.

»Vodano, Herr, bitte vergib mir«, sprach er. Ich fühlte seine Lippen auf den meinen. Sie waren weich und trotz des kalten Regens fühlte ich die Wärme, wie sie pulsierten und mein Blut in

Wallung brachten. Mir wurde schwindlig, wie er mich küsste. Er hielt mein Gesicht mit seinen Händen fest und ich bekam weiche Knie. Die Welt hatte angefangen, sich zu drehen, und ich hielt die Augen geschlossen. Obwohl ich fror und pitschnass war, durchströmte meinen Körper eine neue, wohlige, kribbelnde Wärme, die mich verunsicherte.

Dann spürte ich plötzlich die Nüstern eines Pferdes an meinem rechten Arm und dessen warmen Atem. Ich war noch immer gefangen in dem Kuss, wurde sanft aber bestimmt festgehalten, als ich hörte, dass jemand laut von einem Pferd abgestiegen war und zu uns geschritten kam. Der Regen prasselte weiter auf uns nieder. Die Trommelgeräusche der Regentropfen auf die Planen der Wagen übertönten beinahe jedes andere Geräusch.

Die Schritte verhallten und es wurde für einen kurzen Moment still. Ich konnte einen anderen Mann atmen hören, unmittelbar neben mir.

Sekunden vergingen.

Ich wurde noch immer geküsst, ich konnte mich nicht regen. Ich konnte nicht atmen. Ich hatte Angst, dass mein laut pochendes Herz zu hören war. Aber der Regen prasselte lauter als mein Herz und gnadenlos auf uns herunter. Ich fühlte die verwirrenden Lippen noch immer auf meinen und versuchte, mit meinen weichen Knien nicht einzuknicken.

»Das ist nur eine Wanderhure mit ihrem Freier«, erklärte eine dunkle Stimme neben mir. Er schrie es in die andere Richtung. Die Schritte entfernten sich, das Klirren eines Zügels war zu vernehmen, ebenso das Knarren von Leder. Dann drehte sich das Pferd im Matsch und die Geräuschkulisse des Schattenreiters wurde leiser.

Meine Lippen wurden freigegeben und ich sah in seine stahlblauen Augen, verwirrt und ernst zugleich.

»Nyella, es tut mir leid, es war nur für …«, wisperte Russ, seine Nase kaum wenige Millimeter von meiner entfernt.

Ich sah ihn verwirrt an. Er war ebenso durchnässt wie ich. Er hielt mein Gesicht immer noch mit beiden Händen fest. Ich blinzelte ihn mehrmals an, drückte meine Lippen zusammen und hatte noch immer weiche Knie. Er ließ mich nicht los, gab mich noch nicht frei, stand immer noch nahe bei mir. Es war, als wäre die Zeit einen Moment stehen geblieben. Dann hörte ich ein lautes Platschen.

»Würde mir vielleicht endlich jemand helfen?«

Russ ließ mich los und rannte zu seinem Vater.

»Verzeih, Vater, natürlich.« Er blickte zurück, sah mich lange an und kniete dann unter den Wagen, unter dem Badogan lag und sich im Matsch kaum bewegen konnte.

Ich blickte noch immer vor mich hin und konnte mich erst nach einigen Momenten umdrehen. Russ zog Badogan unter dem Wagen hervor. Ich konnte weit entfernt vernehmen, wie die Schattenreiter wegritten. Ich registrierte es nicht bewusst. Dann half Russ seinem Vater auf die Füße. Badogan war über und über mit nassem Matsch bedeckt.

»Das war unsere Rettung, herrje, ich bin fast gestorben vor Angst«, erklärte Badogan.

Ich stand da, als wäre ich versteinert. Ich konnte Russ' Blick immer wieder auf mir ruhen fühlen. Ich taute langsam wieder auf und atmete erst einmal tief durch. Dann griff ich an meine Lippen, befühlte sie und sah rüber zu Russ, als Shem um die Ecke gelaufen kam.

»Ist alles in Ordnung mit euch?«, fragte er keuchend. Hinter ihm erschienen Gimle und Catherine. Ich starrte ihn fragend an, meine Hand immer noch an der Unterlippe, und nickte dann langsam mit dem Kopf.

»Ist wirklich alles in Ordnung?«, fragte er mich, als er neben mir stand und mir die Hand auf die Schulter legte. Dann nahm er das nasse Band in die Hand, befühlte es und seufzte: »Das hier hat dir das Leben gerettet.«

Die schwarzhaarige Frau trat neben mich. »Den Göttern sei Dank«, sagte sie.

»Ich weiß gar nicht, wie ich dir danken soll«, erklärte ihr Shem.

»Dann ist mein Schicksal wenigstens doch noch zu etwas gut«, seufzte sie und nahm mir das nasse Band wieder ab.

Ich schlotterte am ganzen Körper. Ich hätte ihr gerne gedankt, aber ich spürte noch immer die Lippen von Russ auf den meinen. Meine Knie waren noch immer butterweich.

Gimle trat zu Badogan, der ihm erklärte, wie er sich in letzter Sekunde unter den Wagen geworfen hatte, um sich dort zu verstecken. Er hatte sich unter dem Wagen an die hintere Achse geklemmt, sich dort festgeklammert und ausgeharrt, bis die Schattenreiter wieder abgezogen waren.

Am Mittag hörte es endlich auf zu regnen. Wir hatten kein trockenes Holz mehr, um ein Feuer zu machen. Und so mussten wir uns in die Wagen zurückziehen. Ich hatte mich hingelegt, während ich hoffte, meine Kleider würden trocknen. Ich hatte sie im Wagen aufgehängt. Nach zwei Stunden war ich wieder wach, aber ich wollte nicht aufstehen. Also stellte ich mich schlafend und blieb liegen. Ich versuchte, meine Gefühle zu ordnen, und wollte dabei nicht gestört werden. Die Begegnung mit den Schattenreitern war nicht so beängstigend gewesen, wie die Gefühle, die der Kuss von Russ in mir ausgelöst hatte. Nur, der Kuss war lediglich ein Ablenkungsmanöver für die ungebetenen Gäste gewesen. Dann wurde mir das Gespräch mit Shem wieder bewusst und ich sah abwechselnd das Gesicht von Shem und dann wieder das von Russ vor mir.

# 14. Runenzauber

Die Dämmerung war ins Land gekrochen und färbte den Himmel langsam dunkelblau. Die ersten Sterne funkelten am Himmel und innerhalb des Wagenkreises knackte das Holz im großen Lagerfeuer. Die leichte Brise nährte das Feuer und versprühte einen leichten Glutregen, der in den Himmel zog und sich dort in ein Nichts auflöste. Über Gebohan war es wieder leicht bewölkt, der restliche Himmel war klar und wolkenlos. Der Mond hing voll und rund am Himmel, leuchtend und wegweisend. Neben dem Feuer waren Leinenstricke gespannt worden, auf denen Kleider zum Trocknen hingen.

Ich spazierte zum Feuer, sah die Silhouette der Menschen im Halbdunkeln und war dankbar, dass ich den Schattenreitern nicht in die Hände gefallen war. Erst jetzt realisierte ich, welcher Gefahr ich ausgesetzt gewesen war. Es war alles so schnell gegangen. Und dann der Kuss …

Wie sich die Welt eines Menschen verändern konnte innerhalb weniger Stunden? Als ich mich zu Shem und den anderen gesellte, sah ich die schwarzhaarige Frau, die mir ihr Band am Morgen umgebunden und mir damit das Leben gerettet hatte. Im Regen hatten meine nassen Haare so dunkel ausgesehen, dass ich für die Schattenreiter wohl nicht interessant genug gewesen war, mich genauer unter die Lupe zu nehmen. Sie suchten vielleicht noch immer nach dem einen Mädchen, das auf dem Weg von Breithorien nach Brintesia ausgebüchst war. Und das hatte kastanienrotes Haar.

Ich setzte mich nicht bei Shem auf den Boden, sondern spazierte weiter zu der schwarzhaarigen Frau.

»Darf ich mich zu euch setzen?«, fragte ich die Frauen, die dort zusammensaßen und diskutierten.

»Klar, setz dich«, antwortete eine von ihnen.

Wie ich im Gespräch herausfand, hieß die schwarzhaarige Lebensretterin Brinela und war eine der fünf Wanderhuren, die sich dem Wanderzirkus angeschlossen hatten. Sie meinten, es wäre sicherer für sie, denn Reisen war für Frauen ohne männliche Begleitung äußerst gefährlich. Die Wanderhuren galten ohnehin als Freiwild. In der Gesellschaft hatten sie wenig Wert, wie sie mir erzählten. Mir wurde andeutungsweise bewusst, was es zu bedeuten hatte, als Wanderhure zu arbeiten.

Ich dachte an die Nächte, in denen Hangar in meine Kammer gekommen war, und Ekel kam in mir hoch. Aber ich traute mich nicht nachzufragen, warum sie diese Arbeit gewählt hatten. Ich vermutete, dass sie nicht freiwillig in diesen Beruf geraten waren.

Es waren sehr nette, junge Frauen, eine hübscher als die andere. Sie erzählten mir von den Reisen und von den Städten. Die Arbeit war für die Frauen kein Thema. Sie erzählten sich spannende Geschichten, lachten viel und erklärten mir, worauf man beim Kauf von Stoffen achten musste. Sie lachten über Themen, wie man sich schminkte, und machten sich über ihre Freier lustig. Mir fiel auf, wie lebensfroh die Frauen waren. Ich hatte mir das komplett anders vorgestellt. Sie waren sehr nett und liebenswürdig. Es waren ganz normale Frauen, die neben mir saßen und sich an ihrem Leben freuten. Es war für sie nur ein Beruf wie jeder andere auch. Es tat gut, so viel Leichtigkeit zu spüren. Keine fantastischen Wesen, keine Gefahr und keine Auseinandersetzung mit … mit diesem Kuss vom Morgen.

Da war er schon wieder, der Gedanke an Russ. Ich konnte im Moment nicht darüber nachdenken. Mein erster Kuss. Auch das hatte ich mir anders vorgestellt. Zumindest den Teil, den ich gerne selbst hätte beeinflussen können. Ein junger Mann, in den ich mich verliebt hätte, irgendwo an einem romantischen Ort. Und dann hätte mich dieser junge Mann geküsst, weil er verliebt in mich gewesen wäre.

An diesem Tag war ich überrumpelt worden vom Kuss und von Russ. Es hatte nichts Romantisches an sich gehabt. Russ hatte mich küssen müssen, um uns das Leben zu retten. Den ersten Kuss konnte man nie wieder nachholen. Es würde für immer ein Kuss sein, der mich vor den Schattenreitern beschützt hatte. Es würde nie einen ersten Kuss geben, ausgelöst durch die zarten Bande junger Liebe.

Doch der Kuss hatte dennoch etwas Verwirrendes in mir ausgelöst. Plötzlich fühlte es sich anders an, wenn ich an Russ dachte. Mein Herz begann heftig zu pochen. Ich nutzte die Gelegenheit, um mich bei Brinela zu bedanken, und sie erzählten mir ausführlich, wie die Schattenreiter die Wagen durchsucht hatten, während wir uns versteckt gehalten hatten. Ich fragte nach den Einzelheiten, weniger, weil sie mich interessierten, sondern weil sie mich vielmehr von diesem eigenartigen Gefühl in der Herzgegend ablenkten.

Nach kurzer Zeit waren die Frauen in ihre eigenen Gespräche verwickelt und ich fühlte mich einmal mehr ausgeschlossen. Ich lächelte Brinela freundlich an und stand auf. Mir kam das Gespräch mit Shem wieder in den Sinn. Als ich mich umdrehte, sah ich Catherine am Strand. Sie hatte Fackeln aufgestellt und war damit beschäftigt, etwas in den Sand zu schreiben. Ich spazierte zu ihr und schaute neugierig zu, was sie machte. Als ich in ihrer Hörweite war, blieb ich stehen. Ich wollte sie nicht stören. Sie musste mich bemerkt haben und sah auf.

»Hallo, Nyella«, sagte sie zu mir und hatte aufgehört, in den Sand zu kritzeln.

»Hi«, war alles, was ich herausbrachte. Wir sahen uns einen kurzen Moment an. Ich wippte nervös mit dem rechten Fuß.

»Möchtest du näherkommen?«, fragte Catherine.

Ich nickte und ging langsam auf sie zu. Ich hatte Angst, dass sie das Thema vom Morgen noch einmal aufgreifen würde, aber die Angst war unbegründet. Vielleicht war es auch das Zwiegespräch, das ich nachher mit meinem Großvater gesucht hatte, welches sie versöhnt hatte. Ich schaute neugierig auf den Boden. Catherine schrieb wieder etwas in den Sand. Ich trat neben sie und schaute ihr zu.

»Das sind Runen«, erklärte sie mir.

»Ach, sind das nicht Steine, die man zur Weissagung benutzt?«, fragte ich sie.

»Man kann sie auch dafür verwenden, aber es sind grundsätzlich 24 Zeichen, die man eben auch anders einsetzen kann. Du hast das gestern bereits mitbekommen, als wir vom Runenzauber gesprochen haben. Sie sind sehr vielfältig einsetzbar. Es sind heilige Zeichen, mit denen wir Energien lenken können«, erklärte sie mir.

»Und was machst du hier?«, wollte ich von ihr wissen.

»Ich bereite das Runenritual vor. Es ist heute voller Mond und die Gelegenheit ist perfekt, den Runenschirm zu aktivieren für die Männer«, sagte sie zu mir.

Ich sah ihr weiter zu.

»Ich bereite den Ritualplatz vor«, erklärte sie mir weiter, und meine Augen weiteten sich. Ich ging schnell aus dem Kreis hinaus und platzierte mich vor Catherine.

Catherine lächelte mich an: »Du kannst noch bleiben, wo du bist. Da passiert noch nichts.«

»Wo hast du so was gelernt?«, fragte ich sie unsicher.

»Rituale?«, war ihre Gegenfrage. Ich nickte. »Deine Großmutter hat es mir beigebracht«, erklärte sie mir.

»Roberta?« Ich war überrascht.

»Ich hatte nicht die Gelegenheit, als Priesterin in Gebohan zu lernen. Ich hätte alles dafür gegeben. Aber es sollte wohl nicht sein, also hat Roberta mich unterrichtet, soweit sie das konnte in der kurzen Zeit«, erzählte sie mir. Sie hatte innegehalten und sah hinaus auf den Ozean in Richtung Gebohan.

»Warum?«, fragte ich verwundert.

»Warum was?«, wollte sie wissen.

»Warum wolltest du Priesterin werden?«, präzisierte ich meine Frage.

»Ein Kind Gebohans zu sein, ist eine sehr große Ehre«, schwärmte sie.

Ich sah ihr nach, wie sie das nächste Zeichen in den Sand zeichnete. Ehre? Irgendwie hatte sich das bisher anders angehört als nach Ehre. Die meisten Kinder Gebohans hatten mehr Probleme im Leben als Vorteile, nur weil sie die falsche Abstammung hatten.

»Was überlegst du?«, fragte mich Catherine.

»Hm …, ich stelle mir das schwierig vor«, sagte ich vorsichtig. »Ich meine, ich habe erlebt, wie meine Mutter darunter gelitten hat, offensichtlich anders zu sein. Und wenn ich mir die Geschichten von den anderen anhöre und sehe, wie sie ausgegrenzt werden, dann macht mir das Angst«, erklärte ich ihr.

»Es ist nicht immer einfach, das stimmt«, meinte Catherine und arbeitete weiter. Sie ging nicht weiter auf meine Bedenken ein.

Sie ging zu einem Bündel Stoff, das am Boden lag, und knöpfte es auf. »Hilfst du mir?«, fragte sie mich.

»Ja, klar«, antwortete ich und ging zu ihr.

Catherine hatte sich hingekniet und reichte mir eine kleine Schale. »Könntest du die mit Wasser füllen?«, bat sie mich.

Ich nickte und ging zum Ozean, dort füllte ich die Schale auf und kehrte zu Catherine zurück. »Und jetzt?«, fragte ich sie.

»Da, wo du stehst, da kannst du sie hinstellen, das ist die Ecke des Westens«, erklärte sie mir.

Sie nahm eine zweite Schale, füllte sie mit Sand und ging dann nordwärts. Dort legte sie die Schale ab. Ich stellte fest, dass sie in einem Kreis um die Zeichen herumging und ostwärts legte sie einen Kranz mit Federn hin, dann kehrte sie im Kreis zum letzten Punkt im Süden zurück, wo sie anhielt. Dort stellte sie drei Kerzen auf. Bei einer der am nächsten stehenden Fackeln entzündete sie die erste Kerze und brachte die Flamme zu den anderen beiden Kerzen, sodass alle drei entzündet werden konnten. Da eine leichte Brise ging, loderten die kleinen Flammen leicht im Wind. Catherine kam zu mir zurück.

»So, jetzt zeichnen wir noch die letzten drei Runen auf und dann können wir mit der Reinigung beginnen, wenn du möchtest«, erklärte sie mir.

»Ich darf mitmachen?«, fragte ich sie neugierig.

»Natürlich darfst du«, lächelte sie.

Ich tastete nach dem Stein in meiner Tasche. Er war ruhig. Ich hatte das Geheimnis des Steines noch immer nicht entschlüsselt. Plötzlich kam mir eine Idee.

»Catherine, darf ich dir was zeigen?«, fragte ich sie und nahm den Stein aus meiner Tasche.

Sie kam zu mir und ich hielt ihr den Stein hin.

»Ich weiß nicht, ich bin irgendwie der Meinung, dass Vodano mir diesen Stein gesandt hat. Er fängt manchmal ganz plötzlich an zu glühen. Ich weiß aber nicht, warum. Ich bin noch nicht hinter sein Geheimnis gekommen.«

Sie schaute sich den Stein an, ohne ihn anzufassen, und betrachtete ihn.

»Raben?«, murmelte sie. Dann überlegte sie lange. »Irgendwo habe ich so etwas Ähnliches schon mal gesehen, aber wo war das nur?«, dachte sie laut nach.

»Du kennst den Stein?«, fragte ich voller Neugierde.

»Kennen nicht unbedingt, aber lass mich überlegen. Ich hab so was schon mal gesehen«, sinnierte sie. Sie zog die Stirn in Falten und dachte nach. »Ich komme nicht drauf, Nyella. Aber pack ihn lieber mal wieder ein. Wir werden schon noch dahinterkommen. Es kommt mir sicher bald in den Sinn, woran mich das erinnert«, sagte sie zu mir. »Verzeih, Nyella, können wir hier weitermachen?«, fragte sie.

»Klar, ich dachte nur …«, führte ich an.

Sie nickte. »Liebes, willst du wissen, was ich gemacht habe?«, fragte sie mich.

Ich sah sie an und verstand nicht.

Sie lachte. »Entschuldigung, ich bin so vertieft. Ich denke, es wäre nicht schlecht, wenn du das Grundrezept eines Rituals verstehst. Hast du Lust?«, fragte sie mich.

Ich nickte.

»Wir werden gemeinsam die 24 Runen lernen. Du brauchst sie nicht bei jedem Ritual, aber sie zu kennen, ist immer hilfreich. Und da wir heute mit den Runen arbeiten wollen, hole ich sie auch in den heiligen Kreis des Rituals. Und das tue ich, indem ich sie im Kreis aufmale, wo wir nachher arbeiten. Hier geht das ganz einfach im Sand. Während ich die Runen aufmale, singe ich das Mantra der jeweiligen Rune dazu, um ihre Schwingungen zu aktivieren«, erklärte sie mir.

»Was ist ein Mantra?«, wollte ich wissen.

»Die Runen können vielfältig genutzt werden. Wir können sie auch als Mantras oder Mudras verwenden, ich erkläre dir das auf unserer gemeinsamen Reise ausführlich.

Ein Mantra ist eigentlich der Klang der Rune, wenn du so willst. Es gibt verschiedene Töne und heiligen Verse, die man sprechen oder singen kann. Sie gehören zu der Rune und verkörpern ihre entsprechende Qualität«, sagte sie zu mir und sang mir die Verse zweier Runen vor. Es klang äußerst kompliziert. Sie lachte.

»Das lerne ich nie«, seufzte ich.

»Abwarten, das geht schneller, als du denkst«, sagte sie. »Auf jeden Fall, die Grundlage für ein Ritual ist ganz einfach. Du stellst einen heiligen Raum auf, indem du dich vorbereitest und alle Elemente in den Kreis holst. Sieh her. Dort im Westen steht eine Schale Wasser. Das steht für das Element Wasser und dieses Element ist dem Westen zugeordnet.« Dann drehte sie sich und zeigte nordwärts. »Und dort ist Norden, dort habe ich die Schale mit dem Sand hingelegt. Der Sand steht für die Erde. Der Norden ist diesem Element zugeordnet.« Dann drehte sie sich weiter.

»Ah, okay, und dann stehen die Federn, also etwas, das fliegen kann, im Osten. Und Osten wäre demnach dem Element Luft zugeordnet, so wie die Federn luftig sind«, versuchte ich zu erklären.

»Du lernst schnell, alle Achtung«, sagte sie anerkennend.

»Und dann südwärts, der Süden, das wäre dann das Element Feuer, richtig?«, fragte ich sie.

»Ich bin beeindruckt, Nyella«, sagte sie anerkennend. »Egal, wo du bist, das sind die Grundregeln, wie du einen Platz vorbereitest, in dem du ein Ritual abhalten möchtest. Das muss nichts Großes sein. Natürlich, wenn wir Zeit und Platz haben, dann bereiten wir den Ritualplatz viel feierlicher vor, aber manchmal muss es im Kleinen gehen. Und das reicht zur Not auch so. Die vier Elemente bilden die Grundlage für jedes Ritual. Vergiss nicht, das ist nur eine kurze Erklärung. Wenn wir auf Gebohan wären, würdest du alle Zeremonien und deren Abläufe über Jahre hinweg ganz genau erlernen, mit jedem einzelnen Detail. Ich weiß selbst längst nicht alles. Aber lass uns weitermachen«, sie zeigte auf den Platz.

Ich schaute ihrem Zeigefinger nach. »Das ist alles?«, wollte ich wissen.

»Noch lange nicht, aber jedes Ritual ist anders. Einige folgen festen Abfolgen, manche sind von dir frei zu gestalten. Du musst lernen, deiner Intuition zu folgen.«

Ich schaute sie an. »Das ist verwirrend«, erklärte ich ihr.

»Ich weiß, aber ich versuche dir beizubringen, was ich selbst gelernt habe, okay?«, munterte sie mich auf.

»Meinst du, ich werde das je können, ja?«, wagte ich unsicher zu fragen.

Sie lachte: »Bestimmt, das ist nur eine Frage der Zeit. Und du hast ja schon bewiesen, wie schnell du lernst«, bestätigte sie mir und zeigte auf die Federn. »Und jetzt siehst du am besten einfach zu, okay?«, forderte sie mich liebevoll auf. »Ich hole die anderen, dann kann es losgehen«, erklärte sie mir.

»Und wenn uns jemand sieht?«, fragte ich besorgt.

»Wir haben natürlich die Weissagerinnen vorher die Knochen werfen lassen, um zu sehen, ob die Luft rein ist«, erklärte sie mir, und ich kam mir dumm vor. Darauf hätte ich auch selbst kommen können.

Als wenig später die anderen am Ritualplatz eingetroffen waren, hatte die Nacht vollständig Einzug gehalten. Der Mond stand am Himmel und versprühte neben dem Licht auch eine spezielle Atmosphäre. Das Lagerfeuer brannte im Hintergrund und der Ritualplatz wurde durch die Fackeln erleuchtet. Ich konnte die Silhouette der anderen Personen erkennen und ein Teil ihrer Gesichter wurde erhellt vom Schein der Flammen.

Catherine hatte mit Steinen eine kleine Straße gelegt vor dem Ritualplatz. Dort warteten wir nun und Catherine ging um den Ritualplatz herum. Dabei hatte sie eine Art Sprechgesang aufgenommen. Sie nahm eine Schale, in der sich Kleinholz befand, das sie anzündete. Sie gab etwas in die Schale, was ich nicht sehen konnte, und gleich darauf stieg Rauch aus der Schale auf. Ich konnte riechen, dass es sich wahrscheinlich um Kräuter handelte, die sie verbrannte.

Catherine fing an, um den Kreis herumzutanzen, und setzte ihren Sprechgesang fort. Sie bat eine andere Frau, mit der rauchenden Schale an ihrem Körper entlangzufahren. Sie stand still und ließ es mit sich geschehen, während die andere Frau den Sprechgesang übernahm. Dann erst trat sie über die kleine Steinstraße in den Kreis auf den Ritualplatz. Catherine stellte sich in die Mitte und fing an, sich in die Himmelsrichtungen zu stellen, um die einzelnen Elemente singend in den Kreis einzuladen.

Ich sah völlig gebannt zu. Catherine sang weiter und hatte alle vier Elemente eingeladen, als sie ihre Hände ausstreckte und Vodano einlud in den heiligen Kreis des Rituals. Und gleich darauf kniete sie auf der Erde, um Mutter Erde zusammen mit Vodano einzuladen und sich mit ihm, dem Schöpfer, zu verbinden. Sie hielt zuerst die Hände auf den Sand, sang weiter und dann erhob sie ihre Hände wieder in den Himmel. Dann stellte sie sich hin und verkündete, dass der Platz nun bereit sei für uns.

Jeder von uns stellte sich vor die Frau hin und sie fuhr mit der Rauchschale am Körper jedes Einzelnen auf und ab. Catherine wies uns an, wo wir uns hinsetzen sollten, und bat Badogan, Idisio und Russ zu sich.

Es war mittlerweile draußen kalt geworden, und ich sah fasziniert zu, wie Catherine offenbar noch immer vor sich hinmurmelte und in eine Trance verfallen war. Sie sprach singend und forderte die drei Männer auf, sich in einem Dreieck hinzulegen. Dann fing sie an, ihre Finger laufend in eine andere Stellung in den Himmel zu halten, und veränderte ihren Sprechgesang auch in derselben Abfolge. Dann erklärte sie, dass sie nun für jeden einzelnen der drei Männer einen Runenschirm aktivieren würde. Sie fuhr fort mit einem Sprechgesang und malte mit ihren Fingern etwas auf den Körper von Badogan, dann auf den von Russ und schließlich auf den von Idisio.

Ganz leise sprach sie lange mit den Männern, wir konnten sie nicht hören. Catherine bewegte sich geschmeidig und edel. Von der ersten Minute an war Catherine in einer seltsamen Spannung gewesen und wirkte, als würde sie leicht über dem Boden schweben. Ihre Stimme erinnerte mich an Samt und Honig.

Dann forderte Catherine mich auf, zu ihr zu kommen. Ich stand auf und ging zu ihr. Sie nahm mich bei der Hand.

»Einfach stillhalten«, sagte sie zu mir und hielt mir die beiden Hände schützend über den Kopf, ganz leicht, sodass ich ihre Wärme spüren konnte. Dann fing sie an zu murmeln: »Algiz, sei bei ihr, schütze und leite sie, lass sie unter dem Schutz ihres Daseins ihren Weg gehen und erfüllen, A a a a a l g i i i i i z«, sang sie leise in mein Ohr.

Sie nahm meine Hände in die Höhe, sodass sie in den Himmel zeigten, und sang weiter, das »A« lange betonend. Während einiger Minuten murmelte sie vor sich hin, nahm dann meine Hände herunter und brachte sie so in Position, dass mein rechter Arm nach oben zeigte und der linke nach unten.

Dann sprach sie: »Naudhiz, webe die Muster für Nyella, um die Energien wieder ins Gleichgewicht zu bringen, welche nun nicht mehr ausbalanciert sind. Bring ihr das Licht, den Weg zu gehen mit den Disen an ihrer Seite, und bringe Gerechtigkeit auf diese Erde zurück. Nau au au au dh i i iz«, begann sie zu singen.

Dabei betonte sie die Silbe »Au« wie in Wellen, während sie mich liebevoll an den Armen berührte. Sie lächelte mich an.

Mir wurde warm, es kribbelte überall. Ich schloss meine Augen und sah ein helles Licht vor mir. Wellen überströmten mich, bunte Farben schwangen in Wellen zu mir. Es war nicht das Gleiche wie damals bei Ronjo oder den Drachen, aber es fühlte sich warm an.

Dann nahm sie meine Hände in die ihren, legte sie mir über meinen Nacken und begann zu sprechen: »Othala, mach es den Feinden schwer, sie zu sehen und zu finden. Verbinde sie mit ihren Ahnen und lass sie ihr Erbe antreten, welches ihr für sie gewoben habt. Füllt sie mit der Kraft, ihr Schicksal anzutreten, und steht ihr bei allen Schwierigkeiten zur Seite, die richtigen Entscheidungen zu treffen. O o o o tha a a a a la a a«, sang sie, und ich blieb weiter reglos stehen.

Die Wellen in mir wurden stärker. Ich musste einen Schritt zurückmachen, verlor beinahe das Gleichgewicht. Dann spürte ich, wie Catherine meine Hände wieder runter nahm und sie entlang meines Körpers legte, sodass ich wieder entspannen konnte.

Dann atmete sie tief und sagte mir: »Es ist vorbei, du darfst dich wieder hinsetzen, wenn du möchtest.«

Ich öffnete die Augen und lächelte sie an. Sie zwinkerte mir zu und so ging ich wieder zurück an meinen Platz, erfüllt von einer inneren Ruhe, wie ich sie mir schon lange gewünscht hatte. Ich konnte nicht genau sagen, was mit mir passiert war, aber ich fühlte mich friedlich und ruhig. Meine vielen Gedanken, die mich sonst so ablenkten, waren wie in Zeitlupe angehalten und konnten mich nicht länger beherrschen. Es war friedlich leer in mir. So saß ich beseelt am Rande und schaute in den Mond. Keine Gedanken im Kopf. Es war herrlich. Tiefe Ruhe – und sonst gar nichts.

Das ganze Ritual dauerte lange, mich begann es zu frösteln. Nach einer gefühlten Ewigkeit durften Idisio, Russ und Badogan wieder aufstehen und Catherine verfiel wieder in einen Sprechgesang, in dem sie die ganzen Elemente in der umgekehrten Reihenfolge entließ.

»Was hat das jetzt zu bedeuten?«, flüsterte ich zu Gimle.

»Wart's ab, sie wird es uns nachher erklären«, bekam ich die Antwort von ihm.

Ich konnte nichts erkennen. An den drei Männern hatte sich nichts verändert. Ich war gespannt auf die Erklärung von Catherine. Sie bat uns, nach Beendigung des Rituals die Zeichen im Sand zu verwischen und ihr zu helfen, den Platz wieder so aufzuräumen, dass keine Spuren zurückblieben. Dann spazierten wir zurück zum Feuer.

»So, ihr Lieben. Ich danke euch für eure Unterstützung. Ihr kennt mittlerweile alle den Plan, wie wir in der neuen Aufstellung in Brintesia arbeiten werden«, erklärte Kianno und ging um das Feuer herum, sah jedem einzelnen von uns in die Augen. »Catherine hat über Idisio, Russ und Badogan die Runenschirme verhängt. Wenn sie diese aktivieren, werden wir sie nicht mehr als diejenigen erkennen, die wir jeden Tag sehen. Und«, holte er aus, »sie werden dabei auch ihr ganzes Wesen verändern, seid also auf der Hut«, erklärte er mir.

Damit stand Catherine auf und gesellte sich zu Kianno. Auch sie ging um das Feuer herum und begann mit den Erklärungen. »Die Runen sind ein heiliges Werkzeug höchster Magie seit tausenden von Jahren. Niemand darf sie leichtfertig benutzen. Man braucht Herz und Verstand und uraltes Wissen, sie richtig einzusetzen. Idisio, Russ und Badogan sind ab jetzt in der Lage, sich unter ihrem Runenschirm in einem anderen Licht zu zeigen, sodass sie nicht erkannt werden können. Selbst ihr werdet keinen optischen Unterschied feststellen können, wenn sie unter dem Einfluss der Runen agieren. Wir werden euch das jetzt demonstrieren.«

Damit endete sie mit ihren Ausführungen und bat Badogan, Russ und Idisio zu sich. Die drei stellten sich neben sie und schlossen ihre Augen. Dann sprach jeder eine Art Sprechgesang und gestikulierte in seltsamen Windungen mit den Händen. So hatte es Catherine ihnen erklärt. Ich wartete darauf, dass etwas passierte.

Aber zuerst geschah gar nichts. Sie sprachen weiter und murmelten ihren Sprechgesang. Und dann, innerhalb von wenigen Sekunden, fingen die Gesichtszüge der Männer an, sich zu verzerren. Es war, als würde jemand einen unsichtbaren Pinsel in der Hand halten und den Mund breiter zeichnen, die Nase hinausziehen und die Haare in Sekundenschnelle wachsen lassen. Allein die Kleidung blieb dieselbe. Bei Badogan änderte sich die Handform. Er blickte auf seine Hände und ich sah, wie seine Finger sich langsam verlängerten. Russ' Haare fingen an zu wachsen, über die Schulter hinab, und die Schultern zogen sich in die Breite. Bei Idisio war es, als würde er einen Geist im Kopf beherbergen, der an der Gesichts- und Kopfform herumzog, und so verlängerte sich sein Kinn, während die Wangenpartie breiter wurde und sich die Stirn höher nach oben zog.

Ein Raunen ging durch die Menge und vor uns standen innerhalb wenigen Minuten drei völlig andere Männer, die ich noch nie im Leben gesehen hatte.

»Darf ich vorstellen, mein Name ist Marcorio«, stellte sich Badogan vor, und als ich seine Stimme hörte, erkannte ich ihn sofort. Es war ein seltsames Gefühl, die vertraute Stimme aus dem Mund eines Fremden zu hören. Es war bizarr, das mit anzusehen.

»Die Stimme kann man nicht verändern?«, fragte ich Bernie, der neben mir saß.

»Sieht so aus, als ob das nicht ginge«, flüsterte er mir zu, sah dabei weiter geradeaus und war nicht in der Lage, den Blick von den drei Männern abzuwenden.

»Das ist absoluter Wahnsinn«, sagte er wenig später zu mir, als er Russ hörte, wie der sich als Padrino vorstellte.

Und schließlich lächelte der dritte Mann schelmisch und mit der Stimme von Idisio stellte sich dieser als Berollo vor.

Die bärtige Frau neben mir nickte anerkennend mit dem Kopf. »Du hast dich wieder einmal selbst übertroffen, Catherine«, erklärte sie und klatschte.

Kurz darauf fielen alle in den Applaus mit ein und Catherine verbeugte sich lächelnd vor der Menge. Ich konnte nicht verstehen, wie so etwas funktionieren sollte. Ich hatte davon gehört, dass es Magie gab. Aber so etwas hätte ich nicht für möglich gehalten.

»Ganz schön verrückt, nicht?«, fragte mich Shem plötzlich und sah mich an. »Alles in Ordnung mit dir?«, fragte er mich kurz darauf. »Du siehst so blass aus«, sprach er weiter.

»Wie geht so was?«, fragte ich ihn staunend.

Er zuckte nur mit den Schultern. »Runenmagie«, sagte er. »Das ist alles.«

Ich schaute wieder zurück zu den Dreien. »Das ist alles?«, fragte ich ihn leicht hysterisch.

»Okay, das reicht für den Anfang. Also prägt euch gut ein, wie die Männer jetzt aussehen und wie sie sich nennen«, sagte Catherine.

Marcorio, Padrino und Berollo schritten mehrmals ums Feuer und zeigten sich noch einmal allen, damit wir uns die Gesichter und ihre Wesenszüge sowie ihre Namen einprägen konnten. Es war seltsam, ich wusste genau, welchen Gang Badogan hatte oder wie Russ mit seinen Händen gestikulierte. Es waren so typische Züge für die beiden, die sie nicht ablegen konnten. Und das nun im Körper eines anderen zu beobachten, verwirrte mich sehr.

Dann hieß Catherine sie, den Runenschirm wieder aufzulösen. So stellten sich die drei wieder hin und formten min den Händen Mudras, wie mir das Catherine erklärt hatte. Es waren Handbewegungen, mit denen sie mit der Energie der Runen Kontakt aufnahmen. Die Sprechgesänge murmelten sie beinahe lautlos vor sich hin. Und in der gleichen Form, wie sich vorher die Gesichtszüge und Körper auf bizarre Art und Weise verändert hatten, formte sich der Mensch wieder in sein ursprüngliches Wesen. Badogan, Russ und Idisio standen wieder als sie selbst vor uns und schauten sich gegenseitig an.

»Das ist der Wahnsinn, sag ich euch«, lachte Russ.

Catherine sah ihn mahnend an.

»Es ist echt verrückt«, erklärte Idisio und setzte sich zu uns. Er reckte seinen Kopf nach rechts und nach links und befühlte sein Gesicht.

»Wie fühlt sich das an?«, fragte Shem ihn.

»Ich kann es nicht mal richtig beschreiben. Du merkst, wie sich alles verzerrt an dir. Es ist wirklich ein eigenartiges Gefühl«, erklärte Idisio uns.

»Und wie haben wir ausgesehen?«, fragte Badogan, der auch wieder bei uns war. Bernie und Shem erklärten ihnen ausführlich, was sie gesehen hatten.

»Was ist, Nyella? Du bist so still«, fragte mich Russ plötzlich und starrte mich an.

Ich musste meinen Kopf schütteln: »Das ist nur ein wenig…« Ich suchte nach den richtigen Worten.

»Bizarr«, ergänzte er und lachte schelmisch.

»So in etwa«, gab ich zur Antwort.

Catherine schlenderte zu uns und setzte sich zu Boden. »Wie geht es euch?«, fragte sie die Männer.

Die Männer berichteten von ihren Erlebnissen, und Catherine beantwortete offene Fragen. Dann sah sie mich an: »Du bist schockiert, Nyella.«

Ich nickte. »Ich hatte all die Ausführungen über Magie immer für Märchen gehalten. Na ja, nicht alles. Aber so etwas hätte ich nie erwartet«, erklärte ich ihr.

Sie lächelte. »Hast du Lust auf einen Spaziergang?«, fragte sie mich, und ich erhob mich als Zustimmung.

Dann klopfte ich den Sand von meinem Hintern und den Händen, und Catherine ging voraus. Wir spazierten am Strand entlang, wo wir kurz zuvor das Ritual gemeinsam abgehalten hatten.

»Hat dir deine Mutter nie etwas über Gebohan erzählt?«, fing Catherine plötzlich an zu reden, um so das Gespräch aufzunehmen. Wir waren beim Wasser angelangt und spazierten die Küste entlang. Es ging ein leichter Wind, der mit unseren Haaren spielte.

»Nein, ich glaube, sie wollte damit nichts mehr zu tun haben«, sagte ich zu ihr. Dann erzählte ich ihr, wie ich meine Kindheit erlebt hatte, wie mein Vater verschwunden war und wie wir auf den Schierlingshof gekommen waren. Den Teil der nächtlichen Besuche von Hangar ließ ich aus. Die Geschichte aus Breithorien kannte sie, aber ich erklärte ihr, wie Roberta mir das alles zwischen Tür und Angel offenbart hatte.

»Roberta ist eine gute Seele«, seufzte sie. »Vielleicht wollte dich deine Mutter einfach schützen«, ergänzte sie.

»Was meinst du damit?«, wollte ich wissen.

»Du hast mir erzählt, wie sehr sie ausgegrenzt wurde. Vielleicht hat sie noch viel Schlimmeres erlebt als das, was du weißt«, gab sie zu bedenken.

»Das könnte durchaus sein«, sagte ich nachdenklich. »Es stimmt schon, ich weiß wenig über meine Mutter. Allein die Tatsache, dass sie ein Kind Gebohans ist, dass ich Geschwister habe und dann noch meine Großmutter, die eine Hüterin der Tiere ist …«, fing ich an und brach dann ab.

»Bist du sauer auf Roberta?«, fragte Catherine mich.

»Weil sie mir das nicht sofort beim ersten Besuch erzählt hat?«, war meine Gegenfrage. Catherine nickte.

»Irgendwie schon, und irgendwie kann ich es verstehen.« Ich verfiel in ein fast krampfhaftes Lachen. »Aber ich komme hier ja kaum dazu, über so was nachzudenken. Die Ereignisse überstürzen sich beinahe stündlich. Dass ich nicht wahnsinnig werde, grenzt an ein Wunder«, sagte ich aufgebracht.

»Stimmt«, sagte Catherine verständnisvoll.

»Catherine?«, fragte ich.

»Hm«, antwortete sie mir.

»Was kommt da auf uns zu?« Ich war stehen geblieben und sah sie an. »Ehrlich!«, unterbrach ich sie, bevor sie mit offenem Mund etwas hätte sagen können.

»Ehrlich?«, fragte sie nach, und ich nickte.

»Ganz ehrlich, Nyella. Ich weiß es nicht. Jedenfalls nicht richtig. Wenn wir mit den Orakeln im ganzen Land vertrauen, dann werden sich dunkle Wolken über unserem Land zusammenbrauen. Aber diese dunklen Wolken sorgen für Kopfzerbrechen, denn es zeigen sich nur Nebel. Weder die Karten noch die Runen noch die Knochen wollen Auskunft erteilen. Es gibt keine klaren Antworten.

Die Waldmenschen haben ihre Ältesten befragt, die von ähnlichen Dingen berichten, genauso bei den Elbwesen. Ich meine, es sind sehr weise Wesen darunter, die sonst immer verlässlich in die Zukunft schauen konnten. Und seit ein paar Monaten? Nur noch schwammiges Zeug.«

Sie machte eine Pause und atmete tief durch. »Sogar im Königshaus kamen wir zu keinen verlässlichen Zukunftsprognosen. Wir mussten dem König die Karten legen, wenn wir in der Stadt waren. Wir mussten immer wieder schummeln. Wir konnten zwar die Ankunft Walrivias sehen, aber die Antworten waren vernebelt. Selbst bei Wernot waren die Antworten der Orakel niemals klar. Ein paar Dinge konnten wir sehen in den Karten, aber der König wollte nur hören, was ihm gefiel.« Sie sah mich an und schüttelte den Kopf. »Und dann sind wir seit Jahren einfach etwas unsicher, wenn wir für das Königshaus die Karten legen oder die Knochen werfen müssen. Irgendetwas stimmt bei Hofe nicht«, erklärte sie mir.

»Vielleicht war er ja gar nicht der König«, sagte ich leichtfertig, und Catherine blieb abrupt stehen.

»Wie meinst du das?«, wollte sie wissen.

Ich hatte mir bei der Aussage nichts weiter gedacht. Ich zuckte mit den Schultern.

»Na ja, wenn du mir sagst, dass du bei ihm über Jahre keine Antworten bekommen hast und bei allen anderen schon …«, fing ich an und schaute sie an.

Catherine überlegte und runzelte die Stirn. »Nyella, du bist genial«, sagte sie plötzlich und zerrte mich am Ärmel mit sich.

Ich konnte kaum mithalten, als sie auf die anderen Frauen am Lagerfeuer zu rannte.

»Ana Maria, schnell. Ana Maria!«, rief sie atemlos, und eine schwarzhaarige Frau blickte zu uns auf.

»Schnell, wir müssen die Karten befragen«, keuchte Catherine. »Nyella ist eine wahre Künstlerin«, sagte sie zu der Frau. »Sie ist auf etwas gestoßen«, ergänzte sie.

»Ick sagte dir ja, die Kleine wirda von die Beste von uns allen werden«, erklärte die dunkelhaarige Schönheit gelassen.

Sie sprach mit einem unglaublich schönen Dialekt. Es war offensichtlich, dass sie unsere Sprache gut, aber nicht perfekt sprach. Das »R« wurde melodisch rollend ausgesprochen und sie redete in einer Schwingung, die tanzenden Buchstaben gleichkam. Ana Maria war bestimmt über dreissig Jahre alt, aber eine Bilderbuchschönheit mit schwarzen Haaren und ganz schwarzen, leuchtenden Augen. Ihr Körper war etwas fülliger. Sie hatte eine mystische Ausstrahlung.

Badogan und die anderen hatten mitbekommen, dass Catherine außer Atem zu den Weissagerinnen gerannt war. Die Männer erhoben sich neugierig und gesellten sich zu Ana Maria.

»Was ist los?«, wollte Badogan wissen.

Catherine musste sich kurz abstützen und durchatmen, um wieder Luft zu holen. Sie war so schnell gerannt und ich verstand die Aufregung noch immer nicht.

»Nyella hat möglicherweise soeben ein Geheimnis gelüftet, welches wir seit Jahren vergeblich versucht haben zu entschlüsseln«, erklärte sie uns.

Ich hob eine Augenbraue. Ich hatte ein Geheimnis gelüftet?

»Ana Maria, wir haben für das Königshaus doch jahrelang die Karten gelegt. Du weißt selbst, wie oft wir außer Nebel oder unklaren Antworten nie eine verlässliche Aussage bekommen haben. Bei allen anderen orakeln wir sehr genau. Manchmal stimmen die Ereignisse sogar zeitgenau. Das heißt, bis vor wenigen Monaten. Seither fallen auch die übrigen Orakel ungenau aus«, erklärte sie und sah sich um.

»Ja, dassa ist nickts Neues. Wo ista der Pointe?«, wollte Ana Maria wissen und zuckte mit den Achseln.

»Wernot ist gar nicht der König«, sagte Catherine und sah Ana Maria an.

»War, Catherine, war«, korrigierte sie Gimle, der auch bei uns stand.

»Was sagst du da?«, mischte sich Badogan ein. »Du vergreifst dich am guten Namen meines Königs!« Er war sichtlich aufgebracht.

»Jetzt beruhige dich, Badogan, hör mir doch erst mal zu«, versuchte Catherine zu erklären und hob beschwichtigend die Hände.

»Naturalmente.« Ana Maria griff sich an den Kopf, und ihre Miene erhellte sich. »Du hasta Reckt, Catherine«, sagte sie zu ihr. »Verzeihung, Badogan, Wernot war eine wunderbare Mensch. Aber Nyella hata Reckt. Das ista die einzig logische Erklärung. Die Karten konnten keine Aussage macken, denn Wernot war gar nie die recktmäßige König«, stellte Ana Maria fest.

Jetzt verstand ich gar nichts mehr. Badogan sah von Catherine zu Ana Maria und wieder zurück.

»Es ista gar nickt anders moglick«, erklärte Ana Maria und führte in einer langen Rede aus, dass sie bei jedem die Zukunft voraussagen konnte, aber nicht bei Wernot oder Gerham. Denn dort wurde verlangt, dass sie für den König weissagen sollte. Aber wenn es nicht der König gewesen war, den sie vor sich hatte, dann wäre dies die einzig mögliche Erklärung, warum sie schon früher keine verlässlichen Antworten erhalten hatten.

»Mehr nock«, sagte sie verschwörerisch. »Ich weißa, dass Walrivia eine Frau beauftragt hat, ihr einen Sauber zu mischen, damita sie von die recktmäßige König schwanger wird. Ein Bambino, eh? Und ick weiß, dass diese Kräuterfrau mit ihre Werk bisher nie einen Sauber verfehlt hat. Aber hier?« Sie pfiff und sagte dann: »Nickts passierte, niente. Ick weißa, dass Walrivia außer sich war und die Frau immer wieder aufgesuckt hatta. Aber sie wurde nickt schwanger von Wernot. No Bambino, eh? Fragen wir uns, perché? Warum?«

Sie fuchtelte mit ihrem Zeigefinger vor ihrer Brust herum und fuhr fort: »Die Sauber lautet, dass sie von die recktmäßigen König schwanger werden soll, aber wenn Wernot gar nickt die recktmäßige König war, konnte die Sauber gar nickt wirken, comprende?«, sagte sie vielsagend und lächelte dabei. Sie hob die Arme in den Himmel. »Nyella, du bist geniale«, ergänzte sie und drückte mir einen temperamentvollen Kuss auf die Stirn.

Badogan stand vor mir wie vom Donner gerührt. Dann schaute er mich lange an. Er tat mir irgendwie leid. Wir hatten gerade sein Weltbild zerstört, so schien es.

»Gibt es keine andere Erklärung dafür?«, mischte sich Bernie ein.

Badogan schüttelte langsam den Kopf und Catherine ergriff das Wort: »Wohl eher kaum. Ana Maria ist die beste Kartenlegerin im Lande. Dass wir nicht früher darauf gekommen sind«, sagte Catherine.

»Giusto, da war immer die Fux nebe die Karte von die König, und zwar auf die linke Seite«, deutete Ana Maria auf Catherine.

»Wie meinst du das, Wernot wollte nicht hören, was ihr zu sagen hattet?«, wollte Bernie wissen.

»Nun, für ihn als Mann konnten wir einige Dinge sehen, aber eben nicht alles. Zum Beispiel, dass Walrivia nicht gut für ihn war, das war in den Karten klar zu erkennen. Aber er hatte Ana Maria einmal beinahe aus dem Schloss werfen lassen. Man musste vorsichtig sein, was man ihm voraussagte. So kannst du nicht arbeiten als Weissagerin.

Karten zu legen ist eine ernste Angelegenheit. Traurig, dass wir ihn oft belügen mussten, um unser Geld zu verdienen, welches wir brauchten, damit wir unser Brot bezahlen konnten. Er hat uns jedes Mal zu sich rufen lassen, wenn wir in der Stadt waren. Wir mussten ihm sagen, dass alles gut ist, er gesund bleibt und er noch ganz viele Nachkommen bekommen würde. Dann war er zufrieden. Aber das ist kein ehrliches Orakel«, meinte Catherine aufgebracht.

»Nicht alle können mit der Wahrheit umgehen«, gab Catherine zu bedenken.

»Du meinst wirklich, dass er gar nicht der rechtmäßige König war?«, fragte Bernie noch einmal nach.

»Das könnte doch durchaus sein«, räumte Gimle ein.

»Ein Betrüger?«, wollte Idisio wissen. »Niemals«, insistierte er.

»Vielleicht war es eine List, um den richtigen König zu schützen«, meinte Kianno, der sich plötzlich einmischte.

»Eine interessante Gedanke«, sagte Ana Maria.

»Durchaus möglich«, meinte Catherine dazu.

Gleichzeitig legte Ana Maria drei Karten vor sich auf den Boden, die sie aus ihrer Bluse gezogen und vorher gemischt hatte.

»Interessante Bild«, erklärte sie murmelnd.

»Keine abschließende Aussage«, mischte sich Catherine ein.

»Aber die drei Karten geben mir einen Anhaltspunkt. Ick glaube, wir sind auf die ricktige Spur«, mutmaßte Ana Maria.

»Vielleicht hast du sogar Recht«, meinte Badogan schließlich und lenkte ein.

»Bestimmt sogar, schau dir das Kartenbild an«, erklärte Ana Maria.

Dann wechselte sie das Thema. »Nyella sollte auf die Weg nack Brintesia anfangen, die Deutung von die Karten zu verstehen«, sagte Ana Maria. »Es ista Zeit, dass wir zuerst mit die Karten beginnen, später kannst du dann mit die Runen oder die Knocken arbeiten«, erklärte sie ergänzend. Schließlich fügte sie noch lachend in ihrem herrlichen Akzent hinzu: »Ick glaube, die Karten sind bereit für Nyella. Lass uns testen morgen.«

Catherine lächelte.

»Das wird dir Spaß machen, das versprech´ ich dir«, mischte sich eine andere Frau ein, die das Band der Wanderhuren umgebunden hatte. »Legst du mir dann auch mal die Karten?«, wollte sie von mir wissen.

»Bestimmt wird sie das, keine Sorge, sie braucht ja Übungsmaterial«, lachte Gimle.

»Ick weißa nicht, vielleicht muss Nyella gar nickt so viel üben, wie du glaubst«, sagte Ana Maria zu mir und lächelte mich vielversprechend an. »Wir fangen gleick morgen an, auf die Weg nack Brintesia, okay?«

»Klar, gerne. Ich freu mich«, antwortete ich ihr. Ich war gespannt auf das Kartenlegen.

Wernot sollte also möglicherweise gar nicht der rechtmäßige König gewesen sein? Wenn er nicht der König gewesen war, wo war dann der echte König geblieben? In der Runde entstanden Diskussionen. Badogan war still geworden und versank in seine eigenen Gedanken. Ich merkte, wie der Blick von Russ auf mir ruhte und als ich wegschaute, begegnete ich dem Blick von Shem. Ich fühlte mich, als hätte ich ein Kleid an, das mir zu eng geworden war, und musste aufstehen. Ich streckte mich und atmete tief ein und aus.

Ich dachte an Myriam und die anderen Mädchen. In Gedanken schickte ich ihnen einen Gutenachtkuss und verabschiedete mich von den anderen, um schlafen zu gehen. Als ich später im Wagen lag und versuchte einzuschlafen, erinnerten sich meine Lippen an den Kuss von Russ. Dann spürte ich, wie mein Herz heftig zu klopfen begann, wenn ich an Shem dachte. Ich sah die beiden vor mir, wie sie mich am Lagerfeuer beide angestarrt hatten. Dann fielen mir die Augen zu und die Nacht senkte sich über meine Träume.

# 15. Die magischen 36

Auf der weiteren Reise fuhr ich im Wagen von den Weissagerinnen mit. Unmittelbar vor mir saß Ana Maria. Wir hockten unter der Plane im Wageninnern und Gimle lenkte die Pferde über Stock und Stein. Ich konnte die Pferde schnauben hören, während sie trabten, und Gimle diskutierte mit einem Reiter, der neben dem Wagen her ritt. Catherine saß neben mir sowie Jocelyn, eine andere Weissagerin.

Alle drei waren in meinen Augen viel zu jung und passten nicht in das Bild des Orakels, das ich bis jetzt gehabt hatte. Nach meiner Meinung mussten Weissagerinnen voller Falten sein und graue Haare haben, womöglich noch lange, knöcherne Finger und eine spitze Nase. Jocelyn ging auf die dreissig zu und hatte braunes, samtweiches Haar. Außer ihrer Attraktivität war an ihrem Aussehen nichts Außergewöhnliches. Sie hatte mandelbraune Augen und eine sehr sympathische Ausstrahlung.

Wir saßen auf dem Boden, vor uns lag eine dunkelgrüne Decke ausgebreitet. Catherine hatte eine Kerze angezündet. Vor Ana Maria lag ein kleiner, rechteckiger Haufen mit Karten. Der Haufen setzte sich zusammen aus 36 Tarotkarten, wie sie mir erzählt hatte. Sie erklärte mir in ihrem Dialekt die Herkunft der Karten, und dass die Weissagerinnen seit Jahrhunderten damit den Menschen die Zukunft vorhersagten. Sie berichtete, dass sogar große Könige Orakel in den Krieg mitgenommen hätten, um sich für die nächsten Schlachten beraten zu lassen.

Ich hörte aufmerksam zu, und Ana Maria fing an, die Karten zu mischen, während sie diese um Rat bat. Dazwischen erklärte sie mir, dass sie von der Roseninsel stamme, die ganz im Süden läge. Dort würden sie eine andere Sprache sprechen, was ihren bezaubernden Dialekt erklärte.

Sie bedankte sich bei der Energie der Karten und mischte weiter. Sie reichte sie Catherine und diese mischte weiter. Dann legte Ana Maria acht Karten nebeneinander, darunter weitere acht und in einer weiteren Reihe wieder acht plus eine vierte Reihe von acht Karten darunter. Die vier übrig gebliebenen Karten legte sie in der Mitte an die unterste Reihe. Dann lehnten sich die drei Frauen zurück und betrachteten das Bild der 36 Karten. Die Bilder darauf waren wunderschön, aber ich wusste nicht, was sie zu bedeuten hatten.

Beim näheren Hinsehen erkannte ich, dass auf jeder Karte mindestens ein Tier abgebildet war. Da waren Bilder mit Kleeblättern oder mit einem Haus zu erkennen, andere sahen bedrohlich aus mit einem Sarkophag oder einer Sense. Auf jeder Karte war zudem eine Zahl vermerkt, sie waren durchnummeriert von 1 bis 36. Weil Ana Maria sie gemischt hatte, lagen sie nicht mehr der Reihe nach vor uns. Ich sah mir die Karten genau an und ich konnte mir nicht vorstellen, dass man aus einer so wilden Reihe von Bildern etwas aus meiner Zukunft lesen wollte.

»Catherine liesta die Karten anders als ick, musst du wissen«, erklärte mir Ana Maria.

»Wie muss ich das verstehen?«, fragte ich neugierig nach.

»Ick musste die Bedeutung von die Karten lernen und wie man daraus deutet«, erklärte sie mir und fuchtelte mit der Hand über die Karten, ohne sie zu berühren.

»Und Catherine?«, fragte ich nach.

»Ich? Ich hatte eine Vision und seither kann ich die Bedeutung sehen, wenn die Karten gelegt sind«, sagte Catherine neben mir.

»Es gibt unterschiedliche Arten, wie man das macken kann. Alles ist ricktig. Catherine empfängt die Botschaft von die Karten auf anderem Weg als ick. Sie mehr über Schwingungen und ick mehr über die Bilder von die Karten hier vor mir«, erklärte mir Ana Maria ergänzend. Ich nickte.

»Und das da jetzt?« Ich zeigte auf die Karten vor mir.

»Das sind jetzt deine Karten«, erklärte mir Jocelyn.

»Meine?«, versicherte ich mich.

»Ja, wir haben jetzt für dick die Karten gelegt«, ergänzte Ana Maria.

»Aha«, konnte ich nur von mir geben und sah die Frauen fragend an. Catherine lachte.

»Und was seht ihr in meinen Karten?« Für mich war das alles neu und aufregend.

»Also, dann wollen wir mal schauen«, sagte Ana Maria und rutschte näher heran zu den Karten.

Catherine erhob sich und kniete neben Ana Maria, damit sie einen guten Blick hatte auf das Bild, das vor ihr lag. Jocelyn lehnte sich nach hinten.

»Also, Nyella. Wo sollen wir anfangen? Was willst du wissen?«, fragte mich Ana Maria.

»Möchtest du wissen, ob sich der Herzmann auch für dich interessiert?«, lächelte Jocelyn und deutete auf eine Karte, die einen Mann mit längeren Haaren zeigte, die er zu einem Zopf zusammengebunden hatte. Er trug einen Hut, der mit einer Pfauenfeder geschmückt war, und über seine Brust kletterte ein brauner Hermelin.

»Was für ein Herzmann?«, fragte ich unsicher.

»Na hier, da liegt ein Mann, der Mann deines Herzens«, sagte Jocelyn.

Ich schaute die Karte an. Das sollte der Mann meines Herzens sein?

»Und da nock einer«, ergänzte Ana Maria.

Catherine hielt sich lächelnd zurück. Dabei zeigte sie auf eine Karte mit einem Hund darauf. Der Hund saß vor einem Kamin und zu seinen Füßen lag eine gläserne Kugel.

»Das ist ein Hund«, gab ich zu verstehen.

»Ja, das schon, aber im Kartenbild ist es auch ein Mann, wenn die Karten in dieser Konstellation liegen«, erklärte mir Catherine.

»Und wenn es eine andere Konstellation ist?«, wollte ich wissen.

»Dann könnte es auch wirklick eine Hund sein«, sagte Ana Maria.

»Oder die Eigenschaft der Treue«, erklärte Catherine weiter.

»Es könnte auch auf Freunde oder einen Freund hindeuten«, mischte sich Jocelyn ein.

»Ach herrje.« Mir war schwindlig ob der vielen Erklärungen.

»Die Karten stellen verschiedene Bilder und Qualitäten da. Und in bestimmten Verbindungen zu anderen Karten ergeben sich daraus eben Bilder deiner Zukunft«, erklärte mir Catherine.

»Aber dasa hier ist eindeutig. Nyella ist verliebt, das sieht dock ein Blinder«, erklärte Ana Maria.

»Aber in wen? Und schau, der da ist auch verliebt. Es sind beide verliebt in sie«, meinte Jocelyn.

»Mädels, seht doch genauer hin, da kommt noch einer ins Spiel«, sagte Catherine und deutete auf eine Karte mit einem weißen Pferd drauf. Auf dem Pferd ritt ein Edelmann mit Rüstung, und zu seinen Füßen wand sich eine Schlange. Ich blickte von einer Frau zur nächsten.

»Könnt ihr mich bitte mal aufklären?«, fragte ich ungeduldig.

Catherine schaute mich an: »Bist du verliebt, Nyella?«, fragte sie mich süffisant lächelnd.

»Nicht, dass ich wüsste«, log ich. Wobei ich nicht das Gefühl hatte zu lügen. Ich wusste nicht, ob ich verliebt war. Ich wusste ja nicht, wie es sich anfühlte, verliebt zu sein. »Wie merkt man, dass man verliebt ist?«, fragte ich unsicher und senkte den Blick.

Catherine hob mit der Hand mein Kinn an, aber ich wollte den Blick wieder senken. »Du warst vorher noch nie verliebt, hab ich recht?«, fragte sie.

Ich schüttelte beschämt den Kopf.

»Verliebt ist man, wenn man immer wieder an ihn denkt und bei ihm sein möchte«, schwärmte Jocelyn.

»Und wenn die Herz fest macken klopf, wenn er in der Nähe ist«, ergänzte Ana Maria.

»Oder man fühlt sich einfach wohl bei ihm, wenn er da ist. Weißt du, so, als wäre man vollkommen«, sagte Catherine.

Ich dachte an Shem und ich dachte an Russ. War ich verliebt? Ich wusste es nicht. Zugegeben, ich musste immer wieder an Russ denken und ich hatte Herzklopfen gehabt, als er mich geküsst hatte. Und jetzt, wenn ich ihn sah, klopfte mein Herz schneller. Aber ich hatte auch Herzklopfen bei Shem.

»Na, lass sie mal, das kommt schon nock«, lächelte Ana Maria. »Es gibt ja sowieso nock einen Mann. Du hast recht«, lachte sie.

»Du wirst ganz schön umgarnt«, erklärte Jocelyn.

Ich blickte immer wieder auf die Karten, deren Geschichte sich mir nicht erschloss wie den drei Weissagerinnen.

»Drei Männer? Und wie geht es weiter?«, wollte ich wissen.

»Also hier sieht man, dass einer nickt in Frage kommt. Er hat viele Gefühle für dick, aber du willst nur Freundschaft. Für die anderen beiden Männer hast du nock keine Entscheidung getroffen, Amore«, erklärte mir Ana Maria.

»Das heißt, ich kann selbst entscheiden?«, wollte ich wissen.

»Naturalmente, die Wege liegen da. Es steht eine Entscheidung an, und zwar von dir«, führte sie weiter aus.

»Also, Wege bedeuten eine Entscheidung«, wiederholte ich. Ana Maria nickte.

»Die Karten sind nickt in Stein gemeißelt. Sie sagen dir voraus, was du erleben wirst, wenn du nickts veränderst an deine Handeln. Sollte dir aber nicht gefallen, was du hörst, dann wirst du deine Handeln womöglick ändern, und somit ändert sick auck deine Sukunft. Wir sehen viel in einem Kartenbild. Und die da«, Ana Maria zeigte auf Catherine, »sie ist eine wahre Meisterin der Orakel.«

Catherine verzog ihr Gesicht: »Es ist nicht immer ein Segen, Nyella. Wir werden nachher die Runen noch befragen, ob sie mit dir arbeiten möchten. Okay?«, sagte Catherine zu mir.

Ich nickte. Ich war hingerissen von diesen Dingen, die alle so fantastisch klangen. Ich fühlte mich entblößt. Irgendwie war ich nicht bereit, dass Fremde so viel über mich erfuhren, was ich selbst noch nicht wusste. Was ich selbst noch gar nicht wissen wollte.

Verblüffend war für mich, dass Ana Maria mir vieles aus der Vergangenheit erzählen konnte, aber ich war mir nicht sicher, ob sie das nicht über Catherine erfahren hatte.

Ana Maria erzählte mir viele Dinge, die ich schon wusste, aber sie konnte mir aus den Karten auch sehr genau sagen, wie ich charakterlich war. Und da mich in dieser Gruppe niemand wirklich lange kannte, hatte mich das doch sehr erstaunt.

»Dann liegt da noch ein dunkles Geheimnis aus deiner Vergangenheit«, sagte sie plötzlich.

»Mehr als eines«, lächelte Catherine, aber Ana Maria hielt die Hand hoch: »Nyella, was ick hier sehe, ist sehr schlimm. Du solltest lernen, mit jemandem darüber zu reden. Sonst frisst es dick auf«, erklärte sie mir ernst.

»Hat Shem dich aufgehetzt?«, fragte ich sie und war plötzlich wütend.

»Shem? Nein? Warum sollte er?«, mischte sich Catherine ein.

»Weil nur er ahnen kann …« Ich brach ab.

»Wovon sprecht ihr denn, bitteschön?«, wollte Jocelyn wissen.

»Ick weiß nickt, was dein dunkles Geheimnis ist«, sagte Ana Maria. »Aber ick sehe, dass es dich auffrisst, Nyella. Ick sage dir nur, was die Karten mir für eine Rat gebe. Lerne, darüber zu reden, und nimm diese dunkle Geheimnis die Mackt weg«, erklärte sie mir ernst.

Ich sagte nichts dazu. War es wirklich möglich, dass sie so etwas in den Karten sehen konnte?

»Nyella, hier sehe ick, dass deine Familie auseinandergefallen ist. An deiner Seite war eine falsche Mann, eine Art Vaterfigur«, führte sie weiter aus. »Er hat mit die Geheim…«

Ich unterbrach Ana Maria. »Das ist Hangar, der Ehemann meiner Mutter. Meine Mutter hat wieder geheiratet nach dem Tod meines Vaters«, sagte ich zu ihr.

»Dein Vater ist tot?«, fragte Jocelyn und stutzte. Dann sah sie Catherine an. Diese sah sich das Kartenbild genauer an.

»Seltsam«, murmelte Catherine.

»Was, warum seltsam?«, wollte ich wissen.

»Du bist sicher, dass dein Vater tot ist?«, fragte Jocelyn nach.

»Jocy, bitte«, Catherine sah sie mahnend an.

»Ja, entschuldige bitte, sieh dir doch bitte das Bild an …« Ich folgte Jocelyns Finger, wie sie auf die Karten deutete. Dort war ein Bär zu sehen und daneben lagen eine Lilie und eine Karte, die einen Baum zeigte. Catherine sah Jocelyn eindringlich an. Jocelyn blickte hilflos zurück.

»Vielleicht hab ich mich auch geirrt, vielleicht eine Vaterfigur? Der neue Mann deiner Mutter?«, stammelte sie.

»Vaterfigur, pah«, sagte ich und schnaubte laut.

Ich war viel zu beschäftigt, dass mein Geheimnis nicht aufflog, als dass ich die vielsagenden Blicke von Catherine und Jocelyn wahrgenommen hätte.

Ana Maria begann weiterzureden: »Es heißt in die Karten, dass du dein wahres Ick nock gar nickt lebst.«

»Ich bin auch erst sechszehn Jahre alt«, gab ich zu verstehen. Catherine nickte gedankenverloren.

»Siehst du was wegen Brintesia?«, wollte ich wissen.

»Ich sehe die Reise hier, auf der du bist. Es ist wie verhext. Ich seh einfach nicht wirklich, wo deine Reise hingeht«, erklärte Catherine mir.

»Ist das immer so?«, wollte ich wissen.

»Nein, bei die meisten Leuten sieht man genau ihre Wege. Das ist einfack zu lesen«, erklärte mir Ana Maria.

»Dann stimmt was nicht mit mir?«, fragte ich sie.

»Nein, du brauchst dir keine Sorgen zu macken. Die meisten Leute sind langweilig und da passiert auck nickt viel in die Leben von diese Leute. Darum sehen wir klare Bilder. Du bist nock voller Tatendrang. Vielleicht sogar schneller als die Karten.« Ana Maria lächelte und fuhr dann fort: »Vieles steht dir nock bevor und es werden sick deine Weichen neu stellen. Deshalb kann es gut sein, dass wir nock nickt viel Konkretes sehen in deine Zukunft. Wir können die Karten zu eine spätere Zeitpunkt noch einmal befragen.«

Ich war einverstanden. Mir waren das ohnehin schon viel zu viele Informationen gewesen. Ich konnte mir nicht vorstellen, so etwas je zu beherrschen, geschweige denn in der kurzen Zeit, bis wir Brintesia erreichten. Mir entgingen dieses Mal aber die vielsagenden Blicke nicht, die die drei Frauen untereinander austauschten.

Catherine holte von ihrem Schlafplatz ein Bündel, eingewickelt in Stoff. Sie legte es in meinen Schoß. Es war ein dunkelblauer Samtstoff. Ich nahm das Bündel in die Hand.

»Was ist das?«, fragte ich sie neugierig.

»Das sind meine alten Karten. Ich würde sie dir gerne schenken, damit du mit ihnen starten kannst«, gab sie zur Antwort.

Ich wickelte das Bündel auf. Darin erschienen 36 Karten, ganz genau die gleichen, wie sie vor mir lagen. Aber diese hier sahen etwas neuer aus, viel schöner. Die Farben waren noch frischer und die Bilder bunter gemalt, weil sie noch weniger abgegriffen waren. Ich nahm die Karten in die Hand. Ich spürte ein Kribbeln in meinen Fingern. Catherine beobachtete mich aufmerksam.

»Fang doch mal an zu mischen«, forderte sie mich auf.

Ich legte den Samtstoff zur Seite und fing an, die Karten zu mischen. Mit jeder Handbewegung verstärkte sich das Kribbeln in meinen Händen. Mir wurde schwindlig. Ich stöhnte auf.

»Nyella, wasa ist los?«, fragte Ana Maria und hatte sich aufgesetzt.

»Sie ist ganz blass im Gesicht«, meinte Jocelyn und sah mich besorgt an.

Ich hörte auf zu mischen.

»Misch weiter«, forderte mich Catherine auf. »Mach nur.« Sie sah dabei die Karten an. Dann mischte ich weiter.

Die Welt fing sich an zu drehen und während ich weiter mischte, verlor ich beinahe die Orientierung. Es kribbelte die Arme hinauf bis in die Schultergelenke, weiter hinauf bis zum Hals. Die Welt schien sich um mich zu drehen und ich hatte Mühe, mich gerade zu halten. Ich schloss meine Augen, um sie gleich darauf wieder zu öffnen. Ich hatte einen ausgetrockneten Mund.

Mir war so seltsam zumute. Farben verzerrten sich mit einem Mal vor meinen Augen und bildeten wellenartige Bilder. Ich konnte die Stimme von Catherine nur noch von weit her hören. Die buntesten Farben verwirrten meine Augen und faszinierten sie gleichzeitig.

Ich konnte plötzlich Blumen riechen und sah, wie sich ein klarer Sternenhimmel vor meinen Augen formte. Ich sah die Zahl 16 klar vor mir. Ich blinzelte. Meine Augen mussten mir einen Streich spielen. Es war Tag. Warum sah ich nun plötzlich Sterne?

»Sie ist noch nicht soweit«, hörte ich eine krächzende Stimme sagen.

»Doch doch, sie ist so weit, Roberta meinte auch, sie sei so weit, keine Sorge.«

Da war eine zweite, hohe Stimme. Die Stimmen klangen nasal und ich konnte mich umdrehen und umsehen wie ich wollte, aber da war niemand. Die Frauen nahm ich nur verschwommen wahr. Ich sah nur eine Karte in klaren Bildern vor mir liegen, die die Zahl Zwölf zeigte. Darauf waren zwei Eulen zu sehen, die auf einer Mauer saßen. Ich legte die Karte vor mich auf den Boden. Ich schüttelte wieder meinen Kopf und blinzelte, als ich glaubte zu sehen, dass sich die Eulen aus der Karte erhoben. Und von der flachen Karte verzerrte sich das Bild in ein reales. Die flache Karte machte ein ploppendes Geräusch, verformte sich in ein Relief und die beiden Eulen standen plötzlich leibhaftig vor mir auf dem Boden. Es waren dieselben Eulen, wie sie auf der Karte zu sehen waren. Als ich auf die Karte blickte, fehlten dort die beiden Vögel, die nun wahrhaftig vor mir herumturnten. Mit großen Augen sahen sie mich an.

»Siehst du, ich sag es dir doch, sie ist noch nicht soweit«, erklärte die eine Eule der anderen giftig.

»Gib ihr doch noch ein bisschen Zeit«, erklärte die andere Eule mit einem breiten Slang.

Ich blickte von einer zur anderen Eule. Dann schaute ich verunsichert zu Catherine. Ich konnte sie wieder klarer wahrnehmen. Das beruhigte mich sehr. Catherine nickte mir anerkennend zu und schmunzelte. Ana Maria und Jocelyn hatten ihre Augen auf mich gerichtet und sahen mich entsetzt an.

»Sag was zu ihr«, deutete die eine Eule zur anderen und stieß sie mit ihrer gefiederten Schulter an.

»Was denn?«, fragte die andere Eule zurück.

»Ich kenn′ sie ja gar nicht«, entgegnete daraufhin die andere Eule.

»Okay, dann also. Gestatten. Gemeinsam sind wir die Karte Nummer zwölf, und wir zwei beide, wir hier…« Die Eule deutete mit ihrem rechten Flügel übertrieben oft zwischen sich und der anderen Eule hin und her. »… wir sind die Vögel, wie sie genannt werden nach dem Kartenbild.« Und dann verneigte sich die Eule vor mir.

Ich sah mich unsicher um und Catherine nickte zustimmend.

»Ähm, hi«, war alles, was mir einfiel. Ich kam mir albern vor, mit einer Figur aus einer Karte zu reden.

»Sie nimmt uns nicht für voll. Das hab′ ich dir doch gesagt«, meckerte die andere Eule.

»Jetzt lass sie doch mal«, entgegnete die andere Eule und giftete zurück. »Wer bist du denn?«, fragte sie mich.

»Nyella«, sagte ich unsicher.

»Und, Nyella, sprichst du auch mehr als nur einzelne Silben?«, wurde ich gefragt.

»Ja, im Normalfall schon«, antwortete ich der Eule vor mir.

»Im Normalfall.« Die Eule verfiel in ein Lachen. »Was ist schon ein Normalfall, was?«, sagte sie und lachte weiter.

»Du bist also Nyella. Und du bist eine Aya way«, erklärte mir die Eule.

»Eine Aya was?«, fragte ich erstaunt.

»Eine Aya way. Davon gibt es, glaub ich, nur noch …«, erzählte die Eule und fing mit den Flügelfedern an, bis Drei zu zählen.

»Nur noch drei Stück auf dieser schönen Erdenwelt«, erklärte die andere Eule wichtig.

»Eine Aya way?«, murmelte ich. Wieder so ein Wort, womit ich nichts anfangen konnte.

»Was, in Vodanos Namen, ist eine Aya way?«, fragte ich und richtete die Frage an Catherine.

»Eine Aya way ist jemand, der mit anderen Wesen sprechen kann. Oft sind es Tiere. Das würde dann erklären, warum du die Tiere der Tarotkarten hier in physischer Natur wahrnimmst«, erklärte sie mir.

»Aya way«, wiederholte ich. Da kam mir die Situation mit den Drachen wieder in den Sinn. »Kann es sein, dass ich auch Drachen verstehe?«, wollte ich von Catherine wissen.

»Sag mal, wie höflich bist du denn drauf? Wir sind auch noch hier«, mischte sich eine der Eulen ein.

Ich sah hinunter zu ihr. »Oh, entschuldige bitte«, sagte ich zu ihr.

»Es kann nicht nur sein, dass du als eine Aya way mit uns reden kannst, sondern mit anderen Tieren auch, manchmal sogar mit anderen Kreaturen«, erklärte mir die andere Eule altklug.

Erst jetzt fiel mir auf, dass eine Eule eine dunklere Zeichnung im Gesicht trug als die andere. »Habt ihr auch einen Namen?«, fragte ich die beiden Eulen.

»Nur, wenn du uns einen gibst. Bis jetzt waren wir nur die Nummer zwölf, auch als *Die Vögel* bekannt«, erklärte mir die Eule mit dem dunkleren Gesicht.

»Wie muss ich das verstehen?«, fragte ich nach.

»Wir sind ja eigentlich nur ein Kartenbild, das jemand gezeichnet hat. Also eigentlich gar nicht existent. Wir sind nur in deinem Kopf«, erklärte mir die dunkel gezeichnete Eule.

»In meinem Kopf? Aber Catherine, Ana Maria und Jocelyn sehen euch doch auch?«, erklärte ich.

»Sicher tun sie das. Aber es ist alles nur in deinem Kopf, auch Catherine«, erklärte mir die Eule weiter.

»Du meinst, Catherine und die anderen beiden sind auch nicht real?«, fragte ich.

»Natürlich, niemand ist real. Was ist schon real?«, erklärte mir nun die andere Eule.

Das war mir zu hoch.

»Du musst auch nicht alles verstehen, Schätzelein«, sagte die dunkelgezeichnete Eule. »Willst du uns nun *Die Vögel* nennen oder magst du uns einen Namen geben?«, fragte sie nach. Ich sah Catherine etwas verzweifelt an.

»Mich musst du nicht fragen, das ist jetzt dein Kartendeck«, erklärte sie mir.

»Haben die auch mit dir gesprochen?«, fragte ich sie.

»Nein, bei mir waren es ganz normale Karten«, antwortete sie mir gelassen.

»Na super, was stimmt denn nicht mit mir?« Ich verdrehte die Augen.

»Das ist dock nickt so, dass etwas nickt mit dir stimmt, Nyella. Das ist eine große Geschenk, das dir hier widerfährt«, mischte sich Ana Maria ein.

»Wir warten …« Die hellgezeichnete Eule stand vor mir, die Flügel in die Hüften gestemmt und tippte mit dem rechten Fuß die Krallen nervös auf den Boden.

Sie sah mich erwartungsvoll an. Ich holte tief Luft und suchte händeringend nach einem Namen.

»Wie wär's denn mit …« Ich hielt inne und dachte laut: »Keine Ahnung.« Mir fiel nichts ein.

»Keine Ahnung? Das ist ein schöner Name, den nehm ich«, sagte die hellgezeichnete Eule.

»Nein, nein, das ist kein Name«, versuchte ich zu erklären.

»Keine Ahnung.« Die Eule sprach den Namen langsam aus und hob den Flügel in die Luft, als wollte sie den Namen in die Luft malen.

»Keine Ahnung, das ist wirklich ein schöner Name«, sagte die andere Eule zu ihr.

»Halt, halt, halt. *Keine Ahnung* ist kein Name«, erklärte ich den beiden noch einmal.

»Nicht?«, fragte die betroffene Eule sichtlich traurig. »Och menno, jetzt habe ich zum ersten Mal einen Namen bekommen, und schon ist er wieder weg.« Sie ließ die Flügel hängen und stampfte trotzig hin und her.

»Es gibt noch mehr Namen, die sind noch viel toller«, erklärte ich der kleinen Eule.

Sie sah mich an und ihre Miene hatte sich sofort wieder erhellt.

»Echt? Welche denn?«, wollte sie wissen und nickte heftigst mit dem Kopf, während sie den Schnabel zu einem Lächeln mimte.

»Peter und Paul beispielsweise«, sagte ich. Es fiel mir nichts Besseres ein. Hoffentlich waren das männliche Eulen, ich hatte keine Ahnung.

»Peter und Paul«, sang die hellgezeichnete Eule.

»Also du Peter und er Paul«, sagte ich zu den beiden und zeigte nacheinander auf beide Eulen.

»Ach so, das sind zwei Namen«, sagte die andere Eule.

»Dann hab ich jetzt auch einen Namen?«, wandte sich die dunkelgefärbte Eule an mich.

»Ja, Paul.« Ich sprach den Namen laut und deutlich aus.

»Paul«, wiederholte er. »Das ist ja cool«, lachte er.

»Gefällt er dir?«, wollte ich von ihm wissen.

»Und wie, ich hatte noch nie einen eigenen Namen. Man fühlt sich gleich viel lebendiger damit«, erwiderte Paul.

»Klugscheißer, du bist ja sonst nicht lebendig, du Kartenbild, du«, provozierte Peter ihn.

»Er ist immer so gemein zu mir«, seufzte Paul zu mir und verdrehte die Augen. Ich kam gar nicht dazu, etwas zu sagen.

»Weißt du, Nyella, es ist so langweilig, wenn man seit über 300 Jahren mit ein- und demselben Vogel in einem Kartenbild herumliegen muss. Du kannst dir gar nicht vorstellen, *wie* langweilig das ist«, erklärte mir Paul und deutete mit dem Flügel an, dass er gähnen musste.

»Ach so, ich bin dir zu langweilig?«, keifte Peter. »Ich kann ja gehen«, setzte er beleidigt nach.

»Wohin denn, haha, der war gut«, lachte Paul.

»Doch, natürlich kann ich gehen. Ich könnte ja beispielsweise zur hübschen Storchendame umziehen, die mit der Nummer 17, die hat einen süßen Hintern«, sinnierte Peter.

»Ach, komm schon, den fetten Arsch nennst du süßen Hintern?«, blaffte Paul ihn an.

»Sie *hat* einen süßen Hintern.« Darauf bestand Peter.

»Was willst du denn mit einer alleinerziehenden Mutter, sag mal«, wollte Paul wissen. »Kinder von einem anderen, na viel Spaß, und dann ausgerechnet Störche«, fügte er noch an.

»Na und, schlimmer als du werden Störche nicht sein«, erklärte Peter.

»Schwarzweiße Kuckuckskinder, haha, der war gut«, lachte Paul weiter und schlug sich einen Flügel auf den Oberschenkel.

Peter verschränkte die Flügel vor seinem Oberkörper und zog eine Schnute.

Bevor Paul weiter ausholen und der Streit sich hochschaukeln konnte, fiel mir eine Karte aus der Hand zu Boden. Sie zeigte eine sternenklare Nacht, so wie ich sie vorher vor meinem inneren Auge gesehen hatte. Die Karte trug die Nummer 16, und als die Karte zu Boden fiel, rollte eine kleine, graue Katze mit rotem Halsband aus ihr heraus auf den Boden. Die kleine Katze blieb am Boden liegen, setzte sich auf und leckte sich die linke Pfote. Dann reckte und streckte sie sich genüsslich.

»Guten Tag, Nyella, ich bin die 16, das ist das Kartenbild der Sterne und somit die Erfüllung deiner Träume in der Nacht. Wir bringen dir Klarheit und stehen für kalte Nächte. Bekomme ich auch einen Namen?«, wollte die Katze von mir wissen, blinzelte mich an und leckte weiter ihre Pfote.

Peter kam angehüpft und schob die Katze zur Seite.

»*Wir* reden jetzt mit Nyella, was mischst du dich ein?«, sagte er verärgert.

»Ach, ihr zwei, bekannt für ewige Zwiste, so wie die 12 eben ist«, lachte das Kätzchen und kümmerte sich nicht um Peter. Sie schmiegte sich an Paul und schlich um ihn herum, bis sie wieder vor mir stand und Peter hinter sich gelassen hatte.

»Das ist äußerst spannend«, mischte sich Ana Maria plötzlich ein.

»Unglaublich«, bestätigte Jocelyn.

»Ick habe darüber gehört, aber das selbst mitzuerleben, incredibile«, sagte Ana Maria.

Die Katze strich um die Eule herum und trieb sie damit beinahe in den Wahnsinn. Ich musste lächeln. Das hier war besser als jeder Geschichtenerzähler. Ich hörte den beiden zu, wie sie einander ankeiften, während sich Paul zurückhielt.

»Ein Name, Nyella, bitte gib mir einen Namen«, bettelte mich die kleine Katze an.

Sie erinnerte mich an die Kätzchen auf dem Schierlingshof. Ich dachte nach.

»Nina«, sagte Catherine spontan. »Ich hatte mal eine Katze, die hieß so«, ergänzte sie.

»Nina gefällt mir gut«, antwortete ich ihr. »Dann wollen wir dich Nina nennen«, sagte ich zu der kleinen Katze.

Sie stellte sich auf die Hinterpfoten und klatschte in die Vorderpfoten: »Au fein, Nina gefällt mir, danke sehr«, sprach sie zu mir, während Peter immer noch herumwetterte.

Catherine kam zu mir und nahm mir die Karten aus der Hand. »So, jetzt ist Schluss für heute, sonst wird das zu viel für Nyella. Wir machen eins ums andere«, erklärte sie und hob die beiden Karten auf den Stapel, während Peter, Paul und die Katze ins Kartenbild zurückkehrten und das Bild, das sie in den Kartendecks darstellten, wieder einnahmen.

Catherine nahm die Karten und wickelte sie wieder ein.

»Du kannst sie alle noch kennenlernen, aber wir wollen noch die Runen befragen wegen der Angelegenheiten in Brintesia, bist du einverstanden?«, fragte sie mich.

Ich strich über den blauen Stoff. »Warte einen Moment«, sagte ich zu Catherine. »Wie kann das sein? Das ist Zauberwerk.«

»Natürlich ist es das, Nyella«, lächelte Catherine.

»Ick glaube, sie hat nock immer nickt begriffen, dass sie Vodanos Enkelin ist«, sagte Ana Maria.

»Wohl noch nicht so ganz«, schmunzelte Jocelyn.

»Und ich kann die Karten jederzeit wieder so zum Leben erwecken wie gerade eben?«, fragte ich Ana Maria. Sie nickte.

»Die Eulen haben gesagt, es gibt nur drei Aya way auf der Welt«, fing ich an.

»Du willst wissen, wer die anderen beiden sind?«, mutmaßte Catherine. Ich nickte.

»Wir wissen, dass es dieses Phänomen gibt, aber bisher kennen wir nur dich. Und dass du eine Aya way bist, weißt selbst du erst seit wenigen Minuten«, erklärte mir Catherine.

»Aber du hattest eine Vermutung, dass Nyella eine sein könnte, nicht wahr«, fragte Ana Maria Catherine und lachte schelmisch.

»In der Tat. Als mir Badogan erzählte, wie sie mit den Drachen gesprochen hat, habe ich mir schon so was gedacht«, sagte Catherine.

»Wird es noch verrückter werden?«, fragte ich sie, und Catherine musste laut auflachen:

»Du hast noch nicht einmal die Hälfte der fabelhaften Wesen unserer Welt kennengelernt, Nyella«, erzählte sie mir.

Ich sah sie erschrocken an.

»Komm, lass uns die Runensteine befragen«, lenkte sie ab. »Wir wollen schauen, ob sie mit dir arbeiten möchten«, erklärte sie mir. So holte sie ein kleines Säckchen aus rotem Samtstoff und hielt es in der Hand.

»Das funktioniert ähnlich wie mit den Karten, aber das hier«, deutete Catherine auf das Säckchen, »ist *mein* Metier«, lachte sie.

Ana Maria nickte. »Sie ist unglaublich mit die Runen. Du hast ja gestern selbst gesehen, wozu sie im Stande ist. Sie ist eine wahre Runenkunstlerin.«

Catherine schloss ihre Augen und fing an, ähnliche Gesänge wie gestern vor sich hinzumurmeln, dann schwenkte sie das Beutelchen und ich konnte hören, wie die Runensteine aneinanderstießen. Danach stellte sie das Beutelchen vor sich auf den Boden und öffnete es. Sie nahm mit geschlossenen Augen fünf Steine aus dem Beutel und warf sie vor uns auf den Boden, einen nach dem anderen. Dann schloss sie den Beutel wieder. Es waren rosa Edelsteine, in die mit goldener Schrift die Runenzeichen eingeprägt worden waren. Die Edelsteine waren unförmig, aber ihre Oberfläche war geschliffen worden.

Catherine breitete die Runen vor uns aus. Sie zeigten fünf verschiedene Runenzeichen und Catherine schloss ihre Augen. Es wurde ganz still im Wagen und ich konnte ganz leise eine Frauenstimme hören, die fast lautlos wisperte. Ich strengte mich an, um zu hören, was die Frauenstimme sprach, aber es war für mich nicht zu verstehen. Catherine nickte und öffnete wieder die Augen.

»Was war das?«, fragte ich sie.

»Catherine kann flüstern mit die Runen«, erklärte mir Ana Maria.

»Sie hört die Runen zu ihr sprechen, so wie du die Bilder der Kartendecks siehst«, erklärte mir Jocelyn.

»Und was sagen die Runen?«, fragte ich und richtete mich an Catherine.

Sie schüttelte den Kopf. »Es ist wie verhext. Sie verweigern die Zusammenarbeit. Keine Antwort. Seit Wochen und heute wieder«, sagte sie traurig.

»Was hat das zu bedeuten?«, fragte Jocelyn.

»Ich weiß es nicht«, antwortete Catherine niedergeschlagen. »Aber es hat nichts Gutes zu bedeuten, wenn die Orakel nicht mehr mit uns sprechen wollen«, seufzte sie.

Ich sah in den Augen, dass sich die Frauen Sorgen machten, mehr, als sie mir erzählen wollten.

»Stimmt denn was nicht mit mir, dass sie nicht mit mir arbeiten wollen?«, fragte ich unsicher nach.

»Nyella, ich hab´ dich jetzt schon ein paar Mal fragen hören, ob was nicht mit dir stimmt. Damit kannst du aufhören. Mit dir ist alles in Ordnung. Vor Monaten hat das angefangen. Die Orakel haben angefangen, neblige Auskünfte zu geben. Es ist nicht wie bei Wernot. Bei ihm waren die Aussagen stets nebulös und wir vermuten jetzt zu wissen, warum. Bei den Runen war das bisher nicht der Fall, aber jetzt fängt es auch da an. Aber nur für die Orakel. Die Zusammenarbeit in den Ritualen klappt bisher noch tadellos. Hoffentlich bleibt das so. Wir werden sehen, was kommt. Und dann werden sie sicherlich auch mit dir arbeiten wollen«, tröstete mich Catherine.

Der Wagen war weitergerollt in Richtung Brintesia. Wir waren schon weit gekommen und hatten es nicht gemerkt. Wir waren zu sehr vertieft gewesen in die fantastische Welt der Orakel. Ich konnte es kaum erwarten, wieder mit den Karten zu arbeiten. Ich war gespannt auf die restlichen 34 Karten und darauf, ob ich sie auch wieder so zum Leben erwecken würde wie vorhin. Catherine löschte die Kerze, während Ana Maria und Jocelyn schon nach draußen gingen, wo sie sich zu Gimle setzten.

»Eins noch, Nyella«, sagte sie zu mir. »Hier kannst du jedem vertrauen. Aber das ist nicht überall so. Prüfe, wem du dich so zeigst wie hier in dieser Runde«, gab sie mir mahnend mit auf den Weg.

»Wir wissen nicht, was sich da draußen zusammenbraut«, ergänzte Catherine gedankenverloren.

»Okay, ich hoffe, ich werde euch immer an meiner Seite haben«, sagte ich zu ihr.

»Das hoffen wir auch, Nyella, aber das wird wahrscheinlich nicht der Fall sein«, erklärte mir Catherine bitter.

Als wir nach draußen kamen, um uns zu den anderen zu gesellen, waren Ana Maria, Jocelyn und Gimle in ein aufgeregtes Gespräch verwickelt. Sie plapperten um die Wette, was sie in Brintesia als Erstes sehen wollten.

»Brintesia hat das beste Fladenbrot, musst du wissen, Nyella«, schwärmte Gimle.

»Ach, die großen Brotstangen bei Remblers sind noch viel genüsslicher, glaub mir«, sagte Jocelyn und lachte.

»Ich mag die dicken Brotbeutel, gefüllt mit frischem Himbeergelee, hm …«, schwärmte Catherine. »Du musst sie alle probieren«, sagte sie zu mir.

»Ob ich dann noch in meine Hosen passe?«, fragte ich und musste schmunzeln.

Ich hielt mich am Wagenbock fest und reckte meinen Hals, um nach hinten zu schauen. Shem fuhr zwei Wagen hinter uns. Er entdeckte, wie ich hinter der Wagenplane hervorlugte und winkte mir. Ich bekam sofort Herzklopfen. Ich war nur kurze Zeit getrennt von ihm gewesen und jetzt hatte ich schon wieder Herzklopfen, nur weil ich ihn kurz gesehen hatte. Ich winkte zurück und drehte mich wieder um, um mit Gimle und den anderen zu diskutieren. Wenig später tauchte Russ auf der rechten Seite des Wagens auf, hoch zu Ross, und grüßte uns. Er lächelte mich charmant an. Catherine folgte seinem Blick und sah mich vielversprechend an.

»Aha«, flüsterte sie zu mir, als Russ sein Pferd anspornte, weiter zu traben.

Er wagte einen Blick zurück über seine Schulter zu mir, lächelte noch einmal himmlisch charmant und drehte sich dann wieder nach vorne. Ich errötete.

»Einer der drei, nehme ich an, oder?«, fragte sie, und ich blickte hilflos in ihre Augen.

# 16. Dunkle Zeichen

»Wir haben uns entschieden, keine Mittagsrast zu machen. Die Mädchen dürften morgen im Laufe des Tages in Brintesia eintreffen. Wir hinken immer noch zwei Tage hinterher. Und wir versuchen, so rasch wie möglich in Brintesia zu sein«, erklärte Badogan laut, als er später neben Gimle her ritt und sich mit ihm über die Pläne der Truppe unterhielt. Wir vertrieben uns die Zeit auf dem Wagenbock mit Gesprächen über die Stadt. Gimle hatte immer noch Brote in seinem Proviant und verteilte diese an uns. Met und Wasser waren reichlich vorhanden, sodass wir bequem reisten. Die Frauen waren der Meinung, dass ich die Karten auf herkömmlichem Weg lernen müsste. Es würde nicht schaden, wenn ich deren Bedeutung im Detail kannte.

So lernte ich, dass die Karte Eins den Reiter darstellte. Dieser stand für Kommunikation, Botschaften, aber auch für den Reiter selbst. Es hieß, es könnte auch einen jungen Mann darstellen. In manchen Kombinationen war der Reiter aber auch als Zeitkarte für eine Art Beschleunigung der Dinge gedacht. Mit der Karte Zwei kam das Glück ins Haus. Sie zeigte drei Kleemädchen, die die Pflanze in weiblicher Gestalt darstellten. Sie lachten lustig und brachten Leichtigkeit ins Leben. Sie wurden begleitet von zwei Maikäfern, die das Sinnbild für das Glück darstellten. Die Karte stand auch für eine Zeitangabe von zwei Tagen, zwei Wochen oder zwei Monaten. Ich hörte aufmerksam zu, was mir Ana Maria, Catherine und Jocelyn über jede einzelne Karte zu berichten hatten. Sogar Gimle konnte ab und zu etwas dazu sagen.

»Ihr habt aber nicht den Anspruch, dass ich das alles noch weiß, bis wir in Brintesia sind, oder?«, fragte ich sie.

Mir drehten sich tausend Informationen im Kopf, ich hatte langsam genug.

»Gebt ihr eine Pause«, rief Russ, der wieder angeritten kam.

»Am liebsten mit dir, was?«, foppte Gimle ihn.

Mir rutschte beinahe das Herz in die Hose. Russ lachte und wollte gerade etwas entgegnen, als Kianno weit vorne die Wagen stoppte. Lärm entstand, jeder in der Karawane schrie dem anderen nach hinten zu, er solle seinen Wagen anhalten. Gimle rief seine Pferde zum Halt. Kaum hatte der Wagen angehalten, band er die Zügel um den Knüppel am Wagenbock.

Wir waren aufgestanden und reckten uns, um zu sehen, was da vorne passiert sein konnte. Ich sah, wie die ersten Leute von den Wagen sprangen und nach vorne rannten. Catherine sprang nach Gimle vom Wagen und Shem kam angerannt. »Was ist los?«, wollte er wissen und legte seine Hand auf meine Schulter.

Ich bekam sofort Herzklopfen und schaute zu ihm nach oben. »Keine Ahnung, sehen wir nach«, forderte ich ihn auf.

Die anderen folgten uns und Russ gesellte sich auf dem Pferd zu uns. »Alles in Ordnung bei euch?«, fragte er.

»Ja, weißt du, was da vorne los ist?«, fragte ihn Shem.

»Nein, aber ich reite mal vor, um nachzusehen, okay?«, teilte er uns mit und trabte davon.

Wir gingen mit den anderen nach vorne, als wir Schreie hörten. Ein Tumult war entstanden und ich stellte mich auf die Zehenspitzen. Ich sah, wie Catherine nach vorne rannte. Ich rannte ihr hinterher, Shem folgte mir. Weiter vorne sah ich, wie Russ sein Pferd wendete und zu uns zurückgeritten kam. Er winkte abwehrend mit den Händen und blieb kurz darauf vor uns stehen.

»Geh da nicht hin, Nyella«, sagte er mit schmerzverzerrtem Gesicht.

»Was ist los?«, wollte ich wissen, hielt sein Pferd an den Zügeln fest, stellte mich wieder auf die Zehenspitzen und versuchte, an ihm vorbeizuschauen.

»Nyella, bitte, vertrau mir. Geh da nicht hin«, bat er mich, aber ich ließ die Zügel los und rannte nach vorne.

»Was ist passiert?«, fragte ich, als ich Badogan mit dem Pferd einholte, der vor dem Tumult auf und abritt.

»Nyella, sieh nicht hin«, bat auch er mich.

Ich wühlte mich durch die Menschen und zwängte mich zwischen ihnen hindurch. Shem folgte mir. Er hatte mich nicht gebeten, nicht hinzusehen. Er war bei mir. Er wollte nicht, dass ich mich den Dingen nicht stellte. Im Gegenteil, er hielt zu mir und ging gemeinsam mit mir diesen Weg. Ich hörte Schreie, und die Leute redeten wild durcheinander. Als ich nicht weiterkam, fragte ich – eingezwängt zwischen den Gauklern – was los war. Die bärtige Frau nahm mich halb in ihre Arme.

»Nyella, Liebes, es ist schrecklich. Sie haben Ira gefunden. Sie ist tot«, erklärte sie mir.

»Ira, um Himmels willen«, schrie Shem. Er hatte augenblicklich die Gesichtsfarbe gewechselt. »Bei allen Göttern, nein, Ira«, schrie er und zog mich mit sich nach vorne.

Als wir endlich aus der Menschenmenge heraustreten konnten, sahen wir, wie ein Pferd leblos neben dem Weg im Gras lag. Es steckten mehrere Pfeile in seinem Hals. Blut lag überall verströmt neben dem großen Tier und hinter ihm lag der umgestürzte Wagen mit zerfetzter Plane.

Mehrere Männer waren in die Bäume geklettert, einer hatte ein großes Messer in der Hand und den letzten Fetzen eines Stricks. Mit Tränen in den Augen standen ein paar Frauen neben dem Wagen und dem Pferd. Unter dem Baum standen Kianno und ein kleinwüchsiger Mann sowie Brunion und Kerv, die wir am Anfang unserer Reise kennengelernt hatten. Sie wirkten alle sehr betroffen.

Idisio kniete am Boden, und als ich näher kam, sah ich, dass er Ira in den Armen hielt und schluchzte. Sie hatte noch immer den Strick um den Hals, mit dem sie offenbar erhängt worden war. Ich begriff erst jetzt, warum die Männer auf den Baum gestiegen waren. Um Ira vom Galgen abzuschneiden, der sie das Leben gekostet hatte. »Wie grausam«, sagte Kianno betroffen, und Shems Augen füllten sich ebenfalls mit Tränen.

Ich sah entsetzt zu Idisio, der noch immer sein Gesicht im Kleid von Ira vergraben hatte. Er konnte nicht aufhören zu schluchzen. Er zitterte und hielt Ira fest umschlungen, deren lebloser Körper in seinen Armen hing.

»Bei allen Göttern, Nyella, ich hätte dir das gerne erspart«, hörte ich Russ hinter mir.

Ich drehte mich um: »Aber ich nicht, Russ. Ich will mich den Dingen stellen. Das hier ist grausam, aber es ist nicht weniger grausam, wenn ich nicht hinsehe.«

Russ verzog das Gesicht. »Es tut mir leid, ich wollte dich doch nur beschützen«, sagte er zu mir.

»Das wollen sie offenbar alle, Russ. Aber ich bin dankbar, wenn du es dann tust, wenn es wirklich brenzlig wird. Glaubst du, ich möchte nicht Anteil nehmen an so etwas Schrecklichem?«, fragte ich ihn.

»Doch, natürlich, ich dachte nur …« Er brach ab.

»Da hast du falsch gedacht«, gab ich unfreundlich zurück. Dann wandte ich mich von Russ ab. Es tat mir irgendwie leid, dass ich so unfreundlich zu ihm gewesen war. Aber ich war doch kein Püppchen. Außerdem wollte ich für Shem und die anderen da sein. Ich hatte Ira nur einmal gesehen in Breithorien. Aber sie lebte offenbar in Asinja und war eine von Shems Leuten, vielmehr von seiner Familie. Und damit gehörte sie auch zu meiner neuen Familie. Ich ging zu Shem und schlang meine Arme ungefragt um seinen Oberkörper. Er stutzte kurz, dann umschlang er auch mich, vergrub sein Gesicht in meinen Haaren. Ich konnte hören, wie er weinte. Ich spürte, wie es ihn leicht schüttelte und er zitterte. Ich hielt ihn einfach fest.

»Hier ist etwas eingeritzt«, verkündete Badogan, der den Platz und den Baum nach Spuren abgesucht hatte.

»Zeig her«, sagte Catherine und marschierte zu ihm. Er stand neben dem Baum, an dem Ira aufgehängt worden war.

»Ein Skorpion«, sagte sie. »Hier wurde ein Viereck eingeritzt und die Mitte ziert das Zeichen des Skorpions«, erklärte sie der neugierigen Zuschauerschaft.

Shem hob seinen Kopf und räusperte sich. Ich sah zu ihm hoch, er hatte noch immer Tränen in den Augen. Er ließ mich los. »Danke«, flüsterte er mir ins Ohr und strich mir sanft über den Kopf.

Ich fühlte seine Hand noch Minuten später und sah seinen verzweifelten Blick lange vor mir. Er ging zu Idisio, der sich mittlerweile hingesetzt hatte und Ira noch immer in den Armen hielt.

»Porca miseria, was sind das für Barbaren«, hörte ich Ana Maria neben mir betroffen schimpfen.

»Catherine sagte was von einem eingeritzten Zeichen«, wollte Bernie wissen, der mittlerweile neben mir stand.

»Ist ganz schön heftig, oder?«, sagte er zu mir, und ich nickte.

»War Shem mit ihr zusammen oder so?«, fragte Bernie.

Ich sah ihn böse an. »Was? Darf man nicht fragen?«, meinte er patzig.

»Nein, war er nicht. Aber sie sind in Asinja wie eine Familie. Und das hier«, ich zeigte auf den Baum, »ist barbarisch.«

Bernie sah zum Baum und dann zu Ira. Er erkannte erst jetzt, dass Ira einen Strick um den Hals trug und sich ihr Hals dunkelblau gefärbt hatte. »Oh nein«, rief er.

Ich sah ihn verwundert an. »Was denn?«, wollte ich wissen.

»Ich dachte … Oh nein«, stockte er. »Es tut mir so leid, Nyella. Ich dachte, Ira hätte einen Unfall gehabt. Oh, bei allen Göttern, die mir heilig sind, nein, oh nein!« Bernie schlug die Hände vor den Mund.

»Beruhig dich, Bernie«, sagte ich zu ihm und legte meine Hände auf seine Oberarme.

»Puh, das ist ja schrecklich«, sagte er und hatte weit aufgerissene Augen.

»Ich dachte, du bist Metzger«, sagte ich patzig zu ihm.

»Ich bin nur der Metzgerssohn, um das mal richtigzustellen. Ich habe noch nie ein Tier umgebracht und ich habe es auch nicht vor. Außerdem, was hat das hier mit einem Metzger zu tun?«, fragte er mich und verdrehte die Augen.

»Stimmt, das hat was. Ich dachte nur, du wärst schon so abgebrüht, dass dir nichts mehr was ausmachen kann«, entgegnete ich ihm.

»Nein, das siehst du falsch. Wie gesagt, ich bin nur der Sohn eines Metzgers. Dumm gelaufen«, sagte er und sah mich eindringlich an.

»Dann nehm´ ich zurück, dass ich dich so angegriffen habe«, sagte ich versöhnlich zu ihm.

»Ist schon okay, Nyella. Wie geht's Shem?«, sagte er in Richtung Shem deutend.

»Ich glaub, nicht so gut.« Ich schluckte. In den schlimmsten Stunden, in denen ich eigentlich mit den anderen hätte trauern müssen, schlichen sich bei mir Gefühle ein, wie schön es gewesen war, dass er mich so festgehalten und am Kopf gestreichelt hatte. Ich schüttelte den Kopf in der Hoffnung, ich könnte die verwirrenden Gedanken vertreiben.

»Das Ganze wird immer skurriler«, erklärte Badogan, der zu mir gekommen war. »Ira war offenbar auf dem Weg nach Brintesia. Wir vermuten, dass sie zu uns stoßen wollte«, erklärte er uns. »Ich habe ihr schon so oft gesagt, sie soll nicht alleine reisen.«

Gimle hatte sich zu uns gesellt. Er hatte ein Taschentuch in der Hand und schnäuzte herzhaft. »Wir müssen sie beerdigen«, erklärte er traurig.

»Nein, ich lasse nicht zu, dass sie hier irgendwo liegt«, schrie Idisio auf, der hörte, was Gimle gesagt hatte.

»Idisio, sei vernünftig, wir können keinen Leichnam mitnehmen und der Friedwald bei Asinja ist viel zu weit weg«, sagte Gimle und ging zurück zu Idisio. Er versuchte ihn zu beruhigen, aber Idisio versuchte verzweifelt, nicht hysterisch zu werden. Er ließ nicht mit sich diskutieren. Er wollte Ira in den Friedwald von Asinja bringen.

Ana Maria mischte sich ein: »Ihr müsst ihn beruhigen. Ick sehe in meine innere Auge, dass es eine List ist, uns zu trennen. Es ist, als ob eine dunkle Kraft uns Steine in den Weg legen will. Wenn Idisio geht, verlieren wir eine wicktige Mann. Er darf nickt gehen. Bitte, Gimle, du mussta ihm das klarmacken«, sie zupfte ständig an seinem Ärmel.

»Weißt du, was das für ein Zeichen hier ist?«, fragte Badogan Ana Maria.

Sie trat näher an den Baum heran und inspizierte den Baum, in dem das Viereck mit dem Skorpion eingeritzt worden war. Sie berührte den Stamm. »Es wurde mit die Blut von Ira geschrieben. Ick will die Korper von Ira sehen, bitte.«

Sie marschierte zu Idisio und versuchte, ihn von Ira zu trennen. Es entstand ein Tumult, beide schrien sich gegenseitig an. Dann kniete sich Ana Maria zu Idisio und während er sie immer noch ankeifte, nahm sie ihn ungefragt einfach in den Arm. Dann hielt sie ihn fest, während er Ira langsam losließ und ihr lebloser Körper zu Boden glitt. Idisios Gesicht verzerrte sich und schließlich sackte er in den Armen von Ana Maria zusammen und weinte hemmungslos, sodass die gesamte Allee von seinem traurigen Echo erfüllt wurde.

Wir standen fassungslos da. Ana Maria kniete eine Weile im Gras, während Idisio weinte und die tote Ira beinahe friedlich neben ihnen auf der Wiese lag. Hinter uns die angehaltenen Wagen. Pferde, die schnaubten, und Geschirr, das zwischendurch knarrte.

Ana Maria begann, Idisio zu trösten und mit ihm leise zu sprechen, während er immer lauter weinte, nach Luft rang und am ganzen Leib zitterte. So sehr sich Ana Maria auch bemühte, Idisio umzustimmen, so sehr verneinte Idisio dies. Ana Maria untersuchte den Körper von Ira und fand das Zeichen des Skorpions ebenfalls auf ihrer Haut, mit ihrem eigenen Blut gezeichnet.

Auf Geheiß von Kianno hatten wir unsere Wagen in der Allee zur Seite stellen müssen und die Pferde abgeschirrt. Die Männer stellten den Wagen von Ira wieder auf die Räder und einige der Frauen hatten die Pfeile aus dem Körper des Pferdes entfernt. Sie hatten die Wunden mit Öl eingerieben. Ich durfte zusehen, denn ich war neugierig. Sie erklärten mir, dass sie den Geist des Pferdes freilassen würden, sodass er frei wäre für ein nächstes Leben und nicht mehr unter dem qualvollen Tod zu leiden hätte. Sie sangen gemeinsam ein Lied für das Tier und ich wurde traurig, denn es erinnerte mich an die Verabschiedung von Ronjo.

Idisio hatte indessen den Leichnam von Ira in den Wagen von Primus mitgenommen, wo er Ira wusch und einsalbte. Alle, die sie von der Gauklertruppe und aus Asinja kannten, besuchten sie in dem Wagen, um Abschied zu nehmen von ihr und ihr die letzte Ehre zu erweisen.

»Willst du nicht mitkommen?«, fragte mich Catherine, als sie sich auf den Weg machte zu Primus' Wagen.

»Ich kannte Ira doch gar nicht«, erklärte ich ihr.

Sie nahm mich bei der Hand. »Weißt du, Nyella, auch wenn ihr euch nicht gekannt habt: Ira hätte dich gemocht. Sie war ein so lieber Mensch. Glaub mir, irgendwo auf einer Ebene sind wir alle miteinander verwandt. Außerdem gehörst du jetzt auch zu Asinja. Und deshalb war sie auch deine Schwester. Komm doch mit mir, dann verabschieden wir uns gemeinsam von ihr«, sagte sie, und ich stimmte zu.

Als wir beim Wagen angekommen waren, kletterte Shem gerade vom Bock. »Es ist traurig, dass Shastro und Zelda nicht Abschied nehmen können von ihr«, erklärte er. »Ich habe verzweifelt versucht, Rabea zu verständigen, aber sie ist zu weit weg«, erzählte er traurig.

Catherine legt ihre Hand auf seine Schulter. »Sie werden sie im Friedwald besuchen, glaub mir«, sagte sie zu ihm. Shem nickte niedergeschlagen.

»Er kümmert sich immer nur um andere«, meinte Catherine und sah mich prüfend an.

»Ja, ich weiß, er ist sehr sozial«, erklärte ich.

Im Wageninnern brannten ein paar Kerzen. Es roch intensiv nach Kräutern und nach Öl. Idisio und ein paar Frauen hatten Ira schön hergerichtet und ihr die Augen geschlossen. Ein Runenstein lag auf ihrer Stirn. Sie lag so friedlich da auf dem Rücken und hielt einen Blumenstrauß in Händen. Jocelyn hatte ihr eines ihrer schönsten Kleider gegeben, damit sie auf ihrer letzten Reise festlich gekleidet war. Jocelyn meinte, das würde Vater Vodano gefallen. Dann drückte sie Ira einen Kuss auf die Wange und ließ uns allein.

Ich setzte mich neben Catherine, die ihre Hand auf den Oberkörper von Ira legte.

»Meine Freundin, ich wünsche dir auf deiner letzten Reise alles Gute. Jetzt kannst du wieder alle Farben sehen, mehr noch: Du wirst eintauchen in die buntesten Geschichten, und Ira.« Catherine brach ab, lächelte mit Tränen in den Augen und streichelte die Hände von Ira. Dann fuhr sie tränenerstickt fort: »Da oben sind die guten Drachen. Sie werden mit dir fliegen und dich tragen, wohin du willst. Glaub mir. Deine Mutter und alle deine Lieben warten da auf dich. Jetzt bist du wieder bei ihnen. Wir sehen uns hinter der Regenbogenbrücke, wenn auch meine Zeit gekommen ist. Leb wohl.« Catherine schnäuzte sich und Tränen kullerten von ihren Augen über die Wangen auf den Stoff.

Ich schluckte, mir hatte es die Kehle zugeschnürt. Catherine streichelte noch immer die kalten Hände von Ira. Dann sah sie mich an. »Möchtest du Ira auch was sagen?«, fragte sie mich.

Idisio hatte uns die ganze Zeit aufmerksam beobachtet. Ich rückte näher an Ira heran. Es war seltsam. Ich hatte meinen Vater verloren. Und ich hatte in Insalem auch erlebt, dass Menschen gestorben waren. Aber einem Toten war ich noch nie so nahe gekommen. Die Sache mit dem Skorpion ging mir nicht aus dem Kopf. Ich hatte schon einmal einen Skorpion gesehen, aber mir wollte nicht einfallen, wo.

So, wie Ira dalag, sah sie friedlicher aus, als ich sie in Breithorien gesehen hatte. Es hatte den Anschein, als hätte sie ihren Frieden gefunden. Ich sah sie lange an.

»Und du hast recht«, hörte ich eine leise Stimme sprechen. Es war eine feine Stimme, kaum hörbar. Ähnlich der Stimme bei den Runen, als Catherine mit ihnen geflüstert hatte.

Ich sah mich um. »Hast du was gesagt?«, fragte ich Catherine. Sie sah mich verblüfft an.

»Nein«, sagte sie und zog die Stirn zusammen.

»Such den Skorpion«, hörte ich die Stimme abermals, und sie flüsterte: »Töte ihn.«

Ich schaute mit den Augen nach links und nach rechts. Dann blickte ich zu Ira. Sie hatte die Augen geöffnet und ich sah, dass sie wunderschöne, blaue Augen besaß, blauer noch als die, die ich bei meiner Mutter gesehen hatte. Es war ein Blau, wie ich es noch bei keinem Menschen gesehen hatte. Ich schreckte zurück. Idisio und Catherine sahen mich erschrocken an.

»Oh, was?«, stammelte ich laut.

»Was ist los?«, fragte mich Catherine besorgt.

»Sieh doch, die Augen«, erklärte ich ihr entsetzt.

»Da ist nichts mit ihren Augen«, erklärte Catherine mir und schüttelte den Kopf. Idisio blickte mich neugierig an.

»Aber …«, stammelte ich wieder. Dann sah ich auf den Körper von Ira, und die Augen waren wieder geschlossen.

»Ist alles in Ordnung mit dir?«, fragte mich Catherine und blickte mich besorgt an.

»Ich glaube, die Dämpfe hier drin …«, begann ich und brach ab. Idisio und Catherine sahen sich vielsagend an.

»Es tut mir leid, Idisio, es tut mir so leid«, sagte ich zu ihm, stand schnell auf und kletterte eilig aus dem Wagen.

Es war so warm und stickig gewesen da drin. Der Qualm der Kräuter und des Öls … Ich musste raus an die frische Luft. Ich hatte Halluzinationen und hörte Stimmen. Langsam machte ich mir Sorgen um mich selbst. Vielleicht waren auch die vielen fantastischen Geschichten der letzten Tage schuld daran. Wer weiß, möglicherweise bildete ich mir sogar das hier alles nur ein. Vielleicht war das alles nur ein Traum. Ich atmete tief ein und aus, pustete die Luft laut schnaubend aus.

»Ist alles in Ordnung mit dir?«, fragte Shem, der mich beobachtet hatte.

Ich hatte ihn gar nicht kommen sehen. Er trat zu mir und legte seinen Arm auf meinen Rücken. Ich spürte ein heftiges Herzklopfen. *Nicht auch noch Herzklopfen,* dachte ich im Geiste und musste einmal mehr tief durchatmen.

»Du siehst nicht gut aus«, sagte er mir.

»Ich weiß. Ich hab´ da drin auch Stimmen gehört, die sonst keiner gehört hat«, erklärte ich Shem.

Es war so befreiend. Ich konnte ihm einfach alles sagen. Ich fühlte mich *so richtig* bei ihm. Wir waren in so kurzer Zeit eng zusammengewachsen.

»Stimmen?«, fragte er nach.

»Also, vielmehr eine Stimme«, sagte ich zu ihm und stützte mich bückend auf meine Oberschenkel, um weiter Luft zu holen.

»Möchtest du dich setzen?«, fragte er und sah mich so verdammt charmant lächelnd an, dass mir die Luft wegblieb.

*Herrje, muss der mich jetzt auch noch so ansehen. Ich muss doch erst mal wieder Luft bekommen*, dachte ich bei mir.

Shem beugte sich zu mir. »Soll ich dir Wasser oder Met holen?«, fragte er mich.

Ich nickte. »Oder noch besser einen starken Schnaps«, rief ich ihm hinterher. Er drehte sich kurz um und sah mich fragend an, aber ich zeigte ihm nur die Hand mit dem Daumen nach oben.

*Da liegt eine arme Frau tot in diesem Wagen und ich habe nichts Besseres zu tun, als zu halluzinieren und Herzklopfen zu bekommen. Das ist wirklich jämmerlich*, dachte ich.

»Sei nicht so streng mir dir«, hörte ich die liebliche Stimme erneut, die ich vorher schon im Wageninnern gehört hatte und schreckte dermaßen zusammen, dass mir wieder der Atem aussetzte.

*Ich werde wahnsinnig. Jetzt ist es offiziell. Nyella wird wahnsinnig*, dachte ich weiter und schaute mich um. Da war niemand außer mir. Shem war gegangen, um etwas zu trinken zu besorgen, und ich stand alleine da. Ich lehnte mich an den Wagen und atmete weiter tief durch. Ich versuchte einen klaren Kopf zu bekommen und sah hoch zu den Bäumen. Mit dem dunklen Hintergrund der Waldriesen nahm ich einen Umriss war, einen Schatten. Ich schaute genauer hin und ich konnte ganz schwach die Umrisse von Ira erkennen, wie sie mich anlächelte. Ich nahm meine beiden Hände und rieb mir die Augen damit aus. Dann schaute ich nochmals hin. Der Nebel von Ira war noch immer da und lächelte mich an.

»Du siehst schon richtig, Nyella.«

Ich schritt auf den Baum zu und starrte staunend nach oben. »Aber du bist doch …«, stammelte ich.

»Mein Körper ist tot, das ist wahr. Du musst eines noch wissen. Such den Skorpion. Töte ihn. Und, Nyella …«, hauchte sie. »Ich werde schwach, verzeih, die Zeit drängt. Nyella, orientiere dich an den Raben. Die Raben meinen es immer gut mit dir. Vertraue den Raben und meide die schwarze Rose. Töte den Skorpion«, hauchte sie ein letztes Mal und der Nebel verschwand vor meinen Augen. Er zerrann und löste sich auf.

»Wo gehst du …?«, stammelte ich und griff ins Leere, wo zuvor der Nebel gewesen war. Ich hätte noch so viele Fragen gehabt, aber jetzt war sie weg, und ich konnte sie ihr nicht mehr stellen.

»Sagtest du was?«, fragte Shem, der gerade um die Ecke gerannt kam und zwei Flaschen in der Hand hielt. Einen Lederbeutel hatte er zudem um die Schulter gebunden. »Met.« Shem zeigte auf die große Flasche in der rechten Hand. Eine grüne Flasche mit geflochtener Ausbuchtung. »Schnaps«, sagte er und zeigte auf die braune, kleine Flasche in der linken Hand. »Und Wasser«, erklärte er schließlich, schob seine Hüfte nach vorn, auf der der Lederbeutel auflag, damit ich ihn sehen konnte. Ich lächelte. Shem war ein so großzügiger und großherziger Mensch.

»Hattest du eben was gesagt?«, fragte er nochmals.

»Shem?«, fragte ich zurück.

»Hm?«

»Bin ich verrückt?«, wollte ich wissen.

»Warum, was ist passiert?«, wollte er wissen.

»Ich hab′ dir doch vorhin gesagt, ich hätte eine Stimme gehört«, erklärte ich ihm, und Shem nickte.

Dann bot er mir abwechselnd eine der Flaschen an. Ich wählte den Schnaps. Er hob erschrocken die Augenbrauen.

»Ist das dein Ernst?«, fragte er.

Ich sah die Flasche an und schüttelte den Kopf.

»Da bin ich aber froh«, schmunzelte er und stellte sie auf den Wagenbock. Er nahm den Beutel mit Wasser ab und reichte ihn mir. »Also, noch mal von Anfang an«, forderte er mich freundlich auf.

»Ich war da drinnen bei Ira und wollte mich verabschieden. Da hörte ich eine Stimme«, erklärte ich ihm. »Und jetzt, gerade eben, als du den Met holen warst, da habe ich nicht nur ihre Stimme gehört, sondern Ira auch noch gesehen. Es war vielmehr ein Nebel, der mit mir gesprochen hat. Und sie hat seltsame Dinge zu mir gesagt«, sagte ich zu Shem und blickte ihn besorgt an.

Dann zeigte ich ihm den Baum, in dem ich die Umrisse von Ira gesehen hatte. Er verzog die Lippen hin und her.

»Was ist? Bin ich jetzt verrückt, ist es so schlimm?«, fragte ich unsicher.

»Nein, das nicht, Nyella, aber es wird immer klarer, dass du ein Kind Gebohans bist«, erklärte er mir. »Das ist nicht so ungewöhnlich, wie du denkst.«

»Mit Toten zu reden ist nicht außergewöhnlich?«, fragte ich ungläubig.

»Nyella, nur unser Körper stirbt. Er geht auf eine andere Ebene. Die Seele ist immer da, sie wird immer da sein«, erklärte er mir und lächelte schief.

»Ach so?«, antwortete ich beinahe fragend.

»Es ist ein wenig ungewöhnlich, dass du ausgerechnet Ira siehst, weil du sie kaum gekannt hast. Üblicherweise kann man den Kontakt halten zu den Menschen, die einem sehr nahe stehen«, führte er weiter aus.

»Du meinst, ich könnte mit meinem Vater sprechen, wenn ich wollte?«, wollte ich von ihm wissen.

Er nickte: »Du musst es ausprobieren.«

Ich blickte zu dem Baum hinüber.

»Was hat sie denn gesagt?«, wollte Shem wissen.

»Sie hat was von einem Skorpion gesagt, ich solle ihn finden und töten«, antwortete ich ihm.

»War das alles?«, fragte er weiter.

»Nein, warte …«, ich überlegte. Ich sah zu Boden und versuchte mich zu erinnern. »Ich hab's. Ich soll die schwarze Rose meiden und mich an die Raben halten. Ich könnte den Raben immer vertrauen«, erzählte ich Shem.

»Na, das ist doch schon mal was«, sagte Shem. »Hast du Catherine davon erzählt?«, wollte er dann wissen.

»Nein, ich hab das gerade eben erst erlebt, und du bist der Einzige …«, dann brach ich ab.

»So so, ich bin also der Einzige«, lächelte Shem charmant.

Ich errötete. »Also, nicht so wie du denkst. Also, ich meine… Du weißt schon. Das was ich da … Also, die Sache mit der Stimme«, stammelte ich herum.

Im Geiste sah ich Myriam, die sich genauso albern benommen hatte in Breithorien, als Bernie vor ihr gestanden hatte. Shem blickte schüchtern zu Boden und hob dann wieder seinen Kopf, um mich anzulächeln. Ich biss mir aus Versehen auf die Zunge. Mein Herz raste.

»Nyella?«, hörte ich hinter mir Catherine, während sie die Treppe hinunterstieg, die vom Wagen nach draußen führte.

»Mir geht's gut«, sagte ich aufgeschreckt.

»Ira ist Nyella erschienen«, erklärte Shem, und ich sah ihn mit aufgerissenen Augen, beinahe schon strafend, an.

»Ich hatte mir schon so was gedacht«, meinte Catherine. »Du warst sehr seltsam da drin«, ergänzte sie. »Willst du mir davon erzählen?«, bat sie mich.

Ich setzte mich mit ihr und Shem vor den Wagen und berichtete ausführlich, was ich wahrgenommen hatte.

Catherine hörte mir ernst zu und meinte: »Das sind schon sehr deutliche Botschaften.«

»Findest du?«, fragte ich sie. »Ich verstehe gar nichts davon«, erklärte ich ihr.

»Botschaften und Zeichen werden dir nicht in klaren Sätzen ans Himmelszelt geschrieben, Nyella.« Sie schmunzelte. »Sie sind immer verschlüsselt und wir dürfen sie dann erraten«, erklärte sie mir lächelnd. »Ihre Augen waren zwar blind, aber sie hat jedem ins Herz blicken können. Es ist bezeichnend, dass sie ausgerechnet dir erschienen ist«, meinte Catherine.

Während der Tod von Ira das Gesprächsthema am Lagerfeuer war und sich alle von ihr verabschiedet hatten, kehrte trotz der tragischen Ereignisse langsam wieder etwas Ruhe in die Gauklertruppe ein. Am Lagerfeuer hatten wir noch eine Abschiedsfeier abgehalten, damit alle gemeinsam hatten trauern können. Außer Shem und Catherine hatte ich niemandem von meinen Visionen erzählt.

Als wir zu später Stunde zum Wagen schlenderten, um schlafen zu gehen, erkundigten sich Badogan und Russ nach meinem Befinden. Ich überlegte, ob ich den beiden von meiner Vision erzählen sollte, aber ich war nicht in der Stimmung, darüber zu sprechen. Badogan erklärte uns im Wagen, dass er sich Sorgen machte um Idisio. »Ich finde es nicht gut, dass er alleine nach Asinja zurückfährt.«

»Du musst ihn gehenlassen. Ich kann schon verstehen, dass er Ira zu ihrem letzten Ruheplatz geleiten will. Außerdem muss auch in Asinja jeder Abschied nehmen können. Es ist sehr edel von Idisio, das für Ira zu tun«, erklärte Shem.

»Es ist leichtsinnig«, erwiderte Badogan. Shem nickte zustimmend, aber sie wussten beide, dass sie recht hatten. Was war schon richtig in einer solchen Situation? Ich fühlte die Blicke von Russ auf mir ruhen. Das machte mich nervös. Schließlich krabbelte ich auf mein Nachtlager, deckte mich zu und starrte an die Decke. Was hatte Ira gemeint, ich solle dem Raben vertrauen? Warum erwähnte sie schwarze Rosen? Ich hatte noch nie welche gesehen. Ich dachte wieder über den Skorpion nach. Es wollte mir immer noch nicht in den Sinn kommen, woher ich dieses Bild kannte.

# 17. Anders als geplant

Der nächsten Morgen brachte einen weiteren Abschied mit sich. Wir mussten uns von Idisio verabschieden, der uns alle umarmte. Man sah ihm an, dass er in der Nacht kein Auge zugemacht hatte. Es bereitete mir Kummer, ihn so zu sehen. Für uns war es nicht gerade beruhigend, dass er völlig unausgeschlafen alleine auf eine Reise ging, die zudem in diesen Tagen sehr gefährlich war. All unser Bitten, mit *uns* zu fahren, wurde von ihm ausgeschlagen. Er bestand darauf, allein nach Asinja zurückzufahren, um Ira im Friedwald zu bestatten. Er hatte Iras Wagen genommen und wieder soweit hergerichtet, dass er fahrbar war. Es war ihm wichtig, den Wagen nach Hause zu bringen, selbst wenn er Iras Pferd nicht hatte mitnehmen können.

Für Idisio war es ein Trost, dass ihr geliebtes Pferd mit Ira über die Regenbogenbrücke gegangen war. Er glaubte, sie wäre dann nicht alleine. Als wir schließlich nach dem Weggang von Idisio in die entgegengesetzte Richtung aufbrachen, hing eine seltsam gedrückte Stimmung in der Luft. Nach so kurzer Zeit war mir Idisio ans Herz gewachsen. Loreena hatte mir gesagt, dass alle Bewohner dieses Baumdorfes jetzt auch meine Familie seien. Ich machte mir große Sorgen um ihn.

Die weitere Reise verlief ereignislos. Die Straßen blieben beinahe menschenleer und ich büffelte mit den Frauen die Bedeutung der Karten. Nach dem Drama mit Ira blieb die Stimmung gedrückt und so kroch die Karawane langsam in Richtung Brintesia. Eine Weile hatten uns ein paar Raben begleitet, aber bald blieben sie hinter uns in den Ästen und krächzten uns wie zum Abschied laut hinterher. Shem hatte versucht, mit ihnen Kontakt aufzunehmen. Von Rabea war weit und breit keine Spur und auch keine Nachricht kam zu uns. Ich ließ mir von ihm erklären, dass Raben paarweise lebten oder in Clans. Sie hatten ihr Territorium und nur die wenigsten würden sich weit entfernen von ihrem Revier.

Ich hatte während der Reise versucht, mit anderen Tieren zu sprechen, aber es wollte mir nicht gelingen. Auch der Stein meldete sich nicht mehr. Heimlich versuchte ich, mit meinem toten Vater Kontakt aufzunehmen in der Hoffnung, er würde mir so erscheinen, wie Ira es getan hatte. Aber nichts, da war gar nichts. Kein Kontakt, keine Erscheinung. Obwohl ich mir vorher eingeredet hatte, keine Erwartungen zu haben, machte mich das sehr traurig.

Wir vermuteten, dass Myriam und die Mädchen nun in der Stadt eingetroffen sein mussten. Die Gaukler hatten mir Brintesia in den schönsten Farben beschrieben. Ich erinnerte mich daran, wie Badogan die Stadt in allen Einzelheiten aus seiner bloßen Erinnerung nachzeichnen konnte.

Catherine hatte mir auf dem Weg die Haare mit den Kroysal-Beeren gefärbt. Sie waren nun beinahe schwarz. Die dunklen Haare veränderten mein Aussehen sehr, sodass ich mich selbst kaum wiedererkannte. Shem hatte lachend betont, dass er sich zuerst an die schwarzen Haare gewöhnen müsste.

Nach den langen, nie enden wollenden Tagen der Reise in die Stadt kamen wir nun endlich aus dem langen Wald heraus und die Mauern von Brintesia bauten sich vor uns auf. Inmitten der Stadtmauern, hoch oben über einem kleinen Berg, thronte das Schloss der Königsfamilie. Majestätisch blickte es hinunter auf die Hauptstadt. Das Schloss war viel größer, als ich es mir vorgestellt hatte.

Für die lange Fahrt mit den Wagen hatte ich mich entschieden, auf verschiedenen Wagen abwechselnd mitzufahren. Einmal saß ich bei Catherine und ihren Frauen, einmal bei Shem. Der Wagen der Wanderhuren kreuzte wieder einmal meinen Blick. Sie hatten sich die letzte Zeit im Hintergrund gehalten. Ich hatte wenig mit ihnen zu tun gehabt, aber jetzt sah ich Brinela und die anderen seit Langem wieder. Vielleicht war ich auch zu sehr mit mir beschäftigt gewesen, um sie wahrzunehmen. Ein wenig Farbe kehrte in mein Leben und damit auf meine Wangen zurück.

Die Gespräche mit Shem waren zwanglos gewesen. Ich konnte ihm alles anvertrauen. Es störte mich seltsamerweise, dass ich mit Russ nicht auch so reden konnte. Irgendetwas stand zwischen uns. Seit dem Kuss schaute er mich anders an als vorher. Es brachte mich durcheinander, wie er mit mir umging. Er wirkte in meinen Augen unsicher. Oder war ich diejenige, die unsicher war? Im Umgang miteinander achteten wir auf jedes Wort, um nichts Falsches zu sagen. Es fühlte sich verkrampft und distanziert an. Wenn ich an ihn dachte, klopfte mein Herz schneller. Wenn ich ihn sah, setzte es beinahe aus. Es verwirrte mich und es machte die Stunden einfacher für mich, wenn ich bei Shem auf dem Wagen saß. Und doch hing ich mit den Gedanken bei Russ, wenn ich ihn nicht sah.

Die Karawane kroch langsam zum Haupttor des Stadteingangs und die Stadtmauern wurden größer mit jedem Meter, den wir uns Brintesia näherten. Mein Herz klopfte laut, aber dieses Mal war es nicht Shems oder Russ' Schuld. Badogan tauschte vielsagende Blicke mit uns aus, als wir auf das Haupttor zufuhren. Catherine winkte ihnen zu und die beiden banden ihre Pferde an den Wagen, um zu ihr in den Wagen zu steigen, während dieser weiterrollte. Sie würden nun die Runenschirme aktivieren. Mir wurde beinahe übel, so nervös war ich.

Wenig später musste ich zweimal hinsehen, als Marcorio und Padrino plötzlich neben uns her ritten. Badogan und Russ hatten ihre ursprüngliche Gestalt mithilfe der Runen für ein paar Stunden gegen eine neue Identität eingetauscht. Nun war Russ buchstäblich nicht mehr in meinem Blickfeld. Ich spürte einen Schmerz in der Herzgegend. Und doch war ich erleichtert, mich nicht auf beide Männer gleichzeitig konzentrieren zu müssen, wenn es jetzt vielleicht heikel werden würde in Brintesia. Ich nestelte neben Shem an meinen Kleidern herum.

»Bist du nervös?«, fragte er mich.

»Ich bin furchtbar aufgeregt«, sagte ich und schaute immer wieder nach links und rechts, während wir das Haupttor von Brintesia passierten. Wir fuhren in die Stadt direkt mitten auf den großen Marktplatz. Uns bot sich ein ähnliches Bild wie in Breithorien, aber diese Stadt war viel größer und weitläufiger. Es gab Dutzende von Wirtshäusern. Der Marktplatz war riesig. Es fiel auf, dass es nicht so lebendig zu- und herging wie in Breithorien. Wenig Menschen waren auf den Straßen und die Stimmung wirkte gedrückt. Die Leute waren verhalten. Neugierig wurden wir beäugt, aber kaum einer grüßte uns. Gimle sah sich um und sagte kein Wort.

Als ich nach oben blickte, wirkte das Schloss der Königsfamilie noch riesiger als zuvor. Als Badogan uns die Stadt beschrieben hatte, hatte ich die Farben der Häuser sehen, die Blumen riechen und die Musik hören können, die auf den Straßen gespielt wurde. Aber die Stadt, die wir nun antrafen, war grau und leise geworden, beinahe verstummt. Es machte den Eindruck, als würde sie noch immer Trauer um den toten König tragen.

Schattenreiter waren auf ihren Pferden angerückt und eskortierten uns auf den Platz, wo die Gaukler üblicherweise ihr Lager aufschlugen. Als immer mehr Schattenreiter angeritten kamen und die Wagen der Gaukler umstellten, wollte Kianno wissen, was das zu bedeuten hätte. Einer der Männer teilte ihm mit, dass sie einen Auftrag ausführten, und so bat Kianno um ein Gespräch mit ihrem Vorgesetzten. Dragomal, den mittlerweile alle kannten, kam wenig später auf seinem Ross dahergeritten, um sich mit Kianno zu unterhalten.

»Dragomal, es freut mich, dich wiederzusehen«, versuchte Kianno das Gespräch unverfänglich aufzunehmen.

»Kianno, richtig?«, erinnerte sich Dragomal und schaute ihn mit starrer Miene an.

Dann schlang er das Bein über sein Pferd und glitt geschmeidig vom Sattel. Dragomal war einen Kopf größer als Kianno.

»Wir danken der Königin, dass wir unseren gewohnten Platz einnehmen dürfen«, begann Kianno.

Dragomal erwiderte nichts, sondern zog nur die Augenbrauen kurz hoch. Ich beobachtete Kianno genau. Er rieb sich nervös die Hände, aber Dragomal blieb stumm.

»Nun gut, Dragomal, wie gesagt, wir danken der Königin für diesen Platz, den wir seit Jahren einnehmen, wenn wir in Brintesia sind, um die Bewohner zu vergnügen«, sagte Kianno.

»Das sagtest du bereits«, erklärte Dragomal trocken und verzog keine Miene.

»Dabei gab es niemals Probleme. Wir wussten uns immer zu benehmen«, erzählte Kianno weiter und setzte sein charmantestes Lächeln auf.

Dragomal blieb regungslos stehen. »Und warum erzählst du mir das?«, fragte er unfreundlich.

»Nun, Dragomal. Nachdem wir noch nie unangenehm aufgefallen sind, wird es doch sicher möglich sein, ohne dein Gefolge hier in Brintesia zu weilen. Die haben sicherlich reichlich wichtigere Dinge zu erledigen, als auf uns aufzupassen«, wand sich Kianno und lachte künstlich.

Dragomal zog wieder eine Augenbraue hoch. »Sie bleiben«, sagte er kalt. Damit drehte er sich um und bestieg sein Pferd. Er ließ Kianno ohne ein weiteres Wort stehen. Dragomal schaute überheblich auf ihn hinunter und ließ den Blick anschließend über unsere Wagen kreisen. Er lenkte sein Pferd näher zu Kianno und warf ihm eine Schriftrolle vor die Füße. Dann zog er an den Zügeln, wendete das Pferd und ritt wortlos davon. Nur das Klappern der Hufe seines Pferdes war zu hören.

Kianno sah zu Boden. Danach blickte er uns an und schüttelte resigniert den Kopf. Schließlich bückte er sich und hob die Schriftrolle auf. Wir hatten die Wagen wieder im Kreis aufgestellt, sodass wir wenigstens im Inneren etwas geschützt waren vor den Schattenreitern.

Als Dragomal außer Sichtweite war, versammelten wir uns um Kianno.

»Was steht da drin?«, fragte die bärtige Frau neugierig und lenkte ihren Blick auf die Schriftrolle.

»Kannst du überhaupt lesen?«, wollte jemand wissen, dessen Stimme ich nicht zuordnen konnte.

Kianno ging nicht auf die umliegenden Stimmen ein, sondern zog die Schriftrolle mit zittrigen Fingern auseinander. Er studierte, was darin stand, und seine Miene verfinsterte sich.

»Was ist?«, fragte Marcorio. Es war immer noch seltsam, Badogans Stimme zu hören und ein anderes Gesicht dazu zu sehen. Kianno hob seinen Blick von der Schriftrolle und schüttelte nur den Kopf. Dann zeigte er mit dem Zeigefinger auf die Schriftrolle und tippte immer wieder auf das Pergament, während er sagte:

»Das können die nicht machen. Das können die nicht mit uns machen.«

Marcorio stellte sich neben Kianno und warf einen Blick in die Schriftrolle, die ihm Kianno überließ. »Nur *eine* Vorstellung?«, fragte er ungläubig.

»Eine einzige Vorstellung?«, wollte Catherine wissen.

»Sie erlauben uns nur eine einzige Vorstellung, während wir in Brintesia sind«, erklärte Marcorio.

»Ist das ein Witz?«, fragte Gimle.

»Wohl eher nicht«, erklärte Kianno und fuhr sich mit der rechten Hand verzweifelt durch die Haare.

»Das gab es noch nie«, sagte die bärtige Frau entsetzt.

»Wie sollen wir unser Essen verdienen?«, murmelte Gimle und raufte sich die Haare. »Eine einzige Vorstellung«, wiederholte er und stemmte die Hände laut schnaubend in die Nierengegend.

Dann ging er auf und ab, während sich seine Stirn in Falten gelegt hatte. Die bärtige Frau sah ihm gedankenverloren nach. Catherine hatte die Hand vor den Mund geschlagen und auch der Rest der Truppe sah niedergeschlagen aus. Etwas ratlos standen wir daneben. Catherine winkte uns zusammen. Gimle, Kianno, Marcorio und ich gingen näher zu ihr.

»Kianno, es ist schwierig für uns mit nur einer Vorstellung, aber wozu sind wir Gaukler und Artisten? Wir haben bisher immer eine Lösung gefunden«, sagte sie leise.

»Du weißt, was das bedeutet. Keine Eintritts-Taler während der anderen Tage. Das heißt, wir dürfen in keinem Wirtshaus spielen für Wasser und Brot. Und es bedeutet auch, dass wir keine Darbietungen auf dem Marktplatz machen dürfen, um den einen oder anderen Apfel oder sogar einen zusätzlichen Groschen zu ergattern«, erklärte Kianno genervt. Eine Ader an seiner Stirn hatte sich dunkelrot verfärbt und pulsierte nervös.

»Ich weiß, ich weiß«, sagte Gimle beschwichtigend.

»Wie gesagt, ich glaube, wir werden eine Lösung finden«, erklärte Catherine. Gimle und Marcorio nickten.

»Wir müssen uns beraten, aber ohne *die* da«, sie zeigte mit dem Kinn in Richtung Schattenreiter.

»Du hast recht. Wir müssen uns etwas einfallen lassen«, sagte Kianno ebenso leise.

»Lasst uns die Wagen fertig aufstellen, dann das Zelt. Wir treffen uns im Zelt und besprechen uns dort«, erklärte Catherine leise. Die anderen nickten. Und schon stoben alle in ihre Wagen und machten sich an die Arbeit.

Wir stellten das große Zelt in der Mitte des Kreises auf, um uns dort treffen und austauschen zu können, ohne die Augen und Ohren der Schattenreiter. Die Wagen selbst standen zu nahe an den Schattenreitern und wir waren uns bewusst, dass sie uns dort belauschen konnten.

Später schlenderten Shem und ich zu dem Zelt, in das auch Kianno zuvor verschwunden war. Catherine folgte uns und so auch Marcorio und Padrino mit Gimle und Jocelyn. Wenig später trudelte auch Ana Maria ein. Bernie kam mit Verspätung und entschuldigte sich dafür. Noch ein paar Weitere kamen schließlich hinzu. Der Rest der Artisten hatte sich bereit erklärt, in ihren Wagen zu bleiben und Lärm zu veranstalten, damit wir ungestört reden konnten.

»Was tun wir jetzt?«, fragte Kianno Catherine.

»Die Suppe wird nicht so heiß gegessen, wie sie gekocht wird«, sagte Catherine ruhig.

»Ja, aber *eine* Vorstellung«, sagte Kianno und regte sich sofort wieder auf. Die Ader an seiner Schläfe pulsierte wieder stark und hatte sich erneut dunkelrot gefärbt.

»Kianno, wir müssen uns endlich um die Mädchen kümmern«, sagte Marcorio.

»Schon, aber wovon sollen wir bis dahin leben? Wir müssen uns so normal wie möglich verhalten. Die täglichen Darbietungen wären die perfekte Ablenkung gewesen. Wir hätten die Stadt so am besten auskundschaften können. Von der Verköstigung ganz zu schweigen«, gab Kianno zu bedenken und riss die Hände in die Höhe.

»Das ist wahr«, erklärte Gimle.

»Wir haben darauf vertraut, dass wir uns hier frei bewegen können. Alles zunichte. Woher nehmen wir jetzt einfach so einen neuen Plan?«, seufzte Kianno.

»Nicht einmal *wir* dürfen uns frei bewegen«, ärgerte sich Brinela, die sich mit den anderen Wanderhuren am Rande des Geschehens aufgehalten hatten.

»Wir müssen uns etwas anderes einfallen lassen«, erklärte Padrino. Er sah mich seltsam an. Ich seufzte und holte tief Luft.

»Leute, lasst uns in Lösungen denken und nicht auf Probleme fokussieren«, wandte Catherine ein.

»Wann soll die Vorstellung denn stattfinden?«, fragte Bernie.

»Morgen Abend«, antwortete Kianno.

»Morgen schon?«, fragte einer der Artisten, der sich neben Kianno gestellt hatte.

»Es ist eine seltsame Stimmung hier in Brintesia. Habt ihr den Marktplatz gesehen?«, fragte Gimle. »Die Leute sind so still und eingeschüchtert. Kaum einer hat uns gegrüßt«, ergänzte er.

Catherine und Padrino nickten.

»Brintesia war für viele Jahre mein Zuhause. Wir haben viel gelacht und hatten eine gute Zeit. Es macht mich traurig, die Leute jetzt so zu sehen«, sagte Marcorio.

»Alles das Werk dieses Weibes da oben«, erklärte Kianno und riss seine Hände in die Höhe, wo er das Schloss vermutete.

»Habt ihr irgendwas gesehen, was auf die Mädchen hätte hindeuten können?«, fragte Marcorio.

»Nein, da war nichts, kein Mädchen, kein einziger Anhaltspunkt, wo sie sein könnten«, erklärte Bernie.

»Ich hab´ überall Ausschau gehalten. Nichts«, erklärte Padrino.

Catherine verzog ihr Gesicht. »Wir müssen irgendwie ins Schloss gelangen«, sagte sie. »Vielleicht sind die Mädchen dort untergebracht«, meinte sie weiter.

»Das ist gut möglich, aber wie willst du da hinkommen?«, fragte Marcorio.

»Bisher hat uns die Königin immer rufen lassen. Sie wollte stets in die Zukunft blicken mit den Karten oder den Runen. Ich verwette eine Flasche Met darauf, dass sie auch jetzt neugierig in die Zukunft blicken will, meint ihr nicht? Es wird keine Stunde dauern, bis uns die Einladung erreicht«, lächelte Jocelyn verschwörerisch.

»Ihr wollt alleine da hoch? Kommt nicht in Frage«, erklärte Bernie.

»Vielleicht nehmen wir den Geschichtenerzähler Wasco mit«, lächelte Catherine.

Bernie stutzte. »Ach, herrje, richtig, ich bin ja jetzt Wasco, der große Geschichtenerzähler«, seufzte er.

»Wasco, du musst hier auf der Hut sein und und dich konzentrieren. Wir können uns keine Fehler erlauben, hörst du«, erklärte ihm Marcorio eindringlich.

»Okay, okay, ich bin Wasco, ich bin Wasco. Ich heiße Wasco«, murmelte Bernie vor sich hin.

»Ich werde heute Nacht in den Wirtshäusern ein wenig Bier trinken. Kommst du mit, Padrino?«, fragte Marcorio plötzlich.

»Sehr gerne, Marcorio, es ist mir eine Ehre«, erklärte Padrino.. Beide klangen seltsam förmlich und sahen sich verschwörerisch an.

»Ihr habt sonst keine Sorgen, als über das Saufen nachzudenken, ja?«, mahnte Kianno.

Catherine kicherte. »Kianno, wo bist du nur mit deinen Gedanken?«, stupste sie ihn.

»Warum?«, fragte er.

»Ein Ehrenmann wie Marcorio würde doch niemals ohne Hintergedanken in solchen Zeiten in ein Wirtshaus gehen. Sich zu betrinken ist doch unter seiner Würde, stimmt's, mein lieber Marcorio?« Sie verneigte sich vor ihm und kicherte weiter.

»Natürlich, liebes Fräulein, und mit den Runen an meiner Seite macht das gleich doppelt so viel Spaß.« Auch Marcorio verneigte sich.

»Wollt ihr euch jetzt lustig über mich machen?«, fragte Kianno verärgert.

»Natürlich, Herr und Meister«, fing jetzt auch noch Padrino an und kicherte.

»Herrje, bist du schwer von Begriff«, brachte sich Gimle ein.

»Marcorio und Padrino kennen die Stadt wie ihre Westentasche, und mit diesem neuen *Antlitz*«, Gimle betonte das mit einem Lächeln auf den Lippen und fuhr fort, »werden sie ohne Probleme und ohne aufzufallen Hinweise sammeln können.«

»Comprende?«, fragte ihn Ana Maria mit hochgezogenen Augenbrauen.

»Ach so«, entgegnete Kianno und hielt sich die Hand an die Stirn.

»Wir werden uns nach Essen erkundigen – für alle. Keine Sorge«, erklärte Marcorio. »Und ihr, ihr bereitet euch auf die Vorstellung vor. Je mehr ihr hier morgen den ganzen Tag lang übt und turnt, desto weniger werden wir auffallen. Dann sind die Augen auf euch gelenkt. Die Leute für die Vorstellung anzuwerben steht dir zu, Kianno. Also seid so unauffällig auffällig wie möglich. Padrino und ich hören uns heute Nacht einmal in den Gassen um. Dann beraten wir uns morgen früh«, erklärte er. »Und du, Wasco, du wirst mit der Hilfe von Donitius die Geschichten zum Leben erwecken. Dragomal hat ein gutes Gedächtnis, glaub mir. Und, Frauen, ihr bereitet euch vor auf die Einladung der Königin vor. Sie wird nicht lange auf sich warten lassen.«

Am Nachmittag belebten die Artisten ihren Platz mit den Vorbereitungen für die morgige Vorstellung. Es entstand ein buntes Treiben, das der Stadt ein wenig Normalität zurückgab. Erste Leute blieben stehen und erkundigten sich bei Kianno nach der Vorstellung. Dragomal ritt einige Male vorbei und als Kianno die Vorstellung für den darauffolgenden Abend ankündigte und Dragomal keine Widerworte gab, wurde Kianno etwas mutiger. So vergrößerte sich der Radius stündlich, in dem er die Leute ansprach und zur Vorstellung einlud.

Die bärtige Frau hatte ihr Holzrad aufgestellt, in das sie sich hineinstellte, sich mit Lederriemen dort festband und sich dann von ihrem Manegenpartner drehen ließ. Er machte die Messer bereit, mit denen er auf das Rad werfen würde. Die Nummer machten sie schon seit Jahren. Auch die Artisten wärmten sich auf und spielten das Programm durch, um bereit zu sein für den Auftritt. Die Käfige der Tiere wurden ausgemistet, während Gimle und seine kleinwüchsigen Kameraden Kampfszenen trainierten. Primus hatte sein Narrenkostüm über den Schoß gelegt und nähte ein Loch zu, das er gerade erst entdeckt hatte. Einer der Artisten schleppte einen Eimer zu den Tieren.

Wir saßen vor dem Wagen von Catherine. Sie, Jocelyn und Ana Maria redeten fast pausenlos auf mich ein, weil ich mir die Kombinationen der Karten immer noch nicht merken konnte.

»Du nimmst nicht *dein* Kartendeck mit, Nyella, hörst du«, sagte Jocelyn eindringlich.

»Aber ich kann doch noch gar nicht wirklich Kartenlegen«, antwortete ich unsicher.

Trotzdem … Man weiß nie. Wir werden orakeln und du schaust dich unauffällig um im Schloss. Okay?«, erklärte Catherine eifrig.

In meinem Kopf hämmerte es. »Ich kann mir das nicht alles merken«, erklärte ich Catherine.

Sie verzog das Gesicht. »Versuch, das zu behalten, was du kannst«, erklärte sie mir.

Ich spürte die Süße des Adrenalins in mir hochsteigen, welches sich pulsierend in meinem Blut durch den ganzen Körper verströmte.

Während die Schatten in der Stadt länger wurden, suchten Gimle und seine Freunde Holz zusammen, um ein Feuer zu machen, als Dragomal in der Begleitung einer Frau zu uns geritten kam. Sie hatte mittellanges, dunkelbraunes Haar und feine Gesichtszüge. Sie konnte nicht älter als einundzwanzig Jahre alt sein. Sie ritt stolz auf ihrem schwarzen Ross, das mich ein wenig an Ronjo erinnerte. Wehmütig dachte ich an ihn und schaute hinauf in den Himmel.

Als Dragomal laut den Besuch seiner weiblichen Begleiterin ankündigen wollte, hob sie eine Augenbraue, legte ihre Hand auf sein Handgelenk und stieg vom Pferd. Sie trug ein langes, ausladendes Kleid in schwarzem Samt, mit weißem Unterkleid und weißer Bluse. Samt und Bluse waren mit goldenen Bordüren verziert. Die Bluse darunter trug sie hochgeschlossen.

»Seid willkommen«, sprach Kianno die junge Frau an, die beinahe zu uns herüber schwebte. Catherine sah auf und blickte Ana Maria an.

»Was hab´ ich dir gesagt, da ist sie schon, die Einladung«, flüsterte sie.

»Wer ist das?«, wollte ich wissen.

»Das ist Lizzy«, erklärte mir Jocelyn.

»Lizzy ist die Gouvernante und damit engste Vertraute von Walrivia«, erklärte mir Catherine.

»Welche Freude, euch zu sehen«, hörte ich Lizzy geschwollen daherreden. Sie wirkte unnahbar und hielt Distanz.

»Lizzy, welche Freude, dich zu sehen«, gab Catherine steif von sich.

Der Blick von Lizzy wirkte leer, bis sie mich sah. »Wer ist dieses reizende Geschöpf?«, wollte sie mit einem merkwürdig blechernen Unterton wissen.

»Das ist Nyella«, stellte mich Catherine vor, und Ana Maria zwickte sie ins Handgelenk. Catherine sah sie mit großen Augen an. Ana Maria schüttelte unmerklich den Kopf, sah dann aber sofort zu Lizzy und lächelte.

»Was ist so besonderes an eurer neuen Freundin?«, fragte Lizzy.

»Nichts, warum?«, fragte Catherine nach und versuchte, die Worte belanglos klingen zu lassen.

»Dass ihr euch mit heimlichen Blicken austauschen müsst?«, fragte Lizzy nach.

»Deinen scharfen Augen entgeht auch gar nichts«, erklärte Jocelyn übertrieben freundlich.

»Gehört sie zu euch?«, fragte Lizzy nach und begutachtete mich von Kopf bis Fuß mit einem überheblichen Blick.

»Ja, sie gehört zu uns«, gab Ana Maria zu verstehen.

»Sie ist neu«, stellte Lizzy fest und fuhr fort: »Woher kommt sie? Wie kann es sein, dass ich sie nicht kenne?«

»Oh, Nyella ist nur der Bastard einer Wanderhure, musst du wissen«, erklärte Catherine schnell.

Lizzy schaute mich eindringlich an. Ich schluckte und senkte den Blick.

»Sieh mich an«, forderte sie mich auf. Ich blickte in ihr Gesicht und versuchte standzuhalten.

Sie verengte kurz die Augen und kam näher. »So so, der Bastard einer Wanderhure«, wiederholte sie und strich um mich herum wie eine Wildkatze, die ihre Beute umzingelte. »Na dann«, sagte sie und spazierte weiter um mich herum, während sie mich inspizierte. »So sieht sie auch aus«, erklärte sie abschätzig, während sie kurz den Ärmel meiner Jacke touchierte. Dann stellte sie sich wieder vor mich hin.

»Kannst du Kartenlegen?«, fragte sie mich.

»Ja, das kann sie«, antwortete Ana Maria schnell.

Ich fühlte, wie ich anfing zu schwitzen.

»Nun denn, ihr wisst, wie neugierig Walrivia ist. Sie ist für jeden neuen Spaß zu haben«, sagte Lizzy süffisant lächelnd. »Ich glaube, dieses neue Spielzeug könnte ihr gefallen«, hauchte sie und sah mich lächelnd an.

Catherine verzog ihr Gesicht und biss sich auf die Unterlippe.

»Wascht euch, ihr stinkt wie räudige Hunde«, forderte sie uns auf. »Danach wird Dragomal euch zur Königin geleiten. Sie will hören, was die Zukunft für sie bereithält«, sagte sie, drehte sich um und rauschte davon. Sie fuhr im Gehen fort, ohne sich umzudrehen: »Und beeilt euch. Ihr wisst, die Königin wartet nicht gerne.« Mit diesen Worten bestieg sie leichtfüßig ihr Ross und ritt davon.

Catherine zog mich am Arm. »Komm schon, wir müssen uns beeilen«, rief sie.

Gimle stand mit einem Eimer Wasser vor uns. »Hab schon gehört«, sagte er.

»Danke dir«, sagte Ana Maria und zog mich mit in ihren Wagen. Dort wuschen wir uns.

Catherine gab mir ein kleines, gläsernes Fläschchen. »Hier, nimm«, sagte sie.

»Was ist das?«, fragte ich und begutachtete die kleine Flasche, in der eine rosa Flüssigkeit herumschwappte.

»Rosenduft«, erklärte sie mir.

Als ich die Flasche weiter anstarrte, nahm sie sie mir aus der Hand, drehte sie auf den Kopf und tunkte etwas Flüssigkeit auf ihren Zeigefinger. Dann strich sie mir die Flüssigkeit an den Hals.

»Ich rieche nach Rosen«, sagte ich gleich darauf und schnüffelte in der Luft herum.

»Ja, die Königin mag es, wenn wir gut riechen«, erklärte mir Jocelyn.

»Vor allem, wenn unsere Kleider immer noch stinken wie räudige Hunde«, äffte Jocelyn Lizzy nach.

»Sei auf der Hut, Nyella, jetzt geht es los«, sagte mir Catherine.

»Du hättest eine andere Name nehmen sollen. Es ista nickt gut, wenn wir sagen ihre ricktige Namen«, erklärte Ana Maria.

»Jetzt ist das Kind schon in den Brunnen gefallen. Sie wissen ja nicht, wie das Mädchen heißt, das sie verloren haben«, erklärte Catherine.

»Hoffen wir's«, ergänzte Jocelyn.

Nachdem wir uns frisch gemacht hatten, trafen wir draußen erneut auf Dragomal. Andere Kleidung hatten wir nicht dabei. Wenigstens der Rosenduft verriet, dass wir uns gewaschen hatten. Die Gaukler folgten uns mit ihren Blicken. Es war ihnen anzusehen, dass ihnen nicht wohl bei der Sache war. Ich blickte einmal kurz zurück und sah, wie mir Shem fast unmerklich zuwinkte. Dragomal ritt uns voraus, wir schritten ihm zu Fuß hinterher. So ging es die Straße hinauf zum Schloss und mir erschien das Gebäude immer größer, je näher ich kam. Der Fußmarsch erschien mir endlos lange.

Vor dem Eingang standen sechs Wärter in silberner Rüstung. Das Wappen der Königsfamilie thronte über dem Eingang, aufgehängt in einem goldenen Rahmen als Willkommensgruß. Ein leichter Wind erfrischte uns. Als ich mich umblickte, bevor wir eintraten, konnte ich über weite Entfernung das halbe Land erblicken, sogar bis hinunter ans Meer, wo die Küste der wilden Orchideen sein musste. Ich blieb einen Augenblick lang stehen, um den Ausblick zu genießen, als mich Dragomal unsanft anstieß und durchs Eingangstor bugsierte.

Unsere Schritte hallten in der Eingangshalle wider. Jedes unserer Geräusche tanzte wie ein Echo durch den Raum als zeitverzögerter Beweis unserer Ankunft. Die Wände waren über und über bedeckt mit Reliefs, geschnitzt aus Drachenknochen. Ich konnte nicht erkennen, wie viele hundert kleine Ausschnitte jedes zeigte, aber sie schienen eine fortlaufende Geschichte zu erzählen. In Millimeterarbeit waren die Situationen fein geschnitzt und in der Wand verewigt worden. Zwischen den einzelnen Reliefs zeigte sich die Wand in einem leuchtenden Dunkelrot, umrahmt von einer Goldverzierung. Die Decke wölbte sich und endete in den riesigen Säulen, die den Raum in der Mitte abstützten. Die Säulen waren mit Gold verziert, gemalte Blumen rankten sich neben dem Gold in die Wand und in die Decke hinein. Ich schaute mich neugierig um. Von der Decke herunter blinkten mehrere große Kronleuchter, deren Edelsteine sich in der Sonne spiegelten und regenbogenfarbene Punkte an die Wand malten. An den Seitenwänden waren riesige Fenster angebracht, deren Rahmen ebenso üppig verziert waren und darin Tiere zeigten, die sich den Gläsern zuwendeten. Ich staunte und musste immer wieder darauf achten, wohin ich trat, damit ich nicht der Länge nach hinfiel.

Catherine hakte sich bei mir unter, und ich sah sie an. »Beeindruckend, nicht?«, meinte sie flüsternd.

»Es ist wunderschön«, staunte ich.

Wir schritten auf eine Treppe zu, die nach oben führte. Dragomal ging uns voraus, und auf der Treppe empfing uns ein königsblauer Teppich, der sich weich und geschmeidig unter meinen Stiefeln anfühlte. Ich versuchte, mich auf die eigentliche Mission zu konzentrieren. Wir mussten etwas herausfinden über die Mädchen, aber ich konnte bisher nichts entdecken, das mir hätte einen Hinweis geben können. Ich schielte verstohlen in alle Ecken und tat so, als ob allein die Hallen mich beeindrucken würden.

Als wir oben angekommen waren, führte uns Dragomal in einen Raum, der zwar kleiner war als die Eingangshalle, aber nicht minder spektakulär. Das Muster der Erzählungen auf den Reliefs setzte sich fort, ebenso wie die roten Wände und die gebogenen Decken. Aber hier standen Statuen aus Gold, die seltsame Tiere zeigten, halb Mensch, halb Tier.

Neben einem großen Thron standen zwei dieser Kunstwerke auf beiden Seiten. Die Statuen in Gold-Schwarz passten so gar nicht zu dem edel majestätischen Raum in den Farben Rot, Gold, Weiß. Der Rumpf der Statuen war in mattem Schwarz gehalten, während Hände und Kopf sowie Teile des Schmucks und die

Waffen in prunkvollem Gold gestaltet worden waren. Der Thron in der Mitte war in schwarzem Leder gefertigt worden und die Rückenlehne quoll über vor purem Gold. Das Gold der Rückenlehne lief auf der Seite in zwei dargestellte Schlangen aus, deren Köpfe schließlich als Seitenlehnen endeten. Goldene Schlangen zierten selbst die Rückenlehne, sie umschlangen sich gegenseitig und hielten so den Stuhl zusammen, so als hielten sie ihre Beute fest.

Die große Türe an der Wand öffnete sich knarrend und Lizzy kam uns entgegen.

»Schön, dass ihr der Einladung der Königin gefolgt seid«, sagte sie und setzte sich auf einen Stuhl, der unweit des Throns stand.

Lizzys Stuhl befand sich auf Höhe des Bodens und nicht auf der Anhöhe. Dort standen nur der Thron und die Statuen. Catherine sah Ana Maria an und sie tauschten vielsagende Blicke aus. Wenig später rauschte die Königin in den Raum. Als ich sie sah, blieb mir der Atem weg.

Sie trug ein noch üppigeres, schwarzes Samtkleid als Lizzy, das sie ausladend auf dem Boden hinter sich mit einer Schleppe her zog, die man üblicherweise nur zu einer Hochzeit trug. Das Samtkleid war verziert mit tausenden von kleinen, golden schimmernden Diamanten, die um die Wette funkelten. Dicke, goldene Spangen rekelten sich um ihre Arme, deren Enden Schlangenköpfe mit Augen aus Rubinen zeigten. Beinahe an jedem Finger trug sie einen auffälligen Goldring in allen Formen. Die meisten davon wurden fast erdrückt von der Last von Diamanten, die darin eingearbeitet worden waren. Um den Hals trug sie einen weiteren Goldschmuck, ein breites Diadem, das dem Goldschmuck an den Unterarmen glich, aber in der Mitte thronte ein riesengroßer Rubin, der unförmig in das Gold eingelassen worden war. Mit einer makellosen, weißen Haut und vollen, feuerroten Lippen lächelte sie uns an, als sie schließlich vor uns stand. Dickes, festes, langes, schwarzes Haar bis zur Hüfte zierte ihren Kopf und ich blickte in Augen, die mich beinahe liebevoll in einen stahlblauen Himmel eintauchen ließen. Ich war fasziniert von der Schönheit dieser Frau. Ich hatte mir eine böse Hexe vorgestellt, die sich mit List den König unter den Nagel gerissen hatte. Eine solche Schönheit hätte ich nicht erwartet. Die auffallend blauen Augen irritierten mich, denn ich kannte solche Augen nur aus den Ecken Gebohans.

»Atmen, Nyella, atmen«, flüsterte Catherine und gab mir einen leichten Schlag auf den Rücken.

Ich räusperte mich und fing wieder an, regelmäßig zu atmen. Ich war wie geblendet von Walrivia, die charmant lächelte.

»Was für eine Freude, meine Freundinnen der magischen Künste sind wieder einmal in der Stadt«, sagte sie in einer samtenen, etwas tieferen, aber weichen Stimme, die meinen Ohren auf wundersame Weise schmeichelten.

Ich konnte den Blick kaum von ihr abwenden. Walrivia sah uns alle an und verharrte bei meinem Anblick. Sie war sich ihrer Wirkung sehr wohl bewusst. Sie lächelte noch breiter.

»Ein neues Gesicht?«, fragte sie und lachte viel zu laut auf. »Welch Überraschung. Meine Lieben, welch schönes Geschenk. Ihr wisst doch, wie sehr ich Überraschungen liebe«, sagte sie lachend und schritt zu mir.

Sie hielt mir ihren Handrücken vor mein Gesicht und ich sah ihre makellosen, langen Finger mit den langen, rot lackierten Fingernägeln. Ich blickte hilflos hinüber zu Catherine.

»Verneig dich«, flüsterte Catherine mir verzweifelt zu.

Ich verneigte mich.

»Küss ihren Handrücken«, rief mir Catherine nochmals leise zu. Unsicher schaute ich auf und näherte mich der Hand, die wohlriechend noch immer vor meinem Gesicht verharrte. Ich küsste den Handrücken unsicher.

»Wie niedlich, du weißt gar nicht, wie du mit einer Königin umzugehen hast. Wie erfrischend«, sagte sie und streichelte mein Haar. Ich zuckte leicht zusammen, ein eiskalter Schauer lief mir über den Rücken.

»Es tut mir leid, königliche Hoheit, sie war noch nie bei Hofe«, erklärte Jocelyn.

»Das macht doch nichts«, erklärte sie großmütig. »Es sei dir verziehen, mein Kind. Es ist so erfrischend, nicht immer so schrecklich umjubelt zu sein«, sagte sie divenhaft. »Setzt euch, meine Freundinnen, setzt euch«, forderte sie uns auf. »Wein? Champagner? Erdbeeren?«, fragte sie mit ihrer leicht singenden Stimme.

»Wir trinken mit euch, was euch beliebt, königliche Hoheit«, erklärte Catherine.

»Champagner und Erdbeeren«, ließ sie ihre Diener wissen. Danach setzte sich Walrivia hin, aber wie sie das in Szene setzte, war bühnenreif. Sie schritt die Treppen empor und drehte sich schwungvoll vor dem Thron, richtete den Stoff und ließ sich majestätisch in den Thron sinken. Das Kleid und die Schleppe verzierten den Boden vor dem Thron und die Treppe, als wären sie Teil des Königshauses.

»Ein neuer Thron?«, wagte Ana Maria zu fragen.

»Ach, Ana Maria. Der alte war so verstaubt, findest du nicht? Wir brauchten etwas Abwechslung im Hause«, sagte sie lächelnd und summte vor sich hin, während sie ihre Haare in optimale Position rückte und sich dann wie eine wahre Herrscherin auf dem Thron positionierte.

»Er steht dir gut«, sagte Jocelyn.

»Nicht wahr?«, sagte Walrivia geschwollen. »Ich ließ ihn eigens aus dem Norden kommen. Er erinnert mich an meine alte Heimat«, seufzte sie, stellte ihren linken Arm auf die Lehne des Stuhles und setzte ihr Kinn vorsichtig darauf.

Dann sah sie theatralisch in Richtung des Fensters.

»Königliche Hoheit haben Heimweh?«, fragte Catherine.

»Liebes, es ist nun eben, wie es ist. Ich habe das Los angenommen, das man mir hier aufgebürdet hat. Ich habe kein Heimweh zu haben. Ich muss an mein Volk denken«, seufzte sie weiter und blieb in ihrer Position verharren.

Lizzy nickte zustimmend.

»Aber genug von mir, lasst uns über dieses junge, hübsche Ding reden.« Sie nahm ihren Kopf wieder von der Hand und sah mich an. »Wer ist sie?«, wollte sie wissen und sah Ana Maria an. »Woher habt ihr sie?«, fragte sie nach.

»Das ista Nyella. Sie ista die Tockter von eine von de Frauen, mit die Band am Arm«, sagte Ana Maria vorsichtig.

»Die Tochter einer Wanderhure? Oh, bei allen Göttern, du armes Kind«, sagte sie dramatisch. »Warum ist sie bei euch? Erbarmen oder Talent?«, fragte sie und schwang ihre Hand gekünstelt vor sich hin und her.

»Talent«, erklärte Jocelyn.

»Ach so?«, murmelte Walrivia anerkennend und ließ mich nicht aus den Augen. Ihre Neugierde war geweckt. »Welches Talent besitzt sie denn? Kartenlegen? Die Runen? Die Knochen?«, fragte sie, als sich die Türe öffnete und drei junge Männer eintraten.

Gemeinsam trugen sie einen Tisch herein, der beladen war mit Erdbeeren und anderen Leckereien. Darauf waren reihenweise Schokoladenstückchen aufeinandergestapelt, dazwischen lagen die Erdbeeren und in der Mitte stand eine goldene Schale, gefüllt mit Eis, und einer Kristallflasche, die edelsten Champagner enthielt. Die Trinkhörner, die daneben standen, waren aus purem Gold. Die drei jungen Männer trugen den Tisch auf die Anhöhe vor die Königin und stellten ihn dort ab. Walrivia bedankte sich überschwänglich und bedachte einen der jungen Männer mit einem lüsternen Blick, den ich von Hangar kannte. Irgendetwas irritierte mich an dieser Frau. Sie kam mir bekannt vor, aber es war unmöglich. Ich hatte Walrivia zuvor noch nie gesehen.

»Kommt her«, forderte sie uns auf.

Lizzy erhob sich und wies uns mit der Hand, dass wir die drei Stufen hinaufsteigen sollten.

»Setzt euch zu mir«, gebot sie uns und schwenkte die Hand über den Tisch. Catherine setzte sich auf den Boden.

»Ihr seht, ich bin ein Kind des Volkes. Bei Wernot wäre das undenkbar gewesen, dass das gewöhnliche Volk auf einer Ebene mit mir sitzt und mit mir vom gleichen Tisch isst«, sagte Walrivia geschwollen.

»Bei allen Göttern, du bist wahrlich großmütig«, bestätigte ihr Catherine in ebenso dramatischem Ton.

Wir spielten die Maskerade der Königin mit. Langsam schien ich die Seele der Gaukler zu verstehen. Walrivias Lippen formten sich zu einem charmanten Lächeln, wie es breiter nicht mehr werden konnte. Ihre weißen Zähne entblößten sich und sie nahm sich mit dem Zeigefinger und dem Daumen eine Erdbeere. Dann griff sie sich ein Trinkhorn und goss sich Champagner ein. Das Wasser vom auftauenden Eis tropfte auf den Boden. Sie setzte das Trinkhorn an und leerte es in einem Zug. Dann füllte sie das Trinkhorn erneut.

»Gießt euch ein, es trinkt sich nicht so gut alleine«, forderte sie uns auf. Wir folgten Walrivias Aufforderung und aßen und tranken mit ihr. Ich beließ es bei einem Schluck, da dieser Champagner furchtbar in meinem Hals kitzelte. Wir hatten uns zusammen mit Lizzy vor den Tisch ebenfalls auf den Boden gesetzt.

Als Walrivia uns zuprostete und wir das erwiderten, forderte sie uns auf: »Lasst den Quatsch mit königlicher Hoheit. Wir sind ja schon beinahe alte Freundinnen. Nennt mich Walrivia. Ich bin eine Königin, die die Nähe zum Volk pflegt. Das ist mir wichtig«, sagte sie wichtigtuerisch.

Catherine nickte: »Du bist wahrlich eine Königin«, sagte sie und schmierte ihr Honig um den Mund, was Walrivia offensichtlich zu gefallen schien.

»Nun lasst uns aber zum eigentlichen Teil kommen, warum ihr mich besucht«, lächelte Walrivia süffisant. »Ich möchte wissen, wie meine Zukunft als Königin aussieht. Und da ich hier die Meisterinnen ihres Fachs vor mir habe, bitte ich euch nun, mir die Zukunft zu lesen.«

Sie hatte ihr Trinkhorn in Händen und lehnte sich zurück auf ihrem Thron. Sie schlug ein Bein über das andere unter ihrem Rock und schlürfte Champagner.

»Gut, dann werde ick für dick die Karten legen«, fing Ana Maria an, aber Walrivia zeigte ihr einer abwehrenden Geste, dass sie schweigen sollte.

»Nein, wir geben doch unserer neuen Freundin Nyella die Chance, mir die Karten zu legen«, lächelte sie mich an.

Mir wurde heiß und kalt zugleich. Ich sollte die Karten für Walrivia legen? Catherine sah mich entsetzt an. Jocelyns Augen weiteten sich und sie sah weg in Richtung Fenster, um in ihrer aufkommenden Panik nicht aufzufallen. Es verging einen Moment, bis Catherine die Stimme wiedergefunden hatte.

»Walrivia, ich weiß nicht, ob das eine so gute Idee ist. Nyella hat bisher erst …«

»Schweig!«, unterbrach Walrivia sie scharf, dann setzte sie in der gleichen Sekunde wieder ein falsches Lächeln auf und beugte sich zu mir vor: »Du wirst mir doch die Karten legen, oder?«, sagte sie lächelnd, aber in ihrem Ton schwang ein gefährlicher Unterton mit.

»Na .., na ..., natürlich«, stammelte ich und versuchte sie anzulächeln.

Walrivia schnippte mit dem Finger und die drei Männer von vorhin kamen herein und räumten den Tisch wieder weg, während wir die Trinkhörner behielten. Der Platz vor den Füßen von Walrivia war freigeräumt.

»Bitteschön«, forderte sie mich auf und zeigte mit ihrer freien Hand auf den leeren Boden.

Catherine und Ana Maria sahen mich erwartungsvoll an. Ich setzte mich etwas näher an Walrivia und holte das Kartendeck aus meiner Jacke, das mir Catherine gegeben hatte. Ich war mir nicht im Klaren darüber, ob ich noch alles wusste, was ich gelernt hatte. Oft hatten Ana Maria und die anderen zwei mir so viele Informationen gegeben, dass ich gar nicht mehr richtig hingehört hatte.

Ich verfluchte mich in Gedanken dafür und blickte zu Catherine, welche mir aufmunternd zunickte. Dann fing ich an, die Karten aus dem Stoff auszuwickeln und zu mischen. Dabei sah ich zuerst Walrivia an, die mich charmant anlächelte. Ich war so nervös, dass meine Hände ein wenig zitterten. Schweißperlen bildeten sich auf meiner Stirn, und mein Mund trocknete aus.

*Jetzt ruhig bleiben,* dachte ich bei mir. Also atmete ich tief ein und schloss die Augen. So konnte ich mich besser auf das Kartenlegen konzentrieren. Schließlich endete ich mit dem Mischen und legte die Karten so aus, wie ich es bei Ana Maria gelernt hatte. Vier Reihen mit acht Karten untereinander und die vier letzten Karten darunter angehängt. Dann lehnte ich mich zurück und versuchte, mein Zittern so gut wie möglich zu verbergen. Catherine hatte die Hand vor dem Mund und schaute mir ängstlich zu. Dann schloss ich wieder die Augen.

In diesem Moment hörte ich draußen einen Raben schreien. Vor meinem inneren Auge konnte ich den Raben sehen, wie er nach mir rief. Ich atmete tief durch und konzentrierte mich auf den schwarzen Vogel. Er war groß und rabenschwarz, seine Augen schauten neugierig zu mir und wir schauten uns eine Weile lang an. Ich atmete schwer – und dann plötzlich – fühlte ich den Wind unter den Flügeln, die mich übers Land trugen. Ich sah die Berge von weit oben und ich fühlte die frische Brise an meinem Gesicht. Die Wolken waren in greifbarer Nähe und Freiheit machte sich in jeder Faser meines Seins breit.

Mir eröffneten sich plötzlich nebelhafte Bilder von Walrivia, wie sie mit dunklen Gestalten Verhandlungen trieb, wie man ihr Gold und Silber überbrachte. Geheimnisvolle Kräuter tauschten ihre Besitzer, versteckt unter dicken Mänteln. Ich sah sie, wie sie mit anderen Männern im Bett lag und wie der Met in Strömen floss, wenn sie sich mit ihnen vergnügte. Ich sah, wie Wernot jeden Tag einen Trank erhielt, der ihn schwächer und schwächer werden ließ, während Walrivia triumphierte, bis er schließlich tot war. Seine nebelhaften Umrisse, wie er kreidebleich im Sarg lag, schwammen an mir vorbei. Dann zeigte sich mir dasselbe Bild bei Gerham, seinem Bruder, der denselben Trank seit Wochen bekommen hatte. Etwas war stärker in seinen Adern, er konnte sich gegen den Trank wehren.

Ich konnte die reisenden Mädchen sehen, wie sie in Käfigen eingesperrt waren. Ich sah Myriam und die anderen und ich musste mich zusammenreißen, um nicht nach ihnen zu rufen. Sie wurden ins Innere des Schlosses gebracht. Eine lange, unbeleuchtete Treppe führte sie in die dunkelsten Räume des Schlosses, tief unten im Keller. Ich sah ihren Kerker und konnte die Kälte darin spüren. Die Räume waren völlig verdreckt und es stank erbärmlich nach Moder und Fäkalien. Walrivia erhob das Glas und trank mit Dragomal, um ihren Sieg zu feiern und neue Pläne auszuhecken. Ich sah Walrivia laut auflachen, während der Rabe wieder schrie. Der Nebel verschwand so schnell, wie er gekommen war.

Ich saß immer noch mit geschlossenen Augen vor Walrivia und atmete schwer, als ich schließlich die Augen wieder öffnete. Ich schüttelte kurz meinen Kopf und spürte den Blick aller Frauen auf mir ruhen. Catherine sah mich ebenso fragend an wie Ana Maria. Dann holte ich tief Luft, schaute interessiert auf die Karten. Dann tippte ich auf zwei Karten, wahllos, ohne jeden Zusammenhang. Ich grummelte ein wichtiges »Hm« vor mich hin und hatte Walrivias Interesse binnen Sekunden geweckt. Sie beugte sich vor und ich runzelte die Stirn, als ich auf drei andere Karten blickte. Ich hatte absolut keinen Plan, was ich jetzt machen sollte und schindete Zeit.

Dann erblickte ich die Karte Nummer Zwölf mit den Vögeln drauf. Ich musste an Peter und Paul denken. Im Stillen bat ich sie um Hilfe. Ich erwartete keine Hilfe, doch ich vernahm plötzlich die Stimme von Peter und Paul.

»Hey, Nyella, du kannst doch nicht einfach ein anderes Kartendeck benutzen. Sag mal«, kicherte Paul.

»Komm, Paul, jetzt mach keinen Blödsinn. Nyella braucht unsere Hilfe«, boxte ihn Peter.

»Alles klar, also du hast die Bilder gesehen, die wir dir geschickt haben über den Raben?«, fragte mich Paul.

Ich nickte.

»Also, hör zu. Erzähl ihr auf keinen Fall die Wahrheit«, sagte Paul zu mir.

»Okay, erzähl ihr, dass sie eine große Königin ist. Schmück das Ganze aus, wie toll sie ist, du weißt schon«, erzählte Peter.

»Dann beschreibe, wie wunderbar sich das Land unter ihrer Herrschaft verändern wird, irgend so ein Blabla. Dir wird schon was einfallen. Und sag ihr, dass sie die Liebe ihres Lebens noch treffen wird, das kommt bei den Weibern immer gut«, erklärte Paul.

Ich musste lächeln.

»Du musst die Aufmerksamkeit irgendwie auf die Mädchen lenken, ohne von ihnen zu reden«, sagte Peter schließlich.

*Und wie mache ich das?*, dachte ich an die beiden Eulen gerichtet.

»Keine Ahnung. So auf die Schnelle haben wir keine Idee. Dir wird was einfallen, bestimmt«, hörte ich es, und schon verschwanden die beiden im Nebel.

»Wie lange muss ich denn noch warten?«, schimpfte Walrivia mit mir.

»Gib ihr ein wenig Zeit, sie orakelt noch nicht so lange«, erklärte Catherine beschwichtigend.

Walrivia schnaubte.

»Verzeih mir, Walrivia, aber ich möchte so gut wie möglich Auskunft geben«, erklärte ich ihr und begann, ihre überschwängliche Art zu imitieren.

Sie setzte sich gerade auf und lächelte mich an. Ganz unmerklich imitierte ich ihre Haltung und setzte mich auch so hin. Sie hielt ihr Trinkhorn fester in der Hand. »Du bist ein kluges Kind, das gefällt mir«, sagte sie selbstgefällig.

»Mögen die Götter diese Königin beschützen. Die Karten berichten mir, welch große Herrscherin du doch bist«, sagte ich feierlich zu ihr.

»Hört hört«, kicherte sie, nahm den Trinkspruch von mir auf und trank einen Schluck aus dem Trinkhorn. Die Worte schmeichelten ihr. Und sie fühlte sich bestätigt in ihrer Rolle als große Königin, die sie nie sein würde.

»Und weiter«, sagte sie und nahm das Trinkhorn wieder auf die Höhe der Armlehne.

»Nun, Walrivia, du siehst wahrlich goldenen Zeiten entgegen«, sprach ich theatralisch und deutete auf die Zahl 31, die Karte der Sonne.

»Siehst du, die Sonne geht über dir wieder auf.« Dabei zeigte ich auf die Sonne und die Zahl der Herzdame, die 29. »Du hast viel Leid erdulden müssen, das sehe ich. Ein Todesfall hat dein Herz erschüttert«, sagte ich traurig und sah sie dabei leidend an.

»Mein Kind, wie Recht du hast.« Walrivia fasste sich ans Herz und sah mich mit einer leidenden Miene an.

»Ich kann sehen, wie dein Herz beinahe daran zerbrochen wäre«, erklärte ich ihr und schüttelte mitfühlend meinen Kopf.

Sie nickte und nahm einen weiteren Schluck. »Oh Kind, danke.« Sie schluchzte künstlich auf.

Catherine und Ana Maria sahen sich fragend an.

»Was zur Hölle treibt sie da?«, fragte Jocelyn so leise, wie sie konnte.

»Sie spielt Theater, so wie sich das für eine echte Gauklerin gehört«, flüsterte Catherine lächelnd zurück.

»Du musst dir keine Sorgen machen. Das Volk wird erkennen, welche großmütige Frau du doch bist.« Dann machte ich eine Pause. »Und ich sehe einen Mann«, sagte ich ihr verschwörerisch.

Walrivia hob eine Augenbraue. Dann beugte sie sich zu mir herunter. »Einen Mann?«, wollte sie wissen und konnte ihre Neugierde nicht mehr verheimlichen.

»Dein Herzensmann«, erklärte ich ihr und rollte die Augen.

»Eine neue Liebe?«, fragte sie und jauchzte kindlich auf. Sie klatschte sanft in die Hände und hielt dabei das Trinkhorn fest. Champagner schwappte auf den Boden. Sie lachte beinahe naiv.

»Nun, es muss ein Edelmann sein von höchstem Blute«, erklärte ich ihr.

»Kenne ich ihn?«, wollte sie aufgebracht wissen.

Ich tat, als studierte ich die Karten und rieb meine Hand an meinem Kinn. »Hm …, so genau sehe ich das nicht«, sagte ich nachdenklich.

»Sieh genauer hin«, forderte sie mich auf.

Ich seufzte. »Nun, das Buch zeigt sich geschlossen ihm gegenüber. Ich vermute, er wird erst noch in dein Leben treten«, murmelte ich etwas lauter.

»Und ... Was ist das für ein Mann?«, wollte sie wissen und streckte ihren Hals in Richtung der Karten. Sie betrachtete das Kartenbild, überflog es mehrmals und runzelte dann die Stirn.

»Es scheint, als wäre es ein Adliger. Er wird dich hofieren«, erklärte ich ihr.

Sie lächelte wieder. Das gefiel ihr. Das hatte ich mir gleich gedacht.

»Was noch?«, drängte sie.

»So, wie es aussieht, muss es ein sehr schöner Mann sein. Und äußerst gebildeter. Ein Mann mit guten Manieren. Und seine Kammern sind gut gefüllt, er reist nicht mit leeren Händen«, ergänzte ich.

Das Lächeln von Walrivia wurde immer breiter.

Dann runzelte ich plötzlich die Stirn und fing an, stoßweise zu atmen. Walrivia bemerkte meinen Wandel und sah mich ängstlich an. »Was?«, wollte sie wissen.

Sie starrte auf die Karten und ließ das Trinkhorn sinken. Ich blickte zu ihr auf mit Sorgenfalten über meiner Stirn an.

»Aber ich sehe große Aufregung«, sagte ich geheimnisvoll.

»Aufregung?«, wollte sie wissen. Sie wurde sichtlich nervös.

»Nun, das sehe ich nicht genau, es scheinen viele Menschen zu sein«, gab ich an und hob die Augenbrauen.

»Genauer, ich will genau wissen, was du siehst«, forderte sie mich auf.

»Gib mir einen Moment, es ist sehr verwirrend, was ich in dieser Ecke sehe«, erklärte ich ihr wichtig und tippte auf die Karten in der rechten oberen Ecke.

Ana Maria sah mich entsetzt an. Als Walrivia einen Moment lang nicht hinsah, zwinkerte ich ihr zu. Ana Maria weitete die Augen. Ich wandte mich wieder Walrivia zu.

»Schau genauer, ich will alles wissen«, forderte sie mich unfreundlich auf und wurde noch nervöser.

»Da liegt ein Geheimnis, Walrivia, ein Geheimnis um …«, dann stockte ich.

»Was für ein Geheimnis?«, fauchte sie mich an.

Ich schreckte zurück. »Es tut mir leid, Walrivia. Das Geheimnis. Es liegt über dir, es hat mit vielen jungen Menschen zu tun. So, als wärest du auf der Suche nach etwas«, erklärte ich ihr und versuchte, belanglos zu klingen. »Kommt dir dabei nichts in den Sinn?«, fragte ich sie scheinheilig.

Walrivia sah mich kritisch an und ihre Miene verfinsterte sich. Sie starrte mich beinahe böse an und ihre Pupillen verengten sich.

»Es ist ein wenig nebulös im großen Blatt. Wir können das Thema separat noch herauslegen, wenn du möchtest. Vielleicht bekomme ich dann genauere Auskunft, worum es sich handelt«, sagte ich ihr, räumte die Karten zusammen und fing an, die Karten neu zu mischen.

Walrivia biss sich auf die Lippe. Sie nestelte an ihrem Kleid herum. »Nein, das reicht für heute«, erklärte sie plötzlich, beinahe abweisend. »Geheimnisse sollte man manchmal ruhen lassen«, erklärte sie mir und suchte den Augenkontakt.

Dann hob sie eine Augenbraue, und sie sagte, ein scheinheiliges Lächeln aufsetzend, zu mir: »Du hast sehr gute Arbeit geleistet, Nyella, vielen Dank für dein Orakel. Lassen wir die Geheimnisse doch ruhen.« Dann meinte sie noch: »Wir *alle* lassen Geheimnisse am besten ruhen!«

Sie hatte den Blick nicht von mir abgewandt. Wir starrten uns beide an und ich hielt ihrem Blick stand. Dabei verzog sich ihr Gesicht zu einem grotesken, falschen Lächeln.

# 18. Der Skorpion

»Bist du eigentlich vollkommen übergeschnappt?«, schimpfte Catherine mit mir, als wir auf dem Weg zurück zur Gauklertruppe waren und das Schloss bereits weit hinter uns gelassen hatten. »Das hätte dich deinen Kopf kosten können, und unseren«, wetterte sie weiter.

»Du wärst nicht das erste Orakel, das man wegen so was enthaupten würde. Ist dir eigentlich bewusst …«, fauchte sie mich an, als Jocelyn sie unterbrach:

»Jetzt lass sie mal in Ruhe. Es ist ja nichts passiert.«

»Nichts passiert, nichts passiert. Mir ist das Herz beinahe stehen geblieben, als sie von dem Geheimnis angefangen hat. Und der ganze Quatsch von wegen Herzensmann!«

Catherine gestikulierte wild mit ihren Händen und marschierte wütend vor mir her. Es fiel mir schwer, mit ihr Schritt zu halten.

»Sie hatta gute Arbeit gemackt«, erklärte Ana Maria, um Catherine zu besänftigen.

»Was willst du von ihr, niemand hat sie so vorbereitet. Wir konnten nicht wissen, dass sich Walrivia ausgerechnet sie aussucht«, fauchte Jocelyn Catherine an.

Die beiden gifteten sich an, bis Ana Maria dazwischen ging, um die beiden zu trennen.

»Wollt ihr, dass uns die ganze Stadt hört?«, schrie sie dazwischen. Catherine und Jocelyn wurden still. »Ihr benehmt euck beide wie die kleine Kinder«, sagte sie und nahm mich an die Hand. »Es war gefährlick, was Nyella gemackt hat, ja, aber sie hat eine gute Job gemackt, e basta«, erklärte sie und schleppte mich an den beiden vorbei.

»Ja, du hast ja recht«, lenkte Catherine schließlich ein. »Aber ich war so in Sorge«, erklärte sie weiter.

»Das gibt dick nickt die Reckt, so laut su schimpfe mit de Nyella«, sagte Ana Maria.

»Es tut mir auch leid, Nyella«, meinte Catherine.

»Aber ich hab mein erstes Goldstück verdient«, sagte ich stolz und zeigte auf das Gold, das in meiner Hand glitzerte.

»Stimmt, so üppig hat sie uns nie belohnt«, erklärte Catherine.

»Da siehst du, mit de Nyella könnten wir nock reick werden«, lachte Ana Maria.

»Aber hast du ihr Gesicht gesehen, als Nyella ihr erzählt hat, was für eine großmütige Königin sie ist?«, lachte Jocelyn.

Catherine blieb stehen, hielt sich die Hände an den Bauch und lachte herzhaft.

»Und dieses geschwollene Gerede!« Jocelyn war stehen geblieben und äffte die Königin nach. Ana Maria hatte an einer Wand angehalten und konnte sich kaum mehr einkriegen vor Lachen.

»Ich sehe da ein Geheimnis«, äffte Catherine wiederum mich nach. Unser ausgelassenes Gelächter erfüllte die Gassen. Man konnte uns gut hören, aber es war uns mittlerweile egal.

»Hach, Nyella, du warst hervorragend, eine wahre Gauklerin«, scherzte Catherine.

»Jetzt müssen wir suruck in die Lager und besprecke, wie es weitergeht, capisce?«, sagte Ana Maria.

»Darf ich auch mal was sagen?«, fragte ich. »Ich möchte euch gerne erklären, was ich wirklich gesehen habe«, erklärte ich ihnen.

»Du hast was gesehen?«, fragte Jocelyn.

»Sehr deutlich sogar. Was ich Walrivia erzählt habe, haben sich Peter, Paul und ich ausgedacht«, sagte ich.

Alle drei Frauen starrten mich verständnislos an.

»Natürlich nur so auf die Schnelle«, ergänzte ich unsicher, als ich die fragenden Blicke der Frauen sah.

»Du hast mit Peter und Paul gesprochen?«, fragte mich Catherine ungläubig.

Ich erzählte ihnen von dem, was ich gesehen hatte.

»Du machst mir langsam Angst«, erklärte Catherine.

»Warum?«

»Du kannst sogar mit den Karten reden, wenn sie sich gar nicht zeigen wie bei einer Aya way, das ist unglaublich«, gab sie anerkennend zu.

Ich war irritiert. »Wir haben dafür jetzt keine Zeit, Catherine. Hast du nicht gehört? Die Mädchen sind irgendwo im Schloss, tief unten im Keller«, erklärte ich.

»Ja ja, nur wie kommen wir in diese Keller?«, fragte Ana Maria.

»Schade, dass du nicht gehört hast, was sie mit Dragomal zu bereden hatte«, seufzte Jocelyn.

»Deswegen hat sie so seltsam reagiert, als du das Geheimnis mit den jungen Menschen erwähnt hast«, raunte Catherine.

»Der Schachzug war genial, das musst selbst du zugeben«, meinte Jocelyn zu Catherine.

»Okay, du hast recht. Das war gar nicht schlecht. Trotzdem, es war sehr leichtsinnig von dir«, sagte Catherine zu mir.

Die Dämmerung brach herein, als wir gerade in unser Lager zurückkehrten. Wir riefen alle zusammen ins Zelt. Die Neugierde war groß zu erfahren, was wir im Schloss erlebt hatten. Gebannt hörten uns die Gaukler zu, während wir von der Königin und dem Orakel berichteten.

»Du warst ganz schön leichtsinnig«, sagte die bärtige Frau zu mir.

»Aber der Schachzug war genial«, meinte Jocelyn.

»Hattest du keine Angst?«, wollte Gimle wissen.

»Oh doch, ich hab mir fast in die Hosen gemacht«, lachte ich. »Es muss einen Keller geben, in dem die Mädchen jetzt sind«, fing ich wieder an.

»Ich kenne das Schloss gut, der Keller ist gut bewacht. An denen kannst du nicht vorbeispazieren«, erklärte Badogan.

Russ hatte, wie sein Vater, den Runenschirm wieder abgelegt und stand in unserer Mitte. Der Anblick von Shem und Russ nebeneinander brachte mich durcheinander und ließ meine Knie weich werden.

»Wir werden nachher noch losziehen, um in der Stadt zu erkunden, was es Neues gibt. Vielleicht bringen wir etwas in Erfahrung«, erklärte Badogan.

»Seid vorsichtig mit dem Met, wenn ihr unter dem Runenschirm seid«, gab Catherine zu bedenken.

»Machen wir«, bestätigte Russ.

»Ich will mitkommen«, sagte ich plötzlich.

Catherine sah mich groß an.

»So ein junges Mädchen gehört um die Nachtstunde nicht in die Wirtshäuser«, erklärte mir Badogan.

»Trotzdem, ich will mitkommen. Ich kann hier nicht einfach ′rumsitzen«, erklärte ich aufgeregt.

»Nein, Nyella, das geht nicht«, versuchte mich Russ zu beschwichtigen. Catherine sah mich an und zwinkerte mir zu. Ich sah sie fragend an. Sie schüttelte unmerklich den Kopf.

»Ist schon gut, geht ihr nur allein. Wir werden Nyella beschäftigen in dieser Zeit, sie muss das Orakel weiter studieren«, erklärte Catherine.

Ich wollte gerade etwas entgegnen, als ich sah, wie Ana Maria hinter dem Rücken von Catherine herumfuchtelte. Plötzlich verstand ich. »Okay, ich werde noch ein wenig lernen«, gab ich nach und nickte heftig mit dem Kopf.

»Braves Mädchen«, sagte Badogan verständnisvoll.

Ich lächelte ihn brav an. »Aber ihr müsst mir sofort berichten, wenn ihr zurück seid, okay?«, sagte ich und spielte die Interessierte.

»Hast du gesehen, ob es Myriam gut geht?«, fragte mich Bernie ablenkend.

»Sie sahen alle sehr erschöpft und schmutzig aus. Der Kerker scheint voller Dreck zu sein«, erklärte ich ihm traurig. »Aber es geht ihnen soweit gut, glaube ich«, fügte ich hinzu.

Bernie sah mich besorgt an. Er kaute auf seinen Nägeln herum.

»Aber wir hatten die ganze Zeit Recht. Walrivia hatte ihre dreckigen Finger im Spiel beim Tod von Wernot«, schimpfte Badogan. »Und Gerham, wir müssen ihn warnen«, sagte er aufgeregt.

»In der Tat, das müssen wir«, ergänzte Kianno.

»Aber wie wollen wir das anstellen, wir wissen noch nicht einmal, wo Gerham genau ist. Es heißt, er sei nicht mehr im Schloss«, sagte Gimle.

»Das stimmt, das habe ich auch gehört«, seufzte Badogan und sah frustriert zu Boden.

»Wir müssen uns jetzt zuerst um die Mädchen kümmern«, fügte Russ hinzu.

»Du hast recht, Gerham muss vorerst warten«, sagte Badogan.

Gimle gab zu bedenken: »Aufgeschoben ist nicht aufgehoben.«

Badogan und Russ begaben sich in ihren Wagen, um dort die Runenschirme wieder zu aktivieren. Dann zogen sie los in die Stadt. Kianno und Gimle wollten den morgigen Auftritt bei der Vorstellung noch einmal durchsprechen. Ich spazierte indessen zu unserem Wagen, zusammen mit Shem. Bernie schloss sich uns an. »Kann ich ein bisschen zu euch kommen?«, fragte er.

Ich hätte ihn gerne abgewimmelt, denn ich hatte andere Pläne für den Abend. Shem beobachtete mich neugierig. Aber Shem lud ihn zu uns ein und so fanden wir uns wenig später in unserem Wagen wieder. Wir hockten im Kreis und spielten Karten, ein hortensisches Kartenspiel, wie man es hierzulande überall spielte. Die Karten darauf zeigten hauptsächlich Blumen, Hortensien. Ich hatte wenig Ahnung davon. Bernie und Shem wollten mir das Spiel erklären. Sie waren vertieft in ihre Erläuterungen, als Catherine die Wagenplane hervorhob und ihren Kopf herein streckte. »Bereit?«, fragte sie mich.

»Klar«, sagte ich und erhob mich.

»Was habt ihr vor?«, fragte mich Bernie unsicher und sah mich fragend an.

»Die Ladys möchten Brintesia auf eigene Faust erkunden«, erklärte mir Shem, der längst verstanden hatte, was wir ausgeheckt hatten.

»Nein, das kommt nicht in Frage«, intervenierte Bernie.

Shem nickte und erhob sich. »Es kommt wirklich nicht in Frage, dass sie alleine losziehen. Wir werden sie begleiten«, erklärte Shem.

Bernies Miene gefror auf seinem Gesicht. »Was tun wir?«, fragte er ungläubig.

»Wir werden die Damen begleiten«, sagte Shem lächelnd und hielt mir die Hand hin, damit ich vom Wagen steigen konnte.

»Seid ihr eigentlich alle wahnsinnig?«, fragte Bernie.

»Okay, dann bleib du hier«, sagte Shem zu ihm und ließ die Plane zufallen.

Er stand bereits vor dem Wagen, als Bernie seinen Kopf unter der Plane hervorstreckte. Aufgeregt flüsterte er: »Das ist viel zu gefährlich, hast du die ganzen Schattenreiter gesehen?«

»Ja, und sie eskortieren nur die Truppe. Es hat niemand gesagt, dass wir die Stadt nicht besuchen dürfen.« Damit drehte sich Shem um und und überließ Bernie sich selbst. Dieser schaute sich um, kroch dann aus dem Wagen und rannte uns nach.

»Ihr werdet doch nicht ohne mich gehen«, sagte er zu uns.

»Ich dachte, es wäre so wahnsinnig?«, fragte ich und hakte mich bei Catherine unter.

»Ich will nicht alleine dableiben«, sagte Bernie und schaute sich dauernd um.

Wir spazierten an den Schattenreitern vorbei, die uns kaum beachteten.

»Siehst du, es ist einfacher, als du denkst«, sagte ich zu Bernie, und wir schritten weiter.

Wir kamen an den Wirtshäusern vorbei und mischten uns unter die Menschen. Es waren nur wenige Stadtbewohner am heutigen Abend unterwegs, während es immer dunkler wurde. Catherine hatte ihre Kapuze übergestülpt und ließ ihr Haar ins Gesicht fallen, damit die leuchtenden Zeichen nicht so offensichtlich zu sehen waren. Shem trug eine langärmlige Jacke. Der Vollmond lag hinter uns, stand etwas weniger füllig am Himmel. Er strahlte noch immer ausreichend Licht auf die Straßen, um zu sehen, wohin einen diese führten. Als wir um die Ecke bogen, sahen wir Marcorio und Padrino in ein Wirtshaus gehen.

»Schnell, hier in die Ecke«, rief Ana Maria, und wir versteckten uns im Halbdunkeln eines Hauseingangs.

Als wir ins Wirtshaus hineinblickten, beobachteten wir Marcorio und Padrino, wie sie sich an den Stammtisch setzten. Eine schwarzhaarige Frau lehnte sich zu Padrino und lächelte ihn an. Er unterhielt sich mit ihr und himmelte sie an. Es gab mir einen Stich ins Herz, als ich die beiden so vertraut zusammen sah. Sie war eine attraktive, junge Frau, die viel anziehender wirkte als ich. Sie hatte ein schönes Kleid, einen üppigen Busen, der fast aus dem Kleid heraushüpfte, wunderschöne lange, samtene Haare, verziert mit Haarspangen und offenbar gute Manieren.

Ich sah an mir herunter. Ich hatte schmutzige Hosen an, eine dreckige, ausgefranste Jacke, einen Ledergürtel und Lederstiefel, die völlig abgegriffen aussahen. Mein Haar hing dunkel und stumpf an mir herunter und ich wollte mein Gesicht erst gar nicht sehen. Ich hatte mich zwar heute wieder einmal waschen können, aber eine weibliche Schönheit sah anders aus. Ich schluckte leer. Mir war schon klar, warum Russ einer solchen Frau schöne Augen machte. Ich war erst sechszehn Jahre alt und sah aus wie ein Stallbursche. Ich roch auch wie einer.

Ich schüttelte den Kopf und wurde traurig. Jetzt wusste ich auch, warum Shem sich so gerne mit mir unterhielt. Es fiel mir wie Schuppen von den Augen. Natürlich, ich hatte mir etwas vorgemacht. Keiner der beiden war an mir als junger Frau interessiert. Ich sah nicht aus wie eine junge Frau und ich roch auch nicht so, wie es sich für eine junge Frau gehörte. Die beiden sahen mich nur als guten Freund, nicht mehr und nicht weniger. Die Erkenntnis traf mich hart.

»Ist was?«, fragte mich Catherine, die meinen Stimmungsumbruch bemerkt hatte.

Ich schüttelte den Kopf und biss mir auf die Lippe. Dann fühlte ich in die Tasche und drehte den Stein immer wieder zwischen den Fingern herum. Ich war nervös. Und ich durfte jetzt nicht traurig sein oder mich von so unwichtigen Dingen wie zwei Männern ablenken lassen, denen ich in Gedanken nachhing.

Meine Mutter kam mir in den Sinn. Wie es ihr wohl ging? Ich hoffte, dass es ihr gut ging. Ich dachte an Meryt und Ritternich. Mandina kam mir in den Sinn und ich dachte an Loreena. Plötzlich hatte ich auch die Drachen vor Augen und ich sah Idisio, wie er über Ira kniete und um sie weinte. Ich hatte so viel bekommen in den letzten Tagen, also musste ich die Sache mit Shem und Russ zur Seite schieben. Jetzt gab es Wichtigeres zu tun.

»Kommt, lasst uns weitergehen«, sagte Shem. Er zeigte uns den Weg im Schatten, der sich an der Mauer entlang abzeichnete.

»Wieso gehen wir nicht die Straße entlang?«, fragte Jocelyn.

»Weil wir nichts suchen, was wir auf der Straße finden könnten«, sagte Shem geheimnisvoll.

»Du hast Recht«, sagte Catherine und schlich hinter Shem her.

Wir bogen bei der nächsten Kreuzung ab. Der Weg führte zum Schloss.

»Was hast du vor?«, wollte ich wissen.

»Ich war am Nachmittag nicht untätig«, erklärte mir Shem und zeigte auf einen Weg. »Da unten kommen die ganzen Abwasserkanäle der Stadt zusammen«, sagte er.

»Aha. Und was hat das zu bedeuten?«, fragte Bernie.

»Nyella hat erzählt, dass die Mädchen in einem Kerker sind, in dem es nach Fäkalien riecht, richtig?«, erklärte Shem. Ich nickte. »Ich habe mich am Nachmittag umgehört und umgesehen. Und nachdem du von den Fäkalien erzählt hast, ist bei mir der Groschen gefallen, und dieser Ort kam mir in den Sinn«, erzählte Shem.

»Du meinst …?«, mutmaßte ich.

»Ja, das meine ich. Wenn hier alle Fäkalien zusammenkommen, müssen auch die vom Schloss irgendwoher in diese Kanäle fließen«, erklärte Shem weiter.

»Igitt«, sagte Catherine.

»Das wird keine angenehme Aktion«, seufzte ich.

»Na, dann wollen wir mal«, sagte Ana Maria.

Shem kletterte im Dunkeln über ein paar Steine, die zu einer kleinen Mauer hinunterführten. Der Gestank, der uns entgegenwehte, bestätigte, dass wir auf dem richtigen Weg waren. Hier waren die Kanäle, wo die Abwässer der gesamten Stadt zusammenflossen. Kein Mensch war zu sehen, nur ein paar einsame Bettler lagen vor der kleinen Mauer.

»Hey, habt ihr einen Groschen für uns?«, fragte einer von ihnen. Er lag verkrüppelt in Lumpen und völlig verdreckt in einer dunklen Ecke, zusammen mit zwei anderen alten Bettlern. Er zitterte und hatte nur noch ein Auge. Er trug einen verstaubten, grauen Bart, und das schwarze Loch in der Augenhöhle sah grauenhaft verschmutzt aus. Die Bettler saßen nahe beieinander, um sich gegenseitig zu wärmen. Ich kramte in den Taschen und fand das Goldstück, das mir Walrivia heute geschenkt hatte. Es war das einzige Goldstück, das ich je besessen hatte. Ich war so stolz gewesen, aber ich wurde trotz der schwierigen Umstände in den letzten Tagen so reich beschenkt wie nie zuvor im Leben.

Eigentlich brauchte ich den Taler nicht. Ich hatte mit den Leuten aus Asinja alles, was ich brauchte. Und diesen Menschen hier konnte das Goldstück gute Dienste tun. Also nahm ich den Taler in die Hand und kletterte zu dem Bettler mit nur einem Auge.

»Hier, bitte, nimm«, sagte ich zu ihm, und er lächelte mich an.

»Was tust du?«, fragte mich Bernie.

»Vodano sei mit dir, mein Kind«, erklärte der Bettler mir, riss sein Auge weit auf, als er sah, dass ich ihm einen ganzen Goldtaler geschenkt hatte.

Dann schaute er mich mit seinem Auge freundlich und lange an. Er hielt meine Hand und ich spürte, welche Wärme von ihm ausging. Meine Hand begann zu kribbeln und ich sah ihn verwundert an. Er lächelte und ich lächelte zurück. Mit seiner sehr tiefen, rauchigen Stimme berührte er mein Herz bis ins Innerste.

»Danke dir, mein Kind«, sagte er nochmals.

Ich drehte mich um und ging zu Shem und den anderen. Dann schaute ich mich noch einmal um und der Mann lächelte mich noch immer an.

»Bist du verrückt? Du kannst doch dem Alten nicht ein ganzes Goldstück schenken«, sagte Bernie erbost zu mir.

»Doch, das kann ich, Bernie. Ich kann«, entgegnete ich und lächelte in mich hinein.

Ich war seltsam beseelt von der Begegnung.

»Du hast ein gutes Herz, Nyella«, sagte Jocelyn und klopfte mir auf die Schulter. Dann lächelte sie noch einmal den Bettler an und wir kletterten weiter.

»Ich bin stolz auf dich, Nyella. Du bist sehr großzügig«, sagte auch Shem zu mir.

»Ich bin so dankbar für alles, was ich in den letzten Tagen von euch allen bekommen habe. Da darf ich doch jemand anderem auch ein Geschenk machen. Es ist nur ein Goldstück. Ihr habt mir etwas gegeben, was mit keinem Gold zu bezahlen ist«, erwiderte ich.

Darauf konnte niemand etwas erwidern.

Aus den Mauern zeigten Rohre, die ihre Flüssigkeiten in die Tiefe fließen ließen. Der Gestank verstärkte sich mit jedem Schritt. Alles vereinte sich in einem Fluss, der aus der Stadt hinaus floss.

»Oh je, es stinkt grauenvoll hier«, rümpfte Bernie die Nase, der immer noch nicht verstanden hatte, warum ich Gold an einen wildfremden Mann verschenkt hatte, der zudem noch ein Krüppel und Bettler war.

»Jetzt hör schon auf, du bist nur am Schimpfen. Das ist ihre Sache«, meinte Shem.

Ich verdrehte die Augen und drängte mich vor die beiden, um vor ihnen herzugehen und mir die gegenseitigen Gifteleien nicht mehr anhören zu müssen.

»Und wohin jetzt?«, fragte Ana Maria.

»Da lang«, sagte Shem und zeigte auf eine Ecke weiter hinten.

Hinter den Rohren führt eine kleine Treppe nach oben. »Unter diesem Dreck durch?«, fragte ich.

»Jep«, antwortete Shem knapp.

Ich ging den anderen voran und bemühte mich, so schnell wie möglich unter den spritzenden Kanalrohren durchzuklettern, die Urin, Kot und anderen Dreck nach unten transportierten. Ich hielt mir die Nase zu. Catherine folgte hinter mir, dahinter Ana Maria, Shem und Bernie. Meine Stiefel wurden nass und sogen den Dreck samt Gestank auf.

»Puh, oh, ist das grässlich«, hörte ich Catherine hinter mir stammeln, als wir schließlich bei der kleinen Treppe ankamen.

Die Steine der Treppe waren auseinandergebrochen und schienen in sich selbst zusammenzufallen.

»Da kommen wir nicht weit«, sagte Jocelyn.

»Aber die Treppe könnte ins Schloss führen«, räumte Shem ein.

»Könnte«, sagte Bernie zweifelnd.

»Das ist die einzige Möglichkeit«, erklärte Shem.

»Shem hat recht«, sagte ich und fing an, mit dem Fuß zu testen, ob die einzelnen Tritte mich aushalten würden.

Dann ging ich vorsichtig, Tritt um Tritt, nach oben, wo sich ein großes, schweres Tor vor uns aufbaute. Ich zog daran, rüttelte, aber die Türe bewegte sich keinen Millimeter. Shem erschien hinter mir und half mir. Nach einigen Versuchen ließ sich die Türe knarrend einen Spalt weit öffnen.

»Sch…«, sagte Catherine und hielt sich den Zeigefinger vor den Mund.

Shem musste alle Kraft aufwenden, um die Türe einen Spalt breit offen zu halten. »Macht schnell, die Türe ist schwer«, keuchte er.

Ich überlegte nicht lange und kroch durch den Spalt. Bevor mir jemand folgen konnte, verlor Shem das Gleichgewicht und die Türe fiel laut krachend zu. Shem erhob sich aus dem nassen Dreck und rannte zur Tür. Er zog daran, aber sie ließ sich nicht mehr bewegen. Bernie eilte ihm zur Hilfe und riss beinahe panisch daran. Aber jeder weitere Versuch, die Türe von außen zu öffnen, scheiterte. Ich konnte Shem draußen hören, wie er nach mir rief, und ich hatte keine Chance, die Türe von innen zu öffnen. Ich war gefangen.

»Was treibt ihr da?«, hörte Catherine eine dunkle Stimme hinter sich.

»Oh, ich ..., ähm …, wir ….«, stammelte Catherine.

Ein Schattenreiter erschien auf einer seitlichen Mauer, von der aus er zu Catherine und den anderen hinunterblicken konnte. Catherine öffnete ihre Bluse ein Stück weit und drehte sich zu ihm. Dann wackelte sie mit ihrem Oberkörper und lächelte den Schattenreiter an.

»Ach, verzeiht, Herr, wir sind nur auf der Suche nach neuen Liebesspielen«, sagte sie lallend und mimte eine Betrunkene.

»Zu viert?«, fragte der Schattenreiter ungläubig.

»Der Liebe sind keine Grenzen gesetzt«, erklärte sie weiter lallend.

Shem spielte mit und sprach mit belegter Stimme dazwischen: »Komm her zu mir«, sagte er und nahm Catherine in den Arm.

Sie vollführte einen Tanz um Shem herum und wankte, um dem Bild der Betrunkenen mehr Ausdruck zu verleihen.

»Verschwindet hier, ihr habt hier nichts verloren, verstanden!«, kommandierte der Schattenreiter unfreundlich. »Macht, dass ihr fortkommt«, wiederholte er und nahm den Bogen von seiner Schulter. Er spannte einen Pfeil über den Bogen in Richtung Shem. Der hob die Hände, als würde er kapitulieren.

»Okay, okay, wir sind ja schon weg«, erklärte er und zog Catherine zurück zu den Kanalrohren.

»Wir können Nyella nicht hierlassen«, flüsterte Jocelyn.

»Wir müssen«, sagte Shem verzweifelt. Der Schattenreiter blieb stehen, wo er war. »Komm schon, Bernie, der schießt, wenn wir nicht gehen«, sagte Shem.

Bernie biss sich auf die Lippe und folgte den anderen widerwillig. Der Schattenreiter hatte noch immer seinen Pfeil auf Catherine gerichtet.

***

Ich saß im Dunkeln und es stank erbärmlich nach Fäkalien. Draußen hörte ich eine dunkle Stimme und wenig später war es ruhig geworden. Wo waren die anderen geblieben? Ich versuchte erneut, die Türe zu öffnen, aber ohne Erfolg. Ich setzte mich auf den Boden. Ich befand mich auf einer Treppe, die oben in einen Turm des Schlosses zu münden schien.

Als ich keine Laute mehr von draußen vernehmen konnte, ging ich die Treppe vorsichtig nach oben. Ich konnte kaum die Hand vor meinen Augen sehen und hörte das Pfeifen von Ratten. Meine Füße waren in der Zwischenzeit nass geworden und ich konnte den Gestank bald nicht mehr riechen, weil er sich in meiner Nase festgesetzt hatte. Die Treppe wand sich in einem großen Kreis langsam hinauf in den Turm und ich mutmaßte, dass ich hier direkt ins Schloss kommen würde.

Was sollte ich nur tun? Ich hatte keine Ahnung, wo ich war und was mich da oben erwartete. Ein paar Dutzend Treppentritte weiter oben vernahm ich von weit her Stimmen. Ich blieb stehen und verharrte. Die Treppe endete in einem Gang, der kaum beleuchtet war. Fackeln hingen an den Wänden und gaben dem Korridor etwas Licht. Schwere Türen säumten den Gang. Als ich an den Türen vorbeikam, konnte ich nur kleine Luken erkennen, um in die Räume zu sehen, die dahinter lagen. Ich stellte mich auf die Zehenspitzen, um hineinzusehen, aber da war niemand. Auch bei der nächsten Türe war niemand dahinter zu sehen. Als ich schließlich den Stimmen immer näher kam, stellte ich mich bei der letzten Türe wieder auf die Zehenspitzen und konnte gerade noch die Haare von Walrivia sehen, wie sie im Raum auf und ab zu gehen schien. Ich erkannte ihre Stimme sofort.

»Sie ist nicht dabei. Ich sage es dir doch. Sie ist nicht da«, erklärte Walrivia aufgebracht.

Eine männliche Stimme brummelte kurz etwas, ohne wirklich ein Wort zu sagen.

»Wir wissen immer noch nicht genau, wie sie aussieht, aber ich weiß definitiv, dass sie nicht dabei ist«, keifte Walrivia weiter. Ihr Gegenüber brummelte wieder.

»Kannst du auch noch was anderes sagen, als nur zu brummeln? Man kann dich zu gar nichts gebrauchen«, sagte Walrivia wieder.

Ich konnte sie alle paar Sekunden sehen, wie sie im Raum hin und herlief. Der Mann, der wieder brummelte, saß auf der anderen Seite und war nicht zu sehen. Seine Stimme konnte ich nicht richtig einordnen. Er schien ebenso schlecht gelaunt zu sein wie Walrivia.

***

Shem und die anderen waren wieder über die Mauer geklettert.

»Meine Güte, ich stinke fürchterlich«, sagte Jocelyn und schnüffelte an ihrer Jacke. Sie kamen an den Platz, wo die Bettler gelegen hatten.

»Wo ist das gütige Mädchen?«, fragte der Bettler.

»Wie bitte?«, fragte Shem freundlich nach und drehte sich zu ihm um.

»Wo ist das Mädchen?«, fragte der Mann fordernd und war aufgestanden. Während er vorher wie ein Bettler gewirkt hatte, stand er nun in voller Größe vor den anderen. Trotz seiner schäbigen Montur wirkte er beinahe majestätisch. Shem erzählte ihm kurz, was geschehen war. Der Bettler sah besorgt aus und Bernie schüttelte den Kopf.

»Du kannst doch keinem Fremden erzählen, dass …«, Bernie stockte, als Shem ihm den Mund zuhielt.

»Doch, kann ich«, sagte Shem. »Er ist kein Fremder.« Shem schaute den Bettler ehrfürchtig an.

»Was hat mich verraten?«, fragte der Bettler.

»Du trägst einen Ring in Rabenform«, sagte Shem lächelnd. Er zeigte auf den Ring, den der alte Mann am Finger trug. Der Bettler hob ihn hoch und lächelte.

»Der Ring ist etwas zu kostbar für einen Bettler … Und … Vertraue den Raben. Das hat mich Nyella gelehrt«, erklärte Shem.

»Sie ist ein kluges Kind«, sagte der Bettler.

»Und Ira hat deine Botschaft weitergetragen«, ergänzte Shem.

Der Bettler nickte zustimmend und meinte: »Du bist ein wahrer Freund.«

»Was ist jetzt wieder los?«, quatschte Bernie unbeholfen dazwischen.

»Sch ...«, mahnte ihn Jocelyn und beobachtete die Szene zwischen dem Bettler und Shem. Sie hielt sich die Hand vor den Mund.

»Bist du es?«, fragte Shem schüchtern.

»Es ist nicht wichtig. Es ist wichtig, dass ihr Nyella aus dem Turm befreit«, sagte der Bettler.

»Wer zum Kuckuck ist das?«, wollte Bernie wissen. Niemand beachtete ihn. »Warum redet keiner mit mir«, wetterte Bernie und sah Catherine an, die ihn einfach überging.

Der Bettler öffnete seine Jacke und zog einen Hammer heraus. Der Hammer funkelte im Halbdunkeln. Er zeigte nicht die typische Form eines Hammers, sondern wurde breiter nach unten, ähnlich einem Anker. Verschnörkelungen, die in der Dunkelheit nicht genau zu erkennen waren, zierten die Waffe und seinen Schaft. Der Bettler streckte Shem den Hammer entgegen.

»Er gehört Nyella. Sie wird wissen, wie er zu gebrauchen ist«, erklärte er. »Ich muss gehen. Vodano ist mit euch«, sagte er mit seiner tiefen, rauchigen Stimme, lächelte ein letztes Mal und ging davon. Wenige Meter weiter verschwand er hinter einer Ecke, Shem stand starr da und blickte dem Mann nach.

»Was war das für ein seltsamer Auftritt?«, fragte Bernie. »Der hat doch nicht mehr alle Delfine im Meer«, erklärte er lachend. Dann stellte er sich vor Shem hin. »Shem? Huhuuuu.«

Bernie wedelte mit der Hand vor dem Gesicht von Shem herum. Dann lachte er: »Der Hammer ist ja wirklich beeindruckend, aber der Alte hat doch einen Schuss.«

Catherine, Jocelyn und Ana Maria waren ebenfalls wie erstarrt stehen geblieben und starrten in die Ecke, in der der Alte verschwunden war.

»Was habt ihr alle? Haben euch die Dämpfe da unten nicht gutgetan?«, witzelte Bernie.

»Du hast wohl keine Ahnung, wer gerade mit uns gesprochen hat, oder?«, fragte Catherine. Sie schluckte und stellte sich neben Shem. Dann befühlte sie sanft den Hammer und legte ihre Hand um die Schulter Shems.

»Ist er es wirklich?«, fragte sie ungläubig.

Shem brauchte einen Moment, bis er etwas sagen konnte. Dann nahm er den Hammer in beide Hände. Er betrachtete ihn, als hätte er Gold gefunden.

»Ein Hammer, mehr nicht, oder? Tolles Teil, zugegeben«, sagte Bernie. »Kommt, lasst uns jetzt Nyella befreien«, forderte er die anderen auf.

Shem bewegte sich nicht von der Stelle.

»Was ist?«, fragte Bernie und stampfte zurück zu Shem.

»Hast du wirklich keine Ahnung, wer das gewesen ist?«, fragte Shem.

»Wer? Der alte Sack?«, fragte Bernie.

»Alter Sack?«, fragte Shem und zog die Augenbrauen hoch.

»Was habt ihr alle? Warum seht ihr mich alle so seltsam an?«, fragte Bernie und zog die Schultern in die Höhe.

»Bernie, setz dich und halt den Mund«, sagte Catherine.

Bernie ließ es zu, dass Catherine ihn zur Mauer führte, und schaute sie fragend an. Dort setzte er sich.

»Was ist?«, fragte er wieder.

»Bernie, du kennst das Geheimnis von Nyella, oder?«, fragte Catherine vorsichtig.

»Du meinst die Sache mit der Abstammung von Gebohan und so?«, fragte er wieder.

»Es geht jetzt vor allem um das *und so*«, erklärte sie.

»Wie … was meinst du?«, fragte Bernie ungläubig.

»Hältst du es für möglich, dass wir soeben mit Vodano persönlich gesprochen haben?«, fragte Catherine ihn.

»Was? Wer? Der Alte?«, fragte Bernie erstaunt. »Neiiiin«, rief er vorschnell und wurde sofort ruhig. »Nein, das kann nicht sein«, sagte er stammelnd und blickte in die Ecke, wo der Bettler verschwunden war. Dann verstummte er. Wenig später öffnete er den Mund, schloss ihn wieder und sagte dann: »Das war er doch nicht wirklich, oder?«

»Vielleicht war er es, vielleicht auch nicht«, studierte Jocelyn.

»Ich meine … Nein, unmöglich«, meinte Bernie immer noch fassungslos.

»Was sagen die alten Legenden über ihn? Erinnerst du dich?«, frage Jocelyn.

Bernie überlegte. »Vodano wandelt durch die Welt, ohne sich zu erkennen zu geben«, fing er an.

»Meist in einer Gestalt, in der man ihn niemals vermuten würde«, sagte Shem.

»Wer ihn überhaupt erkennt, der weiß, dass ihm ein Auge fehlt«, ergänzte Jocelyn.

»Und du weißt, dass sein Hammer einen Namen trägt«, sagte Shem.

Bernie machte große Augen und ging zu Shem. Er schaute sich den Hammer genauer an. Dann überlegte er, während er in den Himmel blickte. »Rabenauge«, hauchte Bernie verheißungsvoll. Eine schwarze Kugel am Schaft des Hammers begann zu leuchten in edlem, silbernem Violett.

***

Mir taten die Zehen weh. Ich stand immer noch auf denselben und hörte Walrivia und ihrem Begleiter zu. Vielleicht war es Dragomal, aber die Stimme von ihm klang irgendwie anders. Gut, zugegeben, er hatte nur gegrummelt, aber ich bezweifelte, dass es Dragomal war. Ich war zu klein, um alles sehen zu können. Die Luke zeigte nur einen Ausschnitt des Raumes, in dem Walrivia sich befand.

»Du sagst mir, Dragomal hätte die meisten Dörfer und Städte durchsucht. Ich sage dir, sie haben ihre Arbeit nicht gründlich genug gemacht.«

Dann wartete sie einen Moment.

»Gut, es sind noch nicht alle Mädchen aus dem Land eingetroffen. Glaub mir, wenn ich dieses magische Mädchen Gebohans in die Finger kriege ... Ich werde wissen, dass sie es ist. Schließlich wird sie aussehen wie eine von Gebohan. Typisch gezeichnet mit ihren seltsamen Zeichen und den widerwärtigen Augen.

Und was ist mit dem dummen Balg, das Dragomal verloren hat auf dem Weg von Breithorien hierher? Das ist nicht das erste Mal. Dragomal hat noch drei weitere Mädchen verloren, wie er sagt. Mich hat noch niemand an der Nase herumgeführt. Allein dafür werden diese Bälger büßen, wenn ich sie zu fassen kriege«, fauchte Walrivia.

Damit drehte sie sich um und kam in Richtung Türe.

Ich erschrak und stellte mich auf meine Füße zurück. Dabei musste ich darauf achten, dass ich das Gleichgewicht nicht verlor. Ich konnte nicht fliehen, der Korridor war lang und bot kein Versteck. Die Schritte kamen näher und schließlich wurde die Tür aufgerissen. Mir blieb in der Not nichts anderes übrig, als mich hinter der Türe hinzustellen, während sie aufging und Walrivia an mir vorbeistolzierte. Ich war hinter der Türe gefangen, die mich an die Wand drückte.

»Macht eure Arbeit noch einmal, ihr Versager«, schimpfte Walrivia ihren Begleiter an, der ihr folgte.

Ich konnte wieder nicht sehen, wer es war. Es wäre zu gefährlich gewesen, einen Blick auf ihn zu werfen. Zu gern hätte ich gewusst, wer es war, aber ich hörte das Gezeter von Walrivia noch lange, während sie die Treppe hinaufmarschierte, ihren Begleiter im Schlepptau.

Eine Weile verharrte ich, horchte in die Flure und wagte nicht, mich zu bewegen. Selbst der Atem schien lauter als sonst zu sein. Panik hatte mich ergriffen. Wie sollte ich aus diesen Gängen wieder herausfinden, ohne um mein Leben zu bangen. Ich würde Shem und die anderen vielleicht nie wiedersehen. Lange blieb ich bewegungslos und wartete ab, bis die Luft rein war. Ich schlich mich schließlich auf leisen Sohlen weiter, bis ich zu einem zweiten Flur kam. Ich stutzte. Im Halbdunkel der Mauern schaute ich mich um.

Hatte ich Stimmen vernommen? Ich schaute mich um, um mich zu vergewissern, dass niemand sonst auf dem Korridor war. Die Stimmen kamen von weit her. Die gleichen schweren Türen säumten den Korridor wie den unteren und ich schlich mich an die erste Türe, um mich dort erneut auf die Zehenspitzen zu stellen. Ich traute meinen Augen kam. Die Stimmen kamen von der anderen Seite dieser Türe. Es waren Mädchen in dem Raum. Viele junge Frauen waren hier, aber ich konnte Myriam nicht sehen. Ich schaute links und rechts, aber niemand war da, den ich kannte. Dann schlich ich zur zweiten Türe und stellte mich auf die Zehenspitzen. Mein Herz hüpfte. Sie waren hier. Ich konnte spüren, wie ich Gänsehaut bekam.

Ich flüsterte so leise ich konnte: »Myriam.«

»Oh, Vodano sei Dank, Nyella, du bist gekommen«, rief sie, aber ich ermahnte sie sofort, leise zu sein.

Myriam und ein paar andere kamen zur Tür gerannt. Ich hatte Angst, dass wir mit diesem Lärm sofort auffliegen würden.

»Seid leise, oh, wie ich mich freue«, sagte ich, und mir rannen Tränen über meine Wangen.

»Nyella, oh, ich bin so froh, dass du hier bist«, flüsterte Myriam, während sie am ganzen Körper zitterte. Sie stellte sich auf der anderen Seite auf die Zehenspitzen und griff mit den Fingern durch die Stäbe der Luke. Wir hielten uns für einen Moment fest.

»Wie geht es euch?«, fragte ich sie mit erstickter Stimme.

»Wir haben große Angst. Aber so weit geht es uns gut. Ich meine, sie haben nichts mit uns gemacht oder so«, sagte Myriam traurig

»Ist mit den anderen auch alles in Ordnung?«, fragte ich leise.

»Ja«, hörte ich Myriam flüstern. »Es sind so viele hier«, sagte Myriam leise.

»Was haben sie vor?«, fragte ich.

»Ich weiß es nicht genau. Es heißt, sie suchen nach einem ganz bestimmten Mädchen«, sagte sie. »Die Schattenreiter haben darüber gesprochen. Und Walrivia ist hier entlang gelaufen. Da konnten wir sie hören.«

»Holst du uns hier raus?«, hörte ich Kathis flehende Stimme.

»Kathi, wie schön, deine Stimme zu hören«, sagte ich erleichtert.

»Ja, ich bin auch froh, dass du hier bist«, sagte Kathi. »Ich hatte Angst, dass du uns im Stich lässt«, ergänzte sie.

»Ich hab´ versprochen, dass ich wiederkomme. Ich versuche, euch hier rauszuholen«, sagte ich. *Aber das ist nicht so einfach,* dachte ich für mich. Ich hatte keinen Plan, was zu tun war.

Plötzlich vernahm ich Schritte und erschrak. Gehetzt verabschiedete ich mich und schlich mich die Treppe hinunter. In einer Ecke kauernd, verweilte ich, bis die Schritte verhallten. Es fühlte sich an, als würde eine Ewigkeit vergehen. Ich erhob mich und sah mich im Halbdunkeln um. Trotz der eisigen Kälte dieser Flure schwitzte ich beinahe Blut. Langsam schlich ich die Treppen hinauf, sah mich ängstlich um und stellte mich vor der großen Türe wieder auf die Zehenspitzen, um mit Myriam zu sprechen.

Ein kurzes Rascheln hinter mir ließ mich erstarren, dann spürte ich, wie jemand mich von hinten ergriff. Mir wurde der Mund zugehalten. In die Mangel genommen, konnte ich mich nicht mehr bewegen. Versuchte mich zu befreien, scheiterte. Fester wurde ich gedrückt und das Atmen fiel mir schwer. Als ich versuchte, mich von der Hand wegzudrehen, die mir den Mund zuhielt, konnte ich den nackten Unterarm eines Mannes sehen, der mich festhielt. Ich erblickte eine Tätowierung. Sie zeigte einen Skorpion. Mir gefror das Blut in den Adern, mein Puls raste. Woher kannte ich diese Tätowierung? Sie war mir auf bizarre Weise vertraut, mein Würgereflex ließ meine Galle hochkommen. Dieser Geruch, ich kannte ihn. Der Mann, der mich festhielt, drehte mich um, hielt mir noch immer den Mund zu. Dann ließ er mich los. Ich schaute in seine Augen und erschrak beinahe zu Tode: »Du?«, sagte ich ungläubig.

# 19. Schwarze Katzen bringen Unglück

Shem schlich voraus, Rabenauge unter seiner Jacke versteckt. Er wählte die dunkelsten Gassen. Catherine, Jocelyn, Ana Maria und Bernie folgten ihm hintereinander. Das Lager der Gaukler schien unendlich weit entfernt. Jeder Schritt wurde unerträglich schwer.

Im Zelt herrschte wilde Aufregung.

»Es sind Dutzende von Mädchen hier«, sagte Badogan, der den Runenschirm wieder aufgelöst hatte und aufgekratzt im Kreis herummarschierte.

»Die Leute sind völlig verunsichert«, erklärte Russ.

Als Shem und seine Begleiter ins Zelt kamen, schreckten die anderen hoch.

»Wisst ihr, wie gefährlich das war, was ihr da gemacht habt?«, schimpfte Badogan mit ihnen, noch bevor sie richtig im Zelt angekommen waren.

Natürlich war aufgefallen, dass sie sich weggeschlichen hatten. Noch bevor jemand etwas darauf antworten konnte, bemerkte Russ, dass jemand fehlte.

»Wo ist Nyella?«, rief er außer sich.

Shem suchte verzweifelt nach Worten.

»Wo ist sie?«, schrie Russ ihn an. Er sah sich verzweifelt um.

»Nein, sag nicht …«, er sprach den Satz nicht zu Ende und schüttelte den Kopf mit weit aufgerissenen Augen.

»Wir haben sie verloren«, sagte Bernie leise.

»Was?«, schrie Kianno.

»Wie konnte das passieren?«, rief Gimle.

»Das ist nicht euer Ernst«, schimpfte Badogan. Seine roten Wangen waren kreidebleich geworden.

»Wir haben alles getan, um sie nicht eine Minute allein zu lassen, und was macht ihr?« Gimle raufte sich die Haare, riss sich ein Büschel aus und lief im Raum auf und ab.

»Bei allen Göttern, was habt ihr euch dabei nur gedacht«, sagte Badogan.

»Ich … Wir …«, begann Shem und verstummte.

»Und ihr, ihr schlauen Weiber, wo ihr doch immer alles voraussehen könnt, hättet ihr nicht besser auf sie aufpassen können?«, schrie Russ aufgebracht.

»Beruhige dich«, sagte Kianno zu ihm.

Russ trat zu Shem, nahe an ihn heran, Gesicht an Gesicht, sodass sich die Nasen berührten: »Wenn ihr etwas zustößt, ich schwöre dir bei allen Göttern, ich mache dich persönlich dafür verantwortlich«, fluchte er Shem an.

Shem war verzweifelt. »Du hast ja recht«, sagte er.

»Ja, das habe ich«, sagte Russ noch immer aufgebracht und fluchte weiter, während er im Zelt herumstampfte.

Shem hatte die Arme fallen lassen und so fiel ihm der Hammer aus der Jacke und klirrte, als er auf dem Boden aufschlug. Dutzende Augenpaare richteten sich schlagartig auf den Hammer. Badogan rannte zu ihm und kniete sich hin.

»Das ist Rabenauge«, sagte er aufgeregt und blickte zu Shem auf. »Woher hast du den?«, fragte er, nahm den Hammer in die Hand und richtete sich wieder auf die Füße.

»Sag schon, woher hast du den?«, fragte Badogan nochmals.

»Wir haben einen alten Mann getroffen bei den Kanälen«, erklärte Shem. Und dann erzählte er, wie Nyella dem einäugigen Bettler das Goldstück geschenkt hatte, das Einzige, das sie je besessen hatte. Und wie Nyella durch die schwere Türe geschlüpft war und sie sich nicht mehr öffnen ließ. Catherine erzählte vom Schattenreiter und ihre Flucht von den Kanälen.

»Glaubst du wirklich, dass es Vodano war?«, fragte Kianno beeindruckt.

»Ich dachte, er wandelt nicht mehr wahrhaftig auf Erden«, sagte Gimle.

»Eigentlich hieß es, er könnte nicht mehr auf Erden wandeln«, erklärte die bärtige Frau.

»Aber was, wenn doch?«, gab Bernie zu bedenken.

»Er muss es gewesen sein«, gab Shem zu bedenken. »Wer sonst würde mir etwas so Wertvolles wie Rabenauge einfach anvertrauen«, ergänzte er. »Ich meine, Rabenauge ist Vodanos mächtige Waffe.«

»Rabenauge«, hauchte Badogan ehrfürchtig und befühlte das Metall mit seinen Fingern.

»Was machen wir denn jetzt?«, wollte Kianno wissen.

»Zirkus, wie wir es immer tun«, sagte die bärtige Frau.

»Wir können doch nicht einfach so tun, als wäre nichts geschehen«, erklärte Kianno.

»Doch, das können wir und das müssen wir auch«, sagte Gimle.

»Wir wissen nicht, was uns erwartet«, erklärte Kianno. »Wir wissen nicht, ob wir in Gefahr sind oder nicht«, erklärte er weiter.

»Das ist richtig, aber wenn wir jetzt flüchten, lassen wir die Mädchen im Stich. Außerdem ist es viel zu auffällig. Damit würden wir uns noch mehr in Gefahr bringen. Wir müssen so tun, als ob«, gab Gimle zu bedenken.

»Sind wir denn in Gefahr?«, fragte Russ.

»Keine Ahnung. Möglich, dass Walrivia unser Spiel durchschaut hat oder es bald durchschauen wird«, erklärte Kianno.

»Also, die Show muss weitergehen und wir wissen nicht, worauf wir uns einlassen«, seufzte Gimle. »Aber tun wir das je?« Er lachte heiser.

Kianno nickte gequält lächelnd und blickte jeden Einzelnen an. »Ich hasse es, so ausgeliefert zu sein. Du hast die Schattenreiter da draußen gesehen, sie sind alle bewaffnet«, sagte er und deutete nach draußen. Gimle seufzte.

»Was tun wir wegen Nyella?«, fragte Shem.

»Wir können im Moment nichts tun«, sagte Badogan resignierend.

»Doch, das können wir«, erklärte Russ. »Gimle, war die Königsfamilie bei den Vorstellungen jeweils zugegen?«, wollte er wissen.

»Nicht bei jeder, aber ja, sie waren mindestens bei einer dabei«, erklärte Gimle, und gleich darauf erhellte sich seine Miene. »Du meinst, die Königin wird morgen kommen?«, fragte er Russ.

»Natürlich wird sie kommen, sie mag Zerstreuung, oder?«, sagte Badogan. »Wir müssen die Zeit nutzen, wenn die Königin bei uns ist«, erklärte er.

»Das ist eine gute Idee, aber wir sind zu wenig Leute«, erklärte Kianno.

»Nicht, wenn alle mithelfen«, erklärte Catherine.

»Das ist waghalsig«, gab Gimle zu bedenken.

»Wir sind trotzdem zu wenige«, gab die bärtige Frau zu bedenken.

»Wollt ihr etwa aufgeben?«, fragte Badogan.

»Auf keinen Fall«, erklärte Russ.

»Es mögen viele Schattenreiter sein, aber wir haben Hirn und Herz«, sagte Gimle.

»Und was hast du davon?«, fragte Bernie.

»Ein gutes Herz macht Verbündete stark, sie lässt einen über seine Grenzen hinauswachsen. Mit List wurde schon manche große Schlacht von kleinen Leuten geschlagen«, erklärte Gimle. »Und ich muss es wissen. Schließlich gehöre ich zu den kleinen Leuten.«

»Gimle hat Reckt«, sagte Ana Maria.

»Gemeinsam sind wir stark, vergesst das nicht«, sagte Jocelyn.

»Für Nyella«, sagte Shem laut.

»Für Nyella«, sagte auch Bernie.

»Seid ihr alle dabei?«, fragte Badogan und drehte sich um.

Alle sahen ihn entschlossen an.

»Für Nyella«, sagte Primus.

»Für Nyella«, wiederholte Donitius.

»Nun, so sei es«, sagte Badogan.

Und draußen vernahm ein Rabe einen Chor im Zelt, der laut aussprach: »Für Nyella.«

»Wir haben nichts zu tun, während ihrer auftretet«, erklärte Catherine. Sie befanden sich mitten in den Plänen für den morgigen Auftritt.

»Wir können die Frauen doch nicht ins Schloss schicken«, gab Badogan zu bedenken.

»Hey, hey«, wollte Jocelyn einwenden.

»Wir haben ja gesehen, wohin das führt«, meinte Russ.

»Wir haben Nyella nicht verloren, es war diese verdammte Türe«, erklärte Catherine noch einmal verärgert.

»Es hätte jemand anders vorgehen müssen«, gab Russ zu bedenken.

»Hätte, hätte, hätte«, äffte Bernie ihn nach. »Glaubst du, wir machen uns keine Vorwürfe?«, fauchte er. »Ich hab´ gleich gesagt, dass es eine blöde Idee ist«, ergänzte er.

»Aber Nyella war nicht zu bremsen«, redete Shem dazwischen.

»Es nützt nickts, wenn wir schimpfen mit uns. Die Kind ist schon gefallen in die Brunnen«, sagte Ana Maria.

Alle blickten sie an.

»Ist wahr, es ist, als ob diese Ort habe schlechte Energien. Wir sind nur am macke Streiten. Wir braucken unsere Kraft für die Mädcken und für Nyella. Jetzt seid wieder gut miteinander«, sagte sie ernst.

»Ana Maria hat recht. Die kranke Energie der Schattenreiter schleicht sich in unser Herz, ohne dass wir es merken. Es vergiftet unsere Seele und lässt uns nur noch das Schlechte im anderen sehen. Wir streiten die ganze Zeit. Fällt euch das nicht auf? Wir müssen zusammenhalten. Wir brauchen alle Kraft für uns«, sagte Gimle versöhnlich. Einige Köpfe nickten.

»Habt ihr überhaupt schon was gegessen?«, fragte Russ und reichte Shem zur Versöhnung ein Brötchen.

»Woher sind die?«, fragte er.

»Wenn wir schon keine Neuigkeiten mitbringen, dann doch wenigstens etwas zu essen. Brötchen und Brotstangen haben wir bekommen, ein wenig Schinken, Wasser und Apfelwein. Nicht viel, aber immerhin. Es sollten alle satt werden, wenn wir ein wenig teilen«, erklärte Badogan.

Shem sah ihn fragend an.

»Wir haben einen alten Freund wiedergetroffen, der hier ein Wirtshaus betreibt. Wir haben ihm erklärt, dass wir Freunde von Badogan und Russ sind und ihm von den Problemen erzählt, die wir haben. Und Badogans Freunde seien auch seine Freunde. Er hat uns erzählt, dass alle unter Walrivia zu leiden haben. Von den Mädchen haben sie nichts Genaues gewusst, nur, dass laufend Wagen voller junger Frauen ins Schloss gefahren wurden«, erzählte Badogan.

»Haben wir irgendwas aus Asinja gehört?«, erkundigte sich Shem, während er vom Brot aß.

»Es kreist ein Rabe über unseren Wagen, aber bisher nichts Genaues«, sagte die bärtige Frau.

Shem nickte, starrte den Apfelwein an, den er in der Hand hielt. »Ich werde nachsehen, ob es Rabea ist«, erklärte er.

»Ich bin dafür, dass Badogan und Russ zum Schloss gehen, sie kennen sich dort am besten aus«, erklärte Kianno.

»Das stimmt«, sagte Badogan.

Am nächsten Morgen waren alle übellaunig und unausgeschlafen. Die Nachtruhe war kurz ausgefallen. An ruhigen Schlaf war nicht zu denken gewesen. Viel zu groß war die Sorge um Nyella und die Mädchen. Viel zu groß war der Kummer wegen der bevorstehenden Vorstellung, die am Abend stattfinden sollte, und vor allem die Ungewissheit, was kommen würde. Die Vorbereitungen am Abend hatten sich hingezogen.

»Wie es wohl Nyella geht«, seufzte Catherine am Morgen, während sie einem der Pferde einen Eimer Hafer hinhielt. Der Hengst drückte seinen Kopf hinein und begann laut zu fressen. Ana Maria sah sie nur verständnisvoll an und striegelte die kleine Stute, neben der sie stand. Sie wich dem Schweif aus, mit dem das Tier die Fliegen laufend abwehrte. Jocelyn streichelte gedankenverloren einen der Hunde, der neben den Pferden am Boden lag und schaute ihren Kolleginnen zu, wie sie die Pferde versorgten.

Der Tag zog ins Land, und die Sonne kletterte hoch am Himmel hinauf. Die Vorbereitungen für den Abend liefen auf Hochtouren. In einer Ecke wärmten sich ein paar Artisten auf, Gimle schwang die Arme im Kreis und Kianno zog sich gerade den violetten Rock an, den er immer bei Vorstellungen trug und der ihm wie ein alter Freund beizustehen schien. Der Tag wollte nicht vorübergehen. Jede Stunde schien sie hinzuhalten, endlos lange, während in den Herzen der Artisten der Puls immer schneller schlug.

Als die Schatten gegen Abend schließlich länger wurden, war Kianno durch die Straßen gezogen und hatte laut zum Besuch der Vorstellung des Zirkus' aufgerufen. Seine Nervosität versuchte er zu verbergen. Ihm war nicht wohl bei der Sache. Nicht vielen Menschen begegnete er unterwegs, aber einige versicherten ihr Kommen.

Während Kianno zurück zum Zirkus schlenderte, kam Dragomal angeritten und hielt sein Pferd neben Kianno an.

»Sei gegrüßt, mein Zirkusfreund«, sagte Dragomal auffällig gut gelaunt.

»Ich grüße dich, Dragomal«, sagte Kianno verwundert.

»Wir haben Grund zu feiern«, sagte Dragomal, und Kianno wurde mulmig zumute.

»Wozu darf ich gratulieren?«, fragte Kianno.

»Nun, die Königin scheint ein Spielzeug wiedergefunden zu haben«, erklärte Dragomal mit süffisantem Lächeln.

Kianno rutschte das Herz beinahe in die Hose. »Das ist doch bravourös«, erklärte er und bemühte sich um einen unverfänglichen Ton.

»Du sagst es«, erklärte Dragomal, zog gekünstelt seine schwarzen Handschuhe langsam aus und beugt sich über den Sattelknauf, während er zu Kianno sprach. »Ich soll dir ausrichten, dass die Königin euch heute bei der Vorstellung beehren wird. Richte einen würdigen Platz für sie her und halte den Pöbel von ihr fern«, erklärte er Kianno.

Kianno schluckte leer.

»Natürlich, gern doch. Lass die Königin wissen, wie sehr wir uns auf ihren Besuch freuen«, sagte Kianno schwungvoll.

»Und noch was, Kianno.« Dragomal betonte den Namen explizit.

»Ja?«, fragte Kianno.

»Dein Barde Wasco ist uns noch immer eine Geschichte schuldig. Du erinnerst dich, oder?«, fragte Dragomal.

Kianno nickte.

»Walrivia ist in Festlaune. Sie möchte, dass selbst wir Schattenreiter uns amüsieren«, erklärte Dragomal.

Kianno witterte seine Chance. »Ist das denn möglich?«, fragte er listig nach.

»Natürlich geht das, das Schloss ist bestens gesichert, selbst wenn wir einmal nicht vor Ort sind«, erklärte Dragomal und sah Kianno eindringlich an.

Kianno blinzelte. »Oh, bei allen Göttern, was sollte ich im Schloss wollen, hahaha«, lachte er gekünstelt laut auf.

»Ja, was solltest du wohl im Schloss wollen«, wiederholte Dragomal betont langsam.

Kianno konnte seinem Blick nicht standhalten.

»Dürfte ich noch eine Bitte äußern, Dragomal?«, fragte Kianno.

»Natürlich, sofort die gute Laune der Königin ausnutzen, das passt zu euch Zigeunergesindel«, lächelte Dragomal abschätzig.

»Nun, Dragomal, verzeiht mir, aber meine Leute konnten sich nicht richtig verpflegen. Mit nur einer Vorstellung … Wäre es möglich, etwas mehr Apfelwein oder Wasser zu bekommen? Es ist sicher in deinem Sinne, wenn meine Leute heute Abend gut gestärkt sind, damit die Königin keinen Grund hat, ihre gute

Laune zu verlieren. Außerdem sollten wir den Gästen auch etwas Trinkbares anbieten können, meinst du nicht?«, fragte Kianno.

Dragomal nickte. »Ein gutes Argument, ich lasse dir Apfelwein, Wasser und Brot bringen«, sagte er.

»Ich danke dir, das ist sehr großzügig«, antwortete Kianno.

»Ich weiß«, sagte Dragomal, der seine Nägel betrachtete.

Kianno hatte es eilig, ins Lager zu kommen. Aber er wusste, dass er sich zurückhalten musste. Er überlegte, wie er Dragomal loswerden konnte.

»Begleitest du mich ins Lager, um die gute Nachricht persönlich zu überbringen, dass uns die Königin mit ihrer Anwesenheit heute Abend beehren wird?«, fragte er.

Dragomal lachte laut auf. »Wo denkst du hin?«, fragte er sarkastisch. Er setzte sich wieder gerade hin, streifte sich die Handschuhe über und gab seinem Pferd die Sporen.

Kianno lachte in sich hinein, als er zum Lager marschierte. Marcorio und Padrino, die die Tiere versorgten, sahen ihn stirnrunzelnd an.

»Wasco?«, rief Kianno.

Es dauerte eine Weile, bis Bernie kapierte, dass er gemeint war. »Ja?«, rief er und kam atemlos angerannt.

Kianno stellte sich bewusst auffällig in die Runde und er hoffte, dass die Schattenreiter ihn hörten. Bernie sah ihn überrascht an. Marcorio, Padrino und andere aus der Truppe kamen näher.

»Wasco, du hast die schöne Aufgabe, heute Abend den Schattenreitern die Geschichte zu liefern, die du ihnen noch schuldest«, sprach Kianno und schaute Bernie an.

Dieser verschluckte sich beinahe und machte große Augen.

»Ich soll was?«, sagte er. Dann sah er Kianno an, schaute rüber zu den Schattenreitern, die noch immer hinter den Wagen stationiert waren. Einige von ihnen hatten ihren Blick zu Kianno gewendet.

»Ach so, okay, dann … Ja super, da freue ich mich aber«, rief Bernie etwas zu laut und gekünstelt.

»Nicht übertreiben«, sagte die bärtige Frau neben ihm.

»Es läuft besser, als wir erwartet haben«, murmelte Kianno leise zu Gimle.

»Brinela, halte deine Mädchen bereit. Putzt euch heraus«, erklärte Gimle. »Ich glaube, wir brauchen euch heute Abend«, erklärte er Brinela breit grinsend.

Kianno bat alle, sich zu versammeln im Zelt, um die kleine Planänderung zu besprechen. Er lächelte aufgeregt.

»Und du glaubst, das haut hin?«, fragte Marcorio, als Kianno seine Ausführungen beendet hatte.

»Natürlich haut das hin«, meinte Brinela.

»Wir werden bereit sein, *mit* unserer Geheimwaffe«, erklärte Brinela lächelnd. »Ein grandioser Plan«, ergänzte sie.

»Das wird heute Abend sogar Spaß machen«, lachte eine der Wanderhuren. Brinela nickte zustimmend und griff sich ins volle Haar.

»Und ihr wisst, was ihr zu tun habt, okay?«, erklärte Kianno nachträglich. »Die Abfolge muss genau stimmen, wir haben nur wenig Zeit«, erklärte er noch einmal.

Marcorio nickte.

»Ja, klar«, sagte Shem. »Hier, nimm«, sagte er und reichte Marcorio den Hammer »Rabenauge«.

»Möge Vodano mit uns sein«, sagte Marcorio nervös.

»Das wird er bestimmt«, sagte Padrino.

»Dann alle auf ihre Positionen. Lasst die Show beginnen«, erklärte Kianno und fuchtelte mit den Händen herum.

Und so kam es, dass sich in Brintesia Verbündete gemeinsam aufmachten, um eine junge Frau und ihre Freundinnen zu retten, unter dem Einsatz ihres eigenen Lebens. Ein Rabe hockte auf dem Schlossturm und beobachtete das bunte Treiben in Brintesia.

»Hereinspaziert, hereinspaziert«, rief Kianno und breitete die Arme aus.

Es waren nicht so viele Leute gekommen wie erwartet, aber der Kreis füllte sich langsam rund um die kleine Manege. Die bärtige Frau hatte das Kassieren der Taler übernommen. Kleine Kinder zupften an ihrem Kleid und fragten sie, was das Band an ihrem Arm zu bedeuten hätte.

Die Artisten hatten in ihrem Zelt eine Ecke für die Königin hergerichtet, wo sie sich hinsetzen konnte. Das Publikum strömte ins Zelt. Andere Zuschauer hockten sich auf den Boden. Ein paar hatten Decken oder kleine Kisten mitgebracht, auf die sie sich setzten. Die Stadtbewohner Brintesias hatten schon lange keine Zerstreuung mehr gehabt. Die Gauklertruppe war eine willkommene Abwechslung für sie. Dass Walrivia eine solche Vorstellung zuließ nach dieser dunklen Zeit, grenzte an ein Wunder. Immer mehr Leute drängten sich vor das Zelt, weil es darin übervoll geworden war, ein paar Artisten hoben die Eingangsplane mit zwei großen Stäben hoch, sodass die Leute von draußen ebenfalls nach innen sehen konnten. Sie mussten genauso ihren Taler bezahlen, aber hatten wesentlich schlechtere Plätze. Der Platz war mittlerweile brechend voll, doch von Walrivia war weit und breit nichts zu sehen.

Kianno wurde langsam nervös und blickte sich immer wieder unsicher um. Die Schattenreiter hatten sich in der Nähe des Zelts niedergelassen, die Pferde weiter hinten abgestellt, wo sie friedlich grasten. An die 100 Schattenreiter in ihrer dunklen Erscheinung hockten im Halbkreis um Wasco. Donitius hatte sich zu ihm gesellt, eine kleine Harfe in der Hand, und nickte ihm anerkennend zu. Auf Bernies Stirn hatten sich Schweißperlen gebildet und er erinnerte sich daran, was Catherine ihm aufgetragen hatte.

Bernie blickte zu Kianno hinüber, der weit entfernt von ihm stand und auf die Königin wartete. Kianno nestelte an seinem violetten Mantel herum. Sie nickten einander zu.

»Wenn das nur gut geht«, flüsterte Kianno zu sich selbst und entdeckte den Raben auf einem Ast, unweit von ihm entfernt. »Vodano, wenn du mich hören kannst, dann steh uns bei und schick uns Hilfe. Ich befürchte, Walrivia hat unser Spiel längst durchschaut«, flüsterte er leise.

***

Marcorio und Padrino schlichen die leere Straße hinauf zum Schloss. Die Königin war bereits an ihnen vorbeigeritten und auf dem Weg in die Stadt. Sie hatten sich in einer Seitengasse verstecken können und waren so unerkannt geblieben. Eine Heerschar an Schattenreitern hatten Walrivia eskortiert. Die beiden rannten weiter in Richtung Königshaus. Als sie oben am Eingangstor angekommen waren, war dieses natürlich verschlossen.

»Das hätten wir uns auch denken können«, sagte Padrino.

»Natürlich ist das Tor zu, was glaubst du, Sohn?«, erklärte Marcorio.

»Pssst … Es darf niemand wissen, dass ich dein Sohn bin«, sagte Padrino.

»Es ist ja keiner da«, erklärte Marcorio.

»Wie sollen wir denn jetzt reinkommen?«, fragte Padrino.

»Ich weiß, was zu tun ist«, antwortete Marcorio. Er schlich sich in den Schlossgarten hinunter zu einer großen Hortensie. Ein Geschenk von der hortensischen Insel. Ein Steinbrunnen zierte die Hecke neben der großen Hortensie. Marcorio griff in die Steinplatten hinein und streckte sich weit nach hinten.

»Mist«, sagte er plötzlich.

Padrino ging in die Knie und versuchte zu sehen, wonach Marcorio suchte.

»Er ist nicht mehr da«, erklärte dieser.

»Was ist nicht mehr da?«, wollte Padrino wissen.

»Der Schlüssel«, erklärte Marcorio.

»Wie sollen wir jetzt reinkommen?«

Marcorio setzte sich neben den Brunnen und vergrub den Kopf in den Händen. »Darauf hätten wir auch selbst kommen können, dass der Schlüssel nicht mehr hier ist.«

Padrino setzte sich neben ihn. »Und was tun wir jetzt?«

»Ich weiß es nicht. Ich weiß es nicht«, wiederholte Marcorio.

Lange verharrte er so, bis sein Sohn ihn anstupste.

»Wir müssen etwas tun, wir haben nicht so lange Zeit.«

Als Marcorio sich erheben wollte und sich umdrehte, starrten ihn zwei schwarze Augen an.

»Was tut ihr hier?«, fragte ihn der Schattenreiter.

Er zückte sein Schwert und stellte sich vor Padrino und Marcorio auf. Beide rissen ebenfalls ihr Schwert aus der Scheide.

»Sagt, was tut ihr hier?«, forderte er sie noch einmal auf. Er wartete die Antwort nicht ab, sondern erhob das Schwert und lenkte es gekonnt gegen die beiden Angreifer. Als könnte er über magische Kräfte verfügen, sah er jede Bewegung der beiden voraus und konterte mit einem Schwerthieb, während Marcorio und Padrino Mühe hatten, sich zu verteidigen. Die Klingen trafen hart aufeinander und mit klingenden Geräuschen trugen sie die Kunde über den erbitterten Kampf weiter. Unermüdlich trieb der Schattenreiter die beiden weiter vom Schloss weg, leichtfüßig, wie es schien, während Marcorio und Padrino mit jedem Schritt unsicherer wurden, zurückwichen und sich ihrer Kräfte beraubt fühlten.

»Das geht nicht mit rechten Dingen zu«, keuchte Marcorio.

***

Die Königin trabte auf ihrem schwarzen Ross über den Platz und begrüßte Kianno überschwänglich. Die Schattenreiter nahmen ihr Pferd in Empfang und brachten es zum Rastplatz zu den anderen Pferden. In einem weißen Seidenkleid, das aussah wie ein Hochzeitskleid verziert mit einem roten Samtband rund um die Hüfte, schwebte sie in Richtung Kianno. Sie hatte sich zudem die königliche Krone aufgesetzt. Kianno würgte es, als er das sah, verzog aber das Gesicht zu einem Lächeln.

»Das muss Kianno sein, unser lieber Zirkusdirektor«, sang sie und breitete ihre Arme aus. Sie hatte einen Muff aus weißem Pelz an ihrer rechten Hand und trug einen übergroßen Rubin als Halsschmuck.

»Königin Walrivia, ich freue mich, dass Ihr mich persönlich beehrt«, erklärte Kianno genauso überschwänglich wie Walrivia und verbeugte sich vor ihr. »Kommt, ich geleite Euch zu Eurem Platz«, bot er Walrivia an, und sie streckte ihm ihre Hand hin.

Er erhob sich wieder und nahm ihre Hand. Er führte sie zum Zelt und die Stadtbewohner fielen auf die Knie, verneigten sich vor Walrivia. Sie winkte kurz und desinteressiert mit der Hand, damit die Leute sich wieder erhoben. Sie rauschte durch die Manege auf ihren Platz, wo sie sich schwungvoll drehte, um sich hinzusetzen. Einige Schattenreiter waren Walrivia gefolgt und setzten sich neben sie. Dann blickte die Königin in die Menge, genoss ihren Auftritt und winkte Kianno.

»Die Vorstellung möge beginnen«, sang sie schwungvoll. Kianno trat in die Mitte und begrüßte die Zuschauer.

»Nun, meine Herren, ich begrüße sie herzlich zu unserem Abend der Barden«, sagte Bernie zu den Schattenreitern, die ziemlich steif auf ihren Hintern saßen und alle auf Bernie starrten.

Dragomal hatte sich zur rechten Seite von Bernie bei den Schattenreitern hingehockt und nickte ihm aufmunternd zu. Er schien beinahe entspannt zu sein, stellte Bernie fest.

»Nun, Männer, ich habe Dragomal eine Geschichte versprochen und dieses Versprechen werde ich jetzt einlösen«, sagte Bernie. »Bevor wir starten, wollen wir unser Glas erheben auf die Königin«, verkündete er und erhob das Trinkhorn, das vor ihm stand.

Brinela hatte mit den Frauen den Apfelwein, den Dragomal hatte bringen lassen, in Lederbeutel abgefüllt, welche die Frauen um die Schultern trugen. Sie hatten Holzbecher bei sich und verteilten diese nun an die Schattenreiter, während sie ihnen die Becher füllten. Die Schattenreiter blickten den Wanderhuren lüstern nach. Einer fasste Brinela an den Hintern, ein anderer schaute einer Wanderhure in die Bluse. Gekonnt setzten die Frauen ihre Reize ein, und Bernie begann mit seiner Geschichte:

»Ich werde euch heute Abend eine Geschichte erzählen. Eine Geschichte von einer schwarzen Katze, die Unglück bringt überall dort, wo sie auftaucht«, sprach er.

Donitius hatte die Harfe zwischen Oberarm und Oberschenkel geklemmt und zupfte an den Saiten, während er eine Melodie vor sich hin summte.

»Na, dann lass mal hören«, rief einer der Schattenreiter. Einige hatten die Kapuzen abgenommen. Es sah nach üblen Burschen aus. Ihre Schwerter lagen am Boden, kaum einer trug eine Waffe bei sich. Bernie atmete tief ein und aus und begann mit der Geschichte.

***

Und so kam es, dass an einem anderen Ort vor der Stadt ein schwarzes Tier auftauchte und sich auf den Weg nach Brintesia machte. Es schlich leise durchs Dickicht. Nur noch wenige Schritte, bis es die Stadtmauern von Brintesia direkt vor Augen hatte. Kraftvoll setzte es sich auf die Hintertatzen und nahm Anlauf. Mit einem Satz sprang es auf die Mauer und schmiegte sich an einen Pfeiler.

***

Die Schwerter schrien im Kampf gegeneinander unbarmherzig auf, Schlag auf Schlag erkämpfte sich Marcorio jeden Schritt zurück zum Königshaus. Als der Schattenreiter für einen Moment auf einem Treppenritt taumelte, ergriff Padrino die Gelegenheit und rammte ihm sein Schwert in den Rachen. Blut spritzte aus seinem Hals und ein lautes, würgendes Geräusch erfüllte den Garten. Der dunkle Schwertkämpfer sackte zusammen und fiel vornüber ins Gras. Padrinos Gesicht war voller Blut, weil er dem Schattenreiter nicht mehr hatte ausweichen können. Auch er war getroffen worden. Der Schattenreiter hatte ihn zuvor mit dem Schwert am Oberarm verletzt, während Marcorio um sich und seinen Sohn gekämpft hatte.

»Gut gemacht«, keuchte Marcorio und zog Padrinos Schwert aus dem Fleisch.

Blutüberströmt stieß Padrino das Schwert in die Scheide zurück. Ohne zu überlegen, zerrte er an seinem Vater und rannte die Treppen hinauf zum Schloss.

»Wie willst du ins Schloss gelangen?«, schrie er ihm nach.

»Mit Gewalt«, war Padrinos Antwort.

Sie rannten zur Hintertüre des Schlosses, als Padrino schließlich stehen blieb.

»Was ist das für ein Türschloss?«, wollte er wissen.

Marcorio erreichte ihn und begutachtete die Verriegelung.

»Ein Rätselschloss«, antwortete dieser.

»Rätsel?«

»Seid gegrüßt, ihr Besucher«, ertönte eine blecherne Stimme.

»Wie ich schon sagte«, meinte Marcorio altklug.

»Möge dich der Norden erhellen, während der Süden dich vermummt«, begann das Türschloss. »Wie willst du denn die Nadel stricken, wie willst du denn ins Bein dir picken«, lachte es laut.

»Nordischer Zauber«, erklärte Marcorio seinem Sohn. »Wir haben keine Chance«, meinte er.

Padrino wiederholte laut, was er gehört hatte. Padrino überlegte hin und her.

»Die Nordlichter, die Nordlichter«, sagte er plötzlich.

Das Türschloss verstummte. »Du bist gut«, sagte es eingeschnappt, und Padrino lachte.

»Woher wusstest du das?«, wollte Marcorio wissen.

»Öffne uns die Türe«, forderte Padrino das Türschloss auf.

»Zuerst noch ein Rätsel«, bat es.

Padrino nickte: »Also gut, eines noch.«

»Rufe, rufe deinen Namen, als sie von oben herunterkamen, sie sagen dir, was überall ist, und doch weiß keiner, von wem man spricht.« Dabei lachte das Schloss laut auf, und die Bosheit ließ einen weißen Nebel um Marcorio entstehen und Padrino die Kälte spüren.

Marcorio überlegte. Dann schüttelte er den Kopf. Er schritt auf und ab, blieb schließlich stehen und schloss die Augen.

»Raven und Crow«, sagte Padrino schnell.

»Du bist ein Zauberer«, mutmaßte das Schloss enttäuscht, Padrino verzog keine Miene.

»Öffne das Tor.«

Schweigen.

»Ich habe deine Rätsel gelöst. Versuche mich nicht, dich mit Gewalt zu öffnen«, erklärte Padrino, als er das blutige Schwert aus der Scheide zog.

Das Türschloss zog sich zusammen, klapperte und öffnete schließlich die große, schwere Türe zum Königshaus.

Marcorio und Padrino rannten in die Eingangshalle. Beide trugen ihre Schwerter bei sich und Marcorio vergewisserte sich, ob er den Hammer noch bei sich trug.

»Woher wusstest du das alles?«, wollte Marcorio wissen.

»Die Runen haben mir zugeflüstert, was ich zu antworten habe«, erklärte ihm Padrino.

»Apropos Runen. Ich glaube, wir können den Runenschirm aufheben, meinst du nicht?«, fragte Marcorio. »Es kostet zuviel Kraft«, seufzte er.

»Das stimmt, es braucht viel Konzentration. Meinst du, wir können es wagen?« Padrino stellte sich hin, konzentrierte sich und löste den Runenschirm auf, ohne auf die Antwort seines Vaters zu warten.

»Ich kann nicht mehr«, sagte er entschuldigend. »Ich brauche meine Kraft jetzt für das hier«, sagte Russ zu seinem Vater, der sich schließlich überreden ließ, den Runenschirm ebenfalls aufzuheben.

»Komm weiter«, sagte Badogan und zog seinen Sohn durch die Eingangshalle. »Nyella hat gesagt, die Mädchen seien irgendwo, wo es schmutzig sei. Das muss in den Kerkern unten sein«, rief er Russ zu. Sie liefen durch die Halle zu den Treppen, die nach unten führten.

***

Der bizarr wirkende, große Bär mit seinen kleinen Flügeln stand in der Mitte der Manege, während die bärtige Frau mit ihm arbeitete und er Kunststücke im Tanz vollführte. Das Publikum war außer sich und gab tosenden Applaus. Die bärtige Frau verneigte sich und tauschte Blicke mit Kianno aus. Dieser stand am Eingang und behielt Bernie im Auge. Hinter ihm tobte die klatschende Menge.

Catherine packte im Wageninneren ihre Sachen zusammen, kletterte vorn über die Leiter zum nächsten Wagen und löste die Stricke. Jocelyn führte ein Pferd hinter dem Wagen durch und geschirrte es an den ersten Wagen. Sie hatte die Hufe mit einer Decke eingehüllt, damit die Tiere nicht zu hören waren, wenn sie sich bewegten. Jetzt löste sie die vier Decken von den Hufen jedes einzelnen Pferdes.

»Psssst, leise«, gab Ana Maria zu bedenken, und Jocelyn verzog ihr Gesicht. »Ich geb´ mir alle Mühe«, sagte sie.

Catherine las auf dem Weg zum nächsten Wagen ein paar Lederbeutel auf, die noch halb gefüllt mit Flüssigkeit herumlagen. Sie legte sie auf den nächsten Wagenbock.

»Du musst die Zügel so weit lösen, dass wir sofort lospreschen können«, erklärte ihr Jocelyn.

Catherine nickte.

»Hat Brinela daran gedacht, es auch ins Wasser zu schütten?«, fragte Jocelyn leise. Catherine nickte abermals.

»Du musst unbedingt dafür Sorge tragen, dass die Pferde nichts von dem Zeug trinken«, erklärte Catherine.

»Sei unbesorgt«, erwiderte Jocelyn.

***

Die Katze schlich weiter über die Stadtmauern in die Richtung, aus der der Lärm kam. Eine Pfote vor die andere setzend, beachtete keiner, dass sie auf dem Weg dorthin war. Ihr Schritt war leise und sanft, nicht einmal das Dickicht ächzte unter ihrem leisen Schritt. Es waren alle bei der Vorstellung, wie Shem gesagt hatte. Ihr Schwanz bewegte sich aufgeregt hin und her. Sie schlich lautlos weiter. Sie freute sich auf das Durcheinander, das ihr Kommen verursachen würde. Sie lächelte in sich hinein und zuckte mit den Schnauzhaaren.

***

Bernie ging von links nach rechts und wieder zurück. Fast alle Schattenreiter hatten laut ins Lachen eingestimmt.

»Du bist wirklich nicht schlecht«, lachte Dragomal.

»Hab ich euch zuviel versprochen?«, fragte Bernie nach.

»Nein, hast du nicht. Aber jetzt erzähl weiter«, lallte einer der Schattenreiter und griff sich an den Kopf. Auf seiner Stirn hatten sich Schweißperlen gebildet, und er sah käsig aus.

»Ist dir nicht gut, mein Freund?«, fragte Bernie hämisch.

»Doch, doch, alles gut. Wir haben lange keinen Wein mehr getrunken. Der geht wohl heute schneller ins Blut als sonst. Aber wir werden immer noch Manns genug sein, die Wanderhuren zu beglücken«, lallte ein anderer und schickte eine Kusshand zu den Wanderhuren.

Brinela setzte ihr süßestes Lächeln auf und wackelte weiter mit dem Oberkörper. »Wir freuen uns auf euren Besuch. Seid versichert, ihr werdet es nicht bereuen«, säuselte sie zurück.

Bernie musste sich ein Lachen verkneifen. Ein weiterer Schattenreiter wechselte seine Gesichtsfarbe. Wasco, der Geschichtenerzähler, führte die Geschichte von der schwarzen Katze weiter fort, die allen Unglück bringen sollte. Die Pointe zog sich noch hin. Und Bernie freute sich darauf.

***

Badogan und Russ schlichen sich im Schloss die Treppe hinunter. Ein Schloss, das sie in- und auswendig kannten.

»Es ist seltsam, wie ruhig und verlassen es wirkt, wenn niemand hier ist«, erklärte Badogan und sah zurück.

»Komm jetzt, wir haben keine Zeit dazu, in Erinnerungen zu schwelgen«, drängte Russ.

Badogan seufzte. »Sohn, ich bin stolz auf dich, weißt du das?«Badogan war stehen geblieben.

Russ blieb ebenfalls stehen und blickte seinen Vater an. »Danke, Vater, das bedeutet mir sehr viel.«

»Sohn, wir hatten in den letzten Tagen kaum Zeit füreinander. Das tut mir leid. Deine Unterstützung war sehr viel wert. Du bist zu einem Ehrenmann herangewachsen, Russ. Wenn ich eines Tages alt und grau bin …«, sagte er.

»Der Tage möge noch fern sein«, unterbrach ihn Russ.

Badogan lächelte: »Dann werden wir dir den Ring übergeben, um dich der Bruderschaft vorzuschlagen.«

»Was bedeutet dir diese Bruderschaft?«, wollte Russ wissen.

»Nun, ich bin stolz, einer der Brüder zu sein. Nach dem Tod Wernots hoffte ich, die anderen Brüder zu finden. Vielleicht hilft uns das im Kampf gegen Walrivia oder wogegen wir dann schließlich zu kämpfen haben. Es gibt noch ein ungelöstes Geheimnis um die Bruderschaft. Du kannst dir vielleicht vorstellen, wie überrascht ich war, Idisio in Asinja zu begegnen und in ihm einen der Brüder zu erkennen. Es heißt so schön, die Bruderschaft würde den wahren König schützen. Und so glaubte ich, in diesem Dienste für Wernot tätig gewesen zu sein. All die Jahre. Als Wernot starb, zweifelte ich an der Mission der Bruderschaft und stellte vieles infrage.« Badogan blickte ins Leere.

»Mit den neuen Erkenntnissen, dass Wernot vielleicht gar nicht der wahre König war, könnte sich dir das Geheimnis der Bruderschaft vielleicht doch noch offenbaren«, gab Russ zu bedenken.

Badogan nickte zustimmend. Dann sagte er nachdenklich: »Weißt du, Russ, nach all den Jahren muss ich erfahren, dass mich mein alter Freund Wernot belogen haben soll? Ich weiß nicht.«

»Vielleicht hat er dich nicht belogen. Vielleicht war es ebenso eine List, jemand anderen zu täuschen«, gab Russ zu bedenken.

»Du bist ein kluger Kopf geworden«, lächelte Badogan und blickte hinauf zu den Zimmern.

»Du denkst an Mutter, stimmt's?«, fragte Russ.

»Es kommen viele Erinnerungen hoch, wenn ich von solchen Lügen höre. Es erinnert mich an die Geschichten, wie ich meine Frau verloren habe. So viele Intrigen, der Krieg ... Es war schrecklich, deine Mutter damals auf diese Weise zu verlieren. Die Zeit mit Walrivia erinnert mich daran, wie verlogen und gefährlich die Nordlichter sein können«, sagte Badogan.

»Du vermisst Mutter sehr, stimmt's?«, fragte Russ.

»Ich habe sie in all den Jahren nie vergessen können. Sie war die Liebe meines Lebens. Und ich weiß immer noch nicht, wer genau für ihren Tod verantwortlich ist«, erklärte Badogan traurig. Russ legte die Hand auf die Schulter seines Vaters.

»Wenn wir das hier alles gut überstanden haben, erzählst du mir mehr über sie, ja?«, bat Russ.

»Gerne«, lächelte Badogan.

Dann schlichen sie weiter die Treppe hinunter.

***

Walrivia lehnte sich in ihrem Sessel zurück und lachte. Kianno registrierte, dass sie zufrieden zu sein schien. Sie klatschte begeistert. Primus hatte seine besten Szenen als Narr dargeboten. Die Stadtbewohner lachten, sogar die Schattenreiter neben Walrivia klatschten Beifall und hatten ihre Gesichter zu einem breiten Grinsen geformt.

Kianno schaute in die Runde und beobachtete zufrieden, wie Bernie weiter in seinem Element war und erfolgreich seine Geschichte zum Besten gab. Ein Schattenreiter war aufgestanden und wankte in Richtung der Latrinen. Dabei war er auffallend blass geworden. Brinela bot ihm an, ihn zu begleiten, und er forderte sie lüstern dazu auf, mit ihm zu gehen. Kurz vor der Latrine brach er zusammen und Brinela schleifte ihn an den Füßen voran hinter die Latrine, wo ihn niemand mehr sehen konnte, und legte ihn auf die weiteren Schattenreiter, die bereits bewusstlos dort lagen.

Ana Maria hatte in der Zwischenzeit die Pferde vor die Wagen geschirrt und darin alles angebunden, was nicht niet- und nagelfest war. Jocelyn kaute an ihren Fingernägeln und wippte nervös mit einem Fuß. Ana Maria hielt ihr die Hand aufs Knie.

»Ganz ruhig, es wird alles gut gehen. Die Orakel sagen, es wird gut«, erklärte Ana Maria.

Im Gebüsch hinter den Wagen raschelte es. Die Katze schlich sich an den Sträuchern vorbei und beobachtete die Leute in der Manege. Auf der rechten Seite standen also die Wagen. Sie versuchte, die Orientierung wiederzufinden. Weiter vorne saßen die Schattenreiter. Sie registrierte mit ihrer Nase die verschiedenen Gerüche und beobachtete die Szene aus dem Dickicht. Einzig leuchtend grüne Augen blitzten aus den Sträuchern und Catherine hob ihren Kopf in ihre Richtung. Sie starrte sie mit offenem Mund an.

# 20. Vertraue den Raben

»Du hast dein Versprechen gehalten«, sagte Myriam zu mir. Sie saß neben mir. Den grauenvollen Gestank konnte ich mittlerweile nicht mehr wahrnehmen.

»Ich habe mir solche Sorgen gemacht«, sagte ich zu Myriam.

»Das ist so abartig«, sagte Kathi aufgebracht.

»Ich mach da nicht mit, vorher bringe ich mich um«, erklärte Rutha nachdenklich.

Ich bestätigte mit einem Nicken. »Mir geht's genauso.«

Es war eine grauenvolle Idee, die ich zu hören bekommen hatte. Wir sollten mit den Schattenreitern verheiratet werden, um eine neue Rasse zu züchten. Ich schüttelte angewidert den Kopf. Sie hatten junge Frauen ausgewählt, die möglicherweise aus der Linie Gebohans stammen könnten oder für ihr Vorhaben *rein* genug zu sein schienen.

Das eine Mädchen, das ausgebüchst war, hatten sie nun in mir gefunden. Von den anderen beiden fehlte noch immer jede Spur. Und sie waren immer noch auf der Suche nach dem magischen Mädchen, wie sie es genannt hatten. Sie hatten sie noch immer nicht gefunden. Es hieß, dass sie die Zeichen Gebohans offensichtlich auf der Stirn tragen sollte.

Myriam und die anderen erzählten mir von ihrer Reise nach Brintesia. Die Mädchen waren noch immer in denselben Kleidern, in welchen sie aus Breithorien abgereist waren. Mittlerweile waren die Stoffe vollständig verdreckt.

Ich verhielt mich still. Als mich Myriam fragte, wie es mir ergangen war, waren wir durch einen Wärter unterbrochen worden, der uns Essen gebracht hatte. Ich war nicht undankbar gewesen für diese Unterbrechung. Ich wollte mein Geheimnis vorerst nicht preisgeben. Die Mädchen gaben sich zufrieden mit ein paar mageren Erzählungen. Myriam fragte mich nun: »Was sollen wir tun, um hier rauszukommen?«

Ich schüttelte den Kopf. Ich hatte keine Ahnung. Ich hoffte nur, dass Badogan und die anderen nach uns suchten. Ich hatte den Leuten der Gauklertruppe erste Hinweise gegeben mit dem Kerker, aber ich hatte keine Ahnung, ob sie es wirklich schafften, zu uns durchzudringen.

»Ich weiß es nicht, Myriam«, sagte ich zu ihr.

»Was ist, wenn nicht?«, fragte mich Kathi.

»Kathi, die anderen tun sicher, was sie können«, versuchte ich sie und auch mich selbst zu beruhigen. Ich wollte glauben, was ich da sagte.

»Aber, Nyella, ganz ehrlich. Was ist, wenn sie es nicht schaffen? Du siehst selber, was hier los ist«, weinte Sandrina.

»Sandrina. Ich ...« Ich brach ab. Es schien immer aussichtsloser zu werden, dass uns jemand hier rausholen würde.

»Sollten unsere Leute nicht zu uns durchdringen ...« Ich stoppte. »Dann muss ich gestehen, ich suche lieber einen Weg, mich selbst zu töten, als mich mit einem Schattenreiter verheiraten zu lassen«, erklärte ich mit zittriger Stimme.

Myriam nickte. »Dann lass uns planen, wie wir das anstellen wollen, Nyella.«

Sandrina weinte leise und nickte. Wir sahen uns alle gegenseitig an. Wir wussten, dass in den Nebenräumen ebenfalls dutzende Mädchen eingesperrt waren.

»Ich will nicht so früh sterben«, sagte Myriam zu mir. »Ich hätte Bernie so gerne wenigstens einmal geküsst«, sagte sie traurig.

»Er hat oft nach dir gefragt«, sagte ich zu ihr.

»Wirklich?« Unter Tränen erhellte sich ihr Gesicht kurz.

»Wer hätte gedacht, dass ich nicht einmal fünfzehn Jahre alt werde«, sagte ein Mädchen, das ich nicht kannte.

Sandrina brach in Tränen aus. Ich wusste mir keinen Rat mehr, mir selbst waren die Tränen im Hals stecken geblieben. Ich hatte

Angst vor dem Tod, der mit jeder Minute der wahrscheinlichste Ausweg zu sein schien. Wie sollte ich Sandrina trösten? Growena hatten wir nicht mehr gesehen. Sie musste hinter einer der anderen Türen eingesperrt worden sein.

Wenn ich sowieso bald sterben würde, war es auch egal, wenn ich meine Geheimnisse preisgab. Die Karten hatten mir bei Walrivia einen guten Dienst erwiesen. Vielleicht würden sie jetzt auch eine Lösung für mich bereithalten. Ich überlegte nicht lange und griff zuerst in die Hosentasche. Der Stein war noch immer da. Es war seltsam, dass er sich nicht mehr gerührt hatte. Es war, als wäre er gestorben, als wäre kein Leben mehr in ihm. Ich schüttelte unmerklich den Kopf. Dann zog ich ein Bündel aus der Jackentasche.

»Was ist das?«, wollte Sandrina wissen und wischte sich die Tränen aus dem Gesicht.

Ich holte tief Luft. »Also«, fing ich an. Es war nicht mehr von Bedeutung, wenn sie davon erfuhren. Wenn die Karten vielleicht einen Ausweg wussten, würden sie es mir später verzeihen. Und ich war es ihnen schuldig, es wenigstens auszuprobieren. Wenn nicht, würde ich sowieso sterben, und wir alle würden das Geheimnis mit ins Grab nehmen. Ich rollte die Karten aus dem Bündel Stoff, und Myriam sah mich groß an.

»Das sind Tarotkarten«, sagte sie mit aufgerissenen Augen.

»Ja, das sind Tarotkarten«, bestätigte ich ihr. Ich schloss die Augen und begann zu mischen.

»Woher hast du die?«, fragte sie mich.

»Sie ist eine Hexe«, sagte ein anderes Mädchen.

»Nein, bin ich nicht, jetzt bitte. Gebt mir einen Moment«, erwiderte ich.

»Nyella, was ist das? Bitte, erkläre mir, was hier vor sich geht«, wollte Myriam erregt wissen.

Ich holte Luft und öffnete meine Augen.

»Myriam, ich verspreche dir: Wenn wir lebend hier rauskommen, erzähle ich dir die ganze Geschichte mit allen Einzelheiten. Aber lass mich bitte jetzt schauen, ob ich einen Ausweg sehen kann, okay?«, sagte ich liebevoll und doch eindringlich. Myriam biss sich auf die Lippe und nickte. Sie sah mich gespannt an und verzog immer wieder den Mund.

Wieder schloss ich meine Augen und fing an zu mischen, bis ich schließlich in den Nebel eintauchte, der mir beinahe den Atem raubte. Dann zog ich eine erste Karte und öffnete die Augen wieder. Ich hatte die Karte Nummer Zwölf gezogen, es waren die Vögel. Peter rollte nur die Augen. Paul tat es ihm gleich.

»Ist die Luft rein?«, fragte Peter.

Myriam japste erschrocken auf und hielt sich die Hand vor den Mund. »Sie spricht. Bei allen Disen, diese Karte spricht«, rief sie erschrocken auf, und andere Mädchen rückten neugierig näher.

»Psssst«, mahnte ich sie und hielt den Zeigefinger vor den Mund. »Ruhe, nicht dass uns noch einer von ihnen hört.« Ich zeigte nach draußen.

»Es tut mir leid, Nyella. Aber das da«, sie zeigte auf die Karte, »ist bizarr.«

Ich lächelte. »Warte, es wird noch besser«, sagte ich und fing an, mit Peter und Paul zu sprechen. »Die Luft ist nicht ganz rein, aber es ist okay. Wir brauchen dringend eure Hilfe«, erklärte ich ihnen.

Sogleich sprangen die beiden Eulen aus dem Kartenbild und formten sich in einen dreidimensionalen Körper. Peter und Paul hüpften vor mir herum und sahen sich um.

»Haltet ihr hier so was wie eine Séance ab oder so?«, fragte Peter und sah sich ängstlich die Mädchen an.

Myriam riss ihre Augen auf und hielt sich nun beide Hände vor den Mund, als würde sie sich damit zwingen, nicht laut aufschreien zu müssen. Ein Raunen ging durch den Kerker. Eine Mischung aus Neugierde und Angst spiegelte sich in den Gesichtern der jungen Frauen, die sich um mich herum hingesetzt hatten.

»Nein, Peter, aber wir werden hier gefangengehalten«, sagte ich zu ihm.

»Das Geheimnis von Walrivia«, hauchte Paul verschwörerisch.

»Genau«, bestätigte ich ihm.

»Wer sind die da?«, fragte Paul und zeigte mit einem Flügel auf die Mädchen.

In kurzen Worten erklärte ich Peter und Paul die Geschichte. Beide hörten mir aufmerksam zu.

»Und jetzt, was können wir für dich tun?«, sagte Peter.

»Ich möchte wissen, ob es einen Ausweg gibt von hier«, sagte ich.

»Du weißt besser als wir, *dass* es einen Ausweg gibt«, sagte Paul und fuhr fort: »Aber du glaubst nicht an dich.«

»Wie meinst du das?«, fragte ich.

»Das können wir dir nicht sagen, wir sind nur zuständig für die Aufregung und für die Gespräche. Wir sind nur die Nummer Zwölf«, sagte Peter altklug. Ich biss mir auf die Unterlippe.

»Was meint er?«, fragte Myriam.

»Ich weiß es nicht«, sagte ich.

Sandrina mischte sich ein: »Denk scharf nach.«

»An mich glauben, an mich glauben, an mich glauben«, murmelte ich vor mich hin. Ich erinnerte mich an die Worte von Ira. »Vertraue den Raben«, hatte sie gesagt. »Gibt es eine Karte, auf der Raben sind?«, fragte ich Peter.

»Natürlich«, sagte er und patschte sich den Flügel an die Stirn. »Such die Karte mit der Nummer 36«, forderte er mich auf.

Ich durchsuchte die Karten nach der Karte Nummer 36. Dabei sah ich bei jeder Karte kurze Ausschnitte aus deren lebendiger Form, die sie darstellen würden, wenn ich sie mir in aller Ruhe ansehen würde. Ein paar wollten aus den Karten hüpfen, aber ich konnte sie gerade noch daran hindern, indem ich weiterblätterte.

»Es ist ein Kreuz darauf«, ergänzte Peter und versuchte, mir in die Karten zu gucken. Ich blätterte verzweifelt weiter, die besagte Karte erschien als vorletzte. Als ich die Karte vor mich hinlegte, erhoben sich zwei Raben und tanzten um Peter und Paul herum. Das Kreuz blieb auf der Karte liegen.

»Das Schicksal«, hauchte Paul.

»Du hast uns gerufen, Nyella?«, fragte einer der Raben.

»Seid ihr Raven und Crow?«, wollte ich von ihnen wissen.

»Das sind wir, Liebes, das sind wir«, krähte einer der Raben.

»Sch …« Ich hielt den Zeigefinger an den Mund. »Wir brauchen eure Hilfe, bitte«, sagte ich aufgebracht zu den beiden schwarzen Vögeln. Ich erklärte ihnen, wo wir waren und was geschehen war.

»Du kannst dich auf uns verlassen«, sagte der eine Rabe und hüpfte zu mir auf den Schoß. Dann sah er zu mir hoch. »Du musst an dich glauben, Nyella«, sagte er zu mir und legte einen seinen Flügel auf meine Schulter. Dann breitete er beide Flügel aus und erhob sich. Er flog durch das Zimmer und durch das Fenster hinaus in die Freiheit.

Der zweite Rabe sah mich an: »Die Karte 33, Nyella, die Karte 33«, sagte er gehetzt zu mir und erhob sich ebenfalls. Mit flatterndem Geräusch flog auch er davon und ich durchsuchte das Kartendeck nach der Nummer 33, während die 36 mit dem Kreuz und den leeren Umrissen der Raben daneben lag. Ich zitterte wie Espenlaub, ich konnte meine Hände kaum gebrauchen. Dann fand ich sie, die Karte Nummer 33, und ein Schlüssel purzelte mit klirrendem Geräusch aus der Karte auf den Boden. Ein winziger Drache flog aus der Karte heraus und setzte sich auf meinen Oberschenkel. Er war nicht größer als meine Hand und erinnerte mich sofort an Tapio.

»Kergissa ist ein wenig kränklich, aber Tapio und Jasgur sind wohlauf. Du hast dich gut um sie gekümmert. Aber jetzt hör auf, dir immer so viele Sorgen zu machen. Sie sind in Sicherheit. Du musst an dich denken. Du musst hier sein mit deinen Gedanken, Nyella«, sagte der Drache zu mir, schwenkte seinen Schwanz aufgeregt hin und her und betrachtete die Mädchen neugierig.

»Wer sind Kergissa, Tapio und Jasgur?«, fragte Sandrina und schaute mich ungläubig an.

»Oh, bei allen Disen, das ist ein …«, rief Myriam.

Sandrinas Mund stand noch immer offen. »Ein Drache. Woher …«

»Lange Geschichte. Bitte, Sandrina, später. Versprochen«, unterbrach ich sie und winkte ab. Es war schön zu hören, dass es den Drachen gut ging. *Mit den Gedanken hier sein,* dachte ich.

»Okay, ich konzentriere mich«, flüsterte ich leise. Der Drache zeigte mit dem Kopf auf den Schlüssel. Ich schaute zu Boden und sah ihn mir genauer an. Der Schlüssel hatte seine Größe verändert, er hatte sich vergrößert.

»Was soll ich damit?«, fragte ich den Drachen.

»Nyella, du musst nicht nur mehr an dich glauben, sondern auch deine Hirnzellen gebrauchen«, sagte Paul und flatterte wild mit den Flügeln. Ich sah ihn fragend an.

»Nyella, komm schon, enttäusch´ mich nicht«, sagte er und zog eine Schnute. Dann lachte er. »Herrje, Mädchen. Schlüssel. Schüsselloch«, sagte er und schob den unteren Schnabel nach vorne.

»Du meinst, der Schlüssel passt zu *dieser* Tür?«, fragte ich mit ungläubiger Miene.

»Probier es aus, dann weißt du's«, sagte der Drache zu mir.

»Das ist wahnsinnig«, sagte Myriam.

»Das ist cool«, sagte Sandrina und lächelte den Drachen selig an.

Ich nahm den Schlüssel in die Hand und schritt zur Türe. Dann steckte ich den Schlüssel ins Schlüsselloch. Es ruckelte ein wenig. Ich musste ein wenig hin- und herprobieren, aber er passte. Ich konnte den Schlüssel umdrehen und die Tür ging tatsächlich auf.

»Unglaublich«, hauchte Myriam. Die Tür war offen und ich sah die anderen an.

»Kommt schon, worauf wartet ihr«, flüsterte ich. Ich rannte zu den Karten, schob Peter und Paul in ihre zurück. Dann hob ich den Drachen wieder in seine Karte und entschuldigte mich bei ihm. Ich legte alle wieder aufeinander und wickelte sie in den Stoff. Ich steckte das Bündel wieder in die Tasche. Dann rannte ich zurück zur Türe. Die meisten Mädchen waren schon im Korridor. »Nicht nach oben, nach unten«, rief ich ihnen zu.

Myriam drehte sich um. »Warum nach unten?«, fragte sie.

»Es gibt einen Geheimweg«, sagte ich zu den Mädchen und öffnete die restlichen Türen. Der Schlüssel passte zu allen Türen. Dutzende Mädchen strömten in den Korridor.

»Nach unten, Mädchen, nach unten«, rief ich und lief ihnen hinterher.

Ich hörte plötzlich Schritte und das Herz blieb mir beinahe stehen. Ich warf den Schlüssel Myriam zu, damit sie die weiteren Türen aufmachen konnte. Wenn ich mich dem Angreifer stellen würde, könnten die Mädchen wenigstens fliehen. Was war schon ein Mädchen im Gegenzug zu so vielen.

»Okay, jetzt ganz ruhig bleiben«, murmelte ich und atmete schneller. Ich machte mich bereit. Sicher würde er wiederkommen. Er musste wiederkommen. Ich wusste es. Walrivia hatte mich bestimmt wiedererkannt, meinen Schwindel durchschaut, und nun musste ich dafür büßen. Er würde nicht ruhen, bis er mich wiedergefunden hatte. Also konnte ich mich genauso gut auch jetzt stellen. Dann könnten die anderen wenigstens fliehen.

»Jetzt nicht durchdrehen, Nyella, es ist für die anderen«, flüsterte ich mir zu.

Myriam hatte die Türen geöffnet und die anderen Mädchen waren bereits auf dem Weg nach unten. Ich wartete auf die Person, deren Schritte ich jetzt vernahm. Waren etwa die Schattenreiter bei ihm? Da waren mehr als ein paar Schritte.

Plötzlich standen Badogan und Russ vor mir. Ich stieß die Luft aus meinen Lungen und schnaubte.

»Oh, Nyella, Vodano sei Dank, du bist wohlauf«, rief Badogan und umarmte mich. Ich musste ihn festhalten. Ich freute mich so sehr, die beiden zu sehen. Als Badogan mich losließ, flog ich in Russ' Arme, umarmte ihn stürmisch und gab ihm, ohne zu überlegen, einen innigen Kuss auf den Mund. Russ schlang die Arme um mich und drückte mich fest an sich. Dann küsste er mich zurück. Es war ein langer, leidenschaftlicher und nie endenwollender Kuss, der sämtliche Lebensgeister wieder in mir weckte. Ich spürte das Kribbeln überall und als er mich losließ, war mir schwindlig.

»Das erklärst du mir später«, sagte Badogan zu seinem Sohn, der uns durchdringend ansah. »Hier, nimm, Nyella«, sagte er dann und drückte mir einen Hammer in die Hand.

»Was ist das?«, wollte ich wissen und starrte das Eisen ungläubig an.

»Das ist ›Rabenauge‹, der Hammer Vodanos«, erklärte er mir eilig. »Die Geschichte dazu muss warten, Nyella, nimm es, du sollst ihn bei dir tragen«, erklärte er mir.

Ich nickte nur und öffnete hastig meine Jacke. Dann stopfte ich ihn hinein und knöpfte mit zittrigen Fingern die Jacke wieder zu.

»Wo sind die Mädchen?«, wollte er wissen, während Russ und ich noch immer regungslos dastanden und uns nur in die Augen sahen. »Hallo? Ihr zwei, wir haben keine Zeit für so was«, sagte Badogan und fuchtelte mit dem Zeigefinger im Kreis über uns. Russ seufzte.

»Ja, klar«, sagte er.

»Wo sind die Mädchen?«, fragte Badogan erneut.

»Sie laufen nach unten«, sagte ich ihm.

»Warum nach unten?«, wollte Russ wissen.

»Da unten sind die Kanäle, dort gibt es einen Fluchtweg«, erklärte ich ihnen.

»Das Schloss ist leer, du hättest auch den Hauptausgang benutzen können«, lächelte Badogan.

»Woher sollte ich das wissen?«, antwortete ich ihm.

»So so, du glaubst also, das Schloss sei leer, Badogan.«

Ich hörte seine Stimme und sein Arm lehnte an der Ecke. Ich sah zuerst wieder nur den Skorpion auf der Haut seines Unterarms, der um die Ecke lugte, in der Hand ein Schwert. Dann zeigte er sich in voller Größe.

»Hangar«, stellte Badogan erschrocken fest.

»In seiner ganzen Pracht«, lachte Hangar dreckig und baute sich breitbeinig vor uns auf.

»Was tust du hier?«, fragte ihn Badogan.

»Was geht das dich an?«, fragte Hangar unfreundlich.

»Darf ich dir keine Fragen stellen?«, fragte Badogan und ging auf Hangar zu.

Ich schluckte.

»Was ist, Nyella, kommst du?«, hörte ich Myriam sagen. Sie stand hinter uns und blickte ängstlich aus dem Dunkeln zu mir.

»Sie wird nirgendwohin gehen«, fluchte Hangar und zeigte mit dem Schwert auf mich. »Und du genauso wenig. Da unten ist nichts außer einer verschlossenen Tür zu den Stadtkanälen«, lachte er schadenfreudig.

Badogan ging um ihn herum. Beide zückten das Schwert.

»Komm her, du Narr«, lachte Hangar laut.

»Ich fürchte dich nicht«, sagte Badogan.

»Dann lehre ich dich das Fürchten«, sagte Hangar laut.

»Wenn du mich schon das Fürchten lehrst, dann stehe mir zuerst Rede und Antwort«, forderte Badogan ihn heraus.

»Ha, ihr unsäglichen Narren«, rief Hangar. »Mit eurem Scheiß von wegen Vertrauen und Zusammenhalt. Euren Kopf hättet ihr benutzen sollen«, fauchte er Badogan an.

»Zieh unsere Bruderschaft nicht in den Dreck«, sagte Badogan wütend.

»Bruderschaft, was seid ihr doch für elende Dummköpfe, mitsamt eurem König«, lachte Hangar herablassend.

»Ich lasse nicht zu, dass du das Andenken an Wernot beschmutzt«, rief Badogan aufgebracht.

»Das ist das Problem von euch Helden. Ihr seid so durchschaubar. Ein bisschen an eurer Ehre kratzen und schon springt ihr in die Richtung, in die ich euch haben will«, foppte Hangar.

»Wovon sprichst du?«, fragte Badogan wütend.

»Ist euch in der ganzen Zeit niemals in den Sinn gekommen, nach dem Mädchennamen von Walrivia zu fragen?«, lachte er böse.

»Mädchenname?«, fragte Badogan nach.

»Willst du wissen, wie sie heißt, du Narr?«, rief Hangar. Dann schrie er: »Anstatt eurem Heldendreck nachzurennen, hättet ihr besser eure Hausaufgaben gemacht!«

»Was? Ich …«, Badogan spürte, dass er versagt hatte. Genaue Nachforschungen anzustellen über Walrivia hatte Wernot ihnen untersagt. Er hatte ihn bei seiner Ehre gebeten, ihm zu vertrauen. Badogan spürte ein unsichtbares Schwert in seinem Herzen stecken.

»Dachte ich es mir doch«, sagte Hangar genießerisch. »Dein König hat euch alle ins Verderben rennen lassen.« Hangar lachte laut und widerlich. Mir kam beinahe die Galle hoch.

»Dein König hat eine echte *von Hacken* geheiratet, mein Lieber. Ja, Walrivia ist meine Schwester, ihr Narren«, schrie er so laut, dass das ganze Schloss zu erzittern schien.

Ich starrte ihn an. Walrivia? Die Schwester von Hangar? Ich konnte mich nicht mehr regen. Wer war Hangar wirklich? Mit einem Mal wurde mir bewusst, dass ich diesen Mann eigentlich gar nicht kannte.

Badogan hatte seine Fassung verloren. Diesen Moment der Schwäche nutzte Hangar aus, streckte sein Schwert in Richtung Badogan, rannte auf ihn zu und rammte ihm die Klinge in den Oberkörper. Dieser griff ins Schwert und sackte zusammen. Blut spritzte aus seinem Körper, als Hangar das Schwert wieder herauszog. Badogan konnte noch keuchen, bevor er leblos am Boden zusammensackte.

»Oh, bei allen Göttern, nein«, schrie ich laut und wollte auf Badogan zu rennen, aber Myriam war zurückgekommen und hielt mich zurück.

»Komm, lass uns von hier verschwinden«, sagte sie gehetzt zu mir und wollte mich herumreißen.

»Nein, Myriam, ich kann nicht.« Ich stellte mich vor sie hin. »Myriam, du musst die Mädchen rausbringen«, sagte ich ernst zu ihr.

»Ich lass dich nicht im Stich«, sagte sie energisch und schüttelte den Kopf.

»Wenn du mich nicht im Stich lassen möchtest, dann bringst du jetzt die Mädchen hier raus. Es bleibt keine Zeit, schnell.« Ich stieß sie weg von mir.

Sie sah mich verzweifelt an, dann atmete sie durch und nickte. »Okay, Nyella, pass auf dich auf, ja?« Sie drehte sich um und rannte die Treppe hinunter.

Russ versuchte zu Badogan durchzudringen, aber Hangar versperrte ihm den Weg. Er hatte sich lachend vor Badogan gestellt und winkte Russ zu, er möge mit ihm kämpfen. Russ nahm das Schwert in beide Hände und baute sich vor Hangar auf. Dann tänzelten beide um ihre eigene Achse und schließlich ließ Hangar sein Schwert auf die Klinge von Russ' Schwert krachen.

Eisen klirrte auf Eisen und ein wilder Kampf zwischen den beiden entbrannte. Ich stand hilflos daneben und überlegte, was ich tun könnte, um Russ zu helfen. Ich kam nicht zu Badogan durch, Hangar versperrte noch immer den Weg. Russ' Kraft schwand langsam im endlos scheinenden Kampf und Hangar drängte ihn in die Ecke, wo sein Vater auf dem Boden lag. Russ wirbelte das Schwert herum, ließ es auf die Klinge von Hangars Schwert krachen und hatte sichtlich Mühe, ihn sich vom Leibe zuhalten. Ich suchte immer noch nach einer Möglichkeit, zu Badogan zu gelangen und ihn in meine Richtung zu ziehen, um zu sehen, ob ich ihm helfen konnte. Aber es gelang mir nicht. Meine Angst wurde immer größer und mein Herz schlug bis zum Hals. Badogan begann zu röcheln und lenkte damit die Aufmerksamkeit auf sich. Russ machte den Fehler und schaute zu seinem Vater hinunter. In diesem Moment hielt ihm Hangar die Schwertklinge an den Hals, drückte sie so weit daran, dass Russ anfing zu bluten und drängte ihn in die Ecke.

Ich schrie entsetzt auf und hielt den Atem an.

»Nein, Hangar, ich tue alles, was du willst«, schrie ich ihn an.

Hangar drehte seinen Kopf zu mir. »So so, du tust also alles, was ich will. Jetzt gleich? Einer so charmanten Einladung kann ich doch nicht widerstehen. Wir hatten lange keinen Spaß mehr zusammen«, wisperte er lüstern und schrie sein Lachen durch den ganzen Korridor.

Ich hielt mir die Hand vor den Mund. Mir wurde schlecht und ich sah zu Boden. Ich musste sowieso sterben, also konnte ich das auch noch über mich ergehen lassen und wenigstens Russ damit retten.

»Binde ihm die Hände zusammen«, rief Hangar zu mir.

Ich schluckte und Hangar reicht mir seinen Ledergürtel. »Es tut mir leid«, flüsterte ich Russ zu, während ich ihn fesselte. Hangar hielt sein Schwert immer noch an den Hals von Russ, dem Blut über die Schulter lief.

»Dafür nicht, Nyella, dafür nicht«, sagte Russ keuchend.

»Wofür dann?«, fragte ich verwirrt.

»Dass wir nicht geredet haben. Dafür, dass ich dir nicht gesagt habe, dass ich mich in dich …«

»Halt´s Maul, dieses Gefasel macht einen ja ganz krank«, fauchte Hangar und drückte das Schwert heftiger in den Hals von Russ. Der gab ein gequält würgendes Geräusch von sich.

»Nein«, schrie ich und band den Gürtel schneller zusammen, damit er Russ schneller losließe.

»So, der Herr ist dir wohl wichtig, was?«, sagte Hangar schmierig. »Aber du wirst sie nicht kriegen. Du bist ja noch nicht einmal ein richtiger Mann«, lachte Hangar. »Du wirst nicht mit ihr erleben, was ich mit ihr gleich erleben werde.«

Hangar leckte sich die Lippen vor Russ und riss mich an sich, während er den gefesselten Russ losließ und zu Boden stieß. Dieser schnaubte laut und erhob sich auf die Knie.

Hangar hielt mich fest und hob grob mein Kinn. Er hielt es Russ vors Gesicht. »Schau ihn dir noch einmal an, deinen Herzbuben, meine Süße«, lechzte Hangar. »Wenn ich mit dir fertig bin, wird er seinem Vater in den Tod folgen«, lachte Hangar.

»Nein, bitte nicht«, flüsterte ich. Ich bekam kaum mehr Luft.

»Möchtest du, dass er uns zusieht? Ist es das, was du willst?«, fragte er aufgekratzt. Mir fror mein Gesicht ein. *Alles, nur das nicht,* dachte ich bei mir.

»Lass sie in Ruhe, du kannst mit mir machen, was du willst«, schrie ihn Russ an.

»Alle wollen sie mir plötzlich so entgegenkommen«, meinte Hangar abschätzig. »Aber dein Hintern gefällt mir nicht so gut wie der von Nyella«, lachte er böse. »Und wer weiß, vielleicht finde ich bei deinen Freundinnen auch noch eine neue Gespielin.« Hangar zeigte mit dem Kopf in Richtung Treppen.

»Nein, die Mädchen kriegst du nicht«, sagte ich zu ihm, während er noch immer mein Kinn grob festhielt.

»Du Närrin, glaubst du ernsthaft, dass du mir entkommen kannst? Dass deine Freundinnen mir entkommen können? Du gehörst mir, mir allein. Und deine Freundinnen werden ebenfalls nirgendwo hingehen. Die Türe da unten ist fest verriegelt. Walrivia hat Hochzeitspläne für die Mädchen. Die weißen Kleider sind bereits genäht. Das wollt ihr doch alle, eine richtig romantische, kleine Hochzeit«, sagte er herablassend. »Einen stattlichen Mann, ein weißes Kleidchen und eine große Hochzeit. Nun, Walrivia hat stattliche Männer, für jede von ihnen einen.«

Hangar lachte heiser. »Und vorher probiere ich die eine oder andere noch aus«, spottete er.

Ich sank in mir zusammen. Es war also alles umsonst gewesen? Nein, das durfte nicht sein. Was hatten die Karten gesagt? Ich sollte mehr an mich glauben. Tausend Dinge gingen mir durch den Kopf. Shem hatte mir gesagt, ich sollte mich einlassen auf die Menschen. Ich sollte vertrauen. Ich hatte endlich eine eigene Familie. Eine, für die es sich lohnte zu kämpfen. Und für die es sich sogar lohnte zu sterben.

Mir kam ein Blitzgedanke. Ich dachte darüber nach und bat Vodano um Verzeihung. Es war jede Minute wert gewesen mit diesen Menschen, die ich in Asinja kennengelernt hatte.

»Wir werden uns früher wiedersehen, als ich dachte, Vater«, sagte ich leise.

»Was faselst du da?«, wollte Hangar wissen. Er gab Russ einen unsanften Tritt und ich japste verzweifelt auf.

Ich versuchte zu atmen und sagte zu Hangar: »Okay, du hast gewonnen.«

»Nein, Nyella, tue es nicht«, rief Russ verzweifelt.

»Es tut mir leid, Russ, vertrau den Raben«, schrie ich zu Russ. Ich wusste nicht, warum ich das zu ihm gesagt hatte.

»Mach keine Dummheiten«, rief Russ abermals. Er konnte sich nicht gegen die Fesseln wehren.

»Verzeih mir, Russ, ich liebe euch. Sag allen, dass ich sie liebe«, schrie ich ihm verzweifelt entgegen, während Hangar mich packte und in den Kerker mitzog, wo er die Türe hinter sich zuschlug.

»Nun werden wir sehen, ob du meinetwegen auch so laut schreien kannst«, sagte er grob.

Er fing an, an mir herumzufummeln, an meinem Hemd herumzunesteln, und ich ging rückwärts, bis ich beinahe beim Fenster angekommen war. Ich wand mich unter seinem Griff. Er drängte mich schließlich in die Ecke zum offenen Fenster und dabei sah ich wieder den Skorpion auf seinem Unterarm.

Plötzlich drängte sich der Traum vor mein inneres Auge, den ich gehabt hatte, als wir an der Küste waren. Der Skorpion. *Das* war das Tier, das ich im Traum auf der Insel gesehen hatte. Natürlich, es war ein Skorpion gewesen, der sich unter dem Tisch an seine Beute geschlichen hatte. Dann traf mich die nächste Erkenntnis wie ein Schlag.

Ich wusste mit einem Mal, woher ich Walrivia kannte. Sie war die Frau mit den schwarzen langen Haaren auf der Insel gewesen. Es waren ihre blauen Augen gewesen, mit denen sie mich so durchdringend angestarrt hatte. Ich bekam keine Zeit, weiter darüber nachzudenken. Hangar packte mich am Hals und wollte mir die Hose öffnen, als er plötzlich einen Schrei ausstieß.

»Verdammt«, fluchte er, aber ich kapierte sofort. Der Stein war siedend heiß geworden. Ich unterdrückte einen Schmerzensschrei. Doch wie durch ein Wunder spürte ich eine Kraft in mir, die mich die Hitze des Steins nicht mehr spüren ließ.

Ein Adrenalinstoß setzte immense Kräfte in mir frei. Ich ergriff die Möglichkeit, ihm ins Schwert zu greifen, welches er nur halb umgehängt hatte. Das Schwert war zu lang und ich bekam es nicht richtig mit den Händen zu fassen. Er durchschaute meinen Plan und riss das Eisen herum. Dabei schnitt ich mir die Hand auf, sodass ich stark zu bluten begann, aber auch Hangar verletzte sich an der Klinge. Mit der Klinge schnitt er sich in die Haut und zuckte zusammen. Er bekam schließlich das Schwert zu greifen und wollte es mir in den Oberkörper rammen, als die Klinge auf etwas Hartes stieß. Hangar stutzte kurz.

In diesem Moment gelang es mir, mich aus seinem Griff zu winden. Ich kümmerte mich nicht um meinen Schmerz und das Blut. Ich drückte meine Brust nach draußen, sodass der Hammer das Schwert weiter abwehrte. Selbst wenn der Tod meine Freiheit sein sollte. Ich konnte mir ein paar Zentimeter erkämpfen und spürte das offene Fenster in meinem Rücken. Ich stieß mit dem Arm das halb offene Fenster weiter auf und ließ mich nach hinten ins Leere fallen, bevor Hangar begreifen konnte, was passierte. Ich überlegte nicht lange, sondern ließ mich einfach in die Tiefe fallen.

»Vater, ich komme. Mutter, verzeih mir«, schrie ich und fühlte den Adrenalinstoß in meinen pulsierenden Adern.

***

»Neeeein«, schrie Myriam voller Verzweiflung so laut sie konnte, als sie mitbekam, dass Nyella sprang. Sie war zurückgekommen und stand im Türrahmen. Sandrina zog sie zurück und verriegelte sofort die Türe, bevor Hangar überhaupt realisierte, was geschehen war. Hangar war eingeschlossen.

»Wir müssen die anderen in Sicherheit bringen«, keuchte Sandrina und schleifte Myriam zu Russ. »Los, hilf mir«, schrie sie und fingerte an dem Gürtel um Russ' Hände herum.

Myriam half ihr, das Leder zu lösen, und Russ rieb sich seine Handgelenke. »Danke«, sagte er zu Sandrina.

»Kein Thema, wir müssen deinen Vater hier rausschaffen«, keuchte sie. Russ kniete sich sofort zu seinem Vater, der viel Blut verloren hatte.

»Hier, nimm das.« Er hob seinen Vater am Oberkörper hoch und Sandrina wickelte den Gürtel um Badogan, um die Blutung so für den Moment zu stoppen.

»Wenn wir ihn wenigstens hier rausbringen können«, schrie Myriam und half Russ und Sandrina, Badogan auf die Beine zu stellen. Ihre Hände waren blutverschmiert. Myriam wimmerte. Sandrina nickte ihr zu. Gemeinsam stützten sie Badogan, der schwer atmend nur einen Schritt vor den anderen machen und sich kaum aufrecht halten konnte.

»Verflucht, öffnet diese verdammte Türe«, hörten sie Hangar schreien.

»Los, wir müssen schneller laufen«, sagte sie.

Sie blickte besorgt auf die Türe, deren Türschloss sie mit einer Jacke zusammengebunden hatte. »Der Stoff wird die Türe nicht lange verschlossen halten«, drängte sie.

»Hier, nehmt das«, rief Lizzy, die um die Ecke gerannt kam und warf Sandrina einen dicken Ledergürtel mit Eisenteilen zu.

Sandrina ließ Badogan los und fing den Gürtel auf. Ohne zu fragen, rannte sie zu der Türe, hinter der Hangar fluchte und an die Türe hämmerte. Der Lärm war ohrenbetäubend. Hangar polterte auf die Türe ein, sodass diese bei jedem Schlag erzitterte. Lizzy half Sandrina, das Türschloss zu verriegeln. Dann rannten sie zu Badogan und Russ und halfen ihnen die Treppe hinunter.

»Warum hilfst du uns? Welches Spiel spielst du?«, fragte Russ atemlos, er brauchte die Kraft für seinen Vater.

»Sieht das nach Spiel aus?«, fragte sie ungläubig.

»Vertraue den Raben«, krächzte Badogan im Halbdelirium. »Ich habe dich unterschätzt«, ergänzte er schwer atmend.

»Ich durfte mich nicht zu erkennen geben. Ich werde nicht mehr an den Hof zurückkehren können«, erklärte sie.

»Warum Raben?«, fragte Russ ungläubig.

»Sieh dir ihre Halskette an.«

Badogan hatte angehalten und griff sich in die Seite, aus der weiter Blut tröpfelte. »Ihr müsst alleine weitergehen, ich schaffe es nicht«, sagte er erschöpft.

Lizzy beugte sich zu ihm. »Wir gehen nicht ohne dich«, sagte sie zu ihm und half Russ, ihn zu stützen. Die Halskette war aus ihrem Oberkleid gesprungen. Sie zeigte die Kralle eines Raben.

»Du bist eine von uns?«, fragte Russ ungläubig.

»Natürlich bin ich das«, sagte Lizzy atemlos und lächelte, während sie sichtlich unter der Last von Badogan zu kämpfen hatte.

»Jetzt hört auf zu diskutieren«, rief Myriam.

»Lauft, Mädchen, lauft voraus, wir kommen nach«, rief Lizzy ihr zu.

»Aber Badogan …«, rief Myriam.

»Geht, wir kommen nach«, versprach Lizzy.

»Und die Türe, die Hangar erwähnt hat?«, fragte Sandrina.

»Vertrau mir, Verbündete warten unten auf uns. Lauft«, rief sie wieder.

Myriam rannte los, um die anderen vor ihr zu verständigen.

Während Hangar an der Türe herumriss und schrie, kamen Badogan, Russ und Lizzy langsamer vorwärts als die anderen.

Die Mädchen waren unten an der Türe angekommen und schafften es, diese gemeinsam aufzumachen.

»Nyella«, rief Shastro in die Menge der Mädchen.

Die jungen Frauen liefen an ihm vorbei.

»Da lang«, rief er ihnen zu. Er blickte sich um, suchend, verzweifelt. Die Mädchen achteten in der Panik nicht auf die blauen Zeichnungen auf Shastros Körper.

»Wo ist Nyella?«, rief er wieder. Voller Panik liefen Mädchen an ihm vorbei und Shastro hielt noch immer Ausschau.

»Nyella ist nicht hier«, rief Myriam, als sie bei ihm angekommen war.

»Wer bist du?«, fragte Shastro und stellte sich auf die Zehenspitzen, um über die Menge hinweg sehen zu können.

Myriam sah Shastro mit großen Augen an. Sie hatte die blauen Zeichen bemerkt und stutzte einen Moment.

»Kommt, Mädchen«, rief Idisio und zeigte ihnen den Weg an den Kanälen vorbei. Eine nach der anderen kletterte unter den Kanälen durch. Asram und Kenoa begleiteten sie.

»Wir müssen da hindurch, durch dieses Loch«, wies Kenoa ihnen den Weg und zeigte auf eine offene Stelle in der Stadtmauer, die frisch aufgeschlagen worden war.

Ein Rabe flatterte aufgeregt daher, während sich ein Mensch nach dem anderen durch das Loch in der Stadtmauer zwängte. Herr Eusebius nahm die jungen Frauen hinter der Stadtmauer entgegen und zeigte in den Wald.

»Fnell Mädchen, fnell. Wir müffen auf dem fnellften Weg in den Wald.«

Niemand stellte Fragen. Jede rannte um ihr Leben und folgte den Anweisungen des Herrn Eusebius, der so gar nicht in ihr Bild zu passen schien.

»Wer bist du?«, fragte Myriam an Shastro gerichtet.

»Ich bin Nyellas Bruder«, erklärte er ihr. »Wo ist sie?«, wollte er wissen.

»Es tut mir so leid«, schniefte Myriam.

»Was ist los?«, fragte Shastro voller Sorge.

»Sie ist …«, Myriam verstummte und brach in Tränen aus.

»Sie ist gesprungen«, erklärte Sandrina kreidebleich.

»Nyella?«, hauchte Shastro und blickte nach oben zum Turm. Myriam nickte mit Tränen in den Augen.

»Shastro, dich schickt der Himmel«, hörte er eine Frauenstimme.

»Lizzy«, keuchte Shastro und hielt die Türe auf, damit Lizzy mit Badogan und Russ ebenfalls den Turm verlassen konnten. »Was ist mit ihm?«, fragte er.

»Er wurde niedergestochen, Hangar hat ihn schwer verletzt. Er verliert viel Blut«, erklärte Lizzy ihm verzweifelt.

»Schafft er es bis zum Wald?«, wollte Shastro wissen.

»Ich weiß es nicht«, sagte Russ.

»Wir müssen es versuchen. Die Waldmenschen können ihm vielleicht helfen«, sagte Shastro und befühlte die Wunde von Badogan.

»Es ist mein Vater, ich bitte dich«, sagte Russ mit Tränen in den Augen.

»Ich weiß, Russ, ich weiß«, tröstete ihn Lizzy.

»Ich flehe euch an!« Russ sah Shastro bittend an.

»Ich tue, was in meiner Macht steht, versprochen«, sagte er voller Herzblut.

Von oben waren Schritte zu vernehmen. Hangar hatte sich offenbar befreien können und rannte die Treppe hinunter. Er schrie wie ein Berserker.

»Lauft weiter, um Vodanos willen, lauft weiter, so schnell ihr könnt. Ich versuche ihn aufzuhalten«, hetzte Shastro und gab Lizzy einen Schubs. Er sah ungläubig nochmals zum Turm hoch.

»Es ist keine Zeit. Es tut mir so leid«, sagte Lizzy zu ihm und legte ihre Hand auf seinen Rücken.

Er blickte zu Boden und nickte.

»Sie hat uns alle gerettet«, sagte Myriam.

»Sie hat sich für uns geopfert«, ergänzte Russ, der mit den Tränen zu kämpfen hatte.

»Los, lauft«, sagte Shastro und rannte zur Tür zurück.

Dort klemmte er einen großen Holzbalken vor die Türe, dann griff er sich die schwersten Steine und legte sie davor, sodass sie vorerst nicht mehr aufzubekommen war. Dann rannte er den anderen hinterher.

Shastro schob Lizzy vor sich her zu den Kanälen und stützte Badogan, der weiter Blut verlor. Russ musste einen Moment durchatmen. Als er unter den Kanalrohren durchrannte, blickte er zurück.

»Nyella«, hauchte er und fing leise an zu weinen. Sie eilten alle auf das Loch in der Mauer zu und zwängten sich hindurch.

»Wo gehen wir hin?«, fragte Badogan mit heiserer Stimme.

»Wir müssen in den Wald. Die Waldmenschen helfen uns zu fliehen«, erklärte ihm Shastro.

»Wir müssen die Blutung stoppen«, sagte Lizzy.

»Ich weiß, er hinterlässt eine Blutspur«, seufzte Shastro. Er riss sich seine Jacke und sein Oberhemd vom Körper und lief mit nacktem Oberkörper neben Badogan her. Er band ihm die beiden Kleidungsstücke um, damit sie das Blut aufsaugten und keines mehr auf den Boden tropfte.

Shastros nackter Oberkörper wurde von den jungen Frauen angestarrt, weil die Zeichen Gebohans sehr deutlich sichtbar waren, aber niemand traute sich, danach zu fragen.

»Läuft die Vorstellung noch?«, fragte Lizzy.

»Müsste eigentlich in diesen Minuten zum Höhepunkt kommen.« Trotz der tragischen Umstände musste Shastro lächeln.

»Für Nyella«, sagte er und blickte zum Raben, der noch immer auf der Stadtmauer thronte.

Der Rabe mit der weißen Stelle am rechten Fuß erhob sich in die Luft.

Hinter der großen Mauer warteten die Biber, die sich sofort ans Werk machten, das Loch zu reparieren oder, besser gesagt, wieder mit ihrem Speichel zuzukleistern. Neben den beiden Bibern des Zirkus' stand auch Herr Eusebius da, zusammen mit einer großen Truppe wilder Biber. Herrm Eusebius war sein Stolz deutlich anzusehen.

»Danke, Freunde«, rief Shastro ihnen zu. Ein dunkel gefärbter Biber und Shastro tauschten einen langen Blick aus und er flüsterte vor sich hin: »Ich weiß, ich weiß, hab ich gerne gemacht für euch.« Er musste lächeln. Es war schön, Freunde zu haben. Und lebensnotwendig.

***

Auf dem Marktplatz ging die Vorstellung langsam ihrem Ende zu. Die Königin begann zu gähnen, ließ es sich aber nicht nehmen, mit den Stadtbewohnern zu applaudieren. Durch die Zeltwand konnte sie nicht sehen, was bei den Schattenreitern vor sich ging, denn der Eingang zum Zelt, der offen war, zeigte auf die andere Seite.

Dragomal merkte, dass er sich nicht mehr wohlfühlte, und torkelte zur Latrine. Er konnte immer weniger wahrnehmen, was um ihn herum passierte. Die Bilder verschwammen langsam vor seinen Augen, bis er schließlich stürzte und bewusstlos liegen blieb. Um einige der Schattenreiter kümmerten sich die Wanderhuren. Sobald sie merkten, dass sie anfingen zu lallen, lenkten sie die Schattenreiter zur Latrine, wo sie sie einsperrten, an einen Baum banden oder ins Gebüsch schleiften.

»Die kriegen nichts mehr mit«, lachte eine der Huren.

»Badogans Idee war genial«, lachte Brinela. »Wir dürfen nicht verharren. Das Gift aus seinem Ring«, dabei zeigte sie auf den Siegelring der Bruderschaft, »wird die Schattenreiter nicht so lange außer Gefecht setzen. Die Dosierung ist zu klein für so viele Leute. Wir haben schließlich nicht alles dem Ring entnommen. Ich hoffe, sie sind bald bereit für die Pointe«, sagte sie und hielt Ausschau.

Als noch mehr Schattenreiter das Bewusstsein verloren, gab Primus, der ebenfalls fertig war mit seinem Teil der Vorstellung, das Kommando, die Pferde der Schattenreiter in den Wald zu bringen. Die bärtige Frau hatte sich die Rösser der Schattenreiter gegriffen und ritt mit dem Leithengst voran. Mit den Zügeln zog sie zwei andere Leitpferde hinter sich her. Die Gaukler hatten die anderen Gäule der Schattenreiter losgebunden und so folgten alle Rösser ihren Leittieren.

»Es ist doch immer wieder von Vorteil, dass Pferde Herdentiere sind«, schmunzelte die bärtige Frau und trieb den Leithengst an.

Als der Lärm der vielen Pferdehufe auf dem Marktplatz widerhallte und schließlich nicht mehr zu überhören war, rief Walrivia laut: »Was ist das für ein Krach da draußen?«

Es vergingen nur wenige Momente, bis sie die Pferde sah, wie sie über den Marktplatz aus der Stadt hinausgaloppierten. Walrivia realisierte langsam, dass es die Pferde der Schattenreiter waren, die gerade die Stadt verließen. Sie stand voller Entsetzen auf.

»Was, in Lodurs Namen …?«, rief sie, dann brach sie ab und wollte aus dem Zelt stürzen. Sie blieb mit ihrem Kleid an dem Stuhl hängen, auf dem sie so lange gesessen hatte. Sie riss sich los und pflügte sich wütend einen Weg durch die Menschenmenge. Als sie aus dem Zelt heraustrat, sah sie, dass kaum ein

Schattenreiter noch stehen konnte. Sie lallten oder lagen bewusstlos auf dem Platz. Einigen tropfte Blut aus dem Mund.

Nur einige wenige von ihnen, die bei ihr im Zelt geblieben waren, hatten von dem Gift nichts abbekommen. Walrivia war anzusehen, wie schnell sie den Plan durchschaut hatte. Ihre Gesichtsfarbe wechselte sich augenblicklich in ein tiefes, wütendes Rot.

»Los, ergreift sie.«

Bernie hatte für die wenigen Schattenreiter, die noch in der Lage waren zuzuhören, die Geschichte weitererzählt, als er schließlich zum Ende kam.

»Und dann, meine lieben Freunde, stand sie plötzlich vor uns. In ihrer ganzen, gefährlichen Größe.«

Einer der Schattenreiter, der noch bei Bewusstsein war, sagte: »Was für eine blöde Geschichte. Hattest du nicht gesagt, du würdest die Geschichte so lebendig erzählen, als ob sie gerade passieren würde?«

»Ja, das habe ich, warum?«

Der Schattenreiter lallte auch: »Diese blöde Miezekatze, da ist nichts Lebendiges an ihr. Ich kann es nicht fühlen«, lachte er dreckig und betonte das Wort *fühlen*.

Und dies war das Stichwort für sie, die sie im Dickicht gewartet hatte. Sie stellte sich auf ihre Hinterpfoten und sprang mit einem gekonnten Satz direkt auf den Marktplatz. Sie landete auf allen vier Pfoten genau vor dem einen Schattenreiter, der zurückwich und sie mit riesengroßen, entsetzten Augen anstarrte.

»Lebendig genug?«, fragte Bernie lässig, drehte sich um und stellte sich neben die Raubkatze.

Auf dem Marktplatz vor den Schattenreitern baute sich ein ausgewachsener, schwarzer Leopard auf, der gefährlich fauchte. Sein schwarzes Fell spiegelte violett in der Sonne und gab die Flecken unter seinem schwarzen Fell kaum zu erkennen. Er entblößte seine gefährlichen Zähne und ließ sein rauschendes Fauchen über den Platz hallen. Im Zelt brach Panik aus.

»Ein schwarzer Leopard!«, rief eine Frau entsetzt auf.

Mehrere Menschen kreischten panisch und liefen in die andere Richtung.

»Bringt euch in Sicherheit«, rief eine andere Frau.

»Oh mein Gott, lauft um euer Leben«, war zu hören.

Kisten wurden umgestoßen, Kleidungsstücke fielen zu Boden. Menschen schrien und rannten in alle Himmelsrichtungen davon. Das Zelt wurde mitgerissen und fiel in sich zusammen. Eine Mutter griff sich ihr Kind und hastete davon. Der Lärm erfüllte den Marktplatz, während der Leopard weiter fauchte und nah an den Schattenreitern auf Walrivia zuschritt.

Walrivia stand zitternd auf dem Platz und hielt sich an ihrem weißen Rock fest.

»Jetzt«, sagte Donitius und schob Bernie an. Sie hatten in aller Eile ihre Sachen zusammengepackt und rannten zu ihren Wagen.

»Los«, rief Catherine und schwenkte die Zügel.

Der erste Wagen kam in Bewegung und die Pferde galoppierten los. Der Wagen preschte über den Marktplatz, hinter ihm einer nach dem anderen. Die Artisten hatten nach ihren Darbietungen sofort alles zusammengeräumt und sich bereitgehalten. Im ersten Moment des Tumults, als der Leopard aufgetaucht war, konnte nicht erkannt werden, wer in welche Richtung gerannt war. Das hatte die Gauklertruppe ausgenutzt, und einer nach dem anderen war zu seinem Wagen gehuscht. Gimle stolperte mit seinen kurzen Füßen und fiel der Länge nach hin. Kianno bemerkte es und blieb abrupt stehen, während die Panik weiter um ihn herum tobte. Er drehte sich um und rannte zu Gimle zurück.

»Los, komm, alter Freund«, sagte er zu ihm und half ihm auf.

»Danke, dass du noch mal zurückgekommen bist«, sagte Gimle im Laufschritt zu ihm und lächelte Kianno an.

»Du bist mein Bruder«, sagte Kianno und sah, dass die wenigen Schattenreiter, die kein Gift getrunken hatten, zu ihnen zu den Wagen gerannt kamen. Sie hatten ihre Schwerter gezückt.

»Ich muss sie aufhalten, sonst haben die anderen keine Chance«, murmelte Kianno zu sich selbst und hatte plötzlich eine Idee. Er drehte sich zu den Schattenreitern um und rief: »Da ist das Mädchen, das ihr sucht.«

Er selbst drehte sich in die andere Richtung und Gimle sah ihm verwundert nach, während er weiter vorwärts rannte.

Walrivia drehte sich ebenfalls in die Richtung, in die Kianno lief. Walrivia befahl den Schattenreitern, Kianno zu folgen, während die Wagen der Gauklertruppe aus der Stadt heraus preschten. Gimle zögerte, aber Shem winkte ihn zu sich. Er trieb die Pferde im gestreckten Galopp an, der Wagen wackelte bedrohlich über die Steine der Straße. Die Zeit verging schnell, bis alle Gaukler aus der Stadt verschwunden waren, während der Leopard auf diesen Moment gewartete hatte, um zurück ins Gebüsch zu springen und zu verschwinden. Er rannte mit großen Schritten und mobilisierte alle Kräfte, um zu den Wagen aufschließen zu können.

Kianno lief weiter in die entgegengesetzte Richtung, in die er aufgeregt zeigte, und schrie, dass er ein Mädchen aus Gebohan gesehen hätte. Die Pferde der Schattenreiter hatten allesamt mit der bärtigen Frau die Stadt verlassen und so mussten die Schattenreiter Kianno zu Fuß hinterherlaufen, der schließlich am Ende der Gasse in eine Ecke gedrängt wurde. Walrivia stapfte ihnen wütend und neugierig zugleich hinterher, bis sie schließlich Kianno entdeckte, der, umzingelt von den Schattenreitern, in der Ecke stand.

»Er hat uns an der Nase herumgeführt«, sagte einer der Schattenreiter. »Da ist kein Mädchen.«

Walrivia biss die Zähne zusammen, spannte ihren Kiefer und starrte Kianno wütend an.

»Und das war auch keine echte Kartenlegerin, nicht wahr?«, fragte Walrivia böse lächelnd. »Eure kleine Freundin hat ihre zweite Einladung in mein Haus nun doch angenommen«, ergänzte sie sarkastisch.

Kianno schluckte.

Dann lief Walrivia hin und her und machte eine Pause, bevor sie weiter sprach: »Deine Vorstellung heute Abend war nicht schlecht.«

Kianno sagte kein Wort.

»Aber wir wurden abrupt gestört von deiner *Miezekatze*«, redete sie weiter. »Das war doch deine Miezekatze, hab ich recht? Sie gehört doch zu deinem Zirkusgesindel, nicht wahr?«, fragte sie ihn.

Kianno sah sie nur an, er verzog keine Miene und blieb ihr die Antwort schuldig.

»Nun, du kennst Walrivia nicht gut genug, denn *ich* bin die Königin. *Ich* sage, wann die Vorstellung zu Ende ist, und nicht du, haben wir uns verstanden?«, meinte sie hämisch grinsend. »Und mir fehlt noch die Zugabe«, fauchte sie ihn an. »Möchtest du gar nichts dazu sagen?« Sie trat näher an ihn heran.

»Oh doch, das möchte ich. Du warst nie eine Königin und wirst nie eine sein. Jeder meiner Leute hat mehr Ehre im kleinen Finger als du im ganzen Blut«, sagte er in ruhigem Ton, hob stolz den Kopf und lächelte sie genießerisch an. Dann griff Kianno sich mit der Hand zum Mund, öffnete die Kappe des Siegelrings mit den Zähnen, schluckte den restlichen Inhalt, der von heute noch übrig war, und verharrte.

»Tötet ihn«, rief Walrivia, aber bevor die Schattenreiter mit ihren Schwertern bei ihm waren, sackte Kianno zusammen.

Walrivia starrte ihn entsetzt an.

»Hier hast du deine Zugabe. Aber, du Närrin, in meiner Show sage *ich*, wann sie zu Ende ist, nicht *du*, haben *wir* uns verstanden?«, keuchte Kianno lachend, zeigte ihr den Ring von Idisio, dessen übriges Gift er auf einmal hinuntergeschluckt hatte, und ließ seinen Kopf auf den Boden sinken.

Kianno lag tot am Boden, Blut rann aus seinem Mund, und Walrivia spürte eine unfassbare Wut in sich aufsteigen.

# 21. Freunde

»So schnell wird Walrivia keine Ruhe geben«, erklärte Russ, als er auf der Bank in Asrams Haus saß.

»Da sprichst du wahre Worte«, erklärte Asram.

»Was hätten wir nur getan, wenn ihr nicht gekommen wärt?«, fragte Badogan, der mit einem großen Verband um den Oberkörper am Tisch saß. Jeder Atemzug schmerzte ihn noch immer, aber er lebte.

»Rabea ist über sich hinausgewachsen. Sie hat alle Angst überwunden«, sagte Shem anerkennend und zeigte auf Rabea, die in ihrer menschlichen Form mit am Tisch saß. Ihre Stirn und ihr Körper waren gezeichnet von den königsblauen Zeichen Gebohans. Russ bewunderte die Linien ehrfürchtig.

»Manchmal muss man alle Ängste hinter sich lassen. Manchmal muss man die eigenen Dinge einfach hinten anstellen und allen Mut zusammennehmen, den man aufbringen kann«, erklärte Rabea nachdenklich.

»Und das hast du wahrlich getan«, erklärte Shastro ihr und drückte sie an sich. »Das war wirklich toll, wie du uns über einen so großen Radius hinaus informiert hast. Du musst stundenlang geflogen sein. Das war eine starke Leistung«, ergänzte er.

Rabea lächelte verlegen. »Ich bin wirklich bis zur Erschöpfung geflogen.«

»Alle Achtung«, meinte Kenoa.

»Trotzdem, die Verluste habe ich nicht verhindern können«, meinte sie traurig.

Shem blickte zu Boden. »Wir hätten sie wenigstens hier beerdigen müssen«, sagte er mit tränenerstickter Stimme.

Es wurde still am Tisch. Myriam räusperte sich. »Wann wollen wir die Gedenkfeier für Nyella und Kianno machen?«, fragte sie schüchtern.

»Ich denke, morgen«, erklärte Shastro mit gesenktem Blick.

»Ich durfte sie noch nicht mal persönlich kennenlernen. Ich habe sie immer nur von Weitem gesehen«, sagte Zelda und blickte ihren Bruder an.

»Du hast dich wenigstens mehr in ihrer Nähe rumgetrieben, hast sie ein bisschen mehr gesehen als ich.« Shastro lächelte.

Zelda nickte. »Ich hätte ihr gerne die große Miezekatze persönlich gezeigt. Sie mochte Katzen doch so sehr. Hat Großmutter mir erzählt«, sagte sie und musste die Tränen zurückhalten.

»Ihr Haus bleibt aber stehen, so wie es ist«, erklärte Shastro schnell.

»Das sowieso«, sagte Zelda.

»Warum waren wir nur nicht früher da?«, sagte Shastro.

»Das nützt nichts, wenn du dich jetzt so grämst.« Asram legte ihm die Hand auf die Schulter.

Shastro drückte seine darauf und entgegnete:. »Ich weiß.«

»Wenigstens sind die anderen in Sicherheit«, fing Idisio an, das Gespräch wieder aufzunehmen.

»Vorerst ja, wir haben aber noch keine Lösung, wie es weitergehen soll. Die Mädchen sind nur im Moment sicher bei den Waldmenschen«, meinte Russ.

»Immerhin, sie sind im Moment in Sicherheit und genügend Pferde haben wir jetzt auch«, grinste Badogan.

»Ich habe nicht gewusst, dass die Waldmenschen die ganzen Goldhöhlen unterirdisch ausgebaut haben«, mischte sich Kenoa ein.

»Das wussten nur die wenigsten«, erklärte Idisio.

»Aber es ist äußerst hilfreich. Wo sonst könnten wir so viele Mädchen verstecken«, sagte Badogan.

»Und Pferde«, erklärte Russ ergänzend.

»Und Pferde«, wiederholte Badogan.

Asram tischte frische Getränke und Schinken auf.

»Wir müssen uns was einfallen lassen. Walrivia wird wegen uns nicht einfach ihre kranken Pläne fallenlassen«, mutmaßte Gimle.

»Ja, das wird wohl so sein«, seufzte Kenoa.

»Wie konntest du so schnell in Brintesia sein?«, sagte Gimle zu Idisio.

»Mir war wichtig, dass ich Ira nach Hause bringen konnte. Dann hat Rabea uns verständigt und wir sind, ohne zu überlegen, losgeritten zu den Waldmenschen und dann nach Brintesia«, sagte Idisio.

»Woher hatte Kianno deinen Ring?«, wollte Gimle wissen.

»Ich weiß nicht recht. Es war so eine Art Eingebung, als wir uns trennten und ich nach Asinja zurückfuhr«, erklärte Idisio. »Ich hätte gerne gesehen, wie er Walrivia die Show stahl«, lächelte er bitter in sich hinein.

»Rabea, du musst uns das irgendwann noch einmal der Reihe nach erzählen, okay?«, sagte Asram.

Rabea nickte traurig. »Es war schlimm, dass ich nur zusehen und ihm nicht helfen konnte«, sagte sie. »Aber es war schon großes Theater. Das war ein wahrlich würdiger Abgang«, ergänzte sie.

»So war Kianno, durch und durch ein Gaukler. Wenn ich einmal sterben muss, dann möchte ich auch so sterben«, sagte Gimle.

Russ sah ihn mahnend an.

»Na ja, irgendwann müssen wir alle gehen«, sagte Gimle zu Russ.

»Schon, aber im Moment sind genügend Leute gestorben oder beinahe …« Er sah seinen Vater an.

»Mir geht es gut, Sohn, keine Sorge. Ich werde dir noch ein wenig erhalten bleiben«, lächelte Badogan. »Aber für kommende Abenteuer brauchen wir neue Giftringe, sicher ist sicher«, sagte er und musste lachen.

»Hangar und Walrivia – Geschwister, wer hätte das gedacht«, murmelte Badogan nach einer Weile vor sich hin.

»Das ist ganz schön krank«, erklärte Russ.

»Ist er überhaupt rechtens mit Gerda verheiratet?«, fragte Bernie.

»Wäre wert, das prüfen zu lassen«, entgegnete Gimle.

»Herrje, Gerda weiß noch gar nichts. Wegen Nyella meine ich.« Shastro hielt sich die Hand an den Mund.

»Sie hat uns im Stich gelassen«, erklärte Zelda traurig.

»Ich weiß, Schwesterlein. Trotzdem, sie ist ihre Mutter«, erklärte Shastro.

»Na und? Warum ist sie nicht nach Brintesia geritten?«, wollte Zelda wissen.

Shastro wusste keine Antwort. »Ich möchte nicht richten über sie, Zelda«, sagte er schließlich. »Wir sind ihren Weg nicht gegangen«, ergänzte er. Zelda sah ihn an und seufzte.

»Und was machen wir jetzt?«, fragte Lizzy. »Ich meine, wegen Brintesia und Walrivia und all dem?«

»Ich glaube, wir haben es nicht nur mit Hangar und Walrivia zu tun, sondern da steckt noch viel mehr dahinter«, erklärte Bernie, der sich bisher im Hintergrund gehalten hatte.

»Das vermute ich auch«, sagte Idisio.

»Warum ist Walrivia so versessen darauf, dieses bestimmte Mädchen aus Gebohan zu finden?«, fragte Russ.

»Meinst du, sie kennt das Geheimnis von Nyella?«, wollte Shem wissen.

»Ich glaube es nicht. Es kursieren viele Märchen rund um die Kinder Gebohans«, erklärte Gimle.

»Hoffentlich«, meinte Badogan.

»Wird Roberta bis morgen da sein?«, fragte Kenoa.

»Sie meinte, sie schafft es bis dann. Wir werden mit der Gedenkfeier warten, bis sie da ist«, murmelte Shastro.

»Okay, dann lasst uns die Drachen versorgen. Wir sind gerade rechtzeitig zurückgekommen. Herr Eusebius hat alle Hände voll zu tun. Als er weg war, haben sie sein ganzes Haus auf den Kopf gestellt. Sieben Drachenkinder zu beaufsichtigen, stelle ich mir ziemlich schwierig vor«, mutmaßte Kenoa.

»Und ziemlich heiß?«, lächelte Shem.

»In der Tat«, meinte Bernie. »Ist das Haus von Herr Eusebius sicherer als das von Shem?«, fragte er weiter.

»Die Wände sind etwas besser geeignet, weil Herr Eusebius den Speichel dort schon beim Umbau seines Hauses in mehreren Schichten verwendet hatte«, lachte Asram.

»Ja, aber die vielen exklusiven Reliefs«, stöhnte Shem. »Herr Eusebius muss sehr verliebt in die Drachen sein, wenn er zulässt, dass die alle kaputtgehen könnten«, staunte er.

»Wie geht es Loreena?«, frage Zelda.

»Sie weigert sich noch immer, etwas zu essen«, erklärte Shastro.

»Armes Ding, sie war von Anfang an total begeistert von Nyella«, sagte Asram lächelnd.

»Wer nicht?«, fragte Shem und errötete.

Russ sah ihn an. Er wusste nicht, ob er eifersüchtig sein sollte oder nicht. Aber schließlich waren sie beide Verlierer. Russ dachte über die beiden Küsse nach. Wusste Shem davon? Er hoffte, dass sein Vater ihn nicht vor allen anderen darauf ansprach.

Shem beobachtete Russ aufmerksam. Er dachte darüber nach, wie Russ und Nyella sich in den letzten Wochen mehr als einmal seltsame Blicke zugeworfen hatten. Irgendwann hatte sich etwas verändert zwischen den beiden. Er seufzte.

»Siehst du noch mal nach ihr?«, fragte Idisio.

Shem nickte und war dankbar für den Themenwechsel.

»Jetzt bleiben also noch zwei Dracheneier, sehe ich das richtig?«, fragte Gimle.

»Die beiden letzten Drachen sind nicht geschlüpft und so, wie es aussieht, könnte es sein, dass es magische Eier sind«, meinte Kenoa.

»Okay, dann lasst uns zu Herrn Eusebius gehen«, sagte Asram und erhob sich.

Shem ging ins Haus von Nyella. Loreena hatte sich dort verbarrikadiert. Sie lag im Dunkeln im Bett und hob ihren Kopf nur leicht, als Shem anklopfte.

»Klopf, klopf, darf ich reinkommen?«, fragte er leise.

»Ja«, sagte Loreena. Shem trat näher.

»Kommst du zu mir unter die Decke?«, fragte sie.

»Klar, rück ein Stück«, sagte er und legte sich zu ihr, hob die Decke über sie beide und nahm Loreena in den Arm. Sie kuschelte sich an ihn und hielt ihren Kopf an seine Brust.

»Shem?«, fragte sie.

»Hm.«

»Warum müssen wir sterben?«, nuschelte sie in seine Brust hinein.

»Schwierige Frage, Kleines. Ich denke nicht, dass wir wirklich sterben. Ich bin überzeugt, dass wir einfach eine Reise antreten zu einem anderen Ort«, erklärte er ihr.

Sie murmelte etwas.

»Wohin ist Nyella gegangen?«, fragte sie schließlich.

»Nyella ist vielleicht jetzt bei ihrem Dad, den sie vor so langer Zeit verloren hat«, meinte er und musste selbst mit den Tränen kämpfen.

»Meinst du, sie trifft da meine Mama?«, fragte Loreena.

»Bestimmt«, sagte er und lächelte unter Tränen. »Sie hat sie bestimmt sofort empfangen. Die wusste gleich, dass das deine Freundin ist. Und jetzt schauen sie sicher von da oben zu«, sagte Shem und schluckte weitere Tränen hinunter.

Loreena setzte sich auf, dann sah sie auf Shem hinab. »Meinst du wirklich?«, frage sie ihn.

Shem setzte sich ebenfalls auf. »Ja, das meine ich wirklich«, sagte er und strich ihr eine Locke aus dem Gesicht. »Aber weißt du, Kleines, Nyella würde sich Sorgen machen, wenn sie dich hier so sehen würde. Sie wäre sehr traurig, wenn sie sehen würde, dass du nichts mehr isst«, sagte er zu ihr und hob ihr Kinn.

Sie schaute ihn an und verdrehte die Augen. Sie schwieg eine Weile. Dann veränderte sich ihre Miene.

»Na gut, dann ess′ ich später was«, sagte sie schließlich trotzig.

»Braves Mädchen«, entgegnete Shem. »Komm, wir legen uns noch ein bisschen hin«, forderte er sie dann auf.

Und sie legte sich in seine Arme und kuschelte sich eng an ihn. Es verging eine Weile, bis Loreena schließlich sagte: »Ich kann sie riechen, weißt du. Es riecht hier so schön nach ihr.«

Shem kullerten ein paar Tränen die Wangen hinunter aufs Kissen, als er sagte: »Ich weiß, Kleines, ich weiß.«

Im Haus von Herrn Eusebius war das kreative Chaos ausgebrochen. Neben eisernen Platten, die wahllos an die Wände über die Reliefs geklebt worden waren, rannte ein summender Halbbiber durch das Zimmer und griff sich einen Jungdrachen.

»Halt, halt, Fräulein, hiergeblieben«, sagte er und drehte Kergissa um. »Du bift ganpf fön fwer geworden.«

Er lächelte sie liebevoll an, während sie unter seinen Händen wild mit ihren Tatzen um sich griff. Brandlöcher zierten Möbel und Wände. Dutzende gefüllter Wasserkübel standen nebeneinander im Raum, einige davon waren umgekippt und hatten das Wasser auf dem Boden verteilt. Es klopfte an der Tür.

»Einfach reinkommen«, schrie er zur Tür, die sich daraufhin öffnete.

»Ach du liebes bisschen«, stöhnte Lizzy und stolperte beinahe über den ersten Wassereimer.

»Ihr kommt gerade recht. Wenn ihr mir mal helfen könntet. Elena ift fix und fertig. Tapio hat daf halbe Dach abgefackelt und Jafgur frifft gerade mein Fofa. Pfu Pfzweit haben wir einfach keine Chanfe«, seufzte er, während Kergissa ihn in die Hand biss.

»Aua«, rief er und ließ das Drachenmädchen fallen, die auf den Boden stolperte. Dann raffte sie sich auf die Füße und fing an davon zu kraxeln, während sie ein Flügelchen noch immer nachzog und mit dem anderen wild herumfuchtelte. Eine Medizin hatten sie nicht gefunden, um den Flügel zu heilen. Kergissa eine Schiene anlegen zu wollen, war kläglich gescheitert. Entweder hatte sie die Schiene gefressen oder in Brand gesetzt.

»Ich kümmere mich um Elena und Tapio«, sagte Idisio und griff sich zwei Wassereimer.

»Ich komme mit«, sagte Gimle und zappelte hinterher.

»Dann nehmen wir Jasgur«, sagte Kenoa und tippte Lizzy an, die zustimmend nickte.

Herr Eusebius setzte sich auf den Boden.

»Fo fön fie find, aber ich bin fix und fertig«, sagte er zu Bernie.

»Ich kann dich gut verstehen. Ich bewundere dich. Ich glaube, keiner hätte das so gut hinbekommen wie Elena und du«, lobte ihn Bernie.

Herr Eusebius hatte die Füße von sich gestreckt und nickte lächelnd. Er dachte an die Jungdrachen und grinste selig vor sich hin.

»Die vier Kleinen sind noch brav im Bottich?«, fragte Bernie.

Herr Eusebius nickte.

»Ich weiff nicht, waf hier paffiert, wenn die foweit find herumpfurennen wie ihre groffen Gewfifter. Im Moment laffen fie fich noch bändigen mit Wafferfpielen«, lachte er.

Dann erhob er sich und ging ins Wohnzimmer, wo er eine komplizierte Anlage mit Kübeln und Rohren gebaut hatte, die wie ein Wasserspiel funktionierten. Es lief beständig Wasser durch die verschiedenen Rohre. Die ganze Anlage war in Dauerbewegung und vier kleine Jungdrachen waren damit beschäftigt, im Bottich mit dem Wasser herumzutollen oder die Wasserspiele interessiert zu beobachten.

»Hier find fie abgelenkt, den Göttern fei dank«, sagte Herr Eusebius.

Bernie lachte. »Die Ruhe vor dem Sturm. Habt ihr ihnen noch keine Namen gegeben?«, sagte er schließlich und setzte sich neben den Bottich.

Er beobachtete die vier Jungdrachen. Zwei davon sahen fast so aus wie Tapio, einer wie Kergissa und der vierte schien Jasgur sehr ähnlich zu sehen.

»Nein, wir wollten warten, bif Nyella …«, sagte Herr Eusebius und brach ab.

»Verstehe schon«, sagte Bernie seufzend.

»Wie geht ef dir?«, fragte Herr Eusebius und setzte sich neben Bernie auf den Boden.

»Weißt du, ich hab´ Nyella nicht sehr lange gekannt, aber sie hatte halt eine großartige Ausstrahlung. An Nyella kam keiner vorbei«, sagte Bernie schwärmend. Tränen glitzerten in seinen Augen.

»Daf ift wohl wahr«, seufzte Herr Eusebius.

»Es ist unendlich traurig, Herr Eusebius. Aber wir müssen auch sehen, dass die Mädchen gerettet werden konnten, vor allem dank Nyellas beherztem Einsatz. Sie hat ihr Leben geopfert für alle anderen«, sagte Bernie und nickte, um sich selbst zu überzeugen, dass es doch etwas Gutes an der Geschichte gab.

»Und Myriam hat fie auch gerettet, waf?«, zwinkerte Herr Eusebius ihm zu.

»Ja, das hat sie«, sagte Bernie gedankenverloren.

»Ift ein nettef Mädchen, diefe Myriam«, begann Herr Eusebius von Neuem.

»Das ist sie«, stammelte Bernie.

»Waf ift lof?«, wollte Herr Eusebius wissen.

»Na ja, Nyella hatte mich schon auf seltsame Weise berührt, wenn ich ehrlich sein darf. Vorher, da habe ich mich sehr für Myriam interessiert. Aber als dann Nyella auftauchte ...« Bernie brach ab.

»Haft du einmal mit Nyella darüber gefprochen?«, wollte Herr Eusebius wissen.

»Nein, ich hatte eher das Gefühl, dass sie nicht so empfand wie ich«, entgegnete Bernie.

»Was haft du denn empfunden?«, fragte Herr Eusebius ihn.

Bernie sah ihn an und überlegte. »Das ist eine gute Frage. Wie habe ich eigentlich empfunden?«

»Fiehft du?«, gab Herr Eusebius zu bedenken.

Bernie kaute auf seiner Unterlippe herum.

»Hm …, warft du verliebt in fie?«, wollte Herr Eusebius wissen.

»Ich denke, schon ein wenig, ja«, sagte Bernie.

»Und? Hat fie daf erwidert?«, fragte Herr Eusebius weiter.

»Nein, ich glaube nicht«, sagte Bernie traurig.

»Aber fie hat dich gern gehabt, oder?«, bohrte Herr Eusebius.

Bernie nickte.

»Eine gute Freundfaft ist viel wert, Bernie«, sinnierte Herr Eusebius.

»Das ist wohl wahr«, erwiderte Bernie.

Sie sahen eine Weile den Drachen zu. In Bernies Kopf hämmerte es.

»Fiehft du, Bernie, manchmal find neue Dinge fehr intereffant und wir vergeffen, wie gut unf die alten Dinge eigentlich tun. Daf Neue ift einfach intereffanter. Aber wer fagt dir, daff ef beffer gewefen wäre? Haft du ein paar alte Lieblingffuhe?«, fragte Herr Eusebius ihn.

»Lieblingsschuhe?«, fragte Bernie und starrte ihn ungläubig an. Herr Eusebius nickte eifrig.

»Ja, so uralte. Meine Mutter will sie immer wegwerfen, aber ich will sie behalten. Sie sind alles andere als schön, aber sie sind herrlich zu tragen. Sie fühlen sich richtig an, und ich habe sie gut eingelaufen«, erzählte Bernie.

»Fiehft du, daf meine ich«, sagte Herr Eusebius.

»Was hat das Ganze mit meinen alten Schuhen zu tun?«, wollte Bernie wissen.

»Nun, wenn du fo willft, ift Myriam vielleicht finngemäff fowaf wie dein altef paar Fuhe, daff immer bequem war und daf fich fo vertraut anfühlt. Du weifft nicht, wie fich neue Fuhe angefühlt hätten, oder? Die drücken manchmal ganpf fön, und manchmal paffen fie gar nie richtig«, sagte Herr Eusebius.

Bernie dachte nach. Er nickte.

»Vielleicht hast du recht. Es war so einfach, sich für Nyella zu begeistern. Vielleicht habe ich Myriam gar nicht mehr richtig wahrgenommen, weil sie sowieso immer da war und nie einen Hehl daraus gemacht hat, dass sie mich mag«, sagte Bernie. »Ich bin ein ganz schöner Idiot, nicht?«, ergänzte er.

Herr Eusebius lächelte.

»Daf find wir alle ab und pfu. He he. Ef ift noch nicht pfu fpät.« Herr Eusebius machte eine kurze Pause und fuhr dann fort. »Ich pfiehe nicht nur Drachen groff, ich bin auch ein guter Menfenkenner, Bernie, und etwaf in meinem Bauch fagt mir, daff deine alten Fuhe vor der Hauftüre warten, bif fie vielleicht jemand wieder anpfiehen will.«

Er zwinkerte Bernie zu. Bernie sah ihn fragend an und Herr Eusebius schwenkte seinen Kopf zur Türe. Bernie verstand. Dann erhob er sich und ging nach draußen.

Vor der Türe stand Myriam und starrte gedankenverloren von der Holzbrücke auf den Platz hinunter, wo die Wagen der Gaukler standen. »Myriam?«, sagte Bernie zu ihr.

»Ja?«, hauchte sie und drehte sich um. Sie bekam Herzklopfen, als er vor ihr stand.

»Wie geht es dir?«, wollte Bernie wissen.

»Gut, wenn man bedenkt, dass ich dem allem entronnen und am Leben bin. Schlecht, wenn ich an Nyella denke«, sagte sie betroffen.

»Wollen wir ein Stück spazieren gehen?«, fragte er schüchtern.

Es fühlte sich plötzlich so neu an, ihr zu begegnen nach den Worten von Eusebius. Er hatte Myriam nie die Wertschätzung entgegengebracht, die sie verdient hatte. Sie hatte sich trotz ihrer Ängste so mutig für ihre Kameradinnen eingesetzt. Sie hatte sehr viele schlimme Dinge erlebt und kein so großes Mundwerk gehabt wie er. Sie hatte es einfach überstanden und gehandelt. Sie war mutig gewesen.

Er hatte sie unterschätzt. Und eigentlich hatte er so ein tolles Mädchen gar nicht verdient. Er hatte sich nie die Mühe gemacht, sie wirklich kennenzulernen. Er sah Myriam mit ganz anderen Augen als noch vor ein paar Wochen. Er fühlte sich zum ersten Mal in ihrer Nähe unsicher und kam sich wie ein dummer Junge vor. Plötzlich hatte er Angst, dass sie ihn ablehnen könnte. Er bemerkte, wie seine Hände feucht wurden vor Aufregung.

»Das wäre schön«, sagte sie zu ihm. Er lächelte und bot ihr seinen Arm an, bei dem sie sich dankbar einhakte.

Shastro holte tief Luft und klopfte an den Türrahmen. Loreena hob ihren Kopf.

»Shastro?«, rief sie.

»Kleines, ich bin's. Zelda ist auch da. Dürfen wir reinkommen?«, fragte er.

Sie setzte sich kurz auf und nickte. Zelda und Shastro gingen zum Bett, auf die andere Seite. Shastro zog seine Stiefel aus, Zelda tat es ihm nach.

»Dürfen wir zu euch kommen?«, fragte er.

Loreena nickte und hob die Decke. Shastro sah, dass Shem Tränen übers Gesicht rannen und er versuchte es zu verbergen. Shastro stutzte einen Moment, bis er begriff.

»Nyella hat dir mehr bedeutet, hab ich recht?«, fragte er Shem. Dieser nickte ins Kissen.

»Hey, Mann, das wusste ich nicht, tut mir leid«, sagte Shastro und streichelte den Oberarm seines besten Freundes.

Shem setzte sich auf. »Ich dachte, du hättest was dagegen«, sagte er.

»Vielleicht hätte ich das sogar gehabt, wenn das alles nicht passiert wäre«, sagte Shastro und fuhr dann fort: »Bescheuert, nicht?«

Shem holte tief Luft. »Mir wäre es wahrscheinlich ähnlich gegangen, wenn es meine kleine Schwester gewesen wäre.«

Shastro boxte ihn leicht in den Oberarm. »Aber weißt du was? Ich hätte mir niemand Besseren für sie vorstellen können als meinen besten Freund.«

Shem nickte dankbar. »Ich hätte sie gut behandelt, glaub mir«, erzählte er.

»War sie auch in dich …?«, fragte Shastro und beendete die Frage nicht.

»Ich weiß es nicht, ich weiß es ehrlich nicht«, sagte Shem. »Ich glaube, etwas Schlimmes ist passiert in ihrem Leben, sodass sie kaum jemanden an sich herangelassen hat«, erklärte er weiter. »Sie hat Andeutungen gemacht.«

»Was für Andeutungen?«, fragte Zelda.

»Keine Ahnung, ich glaube, Hangar hat sie sehr schlecht behandelt«, sagte Shem.

»Dieser Bastard«, fluchte Shastro und ballte eine Hand zu einer Faust, die er dann schließlich auf die andere Hand schlug.

»Hangar tut ihr nichts mehr«, versuchte Shem ihn zu beruhigen. Die beiden sahen sich an und nickten.

Shastro schaute sich im Zimmer um. »Hat ihr das Haus gefallen?«, wollte er wissen.

»Sie war hingerissen«, meldete sich Loreena.

Zelda krabbelte zu Loreena, hockte sich unter die Decke. »Wie war sie?«, fragte sie Loreena und Shem.

»Verrückt und lieb, wie du«, sagte Loreena.

»Weißt du was?«, fragte Zelda und nahm Loreena in den Arm. Sie legte sich mit ihr hin und deckte sich zu. Shastro blieb sitzen und richtete die Decke so, dass die Mädchen gut zugedeckt waren. Shem legte sich hin und stützte sich mit der Hand auf dem Bett ab.

»Erzähl mir von ihr«, forderte Zelda Loreena auf.

»Hilfst du mir dabei?«, fragte Loreena Shem über die Schulter schauend.

»Klar, lass uns den beiden von Nyella erzählen«, sagte Shem.

»Also, es war so verrückt, als sie hier angekommen war…«, fing Loreena an zu erzählen und plapperte drauflos.

Und draußen saß ein schwarzer Rabe auf einem Ast und lauschte den Geschichten von Loreena und Shem, wie sie die ersten Begegnungen von Nyella erzählten und beschrieben, was sie mit ihr erlebt hatten. Der Abend zog ins Land, es wurde dunkel, und die Lichter wurden in den Häusern wieder entzündet. Der Rabe lächelte in sich hinein. Die Essenz des Lebens machte eigentlich doch so wenig aus: Mut, Liebe und Freundschaft. Und wer das verstanden hatte, würde sogar mit seiner Liebe den Tod besiegen.

# 22. Die Siegel Asinjas

Es hatten sich alle im Hause von Nyella versammelt. Es war kein Durchkommen mehr durch die Räume. Das Haus war zum Bersten voll. Roberta zwängte sich durch die Menschenmenge, bis sie Shastro und Zelda erreicht hatte. Sie umarmte beide innig, und danach ging sie zu Shem, um auch ihn in die Arme zu schließen.

»Es ist schön, dass du es doch noch geschafft hast«, sagte Shem zu ihr.

»Es tut mir leid, dass ich so spät komme«, sagte Roberta und seufzte.

»Du wirkst ein wenig gestresst«, sagte Shem zu ihr.

»Wundert dich das?«, fragte Roberta.

Shem sah sie neugierig an.

»Liebe Freunde, danke, dass ihr alle gekommen seid. Wir wollen heute Nyella verabschieden, die so viel für uns getan hat, insbesondere für die Mädchen, die dank ihr befreit werden konnten und so einem schrecklichen Schicksal entgingen«, begann Badogan mit seiner Rede.

»Leider ist unsere Geschichte noch nicht zu Ende. Die Mädchen sind, wie ihr wisst, bei den Waldmenschen untergebracht. Die nächsten Tage stehen im Zeichen der Pläne, wie es weitergehen soll, und wir verabschieden uns heute auch von Kianno, der tapfer für unsere Freiheit gestorben ist«, erklärte er weiter.

Er hatte noch immer einen Verband um den Körper und konnte sich vor Schmerzen kaum aufrecht halten.

»Walrivia wird nach uns suchen und nach den Mädchen. Wir vermuten, dass Walrivia nicht alleine handelt, und wir vermuten, dass wir unterschätzen, womit wir es zu tun haben könnten«, erklärte Badogan. »Aber lasst uns erst Nyella verabschieden«, ergänzte er traurig. »Und Kianno. Üüber das weitere Vorgehen werden wir morgen sprechen.«

»Was ist los?«, wollte Shastro von Roberta wissen und hörte Badogan nur mit einem Ohr zu.

»Es gibt kein Durchkommen mehr nach Gebohan. Die Wege sind versperrt«, sagte Roberta und schüttelte ihre langen grauen Haare.

»Was?«, fragte Shastro aufgebracht.

»Niemand kommt mehr durch. Nicht einmal mehr die Priesterinnen der Insel selbst. Nichts. Es geht gar nichts mehr«, erklärte Roberta und verdrehte die Augen.

»Wie geht so was?«, sagte Zelda.

»Es gehen seltsame Dinge vor im Land. Außerdem habe ich mich mit Gerda gestritten«, erklärte Roberta.

»Du hast sie getroffen?«, fragte Bernie ungläubig. Myriam stand neben ihm. Beide hielten sich fest an der Hand. Roberta musste trotz der verworrenen Situation lächeln, als sie die beiden zusammen sah.

»Ich musste sie doch informieren«, sagte Roberta wieder ernst. »So sehr sie mich auch hasst, aber ich war es ihr schuldig, sie zu informieren. Nyella war ihre Tochter«, seufzte sie.

»Und?«, wollte Zelda wissen.

»Sie hat mir nur Vorwürfe gemacht. Sie meinte, ohne mich würde Nyella noch leben«, erzählte Roberta.

»Ach ja? Und ihr Göttergatte hat natürlich nichts damit zu tun«, sagte Shastro trotzig.

»Sie wollte nichts von Hangar hören «, sagte Roberta.

»Natürlich«, entgegnete Zelda aufgebracht. »War ja klar, dass wieder alle anderen schuld sind an dem Ganzen.«

»Sei nicht so hart«, sagte Roberta. »Sie ist immer noch deine Mutter«, sagte sie zu Zelda, ihrer Enkelin.

Die rief jetzt wütend: »Du nimmst sie noch in Schutz? Wo und wann war sie mir denn bitteschön eine Mutter? Du bist echt zu gut für diese Welt.«

»Bitte, seid etwas stiller«, sagte Badogan, der immer noch versuchte die Gedenkfeier einzuleiten.

Zelda regte sich auf. »Sorry, aber hier geht es wohl um meine Schwester, und wenn ich mich aufregen will, dann tue ich das«, sagte sie und stemmte ihre Hände in die Hüften.

»Ist ja gut«, versuchte Roberta sie zu beruhigen.

»Nein, nichts ist gut, meine Mutter hat dafür gesorgt, dass ich meine Schwester nie kennenlernen durfte, die jetzt sterben musste, bevor ich ihr persönlich begegnete. Was soll da in Ordnung sein?«, fauchte Zelda.

»Nicht aufregen, Schwesterlein, du weißt, was passiert, wenn du dich zu sehr aufregst«, versuchte Shastro, sie zu beruhigen.

»Das hatte Nyella übrigens auch«, sagte Roberta gedankenverloren und musste in sich hineinlächeln.

»Was?«, wollte Zelda neugierig wissen.

»Wenn sie sich zu sehr aufgeregt hat, dann konnte sie sogar eine ganze Höhle donnern lassen«, erklärte Shem.

»Echt?«, fragte Zelda und ihre Miene hellte sich sofort ein wenig auf. Dann sah sie Shem an und schließlich brach sie in Tränen aus.

»Zelda ist nicht so stark, wie sie es immer vorgibt«, erklärte Shastro und nahm seine Schwester in die Arme.

»Es ist einfach zu viel passiert«, sagte Zelda in den Armen von Shastro.

»Und es wird wohl noch mehr passieren«, sagte Roberta.

»Wie meinst du das?«, fragte Badogan, der neugierig geworden war.

»Die Hüterinnen der Erde haben sich getroffen, als die Probleme auf Gebohan begannen«, erzählte sie.

»Ja?«, fragte Zelda.

»Ach, Kinder«, sagte Roberta besorgt. »Ich hatte bisher noch gar keine Zeit, um Nyella zu trauern«, sagte sie und kramte in ihren Taschen.

»Warum, was ist los?«, wollte Shem wissen, der neben ihr stand.

»Die Zeichen sagen, dass dunkle Wolken über unser Land ziehen. Wir haben Zeichen erhalten und dann passierte das mit den versperrten Wegen nach Gebohan«, erzählte Roberta.

»Was für Zeichen?«, fragte Shastro heftig.

»Nachher, lass uns nach der Gedenkfeier darüber reden, aber möglicherweise kommen die Tage des schwarzen Donners über uns«, sagte Roberta und hielt ihren Zeigefinger vor den Mund.

Zelda blieb mit ihrem Blick an Roberta haften und versuchte Badogan zuzuhören.

Badogan erzählte aus der Zeit mit Nyella. Er machte das sehr würdevoll. Badogan ließ die letzten Tage mit Nyella noch einmal Revue passieren. Alle, die mit ihr eng zusammengewesen waren, berichteten aus den Stunden mit ihr. Trotz der Tragik vereinte die Trauer die Bewohner Asinjas und die Gaukler. Es waren herzliche Stunden im Kreis von lieben Freunden und Verbündeten gewesen, umso schwerer war der Abschied von Nyella. Es war später Nachmittag, und nach vielen schönen Geschichten endete die Gedenkfeier für sie.

»Ich würde gerne zum Wasserfall gehen«, sagte Shem abschließend.

»Warum zum Wasserfall?«, fragte Roberta.

»Nyella fand es dort so schön, sie hat sich an den Blumen kaum sattsehen können. Sie hat davon geschwärmt und mir erzählt, es wäre wie eine Neugeburt gewesen, vom Wasserfall ins kühle Nass zu springen. Sie habe danach endlich ihren Platz im Leben gefunden bei Freunden und ihrer neuen Familie«, erklärte Shem.

»Wie schön, vielen Dank, dass du uns das erzählst«, sagte Shastro und umarmte seinen Freund innig. Zelda wischte sich eine Träne aus den Augen und Roberta lächelte.

»Meinst du, wir können es wagen?«, fragte Shastro seine Großmutter.

»Walrivia leckt noch ihre Wunden in Brintesia«, sagte sie zustimmend.

Fast alle machten sich zum Wasserfall auf. Auf dem Weg dorthin hakte Shastro nach. »Du hast vorhin von Zeichen gesprochen.«

»Ja«, seufzte Roberta.

»Was für Zeichen? Und was für Donner?«, fragte Badogan, der nur einen Teil in Nyellas Haus mitbekommen hatte.

»Wie ihr wisst, habe ich die Drachen an die Gaukler übergeben, als ich wegreiten musste. Die Hüterinnen der Erde haben ein Treffen einberufen. Wir haben uns oberhalb der Delfinbucht an der Küste getroffen. Offenbar sind alle Wege zu Gebohan und den beiden anderen Inseln versperrt«, erzählte Roberta.

»Was?«, keuchte Idisio.

»Kinder Gebohans, die seit Jahren den Wasserweg nutzen, finden keinen Zugang mehr zur Insel, nicht einmal mehr die Priesterinnen selbst«, erklärte sie weiter. »Wir haben den Großen Rat einberufen und so sind die Druiden aus allen vier Himmelsrichtungen dazugestoßen. Sie sind genauso ratlos wie wir«, sagte Roberta. Dann schwieg sie einen Moment. Die anderen sahen sie wortlos an.

»Was hat das zu bedeuten?«, fragte Zelda.

»Nichts Gutes, meine Liebe. Wie gesagt, die dunklen Zeichen werden immer klarer und die Vorkommnisse in Brintesia bestätigen nur, was wir schon längst befürchten. Der Norden ist auf dem Vormarsch«, erklärte Roberta.

»Aber da ist noch was«, sagte sie nach einer Weile. Sie war stehen geblieben. »Ich muss es euch nun sagen, denn es ist die Zeit, in der ihr es erfahren müsst. Die Prophezeiung macht uns großen Kummer«, sprach sie.

»Die Prophezeiung?«, fragte Bernie ungläubig.

»Die Prophezeiung der Siegel Asinjas«, erklärte sie den Anwesenden. Ein Raunen ging durch die kleine Menschenmenge, die Roberta auf dem Weg zum Wasserfall begleitete.

»Warum hast du uns nichts darüber erzählt?«, fragte Shastro.

»Es war zu unklar und wir mussten abwarten, bis die mächtigen Drei wieder vereint sind. Aber jetzt?« Roberta verstummte.

»Welche mächtigen Drei?«, fragte Russ.

Roberta blickte Shastro an. »Die mächtigen Drei: du, Zelda und Nyella.«

Shastro sah sie an. »Wir sind die mächtigen Drei?«, fragte er ungläubig. Zelda legte bestürzt die Hand über ihren Mund.

»Das ist das Problem, Shastro. Nyella ist tot«, sagte sie.

»Irgendetwas stimmt einfach nicht«, erklärte Roberta schulterzuckend.

»Vielleicht ist einer von uns gar nicht Gerdas Kind«, erklärte Zelda und hob die Augenbrauen.

Roberta sah sie mahnend an.

»Du hast aber von der Prophezeiung der Siegel Asinjas gesprochen. Was hat es damit auf sich?«, intervenierte Shastro.

»Nun, ich wollte eigentlich euch dreien die Prophezeiung gemeinsam offenbaren, denn ihr seid vorgesehen, dieses Rätsel gemeinsam zu lösen. Aber Nyella ist nicht mehr. Vielleicht ist das der richtige Ort, euch trotzdem einzuweihen. Ich weiß im Moment nicht, wie es weitergehen soll ohne Nyella. Es scheint, als wäre alles verloren ohne sie. Die Hüterinnen der Erde und der Große Rat haben mir die Freigabe erteilt, euch die Prophezeiung verkünden zu dürfen«, sagte Roberta seufzend.

»Lass hören«, sagte Shastro.

Roberta stellte sich hin und überlegte, dann begann sie:

*»Die Raben, sie sind deine Freunde und lasst sie berichten*
*Dunkle Mächte sind aufgebrochen, um das Licht zu vernichten*
*Im Geheimen liegt eine Stadt in den Bäumen*
*Finde dich selbst und vertrau deinen Träumen*
*Lasst euch nieder, wo ehrliche Liebe ihr spürt*
*Ehret Freunde, Familie. Ehre, wem Mut gebührt*
*Asinja trägt ein Geheimnis für immer in Händen*
*Lässt die dunkle Herrschaft für immer beenden.*
*Die sieben Rätsel zu lösen, eins nach dem anderen, ist der mächtigen Drei Pflicht*
*Beginnet beim ersten, wenn's gelöst, das Nächste zu euch spricht*
*Es sind dies sieben Geheimnisse, die lösen ihr müsst*

*Wenn sie gelöst, der Rabe den Wasserstein küsst*
*Öffnen sich die Tore zum Licht für immer in Frieden*
*Wer Herrscher ist, ist längst entschieden*
*Es wird sich der Eine euch offenbaren*
*und Drachen reiten im Wind*
*Nur er wird den einen Ring tragen*
*Darya-ye-noor sich nur beugt dem Himmelskind.«*

Roberta machte eine Pause.

»Was hat das zu bedeuten?«, fragte Shem.

Roberta erklärte ihm: »Es sind dies die sieben Siegel Asinjas. Wenn alle sieben Geheimnisse nacheinander gelöst sind, offenbart sich uns der wahre König dieses Landes.«

»Der wahre König?«, fragte Badogan ungläubig.

»Wir vermuten, dass Wernot nicht der rechtmäßige König war«, erklärte Catherine.

»Das ist richtig, er war nicht der richtige König«, erklärte Roberta, und alle starrten sie an.

»Du hast davon gewusst?«, fragte Badogan sie.

»Wernot war auch eingeweiht«, ergänzte sie.

Badogan sah sie fragend an.

»Wir haben noch einige Rätsel zu lösen«, erklärte Roberta lächelnd.

»Haben wir denn überhaupt eine Chance ohne Nyella?«, fragte Idisio.

»Ich weiß es nicht«, erklärte Roberta seufzend. »Wir müssen es versuchen.«

»Und wo fangen wir an?«, fragte Shastro zweifelnd.

»Das ist das Problem, Shastro. Wir dachten, das erste Geheimnis wäre gelöst, wenn ihr drei euch wiedertrefft«, erklärte ihm Roberta.

»Das klingt ziemlich kompliziert«, sagte Bernie.

»Vor allem klingt es unlösbar«, antwortete Gimle.

»Wie soll das gehen ohne Nyella, wenn wir die mächtigen Drei sein sollen?«, fragte Zelda.

»Vor allem, *die mächtigen Drei?*«, fragte Shastro ungläubig. »Ich weiß nicht, das ist schon ziemlich abgefahren«, ergänzte er.

»Nun, nachdem Nyella nicht mehr ein Teil der mächtigen Drei ist, müssen wir neu beraten«, erklärte Roberta.

»Wir haben keine Idee im Großen Rat und auch unter den Hüterinnen der Erde herrscht Ratlosigkeit.«

»Was passiert, wenn es nicht lösbar ist?«, wollte Shem wissen.

»Dann, meine Lieben, dann weiß ich auch nicht mehr weiter. Dann ist wohl alles verloren«, erklärte Roberta mit traurigem Gesicht.

Es wurde ruhig. Als alle schwiegen, ergriff Shem das Wort. »Prophezeiung hin oder her, wir können heute nichts daran ändern. Lasst uns erst einmal zum Wasserfall gehen. Dann werden wir sehen, was die nächsten Tage bringen. Wir müssen einen Weg finden.«

Roberta nickte stumm. Die Verzweiflung stand ihr ins Gesicht geschrieben.

Tausende von Blumen blühten in den buntesten Farben um die Wette und zierten das Ufer des Sees. Die Sonne blendete und zog lange Schatten, während sie sich dazu entschloss, mit warmen Strahlen unterzugehen. Sie standen alle da, versammelt am kleinen See mit Blick auf den Wasserfall: Roberta, Shastro, Zelda, Shem, Bernie, Myriam, Sandrina, Badogan, Russ, Asram, Idisio, Kenoa, Loreena, Gimle, Elena, Herr Eusebius, die ganze Truppe der Gaukler und Weissagerinnen. Auch die Wanderhuren waren gekommen. So bedrückend der Anlass auch war, es war ein Bild voller Freundschaft und Verbundenheit.

»Es hätte Nyella gefallen«, flüsterte Shem Shastro zu.

»Was?«, fragte dieser.

»Dass so viele Leute hier sind, die sie gern hatte. Sie hatte anfangs ein wenig Mühe, sich auf andere einzulassen, aber dann …«, sagte Shem leise.

Shastro schaute in die Runde. »Offenbar mochten sie alle gern.«

Loreena nickte heftig und Shastro lächelte sie an. Roberta schaute zu dem Berg hinauf, der über dem Wasserfall thronte. Die Sonne blendete sie regelrecht und sie musste die rechte Hand über die Augen heben, damit sie den Berg trotz der leuchtenden Sonne überhaupt sehen konnte.

Shem wollte gerade etwas sagen, als ein lautes, flatterndes Geräusch die Aufmerksamkeit aller auf sich zog. Der Boden schien zu erzittern. Shem blickte zu dem kleinen Berg hinauf, aus dem sich der Wasserfall in den Felsen ergoss. Der Berg stand im Feuer der untergehenden Sonne und geblendet vom Sonnenuntergang erhoben sich zwei riesige, schwarze Flügel.

Roberta blinzelte der Sonne entgegen und der Kopf eines stolzen, schwarzen Rosses mit langer Mähne zeigte sich am Himmelszelt, hinter ihm die leuchtende Sonne. Zelda starrte fassungslos nach oben. Shem hob seinen Blick, Loreena mit ihm. Nur die Umrisse des Hengstes waren erkennbar und seine rabenschwarze Fellfarbe zusammen mit den weit ausgebreiteten Flügeln.

»Oh, schau, Ronjo, sie sind alle da«, schrie eine vertraute Stimme.

Ronjo setzte seinen Flug fort und näherte sich der Menge, die unten am See stand. Nyella hielt sich an der langen Mähne fest, während Ronjo zum Anflug auf die Wiese neben dem See ansetzte. Ronjo schwang seine langen Flügel mehrmals, bis er schließlich am Boden aufsetzte. Nyella hielt sich fest und fiel beinahe von dem großen Hengst. Sie keuchte und ließ die Mähne von Ronjo los.

Roberta schüttelte den Kopf. »Das ist unmöglich«, flüsterte sie und rannte zu Ronjo.

»Shem«, schrie Nyella und wollte vom Pferd springen.

Shem rannte ebenfalls los. Als Nyella gesprungen war, versagten ihr die Beine, und Shem kam gerade recht, um sie aufzufangen.

»Du hast es wohl noch nicht so mit dem Reiten«, keuchte Shem, als er sie in seinen Armen festhielt.

Nyella zitterte am ganzen Körper wie Espenlaub, lächelte Shem an und wisperte: »Ich kann nicht mehr.«

Dann schloss sie die Augen, sackte zusammen und verlor das Bewusstsein.

»Um Himmels willen, Nyella, mach die Augen auf«, schrie Shem und legte sie auf den Boden.

In Sekundenbruchteilen war ein Tumult ausgebrochen. Sie rannten alle zu Nyella und Shastro versuchte, an ihnen vorbeizukommen. Shem schüttelte Nyella und versuchte ihr seinen Atem einzuhauchen. Roberta kniete neben ihrer Enkeltochter und redete auf sie ein. Shastro hatte sich an allen vorbeigezwängt, holte Wasser und rannte zurück zu seiner kleinen Schwester. Zelda schritt neben Nyella auf und ab und fing an, zu Vodano zu beten. Loreena saß neben Shem und weinte leise vor sich hin.

»Was ist mit ihr?«, fragte sie aufgeregt.

Aber niemand gab ihr eine Antwort. Ronjo stand hocherhobenen Hauptes neben der ganzen Situation wie ein unverrückbarer Felsen. Die Ruhe täuschte. Seine Flanken flatterten vor Aufregung und der majestätische Hengst zitterte. Er blähte die Nüstern auf und sah unruhig zu Nyella hinunter.

»Ruhig, Großer, das hast du gut gemacht«, versuchte Russ den Hengst zu beruhigen.

»Führ ihn ans Wasser«, sagte Catherine zu ihm.

»So, wie es aussieht, hat der Hengst seit Tagen nichts getrunken oder gefressen«, erklärte Jocelyn.

Russ stand neben dem riesigen Hengst, der seine großen Flügel eingezogen und an seinen Körper gepresst hatte. Er ließ sich von Russ zum Fluss führen und nach ein paar Minuten beruhigte er sich. Er schritt vorsichtig zum Wasser und begann gierig zu trinken. Russ blickte beunruhigt zu Nyella. Er konnte nur dann und wann einen Blick auf sie erhaschen. Sein Herz klopfte wie wild. Es war schwer und aufregend zugleich.

Shastro flößte Nyella Wasser ein. »Bitte, Nyella, bei allem, was mir heilig ist, öffne deine Augen«, flehte er seine Schwester an.

Er hatte Shem zur Seite gestoßen und es nicht einmal bemerkt. Shem ließ es zu und hörte die Verzweiflung in der Stimme seines besten Freundes.

»Bitte, Nyella«, schrie Shastro lauter.

Nyella rührte sich nicht.

»Mein Gott, Vater im Himmel. Du hast uns so viel zugemutet«, fauchte Shastro unter Tränen. Er schien beinahe hysterisch zu werden.

»Vodano, ich habe alles geduldig ertragen. Wie man mich aussetzte, wie ich Zelda beinahe verlor. Wie wir beinahe verhungerten und wie ich um die Zeit mit meiner Großmutter kämpfen musste. Ich habe ertragen, wie meine Mutter mich verstieß, und ich musste ertragen, wie mein Vater verschwand, den du mir weggenommen hast, bevor ich wirklich mit ihm Zeit verbringen durfte.« Shastro verzog sein Gesicht zu einer verzweifelten Fratze. »Ich habe mit meinen Händen geholfen, Asinja aufzubauen für all jene, die da draußen verstoßen wurden. Ich habe dies gerne getan und ich bin stolz, dein Enkel zu sein.« Shastro blickte in den Himmel und fuhr fort. »Dann höre ich von meiner kleinen Schwester, wie sie in Brintesia ihr Leben opfert für ihre Freunde. Ich habe nicht für möglich gehalten, sie je in meinen Armen zu halten. Ich habe dich noch nie um etwas gebeten, mein Großvater. Aber wenn es dich wirklich gibt, Vodano, dann bitte ich dich bei allem, was mir heilig ist: Nimm mir meine Schwester nicht schon wieder weg«, flehte er unter Tränen.

Roberta hielt ihre Hand schützend in den Nacken ihres Enkels und war versunken in ein Gebet. Badogan raufte sich die Haare und Gimle blickte besorgt zu den beiden. Nach einer gefühlten Ewigkeit öffnete Nyella die Augen.

»Nyella!«, rief Shastro, hob ihren Oberkörper an und umarmte sie innig. »Zelda, sie ist wach«, rief er, und Zelda rannte zu ihr.

»Nyella«, rief sie und befühlte zärtlich ihr Gesicht.

Nyella öffnete die Augen und sah Shastro und Zelda neugierig an. Sie blinzelte und begann zu lächeln. Sie bewunderte die offensichtlichen Zeichen Gebohans auf seiner Stirn.

»Ach, Nyella, das ist Zelda«, erklärte Shastro. Dann hielt er die Hand an seine Brust. »Und ich bin dein großer Bruder, Shastro«, sagte er lächelnd.

»Hey«, brachte Nyella heiser hervor.

»Ist sie verletzt?«, fragte Catherine.

»Sie wird wohl nur erschöpft sein«, erklärte Roberta, die begonnen hatte, Nyella zu untersuchen.

»Ich bin so müde«, erklärte Nyella flüsternd.

»Ich weiß. Es ist alles in Ordnung«, erklärte Shastro.

Roberta tastete Nyella ab, ob sie verletzt war. Dabei fühlte sie etwas Metallenes unter ihrer Jacke und sie öffnete die Knöpfe der Jacke. Vor ihr offenbarte sich »Rabenauge«, der Donnerhammer Vodanos, und als Shastro und Zelda neben ihrer kleinen Schwester knieten, senkte sich ein Sonnenstrahl direkt auf die schwarze Kugel am Schaft des Hammers und hob das edle, silbernere Violett hervor, das zu leuchten begann.

»Die mächtigen Drei«, flüsterte Roberta und sah dem Sonnenstrahl entlang nach oben.

Die Sonne blendete und Roberta lächelte in den Himmel.

»Du alter Schlawiner«, sagte sie schmunzelnd und schickte eine Kusshand in den Himmel.

Nyella schlug die Augen auf und griff in die Hosentasche. »Aua«, sagte sie und nahm den Stein in die Hand. Er glühte leicht und Roberta schüttelte den Kopf.

»Komm, wir tragen sie nach Hause«, sagte Shastro und hob sie hoch.

Er wollte sie nach Asinja zurücktragen, eskortiert von den Bewohnern Asinjas und der Gauklertruppe. Er registrierte erst jetzt den besorgten Blick von Shem, der neben ihm stand. Er blieb stehen.

»Shem?«, sagte er und blickte seinen besten Freund an. »Möchtest du sie tragen?«, fragte er und lächelte Shem an.

»Ja, ich bitte darum«, antwortete Shem und nahm Nyella auf die Arme.

Russ biss sich auf die Unterlippe und folgte den beiden.

***

*Am nächsten Nachmittag …*

Loreena saß an meinem Bett, als ich die Augen öffnete.

»Nyella, du schläfst ganz schön lange«, sagte Loreena zu mir.

»Hab ich das nicht schon einmal gehört?«, lächelte ich.

»Tja«, sagte Loreena und zuckte mit den Achseln.

Ich war in meinem Bett in meinem Haus in Asinja. Ich war froh, wieder zu Hause zu sein. Ich hatte meinen Bruder endlich kennengelernt und meine Schwester, wenn auch nur sehr kurz. Sie waren fast alle da, bis auf Kianno. Ich hatte lange geschlafen, ich war so erschöpft gewesen.

Als ich später in Asrams Haus auf meine Familie und Freunde traf, wurde ich herzlich empfangen. Ich war dankbar, am Leben zu sein. Es war schön zu hören, dass die Mädchen in Sicherheit waren, aber der Tod von Kianno stimmte mich sehr traurig. Ich hörte die Geschichte von Myriam und den Mädchen, und Bernie erzählte mir alles von meiner Schwester, wie sie ihm als Leopard zur Geschichte seines Lebens verholfen hatte und dabei der Gauklertruppe ermöglichte zu fliehen.

Es war ein fantastischer Plan gewesen, der beinahe aufgegangen wäre. Aber Hangar von Hacken hatte uns allen einen Strich durch die Rechnung gemacht. Ich dachte an meine Mutter. Ich vermisste sie. Aber mein Zuhause war hier. So schrecklich, wie die letzten Tage gewesen waren, so innig fühlte ich mich hier geliebt und aufgehoben. Zum ersten Mal in meinem Leben hatte ich meinen Platz gefunden. Er fühlte sich richtig an. Ich hätte nie für möglich gehalten, einen solchen Platz zu finden, der sich wie der »meine« anfühlte. Ein unbeschreiblich schönes Gefühl breitete sich in mir aus. Ein Gefühl von Vertrauen, Liebe und Geborgenheit. So schlimm meine Geschichte auch war, Asinja und seine Bewohner waren jeden Herzschlag wert.

Einzig mein Herzklopfen bei Shem und Russ brachten mich noch immer durcheinander. Ich hatte noch keine Lösung dafür gefunden. Ich erinnerte mich daran, dass ich Russ schon zweimal geküsst hatte. Während ich darüber nachdachte, schaute er auf und blickte mir in die Augen, so als könnte er meine Gedanken lesen. Er lächelte schief und ich bekam weiche Knie.

Dann erinnerte ich mich an die Zeit mit Shem. Wie wohl ich mich in seiner Nähe fühlte. Wie sehr wir zusammengewachsen waren in der kurzen Zeit. Und wie liebevoll er mich getragen und gepflegt hatte. Ich dachte darüber nach, wie sich ein Kuss von Shem wohl anfühlen würde. Dann blickte ich zu Shem, der aufschaute und meinen Blick erwiderte. Er lächelte mich an und mein Herz fing an, heftig zu klopfen.

Ich war danach lange bei Ronjo gewesen. Ich hatte Zeit verbringen müssen mit ihm, meinem Lebensretter. Ich hatte frische Sachen an und meine Haare hatten – den Göttern sei Dank – wieder mein wunderschönes Kastanienrot. Auf dem Weg zurück zur Strickleiter, die in die Höhe führte, begegnete ich Russ.

»Hey Nyella«, sagte er zu mir und lächelte mich unsicher an. Er hatte einen Grashalm in der Hand, an dem er nervös herumzupfte.

»Hey«, sagte ich zu ihm.

»Wie geht es dir?«, fragte er mich.

»Na ja … War ein wenig viel«, war alles, was ich herausbrachte.

»Nyella, ich …«, fing Russ an und brach ab. Ich sah ihn verlegen an. Er wippte mit dem Fuß auf dem Boden und zupfte weiter an den letzten Resten des Halmes herum. Wir standen beide da und wussten nicht, was wir reden sollten.

Gimle kam dahergelaufen. »Ach, du bist wieder wach. Das ist gut, Nyella. Geht es dir besser?«, fragte er mich.

Russ sah mich nur an, ich zuckte mit den Schultern und unterhielt mich mit Gimle. Als Gimle nicht aufhören wollte, auf mich einzureden, entschuldigte sich Russ und teilte mit, er würde zu Asram gehen. Gimle erzählte mir in allen Einzelheiten noch einmal die Geschichte aus Brintesia. Vor allem aber hatte er das Bedürfnis, über Kianno zu reden. Ich konnte ihn gut verstehen, ließ ihn reden und hörte ihm einfach zu.

Nach dem Gespräch mit Gimle wollte ich zu meinem Haus. Als ich dort ankam, saß Shem davor.

»Hey«, sagte er.

»Hey«, sagte ich.

»Warst bei Ronjo, stimmt's?«, fragte er.

Ich nickte.

»Ich musste mich noch mal bei ihm bedanken«, sagte ich.

»Meinst du, Skyler wird nicht eifersüchtig?«, fragte er lächelnd.

»Das Aufsteigen bei Ronjo ging irgendwie leichter«, lachte ich.

»Hast du nicht erzählt, Ronjo wäre von Hangar zu Tode geprügelt worden?«, fragte Shem.

»Das dachte ich auch, aber als ich darüber nachgedacht habe, war mir aufgefallen, dass beim Brand so gar nichts von ihm übrig geblieben war«, erklärte ich ihm.

»Ist Ronjo ein Gagasane?«, fragte Shem.

»Nein, Ronjo ist ein Pegasus. Komplizierte Geschichte. Er war nicht freiwillig zu Hangar gekommen und hatte seine Natur unterdrückt, um nicht erkannt zu werden. Erst durch unsere Begegnung vor seinem Tod konnte er sein wahres Wesen befreien«, erklärte ich ihm.

»Das ist sehr beeindruckend«, erklärte Shem.

Ich zuckte die Schultern. »Hangar hat wohl mehr als nur mich tyrannisiert«, erklärte ich.

»Wo warst du eigentlich so lange?«, wollte Shem wissen.

»Ich habe die Elbwesen getroffen. Ronjo hat mich zu ihnen gebracht«, erklärte ich ihm.

»Du warst wo?«, fragte Shem beeindruckt.

»Bei den Elbwesen. Es ist wunderschön da, aber nichts im Vergleich zu Asinja«, lachte ich.

»Erzählst du mir davon?«, wollte er wissen.

»Bestimmt, irgendwann«, lachte ich.

Shem lächelte mich an. Dann erstarb sein Lächeln. »Du wärst wirklich in den Tod gesprungen?«, fragte er ernst.

»Ja, das wäre ich«, sagte ich ihm.

»Warum?«, fragte er weiter.

»Weil ich euch alle damit retten konnte«, sagte ich und blickte ihn geradeheraus an.

»Du warst ganz schön mutig«, sagte er.

Ich schaute ihn an. »Ich hatte solche Angst«, erwiderte ich.

»Da ist aber noch was«, bohrte er.

Ich senkte den Blick. »Da ist noch was«, sagte ich und dachte an Shems Worte, dass es wichtig wäre, über die Dinge zu reden, damit sie keine Macht mehr über einen haben.

»Versprichst du mir, dass du mich deswegen nicht weniger magst?«, fragte ich ihn.

Er nickte. »Ich versprech es dir«, sagte er.

Ich setzte mich neben ihm und fuhr fort: »Hangar hat meine Mutter und mich geschlagen. Und ...« Ich verstummte für einen Moment, schluckte und sah ihn an. Er sah mich ernst an und legte mir die Hand auf den Oberschenkel.

»Es ist okay, Nyella, sprich es endlich aus. Er soll dich nicht mehr länger beherrschen. Lass es endlich los.«

Ich holte tief Luft. »Er hat oft in der Nacht Dinge mit mir getan, die man nicht mit einer jungen Frau macht. Und er wollte es wieder tun, als ich im Turm war. Er hat dafür Russ gehen lassen. Ich wäre lieber gestorben, als dass ....«

Shem nickte. »Das habe ich vermutet, Nyella.«

»Du hast es vermutet?«, fragte ich ihn.

»Ja, Nyella. Es gibt viele Männer, die so krank sind. Und es ist nicht richtig. Aber es ist nicht dein Fehler und es ist nicht deine Schuld. Es wird dir nicht mehr passieren. Wir werden auf dich aufpassen. Versprochen. Viele von uns haben ähnliche Erfahrungen gemacht. Und, Nyella ...«, sagte er mit eindringlicher Stimme.

»Ja?«, fragte ich.

»Ich schwöre bei allen Göttern: Hangar von Hacken wird dafür büßen«, erklärte Shem und drückte die Lippen wütend aufeinander.

»Danke«, konnte ich nur sagen und Shem nickte verständnisvoll.

Es war einfacher gewesen, darüber zu reden, als ich gedacht hatte. Und es tat gut, dass es endlich raus war. Ich fühlte mich befreit. Shem hatte mich ernst genommen. Wir saßen noch lange so da, als Shem schließlich fragte, ob ich mir die Drachen ansehen wollte. Natürlich wollte ich und so zogen wir los.

Es war schon beinahe dunkel geworden. Auf dem Weg von Asrams Haus zu Herrn Eusebius kamen wir an meinem Haus vorbei. Auf der Veranda konnte ich zwei Silhouetten erkennen und ich musste lächeln, als ich sah, dass Bernie in der Schaukel saß und Myriam im Arm hielt, während beide in den Sonnenuntergang blickten. Loreena hatte auf uns gewartet.

»Kommst du mit zu den Drachen?«, fragte sie mich.

»Klar«, rief ich.

Roberta stand vor Asrams Haus, als Badogan nach draußen trat und sich zu ihr gesellte. Er reichte ihr ein Trinkhorn, gefüllt mit Met.

»Die mächtigen Drei«, sagte er.

Roberta nickte, dann seufzte sie.

»Es hat noch nicht mal richtig angefangen, hab ich recht?«, fragte Badogan.

»Und wie Recht du hast«, sagte Roberta.

»Hast du Nyella schon von den Siegeln Asinjas berichtet?«, fragte er sie.

»Nein, sie soll sich erst einmal erholen und wieder zu Kräften kommen«, meinte Roberta. »Die Abenteuer gehen wieder früh genug los«, lächelte sie.

Badogan lehnte sich an die Wand neben Roberta.

»Auf Nyella«, sagte er.

»Auf Nyella«, entgegnete Roberta.

Und in den Ästen hoch droben im Baum saß der Rabe, der zufrieden auf die Häuser von Asinja blickte.

## Über die Autorin

Andi LaPatt wächst die ersten Lebensjahre in St. Gallen auf. Schon als Kind fällt auf, dass Andi mit sehr viel Fantasie gesegnet wurde. Bereits im Kindergarten ruft die Kindergärtnerin die Mutter an, um sie anzuhalten, Andi die Fantasie auszutreiben. In der ersten Klasse tut sie sich schwer mit dem Erlernen von Lesen und Schreiben. Erst eine neue Lehrerin steckt sie mit einer Liebe zu Worten und Gedichten an, worauf Andi in kurzer Zeit Lesen und Schreiben lernt. Andi beginnt die Bibliothek der Schule leer zu lesen, dann die des Dorfes und schließlich auch die ihres Vaters.

Mit zehn Jahren verleibt sie sich Winston Churchill und Konsalik ein, alles, was neu auf dem Büchermarkt erscheint, wird verschlungen. Selbst schreibt sie über achtzig Tagebücher, bis sie dreißig ist, macht für andere.

Nach einigen Presseberichten für Bekannte und weiteren unzähligen Schreibwerken für ihr Umfeld beginnt sie endlich selbst Bücher zu schreiben. Das ist der Startschuss für »Eine fast unanständige Frau«, das erste Buch, das 2010 geschrieben wird. Nachdem das erste Buch ein nicht ganz ernst gemeinter Versuch war, fängt Andi LaPatt nach schwerer Krise an, sich dem Künstler in ihr zu widmen. »Die Siegel Asinjas« entsteht.

Nach einer intensiven Verlagssuche findet sie schließlich im Franzius Verlag einen wertschätzenden Partner, der mit ihr nicht nur »Eine fast unanständige Frau« im November 2015 herausbringt und »Die Siegel Asinja« im März 2016 sowie »Seelenverwandt« im Juni 2016, nein, auch der vierte Roman »Seniorentango« ist mittlerweile erscheinen, ebenso »Lebensgeflüster«. Weitere Romane sind im Entstehen.

Neben dem leidenschaftlichen Schreiben ist die Autorin in zwei Kurzfilmen vor der Kamera zu sehen. Sie singt in zwei Bands die Leadvocals und heckt Pläne für ihre eigenen Songs aus. Andi LaPatt lebt heute in der Nähe des Bodensees auf der Ostschweizer Seite.

## Weitere Veröffentlichungen der Autorin Andi LaPatt

### »Die Siegel Asinjas – Teil 2: Im Auge des Drachen«

Nyella und ihre Freunde sind endlich wohlbehalten nach Asinja zurückgekehrt. Doch von Ruhe und Frieden keine Spur. Denn noch immer treibt Walrivia ihr böses Spiel und spinnt Intrigen, um den Bruder des verstorbenen Königs zu täuschen. Auch die befreiten Mädchen sind bei den Elbwesen weiterhin in ihrem Visier.

Und so bahnen sich neue geheimnisvolle Ereignisse an, die Nyella und ganz Asinja bewältigen müssen. Auf ihrer zweiten Reise gibt es aber nicht nur Harmonie zwischen den Freunden, denn mit subtilen Mitteln treibt das Böse einen Keil zwischen die Verbündeten. Doch mithilfe neuer Freunde und den nun größer gewordenen Drachenkindern, die nicht immer leicht zu bändigen sind, bricht Nyella auf dem Rücken Tapios auf, das Licht Gebohans zu unterstützen.

Taschenbuch, ca. 440 Seiten
Fantasyroman, ISBN 978-3-96050-101-5

**»Die Siegel Asinjas – Teil 3: Die Macht der Dämonen«**

Düstere Zeiten sind angebrochen und mit der Zerstörung vom Baumdorf Asinja scheint auch die letzte Hoffnung zu sterben. Die Gemeinschaft rund um die magischen Wesen von Asinja wurde auseinandergerissen. Neben einer geheimnisvollen Krankheit, die Gerham befallen hat und Walrivia, die sich in einer Nacht- und Nebelaktion aus dem Staub gemacht hat, ranken sich Gerüchte um ein seltsames Volk, das einen Gott anbetet, von dem niemand weiss, woher dieser stammt und ob er Böses im Schilde führt.

Im bevorstehenden Wintertreiben finden sich Menschen wieder, die sich verloren geglaubten. Mit der Einkehr des Schnees und dem Tanz des eisigen Windes kommt es zum Showdown in Breithorien, während sich geheimnisvolle Fremde ebenfalls auf dem Weg dorthin befinden. Die Wut des Krieges zwischen dem Norden und der magischen Welt Gebohans entlädt sich an einem kalten Wintermorgen gnadenlos über der Welt, während Nyella verzweifelt versucht, ihre magische Aufgabe zu erfüllen und die Drachen zu retten.

Gibt es Hoffnung für Nyella und ihre Freunde? Kehrt Zelda lebend zurück und überleben alle Drachen? Was ist aus Gimle geworden und welches Spiel spielt Walrivia? Wer ist dieser geheimnisvolle Gott und welche mystischen Verbindungen tummeln sich in den Wäldern von Arcadien?

Im letzten Teil der Siegel Asinjas wird es so richtig spannend. Flieg mit den Drachen mit, erhebe dein Schwert und kämpfe mit Nyella in der Schlacht um Gebohan. Werden die Dämonen die Macht zurückgewinnen? Finde es im dritten Teil »Die Macht der Dämonen« heraus.

Taschenbuch, ca. 350 Seiten
Fantasyroman ISBN 978-3-96050-212-8

**»Seniorentango«**

Frederike muss feststellen, dass sie ihre Meinung über das Älterwerden überdenken muss, als ihre Großtante Gilberte ins Haus schneit, einen Erbschaftsstreit um das Elternhaus entfacht und kurzerhand ihre zwei besten und ebenso verrückten Freundinnen ins Haus holt. Die Seniorengang beschließt, mit außergewöhnlichen Mitteln zu Geld zu kommen und scheut nicht davor zurück, sich gegen Kriminelle zur Wehr zu setzen.

Eine humorvolle Geschichte um jugendliche 69-jährige Amazonen, die sich nichts vom Alter diktieren lassen. Lassen Sie sich verzaubern von Gilberte, Henriette und Milly, die das Leben mit ganz viel Lebenslust meistern und die mit eigenwilligen Methoden, einem großen Herzen und einer enorm großen Brise Anti-Normalität auch Ihr Bild über reifere Menschen entscheidend auf den Kopf stellen werden.

Taschenbuch, 320 Seiten

Roman, ISBN 978-3-96050-021-6

**»Seelenverwandt – und warum sie IHN haben muss«**

Susan und Paul Kaimer sind seit über zwanzig Jahren verheiratet, weniger miteinander als vielmehr Paul mit seinen Affären und seiner großkotzigen Art und Susan mit den Hollywoodstreifen aus Amerika und dem Alkohol. Als ihr Sohn Freddie auszieht, stellt dies das Paar vor eine neue Herausforderung, sich selbst und dem Anderen neu zu begegnen. Während Freddie als Drummer in seiner Band „Morpheus" dem großen Erfolg dank einem Auftritt mit der Band „Steinmann" näher kommt, verliebt sich sein bester Freund und Sänger Tom ausgerechnet in seine Mutter, obwohl die Frau überhaupt nicht seinem Beuteschema entspricht.

Paul entdeckt indessen seine Schwächen als Mann, gerät auf den Weg der Besserung und will seine Frau zurückzugewinnen mit der Hilfe des langjährigen Freundes Ricardo, der wiederum selbst gerade vor den Trümmern seiner Ehe steht.

Susan nimmt Freddie's Auszug als Weckruf ihrer Seele, den Sinn des Lebens zu finden und dabei über ihre eigenen Dämonen zu stolpern.

„Seelenverwandt" ist eine Hommage an die Liebe, denn sie wird am Ende siegen. Und wir finden sie meist dort, wo wir sie am wenigsten vermuten.

Taschenbuch, 340 Seiten

Roman, ISBN 978-3-96050-015-5

**»Lebensgefüster«**

Colette Freiburghaus lebt ein ganz „normales" Leben: Sie arbeitet in einer Firma, in der es um die Erreichung der Ziele ohne Rücksicht auf die Angestellten geht, und lebt in einer Beziehung zu ihrem Freund Jürg, die sie nicht glücklich macht, aber eben auch nicht unglücklich. Änderungen in ihrer Firma zwingen Colette, sich nach einem neuen Job umzusehen, und sie wird - für sie völlig unerwartet - bei der Weinhandlung LEBEN zum Vorstellungsgespräch eingeladen.

Als Colette die Stelle bekommt, beginnt nicht nur eine berufliche Entwicklung in ihrem Leben. Dabei lernt Colette zu verstehen, dass Tony Lebens Art die einzig richtige ist, ein Unternehmen nachhaltig zum Erfolg zu führen.

In interessanten Begegnungen und Dialogen über Motivation und Selbstmanagement lernt Colette, dass alles im Leben einen Sinn hat und im direkten Zusammenhang mit ihrer Selbstachtung und einem echten Leben steht, welches untrennbar von Beruf und Berufung ist.

Für Colette beginnt eine außergewöhnliche Reise zu ihrer Gabe. Viel mehr noch: Diese Reise bedeutet das „Nachhausekommen" zu sich selbst.

Taschenbuch, 380 Seiten

Roman, ISBN 978-3-96050-081-9

**»Eine fast unanständige Frau«**

Die strippende Socke und ein Maserati zum Frühstück

Als Annika Berger beschließt, sich von ihrem Freund zu trennen, macht sie äußerst interessante Erfahrungen mit dem anderen Geschlecht.

Mit ihrer leicht naiven Art bringt sie es fertig, dass ein Rocker für sie strippt und ein Maserati-Liebhaber zum zahmen Möchtegern-Ehemann mutiert.

Sie trifft schließlich ihren Mister Right, der sich nicht ganz so einfach in der Handhabung entpuppt und lernt eine völlig andere Seite einer finnischen Kerze kennen. Die wahren Schätze findet sie dort, wo sie sie am wenigsten vermutet.

Taschenbuch, 326 Seiten

Roman, ISBN 978-3-945509-56-2

## Novitäten 2020 & 2021 im Franzius Verlag

Romane

**»Blutspur 629«, Band 3 der »Rich & Mysterious«-Reihe**
Krimi von Neal Skye, ISBN 978-3-96050-214-2

**»Fette Sau – Ich bin gegen Mobbing und Du?«**
Roman von Christiane Kromp, ISBN 978-3-96050-201-2

**»Nachbeben – Oder gehört das ganze Leben vielleicht in die Änderungsschneiderei?«**
Roman von Sybille Statz, ISBN 978-3-96050-192-2

**»Dornen des Chaco – Flugzeugabsturz in Paraguay. Nach einer wahren Begebenheit.«**
Roman von Perry Payne, ISBN 978-3-96050-194-7

**»Die Macht der Akademie«**
Schweden-Krimi von Neal Skye, ISBN 978-3-96050-190-9

**»Das Zugticket«**
Roman von Monica Heinz, ISBN 978-3-96050-188-6

**»Endstation Himmel«**
Roman von Angelika Lorenz, ISBN 978-3-96050-186-2

**»Hüter der Feder«**
Fantasy-Roman von L. T. Ayren, ISBN 978-3-96050-093-3

**»Bis ans Ufer«**
Historischer Krimi von Sophie Heinig, ISBN 978-3-96050-182-4

**»Reise zum inneren Avatar«**
Spiritueller Roman von Mirjam Wyser, ISBN 978-3-96050-176-3

**»Die Heimsuchungen der Familie Bell«**
Historischer Krimi von Christiane Kromp
ISBN 978-3-96050-174-9

**»Mörderische Psychospiele – Zwischen Bremen und der Nordsee«**
Regionalkrimi von Sabine Bruns, ISBN 978-3-96050-172-5

**»28 m² – Die Probandenstudie«**
Thriller von Perry Payne, ISBN 978-3-96050-168-8

**»Redric – Die andere Seite der Angst«**
Young-Adult Thriller von Jenny Rubus, ISBN 978-3-96050-160-2

Sachbücher und Ratgeber

**»Entzündungen natürlich behandeln — Die grüne Taschenapotheke«**
Von Dr. Nadine Berling
ISBN 978-3-96050-203-6 (Hardcover)
ISBN 978-3-96050-210-4 (Softcover)

**»Enneagramm und Hochsensibilität – Die neun Persönlichkeitstypen und ihr Entwicklungspotential«**
Von Dr. Marianne Skarics, ISBN 978-3-96050-170-1

**»Nicht offensichtliche Megatrends – Wie man erkennt, was andere übersehen, und die Zukunft vorhersagt«**
Deutsche Erstausgabe des Titels »Non Obvious Megatrends: How to See What Others Miss and Predict the Future«
Von Rohit Bhargava, Übersetzung Franzius Verlag GmbH
ISBN 978-3-96050-091-9 (Taschenbuch)
ISBN 978-3-96050-198-5 (Hardcover)

**»Grenzenlos – Wie man seine Berufung findet und mit drei weiteren essentiellen Faktoren die individuelle Balance schafft, um im völligen Einklang mit dem eigenen Leben zu sein (Deutsche Erstausgabe)«**
Von Laura Gassner Otting, Übersetzung Franzius Verlag GmbH
ISBN 978-3-96050-192-3 (Taschenbuch)
ISBN 978-3-96050-197-8 (Hardcover)

**»Wenn Millennials übernehmen — Bereiten Sie sich auf die amüsant einfache Geschäftswelt der Zukunft vor«**
Deutsche Erstausgabe des Titels »When Millennials Take Over: Preparing For The Ridiculously Optimistic Future Of Business«
Von Jamie Notter und Maddie Grant
Übersetzung Franzius Verlag GmbH
ISBN 978-3-96050-208-1 (Hardcover)
ISBN 978-3-96050-206-7 (Softcover)

**»Magnetic Wealth Attraction – Werde ein Magnet für Wohlstand, Überfluss und Fülle«**
Deutsche Erstausgabe des Titels »Magnetic Wealth Attraction«
Von Frederick Dodson, Übersetzung von Petra Liermann
ISBN 978-3-96050-180-0

**»200 Ratgeber oder dieser – Die Essenz aus über 200 Ratgeber-Bestsellern zu den Themen: Glück, Gelassenheit, Gesundheit, Schlaf, Ernährung, Stress, Bewegung, Zeitmanagement, Kommunikation, Beziehungen, Erziehung und Finanzen. Mit Literaturtipps!«**
Von Florian Hartnack
A5-Format, ca. 200 Seiten
ISBN 978-3-96050-218-0 (Hardcover)
ISBN 978-3-96050-217-3 (Softcover)

**»Eine glückliche Seelen in zwei Körpern – Dualseele 2.0«**
Von Petra Liermann, ISBN 978-3-96050-178-7

<u>Kinder- und Jugendbücher</u>

**»Acello und die Umweltmagier«**
Band 4 der »Acello«-Reihe
Von Mirjam Wyser, ISBN 978-3-96050-184-8